# A Regulação da Comunicação Social

– A experiência portuguesa

CB126307

# A Regulação da Comunicação Social

## – A experiência portuguesa

2022

Alberto Arons de Carvalho

ALMEDINA

**A REGULAÇÃO DA COMUNICAÇÃO SOCIAL**
**– A experiência portuguesa**

AUTOR
Alberto Arons de Carvalho

EDITOR
EDIÇÕES ALMEDINA, S.A.
Rua Fernandes Tomás, n.os 76-80
3000-167 Coimbra
Tel.: 239 851 904 • Fax: 239 851 901
www.almedina.net • editora@almedina.net

DESIGN DE CAPA
FBA

PRÉ-IMPRESSÃO
EDIÇÕES ALMEDINA, S.A.

IMPRESSÃO E ACABAMENTO
ACD Print, S.A.

Abril, 2022

DEPÓSITO LEGAL
497612/22

O conteúdo desta publicação é da exclusiva responsabilidade dos seus autores.
Toda a reprodução desta obra, por fotocópia ou outro qualquer processo, sem prévia autorização escrita do Editor, é ilícita e passível de procedimento judicial contra o infrator.

ALMEDINA | GRUPOALMEDINA

BIBLIOTECA NACIONAL DE PORTUGAL — CATALOGAÇÃO NA PUBLICAÇÃO
CARVALHO, Alberto Arons de, 1949-
A REGULAÇÃO DA COMUNICAÇÃO SOCIAL:
A experiência portuguesa – (Fora de colecção)
ISBN 978-989-40-0469-1
CDU 346

# PREFÁCIO

Em Portugal, a regulação da comunicação social está longe de ser um tema pacífico ou consensual. Alguns consideram-na uma ameaça ou mesmo uma abusiva limitação à liberdade da comunicação social. Outros, pelo contrário, criticam a alegada inatividade do regulador ou *decretam* mesmo a sua inutilidade. E não falta quem opine, em nome de uma suposta defesa da liberdade da comunicação social, que ela deveria ser substituída nas suas funções pelos tribunais ou até, simplesmente, pela autorregulação, ignorando que, com a sua extinção, algumas das suas atribuições teriam inevitavelmente de ser exercidas por um reforçado departamento da administração pública na dependência do Governo.

É verdade que grande parte das atribuições, competências e atividade do atual regulador, a Entidade Reguladora para a Comunicação Social (ERC), eventualmente por alguma responsabilidade própria, é desconhecida pela generalidade dos cidadãos. Excetuando as mais controvertidas ou mediáticas, relativas a queixas ou participações, a esmagadora maioria do total das deliberações — 4558 entre 2006, início da atividade do atual regulador, e o final de 2021, ou seja, uma média de perto de 24 por mês —, mesmo sendo remetidas para as partes envolvidas, nomeadamente o queixoso ou participante e o órgão de comunicação social em causa e publicadas no sítio da ERC, não têm uma notoriedade assinalável, tanto mais que entre o clamor social e mediático do caso apreciado pelo regulador e a *sentença* deste tem existido um excessivo intervalo de tempo. Além disso, a generalidade dos cidadãos ignora completamente a relevância e a diversidade da atividade da ERC, desde o registo dos órgãos de comunicação social ou a fiscalização das obrigações dos operadores de televisão e de rádio até à mera — mas bem relevante — elaboração de estudos sobre a comunicação social.

Em todos os países europeus, existem hoje entidades reguladoras dos *media*, agora com acrescidas responsabilidade e legitimidade decorrentes da revisão da Diretiva dos Serviços de Comunicação Social Audiovisual, mas com modelos e âmbitos de atuação que refletem desde logo a diversidade das experiências nacionais.

Em Portugal, a regulação da comunicação social começou há mais ou menos 46 anos, tendo tido até hoje experiências bem diversas. Tendo integrado diversos órgãos dirigentes desses reguladores (Conselho de Imprensa em 1975 e de 1986 a 1988; Conselho de Informação para a Imprensa de 1977 a 1980; Conselho de Informação para a RDP de 1980 a 1984; e ERC de 2011 a 2017), não duvidará o leitor de que poderia aqui relatar essas experiências.

Este livro não é, porém, um desfiar de memórias pessoais ou um testemunho fundamentalmente baseado nessas vivências. Procurei, antes, além de analisar o contexto e as razões que conduziram, há perto de quatro décadas, a generalidade dos países europeus a criar reguladores em diversos sectores da atividade económica e também nos *media*, proceder a uma reflexão sobre o papel e o desempenho dos organismos a quem foi cometida a tarefa da regulação da comunicação social em Portugal desde 1975. Percorri as diversas experiências portuguesas neste domínio, bem como as suas principais características e especificidades. Procurei ser mais minucioso na análise da estrutura, das funções e do desempenho da ERC, cuja atividade foi iniciada em 2006. Analisei o seu modelo institucional do ponto de vista da sua independência face ao poder político. Tentei apontar o que considero serem as principais características da regulação portuguesa da comunicação social. Procurei ainda apreciar os novos desafios que se colocam à regulação, especialmente com a emergência dos novos *media* e das redes sociais, que disputam, com a comunicação social tradicional, o espaço e a influência que esta antes monopolizava.

* * *

Este estudo sobre a regulação portuguesa da comunicação social foi elaborado ao longo dos últimos três anos, com um tempo de concretização muito dependente da disponibilidade permitida pela atividade profissional que desempenho na Universidade Autónoma de Lisboa.

Desde o início, tive sempre o aconselhamento e o incentivo do João Pedro Figueiredo, amigo de longa data, parceiro de outras atividades e estudos, também partilhados pelo inesquecível e saudoso António Monteiro Cardoso. Ao João Pedro devo agora inúmeras sugestões e conselhos, fruto do exame atento, conhecedor e exigente com que analisou todos os capítulos deste livro. A ele exprimo um enorme e fraterno agradecimento!

No decurso da elaboração deste trabalho, foram necessárias não apenas a consulta e a análise de muitos relatórios e documentos da ERC, como igualmente a obtenção de esclarecimentos sobre muitos aspectos relacionados com a sua estrutura e atividade. A ajuda de vários dos seus quadros, a pronta e total disponibilidade e a qualificada colaboração que me prestaram sempre que lhes solicitei algum esclarecimento ou informação confirmaram aquilo que desde há muito constitui uma das convicções que tenho sobre a ERC: os seus quadros, nomeadamente pelo profissionalismo e rigor, bem como pelo conhecimento e vasta experiência que adquiriram ao longo do seu percurso na regulação da comunicação social, representam a mais relevante valia do regulador e a maior garantia de que, independentemente dos dirigentes que conjunturalmente assegurem a sua condução, ele desempenhará a sua missão de forma qualificada e profissional.

Gostaria, deste modo, de agradecer a vários quadros do regulador: Catarina Rodrigues, Maria João Caldeira, Joana Bravo, Carla Martins, Rui Mouta, Telmo Gonçalves, Correia de Matos, Vanda Cruz, Celeste Grácio, Adelaide Jesus e Tânia Morais Soares, por toda a disponibilidade, experiência, rigor e conhecimento.

A ajuda de vários dirigentes de antigos ou do atual regulador foi igualmente relevante, pelo que agradeço também a Azeredo Lopes, Elísio de Oliveira, Rui Assis Ferreira, Fernando Cascais, José Manuel Barroso e Francisco Azevedo e Silva a ajuda prestada, bem como a Pedro Braumann, Lino Craveiro, João Fernandes e Cesário Borga, cuja colaboração também desejo registar e agradecer.

# Capítulo 1
# A origem e as principais características da regulação da comunicação social

## 1.1 A origem da regulação e as Entidades Administrativas Independentes

Na maior parte dos países da Europa Ocidental, a criação de entidades reguladoras para o sector audiovisual ocorreu nos anos 80 do século passado, quando o licenciamento de operadores privados de televisão fez cessar o monopólio dos operadores públicos[1]. De facto, mudou claramente o contexto tecnológico, económico e sociopolítico que tinha conduzido a um monopólio de empresas de capitais públicos — sobretudo a escassez do espetro radioelétrico, o elevado custo da atividade de televisão, a fragilidade das indústrias audiovisual e publicitária, bem como o receio de instrumentalização desses meios de comunicação num quadro político e económico marcado pela Segunda Guerra Mundial e pelo clima de *guerra fria* entre as potências ocidentais e os regimes marxistas leninistas liderados pela então União Soviética.

Essas limitações ao estabelecimento de novos operadores com capital privado foram progressivamente ultrapassadas por um novo contexto tecnológico e económico. A evolução tecnológica permitira o alargamento do espetro radioelétrico e a difusão de emissões por satélite e por cabo. O crescimento das economias de mercado induzira o interesse das indústrias audiovisual e publicitária no alargamento da oferta de operadores numa indústria crescentemente rentável. Acresce que se generalizara a convicção de que os monopólios públicos, mesmo se substancialmente independentes do poder político, não poderiam espelhar a complexidade das sociedades

---

[1] Refira-se, todavia, que na Grã-Bretanha, já em 1954, e na Áustria, em 1974, tinham sido criados dois reguladores do sector audiovisual, respetivamente a *Independent Broadcasting Authority* (*ITA*) e a *Kommission zur Wahrung des Rundfunkgesetzes.*

nem responder às crescentes aspirações de intervenção no espaço público da comunicação.

Considerou-se então que a tutela governamental do operador de serviço público se tornara incompatível com a escolha, também pelo poder executivo, dos operadores privados que disputariam com ele o mesmo espaço de intervenção e com uma regulação imparcial do mercado televisivo[2]. Num contexto geral de desestatização, o surgimento de entidades reguladoras especializadas, dotadas de autonomia e independentes do poder político, constituiria assim a resposta natural à evolução do sector audiovisual[3]. Aliás, a abertura da atividade de televisão à iniciativa privada não equivaleu a um abandono pelo poder político da sua intervenção no sector, mas antes a uma nova forma de relação entre o Estado e a sociedade, a uma autolimitação das suas formas de intervenção e do seu papel de ator. Diminuiu o papel do Estado empresário e do Estado prestador direto de serviços públicos, sendo-lhe reservada uma missão de regulador de uma economia crescentemente privatizada e submetida ao mercado[4].

Aliás, a criação de organismos de regulação no sector audiovisual, representou apenas uma das facetas de uma tendência mais vasta que abrangeu vastos sectores da economia, dos transportes à eletricidade e às comunicações, onde não seria aceitável a presença de um Estado que fosse, a partir de então, simultaneamente empresário com presença ainda ativa e relevante no sector em causa e árbitro da concorrência. Pelo contrário, o papel do Estado é agora o de estabelecer as *regras do jogo*, acompanhando e fiscalizando o seu cumprimento e recusando uma posição de domínio incompatível com as regras da concorrência[5].

---

[2] Como se verá, nomeadamente no Capítulo 2, em Portugal, ao contrário da generalidade das experiências europeias, a origem da regulação dos *media* não decorre da abertura da televisão à iniciativa privada.

[3] François Jongen, *La Police de l'Audiovisuel,* 1994, ed. Bruylant, Bruxelas, págs. 369 e seguintes. O autor considera ainda determinante, para a alteração do quadro regulatório em geral, a crise de confiança na classe política (dada a projeção mediática de alguns casos e escândalos políticos), bem como a crise do poder judicial.

[4] Vital Moreira e Fernanda Maçãs, *Autoridades Reguladoras Independentes — Estudo e Projecto de Lei-Quadro,* 2003, Coimbra ed., p. 9, e João Confraria, *Regulação e Concorrência — Desafios do Século XXI,* p. 135 e seguintes.

[5] Vital Moreira e Fernanda Maçãs, *Autoridades reguladoras Independentes — Estudo e Projecto de Lei-Quadro,* 2003, Coimbra ed., p. 11.

Na opinião de João Confraria, provavelmente referindo-se sobretudo às especificidades portuguesas:

> *as condições de funcionamento das autoridades reguladoras independentes sugerem que elas são resposta a um outro tipo de problemas do Estado, este relacionado com a gestão e a organização interna da função pública*, acrescentando que *a flexibilidade de gestão, financeira e ao nível das relações laborais, atribuída às autoridades reguladoras independentes, relativamente aos procedimentos burocráticos mais pesados a que estão sujeitas as administrações públicas tradicionais, significa na prática admitir que o enquadramento legal da função pública é excessivamente rígido e penalizador do interesse público, pelo menos no que diz respeito à realização de funções de regulação nalguns mercados*[6].

Importa referir que o primeiro exemplo de organismos de regulação se situa nos Estados Unidos da América, onde, em 1887, foi fundado o *Interstate Commerce Commission*, cuja atividade consistia na supervisão da organização e gestão dos serviços de transporte ferroviário. No entanto, diversamente do contexto europeu, onde a regulação surge associada à necessidade de estabelecer regras de concorrência, garantindo o funcionamento do mercado e a salvaguarda dos direitos dos cidadãos, nos Estados Unidos da América, ainda que assumindo idênticos propósitos, ela tem a sua raiz na separação e na tensão entre o Poder Executivo (o Presidente) e o Poder Legislativo (o Congresso) e na tradicional desconfiança deste em relação ao Presidente, que, neste quadro, induziria a criação de autoridades administrativas independentes não sujeitas ao controlo presidencial. Por outro lado, a criação de reguladores pode igualmente ser associada a alguns contextos políticos específicos, como as conjunturas económicas que motivaram políticas mais intervencionistas, como o *New Deal* a seguir à crise económica de 1929, e a afirmação e defesa dos direitos fundamentais dos cidadãos. Desta forma, as entidades reguladoras norte-americanas, as *independent regulatory agencies*, além de funções administrativas, assumiriam outras — funções normativas e mesmo jurisdicionais —, normalmente conferidas a outros pode-

---

[6] João Confraria, *Regulação e Concorrência — Desafios do Século XXI*, p. 137. No mesmo sentido, ver Vital Moreira e Fernanda Maçãs, *Autoridades Reguladoras Independentes — Estudo e Projecto de Lei-Quadro*, Coimbra Editora, p. 53.

res do Estado e que não estão sujeitas ao poder hierárquico do Presidente norte-americano[7].

O desenvolvimento na Europa destas *entidades administrativas independentes* — expressão, desde a revisão de 2004, consagrada na Constituição portuguesa (artigos 37.º, 39.º e 267.º, n.º 3)[8], ou *autoridades administrativas independentes*, como são referidas, por exemplo, em França, tem três origens[9]: as *regulatory agencies* britânicas, criadas nos anos 80 do século passado, como consequência da liberalização e privatização de vários sectores da economia (telecomunicações, caminhos-de-ferro, eletricidade e água, etc.), o que obrigou o poder político a criar *«órgãos reguladores, para garantir o acesso equitativo dos diversos operadores às redes, para implementar a concorrência entre estes, bem como para velar pelos interesses dos consumidores (dada a importância essencial desses sectores)»*; a *ministerialfreie Verwaltung* alemã, ou seja, a administração livre do controlo ministerial, portanto *«à margem do Governo»*, exemplo do banco federal alemão, o *Bundesbank;* e os organismos autónomos independentes de defesa e garantia de certas liberdades, como os existentes em França, cuja primeira experiência data de 1982, ano em que foi criada a *Haute Autorité de la Communication Audiovisuelle*[10].

Na Europa, como nos Estados Unidos da América ou noutros Estados onde têm esta origem e assumem estas características, estes organismos — *entidades administrativas independentes* — podem ser considerados, como

---

[7] Sobre a experiência norte-americana, ver José Lucas Cardoso, *Autoridades Administrativas Independentes e Constituição,* 2002, págs. 41 e seguintes, Vital Moreira e Fernanda Maçãs, obra cit., p. 17 e seguintes e Miguel Prata Roque, *Os Poderes Sancionatórios da ERC* in *Direito Sancionatório das Autoridades Reguladoras,* 2009, Coimbra Editora, p. 376.

[8] Integrada no título IX da Constituição, esta norma do artigo 267.º, que tem a epígrafe *Estrutura da Administração,* dispõe que *«A lei pode criar entidades administrativas independentes»*. Por sua vez, o artigo 39.º está, desde o texto inicial da Constituição, adstrito ao modelo de regulação para a comunicação social, como analisaremos no Capítulo 2. Sobre o artigo 267.º, n.º 3, ver Maria Celeste Cardona, *Contributo para o Conceito e a Natureza das Entidades Administrativas Independentes — as Autoridades Reguladoras,* Ed. Almedina, p. 486 e seguintes.

[9] Vital Moreira in *«O Cidadão, o Provedor de Justiça e as Entidades Administrativas Independentes»,* edição da Provedoria de Justiça, 2002, p. 96 e seguintes.

[10] A *Haute Autorité de la Communication Audiovisuelle (HACA)* seria substituída em 1986 pela *Commission Nationale de la Communication et des Libertés (CNCL),* que, por sua vez, daria lugar, em 1989, ao *Conseil Supérieur de l'Audiovisuel (CSA),* substituído no início de 2022 pela *Autorité de Régulation de la Communication Audiovisuelle et Numérique (ARCOM).*

define Vital Moreira, *«organismos administrativos que não fazem parte da administração directa do Estado e que escapam à sua tutela e superintendência governamental, diferentemente do que sucede tradicionalmente com a administração indirecta (institutos públicos, empresas públicas, etc.)»*[11]. Por outro lado, como as classifica Catherine Teitgen-Colly, estas *autoridades administrativas independentes* são organismos públicos, fazem parte do Estado, pois são criados por iniciativa pública e subsidiados por fundos públicos, mas, como refere Ana Roque[12], essa relação com o Estado é concretizada *«em moldes inovadores, baseados na desinserção hierárquica»* e na *«independência face aos poderes tradicionais, consolidados nos órgãos de soberania»*. Acresce que estas entidades *«são concebidas para não estarem subordinados ao poder executivo nem constituírem uma extensão do poder legislativo ou judicial e são adstritas a uma missão de regulação setorial»*[13].

A extrema diversidade de origens e modelos de entidades (ou autoridades) administrativas independentes, tendo em conta a sua existência em muitos países e desde logo em todos os estados europeus, torna bem difícil uma análise mais abrangente. Vital Moreira[14] refere a sua heterogeneidade quanto à composição — umas são colegiais, outras uninominais —, quanto às funções — umas são reguladoras de economia, outras essencialmente entidades de garantia de direitos, liberdades e garantias —, e quanto ao regime jurídico a que estão sujeitas — umas são reguladas pelo direito público, outras passaram a ser reguladas, em grande parte, pelo direito privado.

No entanto, o mesmo autor sublinha que, existindo modelos, tipos e regimes diversos, podem ser apontadas *«características fundamentais que são comuns a todas elas»*. A primeira consiste em serem *entidades ou autoridades públicas*, ou seja, *«organismos públicos, dotados de existência jurídico administrativa própria»*. Em segundo lugar, o de serem entidades *administrativas*, *«estando inseridas na Administração, mesmo quando não exerçam funções de administração activa»*, tendo *«em maior ou menor medida funções regulamentares, funções de condicionamento das*

---

[11] Vital Moreira, «O Cidadão, o Provedor de Justiça e as Entidades Administrativas Independentes», edição da Provedoria de Justiça, 2002, p. 96 e seguintes.

[12] Ana Roque, *Comunicação Social — Uma Experiência de Regulação*, Universidade Autónoma de Lisboa, 2002, p. 13.

[13] *«Les autorités administratives indépendantes: histoire d'une institution»*, citado por François Jongen em *«La police de l'audiovisuel»*, ed. Bruylant e LGDJ, Bruxelas e Paris, 1994, p. 58.

[14] Vital Moreira, obra citada, p. 98 e seguintes.

*actividades particulares [...] e funções sancionatórias, típicas funções administrativas que são indistinguíveis das funções desempenhadas pela Administração directa ou indirecta do Estado»*. A terceira característica, que o mesmo autor considera como a que mais as distingue face à Administração tradicional, é a independência, ou seja, a sua não integração nem na administração direta nem indireta do Estado, constituindo antes *«uma categoria autónoma, à margem da arquitetura tradicional da Administração pública»* e sujeita a diversos requisitos como, entre outros, a inamovibilidade, a independência funcional e um apertado regime de incompatibilidades dos seus dirigentes[15], bem como da sua exigível competência técnica.

Essa garantia de independência e de imparcialidade deve, aliás, impor-se, quer face ao Governo e demais órgãos administrativos, quer face aos interesses regulados. E pode ser concretizada num *sentido orgânico (estrutural)* ou num *sentido funcional (quanto à atividade)*[16], mediante um conjunto de características que, a serem asseguradas, garantem as condições de independência e de imparcialidade exigíveis aos membros dos órgãos destas entidades: mandato de duração superior e não coincidente com o mandato do órgão político que procede à sua designação; impossibilidade de renovação do mandato, o que acentua a garantia de que os reguladores não condicionam a sua atuação à intenção de assegurar a sua recondução no cargo; regime de impedimentos que assegure que os reguladores não exerceram num período relativamente recente funções que possam diminuir a sua isenção; regime de incompatibilidades com o exercício de funções privadas num período subsequente ao fim do mandato; e inamovibilidade ou, pelo menos, possibilidade restrita de destituição[17].

## 1.2 As funções e os objetivos da regulação da comunicação social

Num estudo realizado, ainda nos anos 80 do século passado, pelo Conselho de Estado francês sobre as autoridades administrativas independentes,

[15] Vital Moreira, obra cit., p. 99.

[16] Vital Moreira e Fernanda Maçãs, *Autoridades Reguladoras Independentes — Estudo e Projecto de Lei-Quadro*, Coimbra Editora, 2003, p. 25.

[17] Miguel Prata Roque, *Os Poderes Sancionatórios da ERC*, in Direito Sancionatório das Autoridades Reguladoras, Coimbra Ed., 2009, p. 379 e seguintes.

que já então incluíam uma entidade para o audiovisual, os seus autores escolheram a palavra *regulação* para definir as funções dessas instâncias:

> *Globalmente, é a palavra regulação a que melhor caracteriza a missão das autoridades independentes; qualquer coisa a meio caminho entre as escolhas de políticas, que não pode deixar de ser da responsabilidade de autoridades eleitas ou diretamente controladas por pessoas eleitas, e a gestão dos serviços, que é matéria da responsabilidade de administrações colocadas sob o poder hierárquico ou sob a tutela das primeiras*[18].

Outro autor, Chevallier, insiste na distinção entre funções de *regulação* e de *gestão*, sublinhando que o papel das autoridades administrativas independentes não era o de levar a cabo atividades, mas sim o de «*enquadrar o desenvolvimento de um sector da vida social, esforçando-se por assegurar o respeito de certos equilíbrios*»[19].

Jongen recorda que a palavra *regulação* não faz parte do direito administrativo tradicional, preferindo definir a atividade regulatória do audiovisual em função das suas principais atribuições: «*quando quer evocar a atividade das autoridades que regulamentam, organizam, fiscalizam (controlam) ou aplicam sanções à rádio e à televisão, a doutrina do direito dos media fala na generalidade de "regulação do audiovisual"*[20].

A regulação pode assim ser entendida, de acordo com Joaquim Fidalgo, como «*o conjunto de mecanismos definidos e adoptados pelo Estado para enquadrar e fiscalizar a atividade dos media*»[21], abrangendo não apenas a regulamentação de normas de conduta já definidas por lei, como o próprio poder de as aplicar e fazer cumprir, nomeadamente através da aprovação de regras de boas práticas e da emissão de juízos de valor sobre o seu cumprimento.

Em sentido lato, incluindo a definição de regras pelo poder legislativo, a regulação pressupõe a capacidade de intervir em várias fases e a diferentes níveis, desde o momento preliminar da fixação das regras gerais do seu funcionamento (através da função legislativa e regulamentar), passando pela

---

[18] Estudo dirigido por François Gazier e Yves Cannac referido por François Jongen, obra citada, p. 39.

[19] Jacques Chevallier, citado em François Jongen, obra referida, p. 39.

[20] Jongen, obra citada, p. 38.

[21] Fidalgo, Joaquim, *O lugar da ética e da auto-regulação na identidade profissional dos jornalistas*, Fundação Calouste Gulbenkian e FCT, 2009, p. 321.

supervisão da atividade desenvolvida (controlo), até à adoção de medidas que permitam manter ou induzir o cumprimento de condições predefinidas (decisões individuais) ou prevenir e penalizar eventuais desvios (sanções)[22]. Aliás, com a dupla vantagem de permitir uma justiça mais célere e especializada — veja-se o exemplo das competências de alguns reguladores do sector da comunicação social relativamente ao exercício do direito de resposta — não é incomum a atribuição a algumas entidades administrativas independentes de poderes parajurisdicionais. Um eventual risco acrescido de diminuição da independência garantida pelos tribunais é compensado, de acordo com Miguel Prata Roque[23], pelos seguintes fatores: estatuto de independência e imparcialidade dos membros de órgãos de entidades administrativas independentes; vinculação da Administração à Constituição e à lei; e direito de acesso aos tribunais para efeitos de impugnação das decisões administrativas sancionatórias. A estas vantagens, poderíamos ainda acrescentar o conhecimento e a experiência da generalidade dos seus dirigentes nas áreas que regulam.

A regulação da comunicação social tem, no entanto, algumas especificidades que a distanciam da regulação de outros sectores. Desde logo, não é primordialmente uma regulação económica, antes visando garantir direitos, liberdades e garantias, nomeadamente a liberdade de informar, bem como o direito à informação, o pluralismo e a independência da comunicação social face aos poderes político e económico. Por outro lado, esta relevante preocupação relativamente à independência face ao poder político *convida* a um distanciamento face ao governo e à sua integração na esfera do parlamento, embora com as necessárias precauções que assegurem a pluralidade da sua representação. Além disso, é uma regulação sectorial, ao contrário da que

[22] Carvalho, AA, Cardoso, AM e Figueiredo, JP, *Direito da Comunicação Social,* Texto Ed., 3.ª ed., 2010, p. 459.

[23] *Os poderes sancionatórios da ERC* in *Direito Sancionatório das Autoridades Reguladoras,* Coimbra Editora, 2009, p. 393. No caso da ERC, acrescenta Prata Roque, a natureza para — jurisdicional tem como principal exemplo as competências relativamente aos direitos de resposta e de retificação, mas abrange ainda, entre outros, a competência do regulador, nos termos do artigo 24.º, n.º 3, alínea t) dos Estatutos para *«arbitrar e resolver os litígios que surjam no âmbito das actividades de comunicação social».*

incida sobre toda a economia, uma regulação transversal — como a exercida, por exemplo, pela Autoridade da Concorrência[24].

O relevante papel dos órgãos de comunicação social numa sociedade democrática, não apenas enquanto veículos da liberdade de expressão, mas como fatores de formação da opinião pública e do direito dos cidadãos à informação, justifica uma regulação assertiva e polifacetada. Não está apenas em causa a liberdade de expressão ou a liberdade de imprensa, ou mesmo a liberdade de criação de órgãos de comunicação social, mas igualmente, e de forma não menos relevante, os direitos dos cidadãos à informação e os direitos de pessoas singulares e coletivas face aos *media*. Recorde-se que, na atividade dos órgãos de comunicação social, estão ou podem estar em causa direitos ou objetivos de regulação como o direito ao bom nome, o direito à imagem, o direito à intimidade da vida privada e familiar, o direito à palavra, o rigor informativo e a isenção, o pluralismo, a independência dos órgãos de comunicação social face aos poderes político e económico, a transparência da propriedade, regras relativas à emissão de publicidade, a proteção dos públicos infantis e juvenis, os direitos à informação dos públicos com necessidades especiais, a proteção da produção e circulação de serviços e conteúdos de carácter cultural, entre outros.

Se, na esteira de Tânia Cardoso Simões, analisarmos a regulação de acordo com os seus objetivos, encontraremos cinco princípios essenciais[25]:

> (i) *a garantia do pluralismo cultural e da diversidade de expressão, (ii) a defesa da liberdade de expressão e de comunicação, concretizada na livre difusão de conteúdos pelas entidades que prosseguem actividades de comunicação social, (iii) a concretização do acesso livre e universal aos conteúdos, de modo a evitar qualquer tipo de exclusão social ou económica, (iv) a prossecução de objectivos de eficiência na atribuição de recursos escassos e (v) a verificação da legalidade dos conteúdos propriamente ditos, traduzida na limitação da mensagem para garantia de outros direitos e interesses.*

---

[24] Pedro Gonçalves, *Direito Administrativo da Regulação,* Faculdade de Direito da Universidade de Lisboa e Coimbra Ed., 2006, p. 535 e seguintes.

[25] *Regular os media numa época de transição do leaning back para o leaning forward,* in Eduardo Paz Ferreira e outros, *Regulação em Portugal: novos tempos, novo modelo?,* 2009, p. 577.

A regulação, enquanto heterorregulação, distingue-se de outros mecanismos com origem no próprio órgão de comunicação social e na vontade dos seus dirigentes ou profissionais, ou no conjunto de empresas do sector — mecanismos de autorregulação, por exemplo, os provedores e os conselhos de imprensa, ou de regulação partilhada, fundados em acordos entre representantes dos *media* e de entidades públicas.

Um dos exemplos de autorregulação é o dos conselhos de imprensa, cujo papel foi incontestavelmente relevante, sobretudo entre 1960 e o final do século passado, na generalidade dos países mais desenvolvidos[26]. Compostos na maioria dos casos por representantes dos proprietários dos jornais, dos jornalistas e dos leitores[27], os conselhos de imprensa tiveram a sua principal expressão no Press Council britânico. Bertrand seleciona mesmo os conselhos de imprensa como *«o melhor dos MARS»* — expressão com que o autor classifica os *meios de assegurar a responsabilidade social* dos órgãos de comunicação social, porque *«constitui uma instituição voluntária, permanente e independente que reúne e representa ao mesmo tempo os investidores que detêm o poder de informar; os produtores, que têm o talento de informar; e os consumidores, que têm o direito de ser informados»*[28].

Os conselhos de imprensa continuam a ter um papel relevante no domínio da autorregulação dos *media*, e em alguns casos igualmente dos novos *media*, em países como a Suécia, onde foi criado em 1916 o primeiro conselho, o Reino Unido, onde, durante muitos anos, o Press Council representou o organismo deste tipo mais *emblemático*, Alemanha, Finlândia, Dinamarca, Irlanda, Austrália, Canadá, Nova Zelândia e Noruega. No Reino Unido, país onde este tipo de organismos teria um papel mais emblemático e com uma

[26] Sobre o papel dos conselhos de imprensa, ver nomeadamente Claude-Jean Bertrand, *L'Arsenal de la Démocratie — médias, deontologie et MARS*, Economica, 1999.

[27] No seu estudo sobre os conselhos de imprensa (*L'Arsenal de la Démocratie — médias, deontologie et MARS*, Economica, 1999), Bertrand refere que, consoante os países, os conselhos tiveram diversas composições: apenas proprietários (caso do Peru), proprietários e jornalistas (Luxemburgo), proprietários e consumidores (Grã-Bretanha depois de 1990), apenas jornalistas (Bélgica), jornalistas e consumidores (Países Baixos), proprietários, jornalistas e outros profissionais e consumidores (Nova Zelândia) e proprietários, jornalistas e outros profissionais, consumidores e representantes do poder legislativo (Índia).

[28] Claude-Jean Bertrand, *L'Arsenal de la Démocratie — médias, deontologie et MARS*, Economica, 1999, p. 109.

incontestável influência em muitas experiências de outros países, o Press Council, criado em 1953, seria substituído em 1991 pelo *Press Complaints Commission*, que, em 2014 daria lugar à atual *Independent Press Standards Organization*[29].

## 1.3 A regulação da comunicação social e as instâncias europeias

A criação em vários países europeus de órgãos de regulação da comunicação social ocorreu, sobretudo a partir dos anos 80 do século passado, quando se começou a concretizar, como atrás se referiu, o fim do monopólio dos operadores públicos na rádio e na televisão. Deveu-se não apenas à necessidade de escolher com independência os novos operadores privados como de arbitrar a concorrência entre eles e o operador de serviço público. A regulação acabaria por se tornar num dos principais temas de debate das instâncias europeias quando estava em causa a definição das políticas públicas para o sector audiovisual.

A criação de reguladores independentes com fins e características semelhantes, induzida também pela circulação de informação sobre os diferentes modelos nos Estados onde mais cedo se iniciaram essas experiências, levaria primeiro o Conselho da Europa e mais tarde a União Europeia a adotarem textos que procuravam a sua generalização a todos os Estados, bem como a adoção de um conjunto de princípios comuns considerados indispensáveis para assegurar uma regulação adequada e independente[30].

---

[29] Sobre os exemplos de organismos de autorregulação dos *media*, bem como da sua composição, âmbito de atuação e atribuições e competências, ver igualmente Lara Fielden, *Regulating the Press — a Comparative Study of the International Press Councils, University of Oxford e Reuters Institute for the Study of Journalism, 2012.*

[30] A preocupação com a independência das entidades reguladoras não se cinge ao continente europeu. A Declaração Conjunta de 2003, subscrita pela Organização das Nações Unidas (ONU), pela Organização para a Segurança e Cooperação na Europa (OSCE) e pela Organização dos Estados Americanos (OEA), enfatizava a necessidade de garantir essa independência. Num texto elaborado pelos relatores destas três organizações para a defesa da liberdade de expressão, acentuava-se que «*Todas as autoridades públicas que exerçam poder formal e regulatório sobre os media deverão ser protegidas contra interferências, particularmente de natureza política e económica, inclusive no processo de indicação dos seus membros, que deverá ser transparente, participativo e livre do controle de qualquer partido*

O primeiro texto, a Recomendação n.º (2000)23, de 23 de dezembro, do Comité de Ministros do Conselho da Europa, sobre a independência e as funções das autoridades reguladoras do sector da radiodifusão (sonora e televisiva), sublinhava que, para garantir a existência de uma multiplicidade de órgãos de comunicação social *«independentes e autónomos»*, seria *«essencial estabelecer uma regulação correta e proporcionada neste sector para garantir a liberdade destes órgãos de comunicação social, assegurando um equilíbrio entre esta liberdade e outros direitos e interesses legítimos»*. Com este objetivo, prosseguia o texto, considerava-se que *«autoridades independentes de regulação»*, especialmente designadas com esse fim e com conhecimento na matéria, teriam um papel importante a desempenhar.

O documento recomendava que fossem incluídas, na legislação e, em geral, na concretização das políticas públicas, medidas que permitissem aos reguladores cumprir a sua missão *«de forma efetiva, independente e transparente»*. Ao mesmo tempo, reconhecia-se que os diversos Estados tinham instituído reguladores de acordo com os respetivos sistemas jurídicos e tradições democráticas e culturais e, consequentemente, com meios diversos no que respeita à forma como *«a independência, os seus poderes efetivos e a transparência»* eram assegurados. Acrescentava o documento que tal deveria ser concretizado de acordo com as orientações fixadas num texto anexo a essa recomendação, a ser transmitido *«às autoridades públicas, aos meios profissionais envolvidos, tal como ao público em geral, assegurando o efetivo respeito pela independência das autoridades de regulação face a todas as formas de ingerência nas suas atividades»*. O documento apelava ainda a todos os Estados para que instituíssem, *«caso ainda não o tivessem feito, autoridades independentes de regulação no sector da radiodifusão»*.

O texto anexo a esta Recomendação de 2000, do Comité de Ministros do Conselho da Europa, seria o primeiro documento a definir com maior precisão aquilo que se considerava constituírem os aspectos essenciais relativamente ao modelo dos organismos reguladores dos *media*, nomeadamente a forma de designação dos seus membros, a sua composição e as modalidades de financiamento.

---

*político»*; Toby Mendel e Eve Salomon, *Liberdade de Expressão e Regulação da Radiodifusão*, UNESCO, 2011.

As regras sobre a designação dos membros e a composição dessas entidades eram consideradas *«um elemento chave da sua independência»*, adiantando-se que elas deveriam ser definidas *«de forma a protegê-las contra todo o tipo de ingerências, sobretudo por parte de forças políticas e de interesses económicos»*. Entre as regras aconselhadas, sublinhem-se as que referiam que os membros das autoridades reguladoras não deveriam exercer funções ou ter qualquer tipo de interesses em empresas ou outros organismos do sector dos *media «que pudessem conduzir a um conflito de interesses com a sua qualidade de membro dessa autoridade»*, que esses membros deveriam ser *«designados de forma democrática e transparente»*, não poderiam receber *«instruções de qualquer pessoa ou instância que seja»* e deveriam *«abster-se de efetuar qualquer tipo de declarações ou de ter alguma ação suscetível de prejudicar a independência das suas funções ou de obter algum benefício»*. Finalmente, aconselhava-se que fossem definidas *«regras precisas no que diz respeito à possibilidade de demitir os membros das autoridades reguladoras, de forma a evitar que a possibilidade dessa revogação do mandato pudesse ser utilizada como meio de pressão política»*, acrescentando-se que a destituição só deveria ser possível em casos graves e *«claramente definidos pela lei»* de desrespeito pelas regras sobre incompatibilidade do exercício de funções ou de incapacidade para esse exercício, *«sem prejuízo da possibilidade de recurso contra essa revogação do mandato junto de um tribunal»*.

Ainda sobre a composição do regulador, aconselhava-se, *«dado o caráter específico do sector da radiodifusão e as particularidades das suas missões»*, que ele deveria incluir *«especialistas nas matérias relativas à sua competência»*.

Relativamente ao financiamento, considerado *«outro elemento chave da independência destas autoridades»*, propunha-se que a sua concretização deveria ser estabelecida por lei, de forma clara, *«tendo em conta o custo previsto das atividades das autoridades de regulação do sector da radiodifusão, a fim de lhes permitir cumprir plenamente e de forma independente as suas funções»*, *«não devendo as autoridades públicas utilizar o seu poder de decisão em matéria financeira para interferir na independência das autoridades de regulação»*.

Os efeitos da Recomendação (2000)23 do Comité de Ministros do Conselho da Europa seriam avaliados nos anos subsequentes à sua aprovação. Fruto dessa reflexão, e após a 7.ª Conferência ministerial europeia sobre a política de comunicação social, realizada em Kiev em 10 e 11 de março de 2005, onde os Estados-Membros do Conselho da Europa se comprometeram a garantir que *«as medidas de regulação que fossem concretizadas sobre os media e os novos serviços de comunicação respeitariam e promoveriam valores fundamentais,*

*tais como o pluralismo e a diversidade, o respeito pelos direitos do homem e o acesso sem discriminação»*, o Comité dos Ministros do Conselho da Europa aprovaria, em março de 2008, uma nova declaração sobre *«a independência e as funções das autoridades de regulação do sector da radiodifusão»*.

Neste novo documento, o Comité começava por se congratular pelo facto de, *«de acordo com a Recomendação Rec(2000)23, a independência e a eficácia da regulação do sector da radiodifusão no interesse do público»* bem como *»a independência, a transparência e a responsabilidade»* das autoridades reguladoras constituírem *«garantias não só juridicamente como na prática»*. Porém, no texto da Recomendação, manifesta-se preocupação porque, noutros Estados-Membros do Conselho da Europa, as diretrizes dessa recomendação *«e os grandes princípios que a sustentam não são plenamente respeitados na lei e/ou na prática, devido ao caráter impreciso, contraditório ou contrário aos princípios da Recomendação Rec(2000)23 do quadro jurídico da regulação da radiodifusão»*. Acrescentava-se ainda que

> *a independência política e financeira das autoridades de regulação e dos seus membros não é corretamente garantida, a legislação nacional e as normas do Conselho da Europa não são tidas em conta nas decisões relativas à atribuição de licenças e à fiscalização e que as decisões relativas à regulação da radiodifusão não são divulgadas ao público e não são suscetíveis de ser reexaminadas.*

Desta forma, apelava-se, por um lado, aos Estados que ainda não tivessem aplicado a Recomendação de 2000 para que tomassem em linha de conta as diretrizes anexas a esta recomendação e *«as possibilidades e dificuldades resultantes da evolução política, económica e tecnológica na Europa»* e que assegurassem *«os meios jurídicos, políticos, financeiros, técnicos e outros necessários para garantir o funcionamento independente das autoridades de regulação da radiodifusão, de forma a suprimir os riscos de interferência política ou económica»*; e, por outro, incitava-se os reguladores a

> *estarem conscientes do seu papel específico numa sociedade democrática e da sua importância na criação de uma paisagem audiovisual diversificada e pluralista; a assegurarem uma atribuição independente e transparente das licenças de radiodifusão e a fiscalização dos operadores no interesse do público; a contribuírem para a implantação de uma «cultura de independência» e, nesse contexto, para a elaboração e o respeito das diretrizes que garantam a sua própria independência e a dos seus membros; e a comprometerem-se a respeitar a transparência, a eficácia e a responsabilidade.*

Um documento anexo a esta Declaração do Comité de Ministros analisava mais detalhadamente o quadro legislativo dos diversos Estados-Membros, nomeadamente nos capítulos da nomeação dos membros, da composição e do funcionamento dos reguladores. Nesse texto, embora se referisse que a quase totalidade dos Estados-Membros dispunha de disposições claras sobre essas matérias, assinalava-se, no entanto, que

> *nos Estados-Membros em que o sector da radiodifusão não é regulado por um órgão independente, mas antes por um órgão do Estado ou por um órgão colocado sob a autoridade de um ministério ou de um ministro, a definição de normas sobre a independência do financiamento e/ou do processo de nomeação dos seus membros pode parecer supérflua.*

De qualquer forma, apontava o texto, embora a maioria dos Estados oferecesse uma *«proteção adequada à independência das autoridades de regulação»*, notava-se que, *«num certo número de Estados»*, essa proteção era insuficiente, sendo frequente que as normas relativas à nomeação dos seus membros não os protegessem *«suficientemente contra os riscos das pressões políticas»*.

Por outro lado, assinalava o mesmo documento, embora na maioria dos Estados as autoridades de regulação sejam organismos autónomos, existem vários outros que são *«organismos governamentais ou órgãos colocados diretamente sob a autoridade de um ministério ou de um ministro»*. Ora, sublinha o texto, *«neste caso, dependem frequentemente do apoio administrativo do ministério ao qual estão ligados e raramente gerem o seu orçamento com independência»*. Ainda que reconheça que *«quase todas as autoridades não formalmente estabelecidas como órgãos autónomos, mas conhecidos por funcionarem na prática de forma independente, estarão nos Estados com uma longa tradição democrática»*, apela-se a que *«os Estados-Membros definam regras em matéria de incompatibilidades visando evitar que os membros destas autoridades de regulação não estejam sob a influência do poder político ou detenham interesses nas empresas ou em outros organismos do sector dos media ou sectores a eles conexo»*.

Reafirmando as preocupações com as regras relativas às incompatibilidades dos membros dos reguladores, referindo mesmo que em alguns Estados a legislação impõe que os próprios familiares próximos são obrigados *«a renunciar a todos os interesses comerciais em empresas de* media», o documento sublinha com preocupação que noutros Estados o quadro regulamentar *«é muito menos satisfatório»* e que *«as incompatibilidades não se estendem às relações e interesses potencialmente em conflito com o mundo da politica ou dos media»*. Acrescenta-se ainda que, em alguns Estados, as autoridades de regulação podem pronunciar-se sobre *«a existência ou não de um eventual conflito de interesses relativamente a um dos seus membros»*, e que *«um membro pode renunciar a exercer o seu direito de voto sobre a adoção de uma matéria que ponha em causa os seus interesses pessoais»*.

Relativamente à designação dos membros das autoridades de regulação, que se recomenda seja realizada *«de forma democrática e transparente»*, assinala-se que na maioria dos Estados-Membros do Conselho da Europa eles são nomeados pelo Parlamento ou pelo Chefe do Estado, sob proposta do Parlamento, mas que, em alguns outros, *«com o objetivo de garantir que a composição das autoridades de regulação reflita de forma adequada a diversidade social e política do país, todos ou uma parte dos membros são designados por grupos não governamentais considerados como representativos da sociedade»*. Em contrapartida, prossegue o documento, em alguns países, os membros são designados, sem qualquer dependência de critérios claramente especificados, por uma simples decisão de um órgão do Estado, como o Chefe de Estado ou um serviço do Estado. O documento assinala ainda que a designação pelo Chefe de Estado e/ou pelo Parlamento tem sido por vezes objeto de críticas por se entender que *«a composição das autoridades reguladoras refletiria a do poder instituído»*[31].

Outra preocupação assinalada reside em os membros das autoridades de regulação serem frequentemente acusados *«de agir por conta do órgão do Estado que os designou ou da formação política que controla o órgão de nomeação»*. Assinala-se ainda que noutros Estados-Membros, com o objetivo de evitar que a revogação do mandato seja utilizada como meio de pressão, estabeleceu-se que os membros são inamovíveis, mas essa regra terá suscitado problemas num Estado, onde eles não puderam ser responsabilizados ou ter o mandato revogado, depois de terem tomado decisões de atribuição de licenças aparentemente em violação da legislação nacional.

O financiamento das autoridades de regulação constituiu outra das questões analisadas e consideradas mesmo um *«elemento chave da sua independência»*. A maioria dos Estados, de acordo com este texto de 2008[32], adotam

[31] Sobre as garantias de independência dos reguladores e dos diversos modelos existentes no quadro europeu, ver Capítulo 3.

[32] O documento ter sido aprovado em 2008 não invalida que continuem válidos os comentários então emitidos sobre a generalidade dos modelos de financiamento dos reguladores.

normas que estipulam a sua fonte de financiamento, mas, em contrapartida, *«pelo menos um quarto dos Estados-Membros não dispõem de um quadro jurídico claro sobre a questão»*. Relativamente aos primeiros, assinala-se como *«prática corrente»* o financiamento direto pela taxa do audiovisual (que constitui a principal receita do operador de serviço público), o que, sublinha-se, *«lhes permite permanecer independentes face às tomadas de decisão dos poderes públicos»*. No entanto, refere-se que num grande número de países esse financiamento provém do Orçamento do Estado, embora a lei não estipulasse claramente que as autoridades não podiam utilizar *«esse poder de decisão financeira para interferir na independência das autoridades de regulação»* e ainda que vários reguladores se queixavam da insuficiência de meios, nomeadamente recursos humanos, o que não lhes possibilitava o exercício adequado das suas atribuições e competências.

Uma das funções essenciais das autoridades reguladoras no sector da radiodifusão sonora e televisiva consiste na atribuição de licenças de emissão. Isso acontece com uma clara maioria, mas, acrescenta o documento, *«em pelo menos um quinto dos Estados-Membros, esta competência é atribuída a outro órgão e não ao regulador», acrescentando-se que «em não menos do que nove Estados-Membros, as condições fundamentais e os critérios que regulamentam a atribuição de licenças não estão claramente definidas pela lei»*. Tal acontecia também, segundo o referido texto, em 18 Estados com o critério de seleção dos concorrentes.

A fiscalização dos compromissos e obrigações dos operadores caberia igualmente aos reguladores. Ela deveria, segundo o mesmo documento, consistir na análise das queixas e não na *«vigilância a priori dos programas»*, bem como no poder de aplicar sanções em caso de violação das normas, *«sanções que deveriam estar previstas na lei, começando por uma advertência»*.

Na parte final do documento, recomenda-se que as autoridades reguladoras deveriam preocupar-se com a difusão das suas deliberações para conhecimento público, o que acontece em pelo menos oito Estados — sublinha-se, bem como com a publicação de relatórios anuais. O texto assinala ainda que em vários Estados as autoridades de regulação têm a sua atividade escrutinada por órgãos do Estado, tais como o Parlamento, o Chefe de Estado e entidades de auditoria.

Em março de 2018, o Comité de Ministros do Conselho da Europa adotaria uma nova Recomendação (CM/Rec(2018)1) dirigida aos Estados-Membros *sobre o pluralismo dos* media *e a transparência da sua propriedade.*

Assinalando as recentes mudanças com o surgimento dos *novos media*, bem como das formas de controlo dos intermediários da Internet sobre os conteúdos e o seu papel na publicidade e no marketing, o texto recomendaria que essas mudanças fossem acompanhadas pelo regulador, que deveria manter sob vigilância as ameaças à liberdade e ao pluralismo dos *media*, acompanhar a jurisprudência relativa a esta matéria do Tribunal Europeu dos Direitos do Homem, bem como as anteriores recomendações e textos do Comité dos Ministros sobre o pluralismo e a transparência dos *media*, promover os objetivos da recomendação a nível nacional e internacional, através do diálogo e da cooperação com todas as partes interessadas e examinar regularmente as medidas tomadas com vista à concretização da recomendação.

O Conselho da Europa assume igualmente como objetivo a cooperação entre os reguladores dos diferentes países europeus, participando nas reuniões das plataformas regionais, como o RIRM (rede de reguladores do mediterrâneo) e o REFRAM (rede de reguladores de língua francesa) ou a própria EPRA (*European Platform of Regulatory Authorities*), criada em 1995, que visa associar todos os reguladores de *media* dos países europeus. A EPRA, considerada a mais antiga e, pelo menos até à criação do ERGA em 2014, a mais relevante rede de reguladores dos *media*, abrange 53 entidades de 47 países e tem produzido relevantes documentos de reflexão, nomeadamente sobre a função e a independência dos reguladores[33].

Igualmente a nível europeu, importa destacar o não menos importante contributo da União Europeia. Ainda que diversos documentos fundadores incluam referências à liberdade de expressão e de informação e ao pluralismo — desde logo, o Tratado da União Europeia e a Carta dos Direitos Fundamentais da União Europeia —, seria a Diretiva dos Serviços de Comunicação Social Audiovisual a referir a importância da existência em cada Estado de uma entidade reguladora.

Todavia, até à revisão da Diretiva aprovada em 2018, a regulação da comunicação social audiovisual mereceria apenas uma referência no artigo 30.º, em que se atribuía a *«organismos de regulação independentes»* a obrigação de for-

[33] Observatoire Européen de l'Audiovisuel, *L'Indépendance des Autorités de Regulation des Médias en Europe*, p. 17. Sobre a EPRA, ver também Capítulo 4.

necer aos Estados-Membros e à Comissão as informações necessárias para a aplicação da Diretiva, em particular dos artigos 2.º, 3.º e 4.º[34].

O artigo 30.º da Diretiva dos Serviços de Comunicação Social Audiovisual ganharia, todavia, uma maior relevância depois da revisão do seu teor, concretizada em 2018.

Em primeiro lugar, porque se estabelece que em cada Estado-Membro deverá existir *«uma ou mais autoridades ou entidades reguladoras nacionais»*, admitindo-se a possibilidade de serem criados reguladores responsáveis pela supervisão de diferentes sectores e não apenas do audiovisual[35].

Em segundo lugar, atribui-se indiscutível relevância à independência das entidades reguladoras, referindo-se não apenas que elas devem ser *«juridicamente distintas do governo e funcionalmente independentes dos respetivos governos e de outras entidades públicas ou privadas»*, como devem exercer os seus poderes

> *de forma imparcial e transparente, em conformidade com os objetivos da presente diretiva, nomeadamente em termos de pluralismo dos meios de comunicação social, diversidade cultural e linguística, defesa dos consumidores, acessibilidade, não discriminação, bom funcionamento do mercado interno e promoção de uma concorrência leal.*

Por outro lado, estipula-se que devem dispor *«de recursos financeiros e humanos e de poderes de execução adequados para desempenhar as suas funções de forma eficaz»*, o que inclui *«orçamentos próprios»*, bem como *«as condições e os procedimentos de nomeação e demissão dos dirigentes das autoridades e entidades reguladoras nacionais, ou dos membros do órgão colegial que exercem essas funções, incluindo a duração dos seus mandatos»*. *«Os procedimentos»* — continua o texto do artigo 30.º — *«devem ser transparentes e não discriminatórios, e devem garantir o necessário grau de independência»*.

---

[34] De uma forma genérica, os artigos 2.º, 3.º e 4.º da Diretiva visam garantir que cada Estado assegure que os serviços de comunicação social audiovisual respeitem as normas desse Estado, bem como o princípio da liberdade de receção dos serviços provenientes de outros Estados-Membros e reconhece a esses Estados *«a liberdade de exigir aos fornecedores de serviços de comunicação social sob a sua jurisdição que cumpram regras mais pormenorizadas ou mais rigorosas nos domínios coordenados pela presente Diretiva, desde que essas regras não infrinjam o direito da União»*.

[35] É o caso de vários reguladores europeus que abrangem a imprensa ou, ainda em mais casos, as comunicações eletrónicas ou mesmo, caso da Espanha, diversas áreas da economia.

Em terceiro lugar, porque é a própria Diretiva, no artigo 30.º-B), que cria o *ERGA — European Regulators Group for Audiovisual Media Services —*, composto por

> *representantes das autoridades ou entidades reguladoras nacionais no domínio dos serviços de comunicação social audiovisual, primordialmente responsáveis pela supervisão dos serviços de comunicação social audiovisual ou, nos casos em que não exista uma autoridade ou entidade reguladora nacional, por outros representantes escolhidos seguindo os seus procedimentos.*

O ERGA, que se tornaria a mais relevante estrutura internacional da regulação dos *media* e em cujas reuniões participa um representante da Comissão, tem como principais atribuições

> *disponibilizar conhecimentos técnicos especializados à Comissão — na sua atribuição de assegurar uma aplicação coerente da presente diretiva em todos os Estados-Membros, — sobre questões relacionadas com os serviços de comunicação social audiovisual, no âmbito da sua competência; proceder ao intercâmbio de experiências e das melhores práticas sobre a aplicação do regime regulamentar aplicável aos serviços de comunicação social audiovisual, nomeadamente sobre a acessibilidade e a literacia mediática; cooperar com os seus membros e prestar-lhes as informações necessárias para a aplicação da presente diretiva [...] e emitir pareceres, quando solicitados pela Comissão.*

Criado em fevereiro de 2014, o ERGA viria a definir anualmente as suas prioridades de atuação. Inicialmente, seriam sobretudo a garantia da independência dos reguladores dos diferentes Estados e a adaptação do quadro regulamentar europeu à era da convergência, nomeadamente através das questões relativas à jurisdição territorial e da proteção dos menores. Relativamente à questão da independência dos reguladores, o ERGA aprovaria, em dezembro de 2015, um extenso relatório, *ERGA Report on the Independence of the NRAs*, que abordaria diversos aspectos relacionados com a criação, poderes e atividade dos reguladores, nomeadamente os procedimentos de deliberação, o financiamento, a governação e os recursos humanos.

No entanto, a atividade do ERGA, para além de conferir uma redobrada legitimidade e relevância à atuação de reguladores dos *media* em cada Estado europeu, alargou as suas preocupações a outras áreas relevantes, como a aplicação da Diretiva dos Serviços de Comunicação Social Audiovisual, depois da sua alteração em 2018.

De qualquer forma, a legitimação do papel dos reguladores dos *media*, concretizada com a revisão da Diretiva, não anulou a especificidade da trajetória da regulação dos *media* em cada Estado europeu. Como adiante se examinará, nomeadamente no Capítulo 3, não existe uma uniformidade de modelos de regulação, nomeadamente no que tange à sua estrutura institucional, sectores abrangidos, modelo de financiamento e âmbito de atribuições e competências.

# Capítulo 2
# As anteriores experiências de regulação dos *media* em Portugal — do Conselho de Imprensa à Alta Autoridade para a Comunicação Social

## 2.1 A experiência atípica do Conselho de Imprensa (1975-1990)

Criado por lei — a Lei de Imprensa de 1975[36], o que constituiu uma marcante diferença face aos seus congéneres de outros países, e desde logo o Press Council inglês, gerado graças à iniciativa dos empresários da imprensa, o Conselho de Imprensa constituiria a primeira experiência portuguesa de regulação da comunicação social[37].

---

[36] Decreto-Lei n.º 85-C/75, de 6 de fevereiro. De acordo com o artigo 17.º deste diploma, o Conselho de Imprensa funcionaria «*junto do Ministério da Comunicação Social, durante o período de vigência do Governo Provisório*». O Conselho passaria para o quadro parlamentar em 1976, com a publicação do Decreto-Lei n.º 816-A/76, de 10 de novembro. Ver igualmente, no que concerne à legislação sobre o Conselho de Imprensa, o despacho do Conselho de Ministros de 22 de abril de 1975, a Lei n.º 31/78, de 20 de junho, e ainda a Lei n.º 69/79, publicada no Diário da República em 11 de outubro de 1979, que regulamentaria o Serviço de Apoio ao Conselho de Imprensa.

[37] Não deve ser, em contrapartida, considerada entidade reguladora a comissão *ad hoc,* prevista no Programa do Movimento das Forças Armadas e criada ainda em 1974 (Decreto-Lei n.º 281/74, de 20 de junho). Colocada na dependência da Junta de Salvação Nacional, a comissão, composta por sete oficiais daquele Movimento (entre os quais o capitão de fragata Correia Jesuíno, que viria a ser ministro da Comunicação Social entre fevereiro e setembro de 1975, nos 3.º, 4.º e 5.º governos provisórios, e o então major Ramalho Eanes), que exerceram funções durante cerca de um mês, tinha como missão essencial «*salvaguardar o segredo dos aspectos militares e evitar perturbações na opinião pública causadas pelos progressos ideológicos de meios mais reaccionários*». No regulamento anexo ao referido diploma, eram consideradas infrações «*contra os princípios do Movimento das Forças Armadas*», entre outros, o «*incitamento a greves, paralisações de trabalho ou manifestações não autorizadas pela legislação em vigor*», bem como «*agressões ideológicas que contrariem a execução do Programa do Movimento das Forças Armadas*». A comissão demitiu-se por não

Em agosto de 1974, quando uma comissão designada pelo ministro da Comunicação Social do II Governo Provisório, major Sanches Osório, elaborou um projeto de Lei de Imprensa, a proposta de criação de um Conselho de Imprensa[38] surgia muito mais como uma cópia de experiências alheias

---

concordar com a decisão do então Presidente da República, general Spínola, ao suspender três vespertinos lisboetas (*República*, por um dia, e *A Capital e Diário de Lisboa*, por dois dias), por terem dado relevo à notícia de uma manifestação de forças políticas de esquerda realizada em 31 de julho de 1974. Face aos protestos e à solidariedade de outros órgãos de comunicação social, as suspensões seriam levantadas. Até novembro de 1975, a comissão *ad hoc* teria uma nova composição, que incluiria o capitão Tomás Rosa (presidente do Conselho de Administração da RTP entre setembro de 1976 e março de 1977), tendo sido aplicadas diversas multas ou penas de suspensão da publicação a 36 órgãos da imprensa escrita.

Idêntico critério deverá ser aplicado relativamente ao *Conselho de Informação* criado por despacho do ministro responsável pela Pasta da Comunicação Social, Vítor Alves, publicado no 3.º suplemento do Diário do Governo de 30 dezembro de 1974. Composto pelos secretário e subsecretário de Estado da Comunicação Social, por diversos elementos da estrutura do Palácio Foz e pelos presidentes da RTP, Emissora Nacional e ANI, o Conselho, que deveria reunir quinzenalmente, teria essencialmente funções relacionadas com a política de comunicação do Governo, cabendo-lhe mesmo «*sugerir e programar acções concertadas de esclarecimento e mobilização da opinião pública, a serem empreendidas pelo Ministério da Comunicação Social e demais órgãos de comunicação social dependentes do Poder Público*». O Conselho de Informação deixou de reunir após a queda do V Governo Provisório, em novembro de 1975. Sobre a comissão *ad hoc* e o Conselho de Informação, ver o Relatório do Conselho de Imprensa «*A Imprensa Escrita em Portugal — Abril de 1974 a Julho de 1976*», a tese de doutoramento de Pedro Marques Gomes, *Jornais, Jornalistas e Poder: A Imprensa que nasce na Revolução e as lutas políticas de 1975*, Faculdade de Ciências Sociais e Humanas da Universidade Nova de Lisboa, 2018 e, do mesmo autor, o livro *A Imprensa na Revolução — os Novos Jornais e as Lutas Políticas de 1975*, p. 231 e seguintes.

[38] A ideia da criação de um Conselho de Imprensa nasceu nos trabalhos da *Comissão de Elaboração da Lei de Imprensa*, nomeada por despacho do ministro da Comunicação Social, major Sanches Osório, de 12 de agosto de 1974. A designação *Conselho de Imprensa* em vez de *Comissão de Imprensa*, como constava no projeto inicial elaborado por António Sousa Franco, que presidia à Comissão, foi adotada por proposta de Marcelo Rebelo de Sousa, que também dela fazia parte. Marcelo Rebelo de Sousa explicaria então que a designação *Conselho* em vez de *Comissão* tinha «a sua razão de ser pela degradação e fraco valor deste último termo vista a proliferação de comissões do mais variado género». Sousa Franco aderiria imediatamente a esta designação, explicando que não fora adotada no anteprojeto apenas para se evitar uma cópia literal da entidade inspiradora, o *Press Council* inglês. Outro membro da comissão que elaborou o projeto de Lei de Imprensa e

— a tradição e o prestígio do Press Council[39] inglês e sobretudo o modelo de competências dos conselhos oeste-alemão e austríaco — do que como resposta a qualquer imperativo interno ou mesmo sugestão do sector. De facto, criados sobretudo a partir dos anos 50 e 60 do século passado, nomeadamente em países do Centro e Norte da Europa, mas igualmente em países de língua — e influência — inglesa de outros continentes e, mais tarde, um pouco por todo o mundo, os conselhos de imprensa constituíram uma resposta à crescente preocupação com a responsabilidade social dos *media*. Em 1993, o próprio Conselho da Europa (Resolução 1003) aconselharia a criação de organismos de autocontrolo dos *media*[40].

De facto, a generalidade dos conselhos de imprensa constituiu-se em autênticos *tribunais morais* que julgam as queixas dos leitores face a abusos cometidos pela imprensa, designadamente no campo do direito à honra, e as reclamações da imprensa, quando esta considera a sua liberdade ilegitimamente limitada pelos poderes públicos ou por particulares. Este âmbito de atribuições levou esses conselhos a invocar mais vezes as regras deontológicas da profissão de jornalista do que as normas jurídicas relativas à liberdade de imprensa ou à atividade dos seus profissionais.

O Conselho de Imprensa português teve funções bem mais vastas. É certo que ele poderia ser classificado como *tribunal moral*, ajudando com

---

que desempenhou um papel relevante na formulação desse Conselho foi Francisco Pinto Balsemão.

[39] Criado em 1953, então designado como *General Council of the Press*, o *Press Council* (nome adotado em 1963) constituiu um exemplo de autorregulação, quer na sua criação, quer na sua composição, que, apenas em 1962, incluiria também representantes do público. Em 1990, passaria a ser designado *Press Complaints Commission*, que, todavia, seria substituído em 2014 pelo *Independent Press Standards Organization (IPSO)*. Em 2016, foi criado o *IMPRESS*, organismo britânico de autorregulação da imprensa. Sobre as experiências estrangeiras de conselhos de imprensa e de entidades congéneres, ver Bertrand, Claude-Jean, 1999, *L'Arsenal de la Démocratie — Médias Déontologie et M*A*R*S**, Economica, Paris; Aznar, Hugo, 2005, *Comunicação Responsável — Deontologia e auto-regulação dos meios de comunicação*, 2.ª ed., Porto Editora, Porto; Fidalgo, Joaquim, 2010, *O regresso do Conselho de Imprensa?*, Observatório (OBS*) Journal, vol. 4-n.º1; Roque, Ana, *Comunicação Social, Uma Experiência de Regulação*, Universidade Autónoma de Lisboa, 2002 e Camponez, Carlos, *Deontologia do Jornalismo*, ed. Almedina, 2011.

[40] Todavia, o número de países com um organismo deste tipo — e não apenas na Europa — — diminuiria muito na última década do século passado. Bertrand, obra cit., p. 104 e seguintes.

a sua atividade a balizar os limites da conduta deontológica dos jornalistas, através das suas decisões e dos precedentes criados[41].

No entanto, o contexto político em que o Conselho foi fundado — 1975 foi um ano de profunda controvérsia entre os partidários de diferentes conceções sobre o papel da comunicação social — levou os legisladores a alargarem consideravelmente as suas funções, que abrangeram importantes competências no âmbito do controlo jurídico-político da atividade informativa, assumindo uma dupla faceta, de órgão que defende a imprensa contra ataques ilegítimos de pessoas ou dos poderes político e económico e, simultaneamente, protege a opinião pública de abusos da liberdade de imprensa. Como se referia no relatório da Comissão, presidida pelo Prof. Sousa Franco, que elaborou a proposta de Lei de Imprensa de 1975, o Conselho de Imprensa seria a *«expressão dos interesses profissionais e da opinião pública»*. A sua vasta composição — inicialmente, 24 membros — testemunharia essa preocupação: presidido por um magistrado, indicado pelo Conselho Superior da Magistratura, incluiria três elementos designados pelo Movimento das Forças Armadas, seis jornalistas e dois representantes das empresas jornalísticas indicados pelas respetivas organizações profissionais, dois diretores de publicações periódicas, um da imprensa diária e outro da imprensa não diária, designados por eleição das suas categorias profissionais de entre os que não pertençam às administrações dos respetivos jornais, seis elementos representantes dos partidos da coligação governamental e quatro elementos independentes cooptados pelos restantes de acordo com uma votação segundo o sistema de maioria qualificada de dois terços. Em 1978, o Conselho passaria a ter 19 membros: figurariam também na sua composição dois representantes dos trabalhadores do sector que não fossem jornalistas, designados pelas respetivas organizações profissionais e quatro cidadãos de reconhecido mérito eleitos pela Assembleia da República, mas deixariam de integrar o Conselho os três representantes do MFA[42] e os seis dos partidos

[41] Bertrand, obra cit., p. 102, refere-se ao papel de um conselho de imprensa como de *«um mediador, um guia, um educador»*.

[42] A tendência verificada a seguir aos acontecimentos de 25 de novembro de 1975 para a progressiva retirada dos militares da vida política viria a refletir-se no seu progressivo afastamento dos trabalhos do Conselho, o que o levaria a alterar as regras internas sobre o quórum das reuniões. Sublinhe-se, no entanto, que o major Namorado Freire, um dos representantes do MFA no Conselho, foi o seu primeiro vice-presidente, tendo

políticos da coligação governamental[43]. Por outro lado, o número de elementos cooptados passaria de quatro para apenas dois[44]. Desta forma, dos 19 membros que integrariam este órgão a partir de 1978[45], 12 eram designados por entidades representativas de profissionais da imprensa, o que traduziria, ainda que minorada pela presença de representantes da Assembleia da República, algum intuito de *autorregulação* ou, se tivermos em conta que o Conselho de Imprensa foi criado e regulamentado pelo poder político, de *autorregulação induzida*[46].

A duração dos mandatos era limitada: dois anos renováveis para o magistrado que presidia ao Conselho, bem como para os seis jornalistas, os dois

exercido o cargo durante 13 meses, até 12 de julho de 1976, sendo substituído por Francisco Pinto Balsemão (Carvalho, Alberto Arons, *A Liberdade de Informação e o Conselho de Imprensa — 1975-1985*, Edição da Direcção-Geral da Comunicação Social, 1986).

[43] Apesar de a lei prever seis representantes da coligação governamental, a circunstância de o então IV Governo Provisório incluir, além de PS, PSD e PCP, também o MDP/CDE levou a que se evitasse atribuir maior representatividade a uns partidos em detrimento de outros, preenchendo apenas quatro dos seis lugares, mas, em julho de 1975, a saída do PS e do PSD do Executivo, quando da formação do V Governo Provisório, acarretaria o fim da representação partidária no Conselho.

[44] Entre as aproximadamente 110 pessoas que, nos seus 15 anos de atividade — 7 de maio de 1975 a 2 de junho de 1990, foram membros do Conselho de Imprensa, estiveram, entre outros, Francisco Pinto Balsemão, Maria de Lourdes Pintasilgo, Vitorino Nemésio, Sophia de Mello Breyner Andresen, Agustina Bessa-Luís, Adriano Lucas, Daniel Proença de Carvalho, Manuela Silva, Frei Bento Domingues, António Alçada Baptista, Norberto Lopes, Francisco Sousa Tavares, António Reis, Augusto Abelaira, Narana Coissoró, Vítor Cunha Rego, Manuel António Pina, Mário Mesquita, Maria Antónia Palla, Natália Correia, Miguel Lobo Antunes, Miguel Reis e Teresa Santa Clara Gomes.

[45] Já em 1976, através do artigo 2.º do Decreto-Lei n.º 816-A/76, se dispusera que integrariam o Conselho seis deputados em substituição dos representantes da coligação governamental, mas o Conselho da Revolução declararia esse artigo organicamente inconstitucional (Resolução n.º 78/77, publicada na 1.ª série do Diário da República de 12 de abril de 1977).

[46] De acordo com Claude-Jean Bertrand (obra cit., p. 96), a média aritmética do número de membros dos conselhos de Imprensa existentes um pouco por todo o mundo chegava aos 18, apontando o autor como vantagens a conjugação da eficácia com a representatividade. Na mesma obra (p. 93), Bertrand descreve os diferentes modelos existentes: apenas proprietários; proprietários e jornalistas; proprietários e consumidores; apenas jornalistas; jornalistas e consumidores; proprietários, profissionais e consumidores; proprietários, profissionais, consumidores e legisladores.

trabalhadores do sector, os dois representantes das empresas e os dois diretores, e um ano, não renovável no mandato seguinte, para os cidadãos eleitos pela Assembleia da República e para os dois membros cooptados.

As atribuições previstas no artigo 17.º da Lei de Imprensa, que criou o Conselho, e sobretudo na Lei n.º 31/78, de 20 de junho, que definia a sua orgânica e revogaria aquele artigo, impunham-lhe, por exemplo, *«zelar pela independência da imprensa face ao Poder Político e Económico ( ), por uma orientação geral que respeite o pluralismo e o confronto das diversas correntes de opinião, garanta o rigor e a objectividade da imprensa»* e ainda *«zelar no âmbito da imprensa pelo respeito dos demais direitos e pela observância das obrigações previstas na Constituição e na lei»*.

No exercício das suas atribuições, além de apreciar as queixas que seriam remetidas, o Conselho de Imprensa teria poderes para se pronunciar sobre

> *assuntos da sua competência acerca dos quais seja solicitado pela Assembleia da República, pelo departamento governamental competente, pelos proprietários ou órgãos de gestão ou de fiscalização das empresas titulares dos meios de comunicação social, pelos respetivos diretores e conselhos de redação e* pelas *associações sindicais e empresariais do sector, participar, sob forma consultiva, na elaboração de legislação antimonopolista* e para *emitir pareceres sobre questões que se relacionem com o estatuto da imprensa, liberdade de informação e seus limites*

entre diversas competências de alcance menos genérico. Já nos anos 80, o Conselho emitiria pareceres ou deliberaria sobre temas com indiscutível interesse e importância em matérias como o acesso às fontes de informação, o sigilo profissional, o direito de resposta, o direito à honra e o exercício da profissão de jornalista.

De qualquer forma, a entrada em funcionamento, no final de 1977, de quatro conselhos de Informação, respetivamente, para a RTP, RDP, Imprensa e ANOP, previstos no artigo 39.º da Constituição e criados por legislação de outubro desse ano, com a missão de assegurar o pluralismo no extenso sector público de comunicação social e a sua independência face ao poder político, afastaria do Conselho de Imprensa todas as queixas relativas a esses órgãos de informação e centradas nestes valores, então objeto de aceso debate na sociedade portuguesa.

A vastidão das atribuições e competências que foram cometidas ao Conselho de Imprensa trouxe-lhe consequências assinaláveis. A maioria das deliberações do Conselho visou apreciar casuisticamente as queixas que lhe foram submetidas, particularmente sobre o direito de resposta, cujo número ascendeu a perto de 40% do total, mas também sobre o direito à honra e outros limites legais e deontológicos à liberdade de expressão, sobre a liberdade interna e outros aspectos relativos à organização das empresas jornalísticas, entre eles o *«caso República»*, e os direitos dos jornalistas, nomeadamente o direito de acesso às fontes de informação[47].

Desta dispersão, bem como do facto de os membros do Conselho de Imprensa não exercerem as suas funções a tempo inteiro, acumulando-as com a sua atividade profissional, ressentiram-se quer os prazos de resposta a queixas recebidas quer a própria formulação doutrinária do Conselho[48]. No entanto, sobretudo a partir dos anos 80, quando as políticas públicas para a comunicação social (privatização dos jornais estatizados, abertura da televisão à iniciativa privada, emergência das *rádios livres*, independência do sector público face ao poder político, entre outros temas) começaram a ser objeto

---

[47] Roque, Ana, *Comunicação Social, Uma Experiência de Regulação,* Universidade Autónoma de Lisboa, 2002 e Carvalho, Alberto Arons, *A Liberdade de Informação e o Conselho de Imprensa, 1975–1985,* ed. Direção — Geral da Comunicação Social, 1986.

[48] A estas limitações deverá acrescentar-se a escassez de recursos humanos disponíveis. O Conselho de Imprensa nunca teve mais do que seis funcionários e foi forçado, inclusivamente, a mudar de instalações por várias vezes ao longo dos cerca de 15 anos do seu funcionamento, uma delas, em maio de 1981, quando as instalações que ocupava no Palácio Foz foram *«abruptamente ocupadas, a fim de aí se instalar o Gabinete do Ministro da Qualidade de Vida»*, obrigando à transferência dois meses depois para uma nova sede na Av. 5 de Outubro (Conselho de Imprensa, *Relatório sobre a situação da imprensa,* 1981, págs. 97 e 98). Acrescente-se que, sobretudo nos últimos anos da sua atividade, que cessaria em 1990, foi relativamente frequente a inexistência de quórum de funcionamento, graças à ausência de parte significativa dos seus membros, o que imporia o adiamento de deliberações. Ficaram também por concluir e aprovar os relatórios anuais de atividade relativos a 1976, 1977 e de 1984 até 1990. Já em 1990, na fase final dos trabalhos do Conselho, foi deliberado criar uma comissão, dirigida pelo presidente do organismo, que teria o encargo de instruir os processos sobre as queixas, deixando essa tarefa de ser assumida rotativamente por cada um dos seus membros. A insuficiência de meios adstritos ao Conselho terá pesado no recuo do Governo da AD, em 1981, que chegou a elaborar um projeto de decreto-lei no qual se atribuía ao Conselho de Imprensa a fiscalização das tiragens das publicações periódicas relacionadas com o então existente subsídio de papel (Relatório sobre a situação da imprensa em Portugal — 1981, p. 91, Suplemento ao Diário da Assembleia da República, II Série, n.º 37, 13/1/1988).

de intensos debates na esfera parlamentar e igualmente na própria opinião pública, o Conselho de Imprensa não deixaria de participar, ainda que de forma consultiva, na definição das políticas públicas. A análise dos vários projetos e propostas de lei apresentados no Parlamento ocuparia parte significativa das reuniões semanais do Conselho, que, no âmbito das suas competências, formulava os respetivos pareceres[49].

Por outro lado, a atividade do Conselho de Imprensa ultrapassaria as *fronteiras* da imprensa escrita. Porém, esse alargamento aos meios audiovisuais apenas se concretizaria no final de 1979, quando os conselhos de informação para a RTP, RDP, Imprensa e ANOP já estavam em pleno exercício de funções há mais de dois anos. Depois de, em várias ocasiões[50], se ter recusado a pronunciar sobre várias matérias, precisamente por respeitarem à radiodifusão ou à televisão, o Conselho de Imprensa entenderia então que, ao remeter para a Lei de Imprensa a definição dos direitos e deveres dos jornalistas, a então nova da Lei da Radiotelevisão (n.º 7/79, de 29 de novembro) colocava os profissionais destes meios sob a sua alçada[51].

---

[49] De acordo com o *Balanço de 15 anos*, documento aprovado na sua última reunião, em 2 de julho de 1990, o Conselho de Imprensa terá deliberado sobre mais de 600 queixas e emitiu cerca de 200 pareceres. Sobre o período entre 1975 e 1985, ver Carvalho, Alberto Arons, *A Liberdade de Informação e o Conselho de Imprensa, 1975–1985*, ed. Direção-Geral da Comunicação Social, 1986.

[50] O tema foi, aliás, objeto de um projeto de lei do PSD (n.º 49/I, de 5 de maio de 1977), que visava precisamente alargar as competências do Conselho à rádio e à televisão, bem como acompanhar e coordenar as atividades dos conselhos de informação. Em comunicado aprovado em 30 de janeiro de 1978, o Conselho de Imprensa pronunciar-se-ia então contra esta proposta, que seria, aliás, recusada por todos os outros grupos parlamentares, mas desse projeto, muito modificado, nasceria a Lei n.º 31/78, que regulamentaria a atividade do Conselho de Imprensa até à sua extinção. Na sua deliberação, o Conselho considerava «*prematura a extensão da sua competência, sobretudo porque não estão ainda devidamente definidos os estatutos jurídicos da rádio e da televisão nem devidamente assegurada a conservação dos programas por elas difundidos*».

[51] Posteriormente, em 20 de fevereiro de 1984, o Conselho consolidaria essa posição. Uma «*norma de orientação interna*», elaborada pelo seu presidente, juiz Jorge Mendonça Torres, fundamentava basicamente a sua argumentação numa aceção lata da palavra *imprensa*, que abrangeria «*o conjunto das técnicas que permitem a difusão periódica das informações ou dos diversos elementos da cultura*», incluindo a «*imprensa falada*» e a «*imprensa televisiva*». O texto do Conselho de Imprensa defendia, por outro lado, que não se deveria «*excluir liminarmente a ideia de que sendo aplicáveis os princípios (com as necessárias adap-*

Residiu na sua própria natureza de *tribunal moral* o mais marcante dos condicionalismos do Conselho de Imprensa. Excetuando as queixas sobre alegado incumprimento de direito de resposta, os casos de invocação da cláusula de consciência[52] e os recursos relativos à designação do diretor de

---

*tações, como é evidente) da Lei de Imprensa aos restantes meios de comunicação social e cabendo ao Conselho de Imprensa a salvaguarda de tais princípios, se terá de concluir pela sua competência quando elas sejam postas em causa*». «*Pareceria incompreensível*», lia-se ainda no documento do Conselho, «*e não teria qualquer justificação que só os problemas dos jornalistas profissionais da imprensa escrita pudessem ser apreciados pelo Conselho de Imprensa e que estivessem fora desse âmbito os dos jornalistas profissionais, quando trabalhassem na rádio ou televisão*».

Com base neste entendimento, todavia contestado pela entidade reguladora para o sector público da comunicação social então em exercício — o Conselho de Comunicação Social —, o Conselho de Imprensa chegaria a pronunciar-se sobre algumas matérias diretamente relacionadas com a RTP, tendo mesmo, entre outros casos, apreciado uma queixa do Sindicato dos Jornalistas contra a administração da RTP, por esta ter alegadamente proibido a emissão de uma reportagem sobre a UNITA no programa «Grande Reportagem».

O aparente conflito de competências entre o Conselho de Imprensa e o Conselho de Comunicação Social motivaria, por iniciativa deste, diversos encontros entre representantes dos dois órgãos, mas não se conseguiria chegar a qualquer acordo sobre essa matéria. Nos relatórios semestrais de atividades do CCS, relativos ao 2.º semestre de 1984 e ao 1.º semestre de 1985, seriam feitas referências a esses encontros, mas sublinhava-se que, em março de 1985, o CCS teria, sem sucesso, proposto «*um novo encontro para reanalisar as áreas de ação dos dois órgãos e a possível colaboração entre eles*». As relações entre o Conselho de Imprensa e o Conselho de Comunicação Social (CCS) esfriariam ainda mais quando, numa reunião daquele órgão, em 21 de abril de 1986, se debateria o rumor de que o poder político, com o conhecimento e a concordância do CCS, prepararia a fusão entre os dois organismos, o que apenas se viria a concretizar alguns anos mais tarde (Ata da reunião, in Arquivo do Conselho de Imprensa, ANTT, Caixa 14).

Até à sua extinção, com a aprovação da Lei da Alta Autoridade para a Comunicação Social, em 1990, o Conselho de Imprensa continuaria marginalmente a abordar temas relativos à RTP, nomeadamente em matérias relativas ao exercício profissional dos jornalistas.

[52] Entre o escasso número de casos, o mais emblemático foi o reconhecimento pelo Conselho de Imprensa, em 1975, do direito a invocar a cláusula de consciência por parte de 21 jornalistas do *República,* que argumentavam com a mudança de orientação daquele vespertino depois da demissão da direção do jornal imposta por um plenário de trabalhadores.

publicações periódicas[53], o Conselho apenas emitia recomendações ou juízos de valor, que todavia deveriam ser publicados, sem qualquer comentário, no prazo de uma semana. A eficácia das deliberações do Conselho baseou-se, assim, na sua própria publicidade.

De qualquer forma, é possível retirar de uma análise à atuação do Conselho de Imprensa algumas linhas de força dessa atuação. O Conselho optou, na generalidade, pela defesa e alargamento dos direitos dos jornalistas, mesmo quando eles colidissem com os de outras estruturas das próprias empresas ou com outros direitos dos cidadãos, com exceção do direito à honra. Defendeu invariavelmente a liberdade e a independência da imprensa face ao poder político, apesar de ter sido criado por lei e não através de um processo tradicional de autorregulação. Bateu-se pela manutenção de um sector público da comunicação social. Compreendeu a necessidade de articular a correta gestão das empresas jornalísticas com o reconhecimento de que a imprensa — a privada ou a do sector público — tem um custo social inerente à sua função e responsabilidade. Apesar de o seu funcionamento e de o seu financiamento dependerem do poder político, nomeadamente da Assembleia da República, foi tendencialmente um contrapoder.

Quase dez anos passados sobre a sua extinção e substituição pela Alta Autoridade para a Comunicação Social, os jornalistas ainda se pronunciavam

---

[53] De acordo com a Lei de Imprensa de 1975 (artigos 18.º e 22.º), os conselhos de Redação gozavam do direito de veto em relação à nomeação do diretor da publicação por parte da administração da empresa proprietária, mas não em relação à sua exoneração. Em abril de 1979, baseando-se naqueles artigos, o Conselho de Imprensa consideraria *«feridas de ilegalidade»* as nomeações de Pacheco de Andrade e de Botelho da Silva para a direção do *Diário Popular*, uma vez que o conselho de redação votara contra. A administração da empresa (*Empresa Pública Século Popular*) argumentara que o Estatuto da EPSP, que não referia o carácter imperativo daquele parecer, revogara aquela norma da Lei de Imprensa. Em abono da sua posição, o Conselho de Imprensa recordava que o próprio Estatuto de outra empresa pública, a ANOP, previa expressamente a aplicação das normas da Lei de Imprensa. Um caso idêntico ocorreria em 1983, quando a administração do *Jornal de* Notícias não teve em conta um parecer do Conselho de Redação do jornal e manteve a escolha de Freitas Cruz para diretor. Este parecer dos conselhos de redação deixaria de ser vinculativo em 1990, com a aprovação da Lei n.º 15/90, de 30 de junho, que aprovou as atribuições, competências, organização e funcionamento da Alta Autoridade para a Comunicação Social, com a consequente extinção do Conselho de Imprensa.

contra esse facto. Em 1998, o 3.º Congresso dos Jornalistas Portugueses aprovaria uma resolução em que se renovava

> *o protesto dos jornalistas contra a extinção do Conselho de Imprensa e sua substituição pela Alta Autoridade para a Comunicação Social, convidando a opinião pública e os empresários do sector a juntarem os seus esforços ao SJ, no sentido da criação de um órgão semelhante àquele, que, entre outras coisas, aprove e fiscalize o cumprimento de um código de conduta das empresas jornalísticas.*

Em 2008, na sequência da polémica em torno da atribuição de poderes disciplinares à Comissão da Carteira Profissional de Jornalista, aprovada pela lei que alterou o Estatuto do Jornalista (Lei n.º 64/2007, de 6 de novembro), a Associação Portuguesa de Imprensa preconizou a reinstalação de um Conselho de Imprensa, a ser criado em colaboração com o Sindicato dos Jornalistas num processo de autorregulação. Apesar da criação de um *grupo de missão* conjunto, representantes das empresas e dos jornalistas não chegariam a acordo sobre esse novo órgão e a iniciativa não teria sequência[54].

## 2.2 A Constituição de 1976 e a regulação da comunicação social

Sobretudo em 1975, com uma óbvia dificuldade em assegurar o pluralismo no extenso sector público de comunicação social[55], face ao ativismo militante dos trabalhadores afetos às correntes político-militares mais radicais, com a conivência e, por vezes, mesmo o apoio dos governos e de alguns sectores do MFA, restaria, entre outras medidas, aos sectores mais

---

[54] Joaquim Fidalgo, *O regresso do Conselho de Imprensa?*, Observatório (OBS*) Journal, vol. 4 — n.º 1 (2010).

[55] Na sequência dos acontecimentos do 11 de Março, a nacionalização da banca, que detinha a maioria do capital de grande parte dos jornais diários de âmbito nacional, como o *Diário de Notícias, O Século, Jornal do Comércio, Diário de Lisboa, Diário Popular, A Capital, Jornal de Notícias* e *Comércio do Porto,* levou à sua transferência para — pelo menos no quadro europeu — um invulgarmente extenso sector público de comunicação social, juntando-se à monopolista RTP e à então Emissora Nacional, que partilhava com a Rádio Renascença um duopólio na radiodifusão.

moderados do espectro político a consagração legal dos direitos, liberdades e garantias.

A invulgar extensão e o detalhe do texto constitucional neste domínio — a chamada *Constituição da Comunicação Social*[56] — deveram-se, assim, à tentativa de assegurar a consagração desses direitos no único dos diversos terrenos da agitada luta política registada no ano e meio subsequente ao 25 de Abril, em que uma conceção pluralista poderia ser aprovada sem hesitações nem concessões — a Assembleia Constituinte, em que PS, PSD e CDS dispunham de uma larga maioria. Por um lado, nada garantiria que idênticas medidas pudessem ser aprovadas pelos sucessivos governos provisórios, excetuando o VI, dirigido por Pinheiro de Azevedo. Por outro, a consagração constitucional dessas normas vincularia os governos, embora, entre outros exemplos, nem a consensual Lei de Imprensa tivesse sido respeitada pelo poder político-militar no emblemático *caso República*[57]. E teria ainda a inestimável vantagem de, podendo apenas ser modificada mediante a vontade de uma maioria de dois terços dos deputados investidos de poderes constituintes, ficar imune às oscilações provocadas pelas mudanças de maioria política.

---

[56] Além da consagração dos conselhos de informação, a Constituição de 1976, na sua versão original, incluía já, nos artigos 37.º a 40.º, um vasto e relevante conjunto de matérias relativas à comunicação social. Nela se consagrava, entre outros institutos, a liberdade de expressão, o direito de se informar, a proibição da censura, a apreciação dos crimes de imprensa pelos tribunais judiciais, o direito de resposta, o direito de participação dos jornalistas, a liberdade de fundação de jornais, a proibição da propriedade privada da televisão, a existência de um Estatuto da Informação, com o objetivo de estabelecer o regime dos meios de comunicação social, designadamente dos pertencentes ao Estado, a independência da imprensa perante os poderes político e económico e o direito de antena dos partidos políticos e das organizações sindicais e profissionais.

[57] O *caso República* consistiu fundamentalmente no facto de, perante a passiva cumplicidade do IV Governo Provisório (apesar da oposição dos ministros do PS e do PSD) e das restantes autoridades, o diretor do jornal, Raul Rego, ter sido, a partir de 19 de maio de 1975, impedido de exercer o seu cargo por deliberação de um plenário de trabalhadores, contra a opinião da administração da empresa, do conselho de redação e da grande maioria dos jornalistas. Estava então já em vigor a Lei de Imprensa (Decreto-Lei n.º 85-C/75, de 26 de fevereiro), cujo artigo 18.º estipulava que o diretor era designado pela empresa proprietária, com voto favorável do Conselho de Redação, cabendo recurso para o Conselho de Imprensa, e que a empresa proprietária poderia demitir livremente o diretor.

A ideia da criação de um mecanismo de garantia do pluralismo e da independência do sector público da comunicação social constava do projeto de Constituição apresentado pelo Grupo Parlamentar do Partido Socialista. Concebido pelo então deputado constituinte Mário Mesquita, o texto daquela norma — artigo 23.º, n.º 4 — estabelecia que *«o controlo dos órgãos de informação estatizados competirá à Assembleia Legislativa Popular*[58] *sendo o seu pluralismo e independência garantidos através de um estatuto da informação». «Para assegurar esse pluralismo»* — continuava o referido preceito — *«em cada órgão de informação estatizado será criado um conselho integrado proporcionalmente por representantes indicados pelos partidos políticos com representação não inferior a 10% na Assembleia Legislativa Popular».*

Além do socialista, seria o PPD/PSD o único partido com representação parlamentar a propor uma norma sobre a regulação do sector público da comunicação social. No entanto, no seu projeto de Constituição (artigo 24.º), este partido limitava-se a prever a criação de um *Conselho de Comunicação Social,* ao qual competiria, através de *«um estatuto especial a definir por lei»*, a garantia da independência dos órgãos de comunicação social *«perante o Governo e a Administração Pública»*. O texto proposto pelos sociais-democratas integrava no âmbito do preceito não só os meios de comunicação social pertencentes ao Estado como os que fossem propriedade de *«entidades, directa ou indirectamente, sujeitas ao seu controlo económico»*[59].

O articulado proposto ao plenário da Assembleia Constituinte pela Comissão de Direitos e Deveres Fundamentais (artigo 26.º) retoma-

---

[58] Designação então proposta para a futura Assembleia da República.

[59] Estas expressões seriam adotadas na versão inicial do art. 39.º, n.º 1 da Constituição em vigor até à 2.ª revisão constitucional (1989). Em novembro de 1981, o seu âmbito preciso seria objeto de um parecer, aprovado por unanimidade pelo Conselho de Informação para a Imprensa. Elaborado pelo então também deputado socialista Armando Bacelar, o parecer definia na prática o âmbito de atuação dos conselhos de informação, que assim abrangeriam *«os meios de comunicação social pertencentes à Administração Pública Central, Regional e Local e por esta administrados; os pertencentes às empresas públicas; os meios de comunicação social do sector privado em cujas empresas proprietárias o Estado ou qualquer outra pessoa de direito público tenha assegurado o domínio, por deter mais de 50% do capital social, excluindo aquele que for pertença da própria empresa; e os meios de comunicação social em cujas empresas proprietárias o Estado ou qualquer entidade de direito público exerça controlo económico, ainda que nelas não possua a maioria do capital, sempre que esse controlo resulte de contrato, de preceitos legais, imposição judicial ou de qualquer outra razão legal».*

ria sobretudo os aspectos essenciais do projeto socialista: seriam criados *«conselhos de informação nos órgãos estatizados a integrar, proporcionalmente, por representantes indicados pelos partidos políticos com assento na Assembleia Legislativa Popular»;* de acordo com o mesmo artigo, seriam *«conferidos aos conselhos de informação poderes efetivos para assegurar uma orientação geral que respeite o pluralismo ideológico»*, sinal evidente de que esta era a prioridade exigida a estes novos organismos.

O debate no plenário da Assembleia Constituinte refletiria a existência de duas conceções antagónicas sobre o papel da comunicação social estatizada.

Os deputados do PCP proporiam um texto alternativo, que seria, porém, reprovado, onde se remetia para uma lei a regulamentação do regime aplicável ao sector público de comunicação social, traçando-se os respetivos objetivos: *«salvaguardando o seu apartidarismo e a possibilidade de expressão das diversas correntes de opinião democrática, promover a mobilização e a consciencialização de todo o povo português na construção do socialismo»*.

Ao defender a proposta comunista, justificando ao mesmo tempo a oposição do PCP ao articulado proposto pela Comissão, o deputado Vital Moreira afirmaria que ele visava *«nem mais nem menos, retirar a televisão, a rádio estatal e os jornais nacionalizados do controlo do Estado e dos órgãos revolucionários do poder político, bem como afastar qualquer possibilidade de intervenção dos jornalistas e de outros trabalhadores na sua orientação»* (DAC n.º 40 de 30/8/75, p. 1118).

Depois de recordar que o sector público ficaria sujeito a uma comissão constituída por representantes dos partidos com assento parlamentar, Vital Moreira sublinharia que nela figurariam todos os partidos *«qualquer que seja a sua posição face ao processo revolucionário. Socialistas ou anti-socialistas, democrático ou antidemocrático, revolucionários ou contra-revolucionários»*.

De acordo com o então deputado comunista, a conceção perfilhada pelos partidos apoiantes daquele artigo tinha três componentes fundamentais: *«parlamentarização de toda a vida política nacional — do Governo, das organizações populares unitárias, dos jornais, etc.; redução de toda a vida política à competição partidária (); finalmente, e fundamentalmente, afastamento e não reconhecimento dos órgãos revolucionários do poder político»*. *«Note-se»* — acrescentava Vital Moreira, que se insurgia contra uma alegada *«concepção liberal-democrata»* — *«que o Governo e o MFA ficariam sem qualquer possibilidade de intervenção na orientação da televisão, da EN e dos jornais nacionalizados»*. Na sua intervenção, invocaria igualmente o *Plano de Acção Política* do MFA — Movimento das Forças Armadas —, que considerava necessária uma transformação de um ou mais jornais diários e da rádio e da televisão estatais *«em órgãos oficiosos, cujo noticiário e doutrina»* deveriam *«naturalmente»* refletir *«as posições do MFA»*.

A declaração de voto dos parlamentares socialistas, a cargo de Mário Mesquita, representaria a opinião maioritária. Mesquita afirmaria que *«o estabelecimento por via constitucional do controlo parlamentar dos meios de comunicação social estatizados destina-se a pôr fim ao regime de dominação partidária, com financiamento estatal, em que actualmente vivem»* (DAC n.º 40, de 30/8/75, p. 1126). Manifestando-se contra aquilo que classificou como o princípio *«a cada jornal segundo a sua tipografia»* — aludindo às demissões e nomeações de gestores e diretores deliberadas em plenários de trabalhadores de órgãos de comunicação social —, Mesquita sustentaria igualmente, a favor da proposta que idealizara, que *«só os órgãos de soberania, eleitos por sufrágio universal e escrutínio secreto, têm legitimidade para definir a orientação geral da televisão, da rádio e dos jornais, por forma a assegurar o pluralismo nesses órgãos de informação»*[60].

O PS, o PPD e o CDS votariam favoravelmente o preceito constitucional que criava os conselhos de informação. O PCP e o MDP/CDE votariam contra.

## 2.3 Os conselhos de informação para a RTP, RDP, ANOP e Imprensa (1977–1984)

### 2.3.1 A Lei 78/77

Os acontecimentos do 25 de Novembro de 1975, que representaram a vitória de uma conceção pluralista da comunicação social, tornaram a criação de mecanismos de regulação menos imperiosa para os seus defensores.

De facto, o novo contexto político limitara o papel e a influência dos plenários de trabalhadores na orientação editorial dos órgãos do vasto sector público de comunicação social, alargado em março de 1975 pela nacionalização da banca e, indiretamente, dos diversos jornais diários que ela detinha.

[60] Na declaração de voto em nome do Grupo Parlamentar do PS, o deputado Mário Mesquita recordaria igualmente uma *nota de serviço* emitida em 8 de agosto de 1975, cerca de três semanas antes, pela direção da Emissora Nacional, em que se escrevia que *«A EN é um órgão de comunicação social dependente do Governo, pelo que qualquer informação ostensivamente contrária ao Governo ou a qualquer dos seus membros não pode ser transmitida»*.

Por outro lado, a regulamentação do preceito constitucional que criava os conselhos de informação e o consequente início da sua atividade implicariam decerto uma limitação na tutela desse sector pelo Governo.

O início da atividade dos conselhos de informação sofreria assim diversos atrasos, a que não seria alheia, de facto, a mudança de conjuntura política.

A primeira tentativa de regulamentação dos conselhos surgiria, no entanto, através de decretos-lei do Governo, que instituíam esses órgãos, primeiro na RTP, em março de 1976 (DL n.º 189/76, de 13/3[61]), no mês seguinte

---

[61] Os Estatutos da RTP, tal como os da RDP, previam que o Conselho de Informação (constituído por representantes dos partidos com assento parlamentar — um por cada 15 deputados eleitos) se pronunciaria através de pareceres sobre as linhas gerais de programação. O Governo escolheria dois dos cinco membros do Conselho de Administração, um dos quais o presidente, cabendo a escolha dos restantes três a uma assembleia de televisão, com uma diversificada representação da sociedade civil, que indicaria dois membros, e à assembleia de trabalhadores, que indicaria um dos vogais. O artigo 6.º, n.º 4, deste diploma, os primeiros estatutos da RTP a seguir ao 25 de Abril, estipulava que «*O Governo, através do Ministério da Comunicação Social, poderá utilizar até uma hora por semana do tempo de antena para emissão de reportagens filmadas ou outros filmes de interesse para a acção governativa*». Uma norma semelhante surgia nos Estatutos da RDP, prevendo-se três horas por semana para o tempo de antena governativo (art. 5.º, n.º 4).

O modelo de uma assembleia de televisão viria a ser retomado, desta vez, através do seu efetivo funcionamento, no Estatuto da RTP de 1992 (Lei n.º 21/92, de 14 de agosto). Com a designação de Conselho de Opinião, este órgão teria, no entanto, uma composição em que sobressaía a representação do Parlamento e do Governo (cinco membros cada, embora no Parlamento segundo o sistema proporcional) e um leque de competências limitado (pronúncia sobre os planos de atividade, orçamentos, relatórios e contas, e bases gerais da programação) e sem qualquer efeito vinculativo. O perfil do Conselho de Opinião mudaria em 1998 (Lei n.º 31-A/98, de 14 de julho), ao ser-lhe atribuída competência para «*emitir um parecer prévio e vinculativo, no prazo máximo de 10 dias, sobre a composição do órgão de administração da empresa concessionária, a eleger ou a destituir na respectiva assembleia-geral*» (art. 48.º, al. a) do n.º 2). Em 2002, verificar-se-ia uma tentativa da maioria política PSD/CDS com vista a uma nova alteração legislativa: depois de se pronunciar contra a designação de um Conselho de Administração que, na sequência da mudança de maioria política, anunciara a saída da RTP2 do universo da empresa, o Conselho de Opinião deixaria, de acordo com o projeto de diploma aprovado pela Assembleia da República, de ter esse direito de veto sobre a administração da empresa para passar a ter apenas a competência para emitir um parecer prévio, público e fundamentado, mas não vinculativo, sobre a nomeação e destituição dos diretores de programação e informação. No entanto, o Tribunal Constitucional, solicitado para se pronunciar pelo então Presidente da República Jorge Sampaio, consideraria esta norma inconstitucional por violar

na RDP (DL n.º 274/76, de 12/4), mais tarde, em outubro, visando a criação de um conselho único para a Imprensa Estatizada e para a ANOP (DL n.º 657/76, de 2/8). Todavia, nenhum dos conselhos criados desta forma viria a funcionar, antes da entrada em vigor da Lei dos Conselhos de Informação, aprovada pela Assembleia da República apenas cerca de um ano e meio depois da entrada em vigor da Constituição, em cujo artigo 39.º se previa a sua criação.

A lei que instituía os conselhos de informação, publicada no mês de outubro de 1977, nasceria de uma iniciativa legislativa de um partido então na oposição — o PSD —, que seria profundamente alterada no decorrer dos debates parlamentares.

O projeto social-democrata (projeto de lei n.º 23/I), que visava regulamentar igualmente o Conselho de Imprensa, propunha a criação de um *Conselho Parlamentar para a Informação*. Formado apenas por deputados, num máximo de quinze, com representação proporcional de cada grupo parlamentar, o Conselho representaria, pelas suas atribuições e competências, uma clara parlamentarização da gestão do sector público da comunicação social. Competir-lhe-ia não apenas designar a maioria dos membros dos conselhos de administração, como igualmente proceder ao controlo financeiro daquele sector público, superintender e coordenar a atuação dos conselhos de informação, *»garantir a independência, isenção e pluralismo ideológico dos meios de comunicação social»*, e até *«orientar e fiscalizar a política de informação do Governo»*.

---

a garantia da independência dos meios de comunicação social do sector público (Acórdão n.º 254/02, aprovado em 11 de junho de 2002). O Governo e a maioria parlamentar (PSD/CDS) responderiam ao *veto* do Tribunal Constitucional com um novo diploma (Lei n.º 18-A/2002, de 14 de julho), baseado em três alterações ao modelo de gestão da RTP: insistia-se em retirar ao Conselho de Opinião a competência, estabelecida em 1998, para vetar a designação e a exoneração do conselho de administração; mas, em contrapartida, previa-se um regime próximo da inamovibilidade para os seus membros, que não poderiam *«ser destituídos em momento anterior ao do termo do respectivo mandato, salvo ocorrendo falta grave comprovadamente cometida pelo titular no desempenho das suas funções ou no cumprimento de qualquer outra obrigação inerente ao cargo, ou em caso de incapacidade permanente»*, sem que, todavia, se estabelecesse quem poderia apreciar essa *falta grave;* e atribuía-se natureza vinculativa ao parecer da Alta Autoridade para a Comunicação Social sobre a nomeação e exoneração dos diretores de programação e informação *«sempre que estiver fundamentado na violação das garantias previstas no n.º 6 do artigo 38.º da Constituição»*.

Ainda de acordo com o projeto, o *Conselho Parlamentar para a Informação* coordenaria a atividade dos conselhos de informação previstos no texto constitucional, dando-lhes «*directivas tendentes a salvaguardar a isenção, independência, pluralismo, objectividade e rigor da informação*».

Os grupos parlamentares do PS e do PCP rejeitariam a criação deste conselho parlamentar com dois argumentos principais, de acordo com a declaração de voto do deputado socialista Jaime Gama (DAR n.º 55, de 17/12/76, p. 1758):

— o conselho diluiria «*a estrutura e os poderes dos conselhos de informação*»;
— a independência do sector público de comunicação social deveria ser assegurada em relação ao Governo, mas igualmente face ao Parlamento.

Em alternativa, os mesmos partidos (PS e PCP) proporiam um texto relativo à criação e regulamentação dos conselhos de informação, que acabaria por ser aprovado por unanimidade na sessão parlamentar de 23 de março de 1977, dando origem à Lei n.º 78/77, de 25 de outubro.

Constituídos por representantes designados pelos partidos políticos com assento na Assembleia da República, na proporção de um por cada dez deputados de cada partido, com um mínimo de um, os conselhos — quatro, respetivamente para a RDP, RTP, Imprensa (abrangendo apenas a estatizada) e ANOP — teriam competências sobretudo de natureza meramente consultiva:

— definir diretivas que visavam a salvaguarda da independência, do pluralismo, do rigor e da objetividade da informação do sector público de comunicação social e que impedissem «*a apologia ou propaganda da ideologia fascista e de quaisquer outras, igualmente contrárias às liberdades democráticas e à Constituição*»;
— dirigir recomendações aos órgãos de gestão das empresas e, no caso da ANOP e das publicações periódicas, aos respetivos diretores, que deveriam ser publicadas ou difundidas pelos órgãos a que dissessem respeito, nos mesmos termos das notas oficiosas;
— propor ao ministro da tutela a instauração de procedimento disciplinar contra qualquer membro dos órgãos das empresas abrangidas que demonstrasse «*frontal desrespeito*» pelas normas que impunham uma orientação plural, rigorosa e objetiva;

— emitir um parecer, não vinculativo, sobre a nomeação dos gestores dos órgãos de comunicação social pertencentes ao Estado ou a entidades direta ou indiretamente sujeitas ao seu *controlo económico*, bem como dos diretores das publicações periódicas estatizadas e da ANOP;
— e dar parecer sobre a criação ou encerramento das publicações editadas pelas empresas sujeitas ao seu controlo.

### 2.3.2 A composição e a atividade dos conselhos de informação

A atividade dos conselhos de informação viria a ser profundamente condicionada pelas normas relativas à sua composição, designadamente a sua constituição de acordo com a representatividade dos partidos políticos com assento na Assembleia da República. Reproduzia-se assim, fielmente, a lógica parlamentar. Na esmagadora maioria das deliberações, funcionava em pleno a posição dos diferentes partidos face ao governo e à maioria parlamentar em exercício.

No entanto, esta *partidarização* decorria ainda de outras facetas que marcariam os cerca de seis anos e meio de trabalho dos quatro conselhos:

— a estreita relação entre os mandatos dos membros dos conselhos e a representação de cada partido na Assembleia da República. Cada vez que se realizavam eleições legislativas, mudava a composição de cada conselho, de acordo com essa nova representatividade parlamentar. Porém, depois das eleições legislativas de 2 de dezembro de 1979, que colocaram no poder a *Aliança Democrática* (AD) — uma coligação PSD/CDS/PPM —, tardaria a tomada de posse dos novos membros indicados pelos outros partidos, que apenas se concretizaria em fevereiro de 1980. Durante perto de três meses, a mudança na representação parlamentar dos partidos políticos não se traduziria nos conselhos de informação. Desse incómodo faria, aliás, eco o órgão oficial do PSD, *Povo Livre*, que transcrevia um comunicado deste partido em que se protestava com veemência por esse atraso[62]. De qualquer forma, como adiante se referirá, as normas relativas à composição dos conselhos

[62] *Povo Livre*, 6 de fevereiro de 1980, p. 3.

não assegurariam, também dessa vez, que a coligação vencedora nas eleições garantisse uma maioria nos conselhos;

— a possibilidade de substituição por membros suplentes, *«independentemente de qualquer causa justificativa»*, facilitando a rotação dos seus membros e fortalecendo a disciplina partidária;

— a presença entre os membros dos conselhos — que recebiam apenas uma verba por reunião a título de senha de presença — de vários deputados e de funcionários dos diversos grupos parlamentares, o que, embora facilitando a existência de quórum de funcionamento — recorde-se que as reuniões dos conselhos decorriam na Assembleia da República —, acentuava a hegemonia dos aparelhos partidários;

— o elevado número de membros de cada conselho (pelo menos 25), tornando muitas vezes relativamente ineficazes os seus trabalhos.

Estas evidentes partidarização e *parlamentarização* dos conselhos de informação conduziriam a uma clara subordinação às sucessivas maiorias políticas, embora, como adiante se verá, a adaptação da composição dos conselhos aos resultados eleitorais tenha obrigado a mudanças na legislação[63].

Os conselhos de informação iniciariam as suas atividades em dezembro de 1977, durante a fase final do II Governo Constitucional, de maioria PS/CDS. Suceder-lhe-iam, com a mesma base parlamentar, os governos de *iniciativa presidencial* sucessivamente liderados por Nobre da Costa, que todavia não obteria a necessária investidura parlamentar, Mota Pinto e Maria de Lourdes Pintasilgo[64].

As eleições parlamentares intercalares de 2 de dezembro de 1979 colocariam no poder a Aliança Democrática (AD), coligação entre PPD/PSD, CDS

[63] Nas atas das reuniões dos conselhos, quando são referidas as votações realizadas, não existe mais do que a indicação do sentido de voto de cada partido, o que demonstra que se encarava como absolutamente normal a disciplina de voto de âmbito partidário.

[64] Os governos de iniciativa presidencial não introduziriam alterações relevantes no sector. Por exemplo, a RTP continuaria a ser dirigida por João Soares Louro, ex-membro de um Governo do PS, que fora nomeado pelo II Governo de Mário Soares, pelo que, embora relativamente matizada pelo afastamento do poder, se manteria no Conselho de Informação para a RTP uma maioria de socialistas e centristas, espelhando, aliás, a composição da administração da empresa.

e PPM, liderada por Francisco Sá Carneiro, que reforçaria a sua vantagem no sufrágio realizado no ano seguinte, em 5 de outubro de 1980.

Porém, mau grado a maioria absoluta que a coligação conquistou em qualquer dos atos eleitorais, as regras estabelecidas para a composição dos conselhos, concedendo aos pequenos partidos parlamentares um lugar, mesmo sem se terem apresentado autonomamente ao sufrágio, impediria os partidos vencedores de assegurarem uma maioria nos conselhos de informação. Deste modo, os partidos que compunham a AD não conquistariam mais do que 13 dos 26 lugares de cada conselho, o que os motivaria, em 1981, a procederem a uma modificação da orgânica dos conselhos de informação, através da referida Lei n.º 1/81, de 18 de fevereiro, que acrescentava dois membros suplementares à representação do partido mais votado.

De acordo com a representatividade parlamentar decorrente das eleições de dezembro de 1979, o PSD teria 8 membros, o CDS 4 e o PPM 1, quadro que se manteria inalterado depois das eleições do ano seguinte. Entre as forças oposicionistas, o PS passaria, de uma eleição para a outra, de 7 para 6, o PCP de 4 para 3 e a UDP manteria 1 membro. Depois das eleições de 1980, em que o PS concorreria integrado numa coligação (Frente Republicana e Socialista) com a ASDI e a UEDS, cada uma destas duas organizações teria um representante, somando a oposição também 13 membros, apesar do conjunto dos deputados da maioria (PSD e CDS) na Assembleia da República perfazer 134 contra 116 afetos à oposição. Depois da alteração de fevereiro de 1981, aprovada, praticamente sem discussão, por um largo consenso do qual apenas se excluíram PCP e UDP que se abstiveram, o PSD teria 10 membros, o PS 7, CDS 5, PCP 4, UDP, PPM, MDP, UEDS e ASDI 1 membro cada. Num total de 31 membros, 16 eram afetos aos partidos que compunham a coligação governamental. Esta composição manter-se-ia até às eleições de 25 de abril de 1983, que abriram caminho a um governo do *Bloco Central*. Os partidos do Governo, PS (12) e PSD (8), teriam, a partir de então, 20 dos 27 membros do Conselho, sendo os restantes 7 atribuídos ao PCP (4) e ao CDS (3).

A entorse que se verificara quanto à representatividade dos conselhos causara importantes reflexos no seu funcionamento, provocando protestos dos partidos governamentais e paralisando a sua atividade, sucedendo-se, numa primeira fase, as reuniões adiadas por falta de quórum. De facto, quer porque a composição dos conselhos não espelhava a proporcionalidade existente no quadro parlamentar, quer porque, durante grande parte do ano de 1980, os partidos não se entenderiam sobre a distribuição das presidências pelas quatro principais forças políticas, nomeadamente porque PS e PSD reivindicavam a liderança daquele que era considerado o conselho mais importante — o da RTP — os membros indicados pelo PSD e pelo CDS estariam ausentes de diversas reuniões.

O impasse provocado pela igualdade entre representantes do Governo e da oposição, iniciado com as eleições de dezembro de 1979 e solucionado em fevereiro de 1981 com a mencionada alteração à legislação, comprometeria durante esse período de um ano e três meses a já fraca capacidade de decisão dos conselhos. De tal modo que, em março de 1980, perante o impasse provocado por esta situação, um membro do Conselho de Informação para a RTP terá mesmo desabafado para os jornalistas que *«isto só anda se algum conselheiro ficar doente e não houver tempo de avisar o substituto»* (*Diário Popular* de 13/3/80, p.32).

Deste modo, de acordo com um critério relacionado com a hegemonia partidária, é possível assinalar três períodos distintos no funcionamento dos conselhos:

— um primeiro período, desde o início dos trabalhos em dezembro de 1977 até fevereiro de 1980, quando a sua composição é alterada de acordo com os resultados das eleições legislativas de 2 de dezembro de 1979. Neste período, numa primeira fase, a coligação PS/CDS hegemoniza o conselho, mas, com a sua substituição pelos governos de *iniciativa presidencial*, observa-se uma recomposição progressiva do quadro político-partidário — com a constituição no conselho de uma maioria de esquerda e uma reaproximação entre PSD e CDS, que formariam uma coligação vencedora nas eleições seguintes.

— um segundo período, entre fevereiro de 1980 e fevereiro de 1981, em que a frequente ausência dos representantes do PSD, em protesto pela diferença entre a representação parlamentar dos partidos e a respetiva expressão nos conselhos, permite que sejam aprovadas algumas propostas da oposição (PS e PCP)[65].

[65] Por exemplo, em 24 de julho de 1980, o Conselho de Informação para a RTP, com a ausência dos membros representativos dos partidos da coligação governamental — AD — —, votaria um inédito parecer desfavorável, mas não vinculativo, à designação de Proença de Carvalho e de Rui Ressurreição, respetivamente para presidente e para vogal da administração da RTP, os quais já tinham tomado posse seis dias antes. Em 30 de

— um terceiro período, desde fevereiro de 1981 até ao fim dos trabalhos, em maio de 1984, em que cada Conselho tem uma maioria política clara que influencia as suas deliberações, primeiro da *Aliança Democrática* até abril de 1983, depois do *Bloco Central*[66]. Neste período, nomeadamente depois do processo que conduziria à revisão constitucional de 1982, iniciada em abril de 1981, os conselhos reduziriam progressivamente a sua atividade, não só porque se vislumbra nos projetos apresentados pelos diferentes partidos que haverá um consenso para a substituição dos conselhos de informação por um novo regulador, mas também porque existirá a partir de então, durante cerca de três anos, uma clara maioria sintonizada com o Governo.

A composição partidária dos conselhos acarretaria também óbvias implicações na definição das suas prioridades, influenciadas pelas preocupações dos partidos políticos, sobretudo em relação à difusão das suas opiniões e atividades e às regras do pluralismo e da isenção noticiosa, cuja análise constitui o eixo central da atividade dos conselhos.

Os pareceres sobre as designações de novos conselhos de administração e de novos diretores nas empresas do sector público de comunicação social ocupam também uma significativa parcela dos trabalhos dos conselhos, tanto mais que são precedidos da audição dos indigitados[67], bem como a análise

---

dezembro do mesmo ano, o Conselho de Informação para a RDP aprovaria um parecer muito crítico sobre a cobertura da campanha eleitoral para a Presidência da República, no qual se concluía que *«não foi prestado tratamento semelhante a todos os candidatos, tendo-se destacado a actuação de dois deles e obscurecido nitidamente a de um»; ...«foram concedidos atropelos ao rigor informativo, nomeadamente introduzindo opiniões ao conteúdo das notícias»; ...«criaram--se condições de empolamento da opinião pública e permitiu-se o sensacionalismo jornalístico»*.

[66] Antes deste período, as oscilações na maioria prevalecente nos trabalhos do Conselho tinham, por vezes, motivado alterações de posição relativamente aos mesmos temas. O exemplo mais paradigmático terá ocorrido com o relatório de uma Comissão de Inquérito à *«situação no sector informativo da RTP»*, que apontava críticas à informação deste operador, acusando-a de favorecer a *Aliança Democrática*. Alterada a composição do Conselho, fruto da referida modificação da lei, o relatório seria afinal rejeitado na reunião de 15 de setembro de 1981.

[67] A sucessão de novas administrações, que frequentemente nomeavam novos diretores da sua confiança, foi uma das características do período entre 1974 e meados dos anos 80. Durante esses 11 anos, a RTP teve 16 diferentes administrações. Entre julho de 1975, quando foi criada e 1984, a ANOP teve oito administrações, que nomearam nove

das políticas públicas para o sector da comunicação social, nomeadamente através de reuniões com a respetiva tutela ou da apreciação de propostas e projetos de lei[68].

A restante atividade dos conselhos, normalmente concretizada em reuniões semanais, decorre da especificidade de cada meio de comunicação social.

O Conselho de Informação para a Imprensa analisou em diversos momentos a isenção da orientação editorial dos *jornais estatizados*, que constituíam a maioria das publicações periódicas diárias de âmbito nacional. Em 22 de junho de 1979, durante o Governo liderado por Mota Pinto, o Conselho aprovaria uma diretiva onde se referia *«haver sérios e fundados motivos de preocupação quanto à actual orientação da maioria daqueles órgãos (Diário de Notícias, A Capital, Diário Popular, Comércio do Porto e Jornal de Notícias) para os quais entende dever chamar a atenção da opinião pública e dos órgãos de soberania.»*[69] O facto de o então

---

diretores de informação (Wilton Fonseca e Mário de Carvalho, *Heróis anónimos,* Perfil criativo ed., 2016, p. 77).

[68] No final dos anos 70, a construção da legislação da comunicação social constituiu um dos principais temas da atividade legislativa e, em consequência disso, das tarefas dos conselhos de informação. Em 1977, num só dia, a Assembleia da República votou sete projetos de diplomas sobre temas relativos à comunicação social: uso dos meios de comunicação social em período eleitoral, direito de resposta na rádio e na televisão, publicação de notas oficiosas e Lei da Televisão (todos apresentados pelo PSD) e Lei da Radiotelevisão, Lei da Radiodifusão e estatuto da RDP (apresentados pelo PS). Em 1978, um documento proposto pelo então secretário de Estado da Comunicação Social, João Gomes, intitulado *Bases Gerais de Política de Informação,* fora igualmente objeto de análise e parecer por parte dos quatro conselhos de informação.

[69] No documento, aprovado com os votos favoráveis dos representantes do PS, PCP e UDP e contra do PSD e do CDS, eram sobretudo criticados os jornais *Diário de Notícias, A Capital, Diário Popular e Comércio do Porto: «o facto de a orientação de alguns desses jornais ser determinada por concepções, critérios e interesses políticos e pessoais das suas Direcções que se revelam em manifesto desacordo ou oposição com a Constituição da República (casos de A Capital e Diário de Notícias); o facto de haver quem estranhamente considere natural e legítimo converter a acção informativa do jornal em meio de apologia de forças políticas contra outras forças políticas, invocando a concepção absurda e inaceitável segundo a qual o pluralismo não poderia ser exigido em cada jornal estatizado mas quanto ao conjunto dos jornais estatizados (caso do Comércio do Porto); indícios de prática de manipulação de informação e de censura interna e a criação de climas de autoritarismo geradores de autocensura (caso do Diário Popular); sendo evidentemente compreensível a expressão de opiniões próprias em editoriais, não é admissível que a direcção dos jornais utilizem este meio para atacar o regime constitucional, fazer o proselitismo partidário ou promover por forma*

diretor de *A Capital,* Francisco Sousa Tavares, se manter em funções mesmo depois de ser anunciado que seria candidato a deputado pela Aliança Democrática seria igualmente objeto de acesas discussões[70].

As dificuldades económicas das empresas do sector público da imprensa estatizada justificaram igualmente diversas análises[71].

O Conselho de Informação para a Imprensa emitiria igualmente pareceres sobre a criação de novos órgãos estatizados (*Notícias da Tarde,* em setembro de 1981, que teria uma vida efémera), a sua extinção (*O Século,* em julho de 1978) e a sua suspensão (*Mundo Desportivo,* em fevereiro de 1981).

Em julho de 1980, o Conselho rejeitaria um parecer de um *Grupo de Trabalho de Análise da Imprensa Estatizada,* cujo relatório sobre os *índices de favorabilidade e desfavorabilidade* de cada jornal terá constituído a primeira análise do género realizada em Portugal[72].

Tal como aconteceu com os restantes conselhos, o impulso formal para a abertura de um processo de apreciação por parte do Conselho de Informação para a RDP nasceria, na esmagadora maioria das situações, da iniciativa de membros do próprio conselho e não de queixas de cidadãos.

No entanto, neste conselho, muitos dos diversos temas apreciados não se centraram na temática fundamental destes órgãos — o pluralismo político e a independência face ao poder político. A situação nos centros regionais da RDP, particularmente em matéria de instalações e recursos humanos, a emissão de publicidade na RDP-1[73], o papel da Rádio Comercial, que então

---

*constante campanhas políticas orientadas contra as instituições constitucionais e os seus legítimos representantes».*

[70] Em outubro de 1979, perante a polémica, Francisco Sousa Tavares solicitaria ao conselho de gerência da Empresa Pública Notícias Capital (EPNC) um período de dois meses de licença sem vencimento, antes das eleições de 2 de dezembro, nas quais seria eleito deputado pelo círculo de Évora.

[71] No *Relatório sobre a situação da imprensa escrita em Portugal* (p. 36), de 1980, o Conselho de Imprensa recordava que «*a maior parte das empresas do sector público eram estruturalmente deficitárias, em função do excesso de pessoal, atraso tecnológico e défices acumulados*».

[72] Reprovado pelos votos do PSD e do CDS, o parecer considerava então o *Diário de Notícias* tendencialmente favorável ao Governo, o *Diário Popular* como menos favorável e *A Capital e o Jornal de Notícias* como os mais equilibrados.

[73] Em 25 de agosto de 1980, um despacho governamental autorizava a emissão de publicidade na RDP «*de forma moderada e de harmonia com as características próprias da respectiva programação*».

pertencia ao universo da RDP, o afastamento de quadros da RDP ou o fim de alguns programas[74] e o aluguer de um tempo de emissão (uma hora por dia, entre as 20 e as 21 horas) a um cidadão alemão na RDP Sul foram objeto de deliberações pelo Conselho.

Durante o seu período de atividade — entre 21 de dezembro de 1977 e 15 de maio de 1984 —, o Conselho de Informação para a RTP, nas suas reuniões com uma periodicidade em regra semanal, debateria por diversas vezes matérias relativas à cobertura noticiosa dos trabalhos da Assembleia da República, relacionadas com os critérios de participação nas emissões de debate político ou ainda queixas de partidos políticos, organizações sindicais ou outras entidades sobre alegadas quebras de isenção ou de pluralismo na cobertura de acontecimentos em que fossem protagonistas.

A prioridade concedida às matérias relacionadas com o rigor e o pluralismo e com a independência da RTP perante o poder político levou também o Conselho a analisar o chamado *tempo do Governo*, espaço de emissão preenchido por intervenções de membros do executivo que não estava então definido pela legislação em vigor.

Em deliberação aprovada em abril de 1981, o Conselho concluiria que essas *alocuções ao país* apenas deveriam ser feitas em *«circunstâncias particularmente importantes que por si mesmo as justifiquem»*. O pretexto direto para o debate fora então a frequente utilização pelos governantes desta forma de comunicação direta: entre 1 de janeiro e 16 de março de 1982, 11 membros do Governo, entre os quais o então ministro da Administração Interna, Ângelo Correia, durante mais de 18 minutos, tinham dirigido discursos ao país através da RTP.

Todavia, o Conselho de Informação para a RTP abordaria igualmente outras matérias, quer apontando insuficiências na programação e na infor-

[74] Por exemplo, o afastamento de Igrejas Caeiro do cargo de diretor de Programas em janeiro de 1979 e a marginalização a que foram sujeitos diversos realizadores em 1980, como Estrela Serrano, José Manuel Nunes e Mário Figueiredo, bem como a suspensão do programa *Contraponto*, de José Manuel Nunes, por decisão da administração da RDP. Foram igualmente analisados a suspensão de um programa do jornalista José Pedro Castanheira sobre matérias sindicais, o processo disciplinar movido ao jornalista Rui Dias José, a suspensão de quatro jornalistas, entre os quais Emídio Rangel e Fernando Alves, e o afastamento do jornalista Pedro Cid.

mação do operador público, quer mesmo apresentando sugestões aos seus responsáveis.

Entre as primeiras, refira-se, por exemplo, os reparos pela ausência de cobertura informativa de um jantar dos *Capitães de Abril* (aprovados em reunião de 25 de janeiro de 1983) ou de uma festa realizada em apoio dos trabalhadores da ANOP ou a ausência de imagens do secretário-geral do PS, Mário Soares, nas cerimónias fúnebres do líder histórico dos socialistas italianos Pietro Nenni (14 de janeiro de 1980). Entre as segundas, assinale-se a proposta de transferência de uma série sobre o Holocausto da RTP2 para a RTP1 (5 de fevereiro de 1979), as sugestões de que fosse dado *«o devido relevo»* às comemorações do 5.º aniversário do 25 de Abril, de que membros do próprio conselho participassem num debate televisivo visando *«o esclarecimento da opinião pública sobre o respeito pelo pluralismo político e ideológico e pela independência da RTP perante o Governo»* (9 de junho de 1981), a proposta de *«imediata exclusão»* de um anúncio sobre a revista em exibição no Parque Mayer *E tudo S.Bento levou,* por alegadamente fazer *«a apologia do regime fascista»* (5 de abril de 1979), a recomendação, após pedido de apreciação do provedor de Justiça, de não transmissão de touradas com touros de morte em horas de grande audiência (12 de fevereiro de 1982) e a crítica dirigida à RTP pela suspensão da transmissão do Boletim Meteorológico nos blocos informativos. Na deliberação sobre esta matéria, aprovada unanimemente em 12 de julho de 1983, o Conselho recomendava com particular detalhe a forma como a RTP deveria emitir aquela informação, com a inclusão, entre outros aspectos, *«da carta da zona com a foto obtida por satélite [...] a informação sobre marés e estado do mar e a velocidade e orientação do vento »*.

Sujeito a um menor escrutínio, dadas as características próprias de uma agência noticiosa, o Conselho de Informação para a ANOP centraria grande parte da sua atividade em matérias relativas à empresa, como o financiamento — a situação da empresa foi considerada várias vezes, nomeadamente no início dos anos 80, insustentável —, e a situação de delegações da agência no interior do país (Évora e Guarda), cujos encerramentos em 1981 e 1982 provocaram um aceso debate público. No entanto, nem por isso deixou de haver processos relativos a notícias emitidas[75].

[75] Em 1981, por exemplo, o Conselho apreciou uma queixa do Governo Regional da Madeira sobre uma alegada censura sobre o material informativo enviado pelo Centro Regional da Madeira para a sede da agência em Lisboa. Sobretudo ao longo desse

Por outro lado, o Conselho preocupar-se-ia igualmente com os conteúdos do serviço noticioso. Em 1 de novembro de 1978, aprovaria um conjunto de sete diretivas, onde se sublinhava os objetivos de rigor e objetividade, a salvaguarda da independência e, relativamente ao noticiário a emitir para o estrangeiro, a preocupação com a «*divulgação correta*» do país e a preocupação com o «*estreitamento das relações de amizade com os novos países de língua portuguesa*».

Em 1982, a intenção governamental de extinguir a ANOP e a criação de uma nova agência, sob a forma de cooperativa, a Notícias de Portugal (NP), que reunia 9 empresas públicas e 12 empresas privadas nas áreas da comunicação social e das telecomunicações, condicionaria os trabalhos do Conselho, que acompanharia o intenso debate público em torno da questão[76].

## 2.4 O Conselho de Comunicação Social (1984–1990)

### 2.4.1 A revisão constitucional de 1982 e a lei n.º 23/83

Em 15 de janeiro de 1981, no debate parlamentar do diploma que modificaria a composição dos conselhos de informação, conferindo uma maioria aos representantes dos partidos da Aliança Democrática, o deputado socialista Almeida Santos anunciava o fim dos conselhos de informação: «*entendemos que a regra agora apresentada é para vigorar até à revisão da Constituição, onde*

ano, sucederam-se as duras críticas do presidente do Governo Regional da Madeira ao Conselho de Informação, o que o levaria a aprovar a constituição de uma Comissão de Inquérito. O diferendo entre o Governo Regional e a ANOP teria outro episódio com o chamado *caso Paulo David*. Este jornalista, assessor da administração da ANOP, cujo processo disciplinar acabaria por ser arquivado, era acusado de ter elaborado um documento, que seria publicado no semanário *Tal e Qual*, onde se preconizavam ações contrárias a Alberto João Jardim.

[76] Em julho de 1982, o Conselho de Ministros aprovara um projeto de decreto-lei de extinção da ANOP, mas o Presidente da República, Ramalho Eanes, vetaria o diploma, pelo que a ANOP continuaria a sua atividade, embora com extremas dificuldades financeiras, e com a concorrência da NP. Já com um novo Governo (PS-PSD), em julho de 1983, proceder-se-ia ao início do longo e complexo processo de fusão das duas agências, já na fase final de funcionamento dos Conselhos de Informação. A nova agência, a Lusa, iniciaria a sua atividade no início de 1987.

*tencionamos propor uma reformulação do actual sistema dos conselhos de informação»* dizia então aquele deputado, que acrescentava: «*quando nos preocupámos em desgovernamentalizar os conselhos de informação acabámos, de boa fé, por partidarizá-los; agora — de certo modo —, ao tentarmos despartidarizá-los, íamos caindo na tentação de os parlamentarizar*»[77].

Imediatamente a seguir falaria o porta-voz do PSD no debate, o deputado Amândio de Azevedo, que anunciaria idêntico propósito.

O processo de revisão constitucional iniciar-se-ia três meses depois, em abril de 1981, com a entrega do primeiro projeto, da ASDI — Acção Social-Democrata Independente, partido que nascera de uma cisão no PSD, cerca de dois anos antes. Seguir-se-iam, no prazo legal de um mês, os projetos da AD, do PCP, da FRS, coligação que reunia PS, ASDI e UEDS, e do MDP/CDE.

Podiam distinguir-se três tipos de soluções preconizadas naqueles textos sobre a regulação da comunicação social:

— a AD propunha a retirada dos conselhos de informação do texto constitucional e a sua substituição por uma instância instituída por lei;
— os socialistas defendiam a existência, prevista no texto constitucional, de um só conselho de informação, a integrar proporcionalmente por representantes do partidos parlamentares, que deveria eleger, mediante uma maioria de dois terços, os diretores dos órgãos do sector público de comunicação social, para mandatos de dois anos, durante os quais só poderiam ser destituídos mediante procedimento disciplinar (artigo 22.º do projeto de lei n.º 4/II);
— o PCP e o MDP/CDE pretendiam a continuidade dos conselhos existentes, a quem seria conferida competência para validar a nomeação dos gestores e diretores desse sector público, mediante um parecer favorável por maioria de dois terços dos conselheiros presentes (artigo 39.º, n.º 5 do projeto de lei n.º 3/II).

No decorrer dos trabalhos da Comissão Eventual para a Revisão Constitucional, iniciados em junho de 1981, foram-se aproximando as posições dos

[77] DAR I Série, n.º 17, 16/1/81, p. 521.

socialistas e dos partidos à sua direita — PSD, CDS e PPM, que formavam a AD, então no poder.

Os partidos da maioria, que defendiam que a (ou as) instância(s) de regulação não deveria(m) ter consagração constitucional — *«para não rigidificar esta matéria»*, salientava o deputado social-democrata Pedro Roseta[78] — viriam a aceitar a sua inscrição no texto constitucional.

Os socialistas, que defendiam uma composição proporcional, aceitariam uma eleição dos seus membros por maioria de dois terços dos deputados e abdicariam da sua proposta de atribuir à nova entidade reguladora competência para designar os diretores dos órgãos do sector público.

Nesse debate, o deputado do PSD Francisco Sousa Tavares criticaria asperamente os conselhos de informação: *«Então se os órgãos que estão destinados a garantir a independência dos órgãos de comunicação social perante o Governo são constituídos, maioritariamente, pela maioria que sustenta o Governo, como é que essa independência pode ser garantida por esses órgãos»*[79]

Contudo, o entendimento entre os principais partidos começaria por uma versão, segundo a qual o Conselho de Comunicação Social — esta designação prevaleceria sobre a inicialmente proposta por Francisco Sousa Tavares, que defendia um *Conselho Nacional de Informação* — teria nove membros — 1 presidente, 1 vice-presidente, 2 secretários e 5 vogais, todos eleitos pela Assembleia da República, por uma maioria de dois terços dos deputados presentes.

Na subcomissão de redação fora considerada outra composição: 2 membros designados pelo Presidente da República, 1 indicado pelo Governo, 5 eleitos pela Assembleia da República por maioria de dois terços, os quais elegeriam o presidente do órgão. Esta proposta seria, todavia, rapidamente abandonada[80].

Porém, o tema mais polémico seria a forma de eleição dos membros do conselho.

O PCP, secundado pelas pequenas formações partidárias, UEDS, ASDI, MDP/CDE e UDP, criticava a eleição por maioria de dois terços, alegando

---

[78] Ata da CERC (Comissão Eventual para a Revisão Constitucional) de 6/11/81, p. 400, in Trabalhos Preparatórios da Revisão Constitucional, Primeira Revisão, 1982, vol. I, AR, 1994)

[79] Ata da CERC de 6/11/81, p. 404.

[80] Ata da CERC de 29/5/82, p. 1753.

que tal acabaria com a representação, garantida nos conselhos de informação, de todas as forças políticas parlamentares. *«O sistema de eleição, baseado na maioria de dois terços e não no sistema proporciona»* — aduziria então o deputado comunista Jorge Lemos — *«permite que desse chamado Conselho de Comunicação Social sejam excluídos importantes sectores da opinião pública democrática»*[81].

No decorrer dos trabalhos da Comissão Eventual, o PCP chegaria a propor, sem êxito, uma versão intermédia: o Conselho de Comunicação Social (CCS) teria 15 membros indicados pela Assembleia da República, dos quais 11 seriam eleitos por voto proporcional e quatro por maioria de dois terços dos deputados presentes. Sensivelmente na mesma altura, junho de 1982, o MDP sugeriria que o Conselho viesse a ser presidido por um magistrado nomeado pelo Conselho Superior da Magistratura e composto por membros indicados pelos partidos parlamentares, Governo, Presidente da República, Sindicato dos Jornalistas, um de cada uma destas entidades, e por três personalidades eleitas pela Assembleia da República.

PS e PSD contrapunham o argumento da imparcialidade dos membros, assegurada, na sua opinião, se eles fossem designados por *«consenso alargado de dois terços»*, mas inexistente se, afinal, se limitassem a reproduzir a representação parlamentar. O deputado Amândio de Azevedo acrescentaria mesmo que *«os actuais Conselhos de Informação reflectem a maioria do Plenário da Assembleia da República. Portanto* — concluía — *a maioria controla os Conselhos de Informação»*[82]. Recorde-se que, à data destas declarações, PSD e CDS detinham a maioria na Assembleia da República.

PS, PSD, CDS e PPM assegurariam, na sessão parlamentar de 28 de julho de 1982, os dois terços indispensáveis à aprovação do novo preceito constitucional.

O novo n.º 2 do artigo 39.º, que previa a existência de *«um Conselho de Comunicação Social composto por 11 membros eleitos pela Assembleia da República, o qual terá poderes para assegurar uma orientação geral que respeite o pluralismo ideológico»*, mereceria o voto contrário dos deputados do PCP e do MDP/CDE e a abstenção dos representantes da ASDI e da UEDS.

A atribuição ao Conselho da competência para emitir *«um parecer prévio, público e fundamentado sobre a nomeação e exoneração dos directores»* dos órgãos

---

[81] DAR referente à sessão de 28/7/82, p. 5410.

[82] Ata da CERC de 29/5/82, p. 1750.

de informação integrados no sector público de comunicação social obteria um consenso mais alargado: esta norma (o n.º 3 do artigo 39.º) seria votada favoravelmente por todos os partidos, exceto pelo PCP, que se absteria, contestando o seu carácter não vinculativo.

Apesar de uma norma transitória da Lei Constitucional n.º1/82, que aprovara a revisão, estabelecer um prazo de apenas 90 dias a partir da data da publicação no Diário da República — de 30 de setembro — para a Assembleia da República elaborar a legislação respeitante ao Conselho de Comunicação Social, esta apenas seria publicada quase um ano depois, em 6 de setembro de 1983[83].

De facto, no final de 1982, a demissão do primeiro-ministro Pinto Balsemão abriria uma crise política que levaria à dissolução da Assembleia da República, com a consequente marcação de novas eleições. Realizado em 25 de abril de 1983, o sufrágio conduziria a uma nova maioria alicerçada nos dois principais partidos — o PS e o PSD, que formariam um Governo liderado por Mário Soares, com um apoio parlamentar superior a dois terços dos deputados — 173 em 246, ou seja, 70,3%.

A Lei do Conselho de Comunicação Social (Lei n.º 23/83, de 6 de setembro) seria aprovada apenas pelo PS e pelo PSD, com a abstenção do CDS e o voto contrário dos deputados do PCP e do MDP/CDE.

O modelo do Conselho de Comunicação Social (CCS) não representaria uma rotura total face à experiência anterior:

— as suas atribuições incidiriam nas garantias de pluralismo, rigor, objetividade e independência face ao poder político dos órgãos do sector público de comunicação social, excluindo portanto os privados;

[83] Não ficariam por aqui os atrasos no início de atividade do CCS. Oito membros seriam eleitos pelos deputados logo em 10 de setembro, mas, nos boletins de voto em que os deputados poderiam votar a favor ou contra cada um dos candidatos, três outros (Nandin de Carvalho, Paulo Portas e Zeferino Coelho) não obteriam os necessários dois terços dos votos, pelo que teriam de se submeter de novo a eleições. Destes candidatos, apenas Paulo Portas aceitaria esse desafio, o que aconteceria mais do que uma vez até alcançar a votação necessária. Manuel Gusmão seria eleito ainda em setembro de 1983, mas Maria de Lurdes Breu e Paulo Portas apenas conseguiriam ser eleitos em maio de 1984. Os 11 membros do Conselho apenas tomariam posse e iniciariam a sua atividade em 4 de junho de 1984, mais de nove meses depois da publicação da lei da nova entidade reguladora.

— as suas competências mais relevantes incluiriam a emissão de pareceres não vinculativos sobre responsáveis desses órgãos e de recomendações tendentes a salvaguardar o cumprimento das referidas atribuições;
— o CCS continuava a não dispor de qualquer competência sancionatória, se a entendermos num sentido mais estrito, limitado a processos contraordenacionais.

No entanto, o CCS representaria um evidente aperfeiçoamento face à anterior experiência dos conselhos de informação:

— os seus 11 membros seriam eleitos pela Assembleia da República, devendo cada um deles obter o voto de dois terços dos deputados presentes, desde que superior à maioria absoluta dos deputados em efetividade de funções;
— o seu mandato, com uma duração de 4 anos, não cessava com a eventual dissolução da Assembleia da República. Aliás, 5 dos 11 membros designados pela Assembleia da República na primeira eleição deveriam ter tido, de acordo com o artigo 38.º da lei do CCS, o mandato reduzido a dois anos, de forma a garantir a renovação parcial da composição do Conselho. Porém, esta medida, a realizar por sorteio, não chegaria a ser concretizada, por ter sido revogada em 1986[84]. De facto, a morte do presidente do CCS, Fernando Abranches Ferrão, e a renúncia de dois membros, Maria de Lurdes Breu e Paulo Portas, tornariam desnecessária essa mudança, visto que já tinham permitido a desejada renovação parcial da composição do CCS. A referida proposta de lei, aprovada pela Assembleia da República, foi mesmo sugerida pelo próprio CCS[85].
— os membros deveriam exercer as suas funções em regime de ocupação exclusiva — tinham direito a uma remuneração correspondente à letra A da função pública[86] — e seriam inamovíveis, podendo ser reconduzidos consecutivamente uma vez;

[84] Lei n.º 11/86, de 6 de setembro.
[85] 4.º Relatório do CCS, referente ao 1.º semestre de 1986.
[86] Artigo 24.º da Lei n.º 23/83 de 6 de setembro.

— os necessários pareceres do CCS relativos à nomeação e exoneração dos diretores dos órgãos do sector público de comunicação social — recorde-se que os pareceres dos conselhos de informação incidiam, sem carácter vinculativo, sobre os gestores dos órgãos estatizados e sobre a nomeação dos diretores da ANOP e dos jornais *estatizados* — eram prévios, públicos e fundamentados, mas também não vinculativos;
— as recomendações e diretivas aprovadas pelo CCS, que visavam salvaguardar os princípios relativos à independência dos órgãos de comunicação social, bem como o pluralismo, rigor, objetividade e independência da sua informação, tinham efeito vinculativo para os respetivos destinatários;
— o CCS teria igualmente competência para apreciar, a título gracioso, queixas apresentadas por pessoas singulares ou coletivas em que se alegasse violação das normas constitucionais e legais aplicáveis ao sector público da comunicação social, tarefa que os conselhos de informação já desempenhavam, embora não estivesse consagrada na legislação;
— o CCS pronunciar-se-ia igualmente sobre as iniciativas legislativas referentes ao sector público de comunicação social.

### 2.4.2 A atividade do Conselho de Comunicação Social

No seu 8.º relatório de atividade, referente ao primeiro semestre de 1989, o CCS enumerava aquilo que entendia ser o seu conjunto de poderes e de meios de execução:

— *meios de informação: poder de requerer aos órgãos do sector público de comunicação social todos os elementos necessários; poder de requerer a presença de membros dos conselhos de gestão, direcção, fiscalização e redacção, bem como de membros do Governo ou de governos regionais responsáveis pela área da comunicação social; competência para notificar quaisquer outras entidades ou pessoas, a fim de as ouvir;*
— *meios de intervenção geral na política de comunicação social: emissão dos pareceres sobre nomeações e exonerações; emissão de pareceres solicitados pelos órgãos deste sector público, pela Assembleia da República, pelo Governo, pelos governos das regiões autónomas ou por entidade representativa de jornalistas; propostas de legislação;*

— *meios de judicação apreciativa: apreciação geral da orientação dos órgãos do sector público de comunicação social; apreciação de queixas e seu encaminhamento para as entidades competentes;*
— *meios de informação injuntiva: emissão de recomendações e directivas aos referidos órgãos;*
— *meios de intervenção indirecta: propositura à entidade competente de instauração de procedimento disciplinar contra qualquer membro dos citados órgãos, por frontal desrespeito da orientação prevista no número 4.º* — (relativo às atribuições do CCS) — *e pelas recomendações e directivas do Conselho, e constituição de comissões de inquérito sobre factos da sua competência.*

No entanto, a atividade do CCS centrar-se-ia, sobretudo, na apreciação de queixas relacionadas com alegadas violações das normas que impunham ao sector público de comunicação social uma informação plural e independente do poder político.

Uma enorme percentagem destas queixas dizia respeito à RTP: entre as 399 queixas apreciadas entre o início da atividade do CCS, em 4 de junho de 1984, e o final de 1989, 278 incidiam sobre a RTP, face a 42 da RDP, 13 relativas ao *Diário de Notícias*, 11 ao *Jornal da Madeira*, 9 ao *Diário de Notícias* e, entre outras, 1 queixa apenas relativa à agência noticiosa Lusa[87].

De entre as 278 queixas que incidiam sobre a RTP, 116 tiveram origem em iniciativas de sindicatos e centrais sindicais e 110 de partidos políticos. Em contrapartida, apenas 30 queixas foram apresentadas por cidadãos.

A esmagadora maioria das queixas apresentadas pelos partidos políticos eram provenientes das pequenas formações: PCP, CDU e APU (22 em conjunto), UDP (17), CDS (14), MRPP (9) terão tido mais motivos para invocarem a atuação do CCS do que as principais forças partidárias, PS (10) e, sobretudo o PSD (4), que em todo o período de funcionamento do CCS estaria no poder, primeiro em coligação com o PS, partido maioritário até setembro de 1985, depois em governos apoiados apenas pelo próprio PSD[88].

Como resultado das queixas apresentadas, mas igualmente por iniciativa própria, o CCS emitiria 65 recomendações e 14 diretivas com efeito vinculativo para os seus destinatários, que seriam divulgadas não só na 2.ª série do

---

[87] 11.º Relatório do CCS, referente ao 2.º semestre de 1989, p. 46.
[88] 11.º Relatório, págs. 47 a 52.

Diário da República, mas também no órgão de comunicação social em causa. Trinta e oito das 65 recomendações e 5 das 14 diretivas diziam diretamente respeito à RTP. Catorze recomendações e 4 diretivas envolviam todos os órgãos de comunicação social, logo, também a RTP.

A generalidade das recomendações e diretivas dirigidas à RTP, bem como aos outros órgãos de comunicação social, tinham como objetivo fundamental garantir o pluralismo e o rigor da informação, sendo mais frequentes em períodos pré-eleitorais. No entanto, relativamente à RTP, o CCS incidiria também a sua atenção sobre o conteúdo de queixas relativas à programação. O CCS pronunciar-se-ia, entre outras, sobre queixas relativas à não emissão de um programa *Grande Reportagem* sobre a situação político-militar em Angola (agosto e setembro de 1984)[89], sobre o programa de Herman José, *Humor de Perdição* (junho de 1988)[90], em ambas recomendando a sua transmissão, e sobre a projeção do filme português *A Revolução de Maio*, sugerindo a sua difusão com um enquadramento histórico devidamente esclarecedor (maio de 1988).

O CCS emitiria igualmente, a pedido dos conselhos de gestão, pareceres relativos a nomeações ou exonerações dos diretores dos órgãos de comunicação social integrados no sector público, mas as suas deliberações, não vinculativas, como se sublinhou, seriam, na sua esmagadora maioria, favoráveis.

Por outro lado, o CCS tinha apenas uma atuação essencialmente apreciativa, sem competência para sancionar diretamente qualquer órgão de comunicação social, apenas lhe sendo atribuída, nos termos da alínea i) do

---

[89] Seis jornalistas da RTP queixaram-se ao CCS, referindo que o Conselho de Gerência da RTP tinha decidido que não seria emitido o programa em que também se referia a atuação da UNITA, depois de o primeiro-ministro Mário Soares, numa entrevista ao *Expresso*, ter apelado à sua não transmissão. O CCS recomendaria que o programa fosse exibido, o que aconteceria em 2 de outubro de 1984.

[90] A suspensão do programa, que terá tido como motivação as humorísticas *entrevistas históricas* com vultos cimeiros da história e da cultura portuguesas, gerou uma enorme polémica, tanto mais que fora decidida e executada pelo Conselho de Gerência da RTP, alegadamente «*na ausência do responsável pela programação*». O CCS consideraria essa proibição «*um acto que se reveste de características censórias*» e recomendaria, por unanimidade, que os programas deveriam ser transmitidos «*na íntegra e no mesmo horário*». Em resposta a esta recomendação, que, nos termos legais, foi difundida num noticiário, a RTP divulgou, logo a seguir, uma extensa nota do Conselho de Gerência justificando a medida e considerando *ilegal* a recomendação do CCS.

artigo 5.º da Lei do CCS, a faculdade genérica de encaminhar «*essas queixas, devidamente fundamentadas para as entidades competentes*».

As escassas atribuições e competências do CCS, que, todavia, constituíam um relativo avanço em relação aos anteriores conselhos de informação, terão contribuído para a crescente insatisfação dos seus membros face ao seu próprio papel.

Esse desconforto começa a ser notório no balanço realizado pelo CCS aos quatro primeiros anos de atividade. Em 1988, na introdução feita ao 8.º Relatório (pág. 7 e seguintes), pela voz do seu presidente, Artur Portela, o conselho considerava então que existia «*um desfasamento entre as atribuições que são cometidas pela Constituição*» e a Lei n.º 23/83, que a regulamentava. «*É fácil verificar que a actuação do Conselho é fundamentalmente apreciativa e que são escassos os meios de actuação directa postos à sua disposição*», referia-se no mesmo Relatório, acrescentando-se que «*O Conselho não tem qualquer poder processual, não tendo poder nem competência para sancionar directamente qualquer órgão de comunicação social, apenas lhe sendo atribuída a faculdade genérica de participação à entidade competente*».

Aliás, recordava-se então, o CCS propusera, sem qualquer sucesso, à Assembleia da República um conjunto de alterações àquela lei, que visavam um aumento das suas competências, nomeadamente a conversão em vinculativa da intervenção no processo de nomeações e exonerações dos diretores, a publicação obrigatória, na íntegra e no prazo de 48 horas, das recomendações e diretivas aprovadas pelo CCS, a competência para requerer a presença de membros do Governo, mesmo não diretamente responsáveis pela área da comunicação social, e o direito de requerer informações fundamentadas em relação ao andamento, conclusão e resultado de procedimentos disciplinares em órgãos de comunicação social.

Este insucesso do Conselho testemunhava a sua crescente distância face ao Governo e à maioria parlamentar, ainda mais notória a partir de 1986. De facto, no mesmo relatório de 1988 (pág. 11), o CCS não só exprimia algumas críticas face à política de comunicação social, como se queixava de uma «*quase total falta de diálogo entre o Governo e o CCS*»[91].

---

[91] Não foram melhores, bem pelo contrário, as relações com o Governo Regional da Madeira e com o seu líder, Alberto João Jardim. Em março de 1988, face a queixas do CDS/Madeira contra os centros regionais da RTP e da RDP, por terem transmitido um debate parlamentar em direto alegadamente por deliberação do Governo Regional, um comunicado deste executivo referir-se-ia ao CCS nos seguintes termos: «*A ameaça de*

Por outro lado, alguns artigos de opinião subscritos, na sua condição de cronista regular do *Diário de Notícias* e de *A Capital*, pelo presidente do CCS, Artur Portela, bem críticos face à política governamental, suscitavam reparos do partido maioritário. Na Assembleia da República, o líder parlamentar do PSD, Duarte Lima, criticaria duramente estes artigos, pedindo a sua demissão[92].

O mal-estar do CCS em relação ao Governo estendia-se, aliás, também à RTP. Sem referir diretamente a empresa, identificada apenas por ser aquela que mais queixas suscitara, o CCS, no Relatório de 1988 (p. 13), lamentava *«atitudes que vão desde uma lentidão de resposta a pedidos de esclarecimento do CCS até a manifestações de frontal desrespeito, como a forma que revestiu a divulgação de comentários a directivas e recomendações do CCS e a recusa do seu cumprimento»*[93].

O evidente divórcio entre o CCS e o Governo condicionaria o futuro deste órgão regulador, impedindo mesmo o consenso necessário para a eleição de novos membros do Conselho. Eleitos em janeiro de 1987, Augusto Abelaira

---

*recurso para o denominado "Conselho de Comunicação Social" é irrelevante para o Governo Regional. O Governo Regional da Madeira desde sempre afirmou não reconhecer o Conselho de Comunicação Social, em virtude da raiz partidária, que de forma alguma assegura a sua independência»*. Dois meses depois, o Grupo Parlamentar do PSD na Assembleia Regional da Madeira apresentaria uma proposta no sentido de ser criada uma comissão eventual para regular os critérios de cobertura jornalística dos trabalhos da referida Assembleia, iniciativa que seria criticada pelo CCS em comunicado aprovado por unanimidade (comunicado n.º 7/88 de 18 de maio).

[92] DAR de 24/10/86, p. 48.

[93] Em maio de 1988, depois de o líder do CDS, Freitas do Amaral, ter considerado, num comício em Marco de Canaveses, *«altamente preocupante o grau de manipulação político-partidária praticado pelo Governo nos serviços de informação da RTP»* e ter ainda, entre outras acusações, referido que *«Em nenhum outro país da CEE os serviços noticiosos da televisão dedicam tanto tempo como em Portugal às actividades governamentais»*, sendo a oposição *«muitas vezes silenciada»*, a RTP transmitiu imediatamente a seguir a essa peça noticiosa uma nota da Direção de Informação na qual se referia, nomeadamente, que *«Lamentavelmente, já se tornou hábito a comunicação social, em geral, e a RTP, em particular, serem transformados em bodes expiatórios sempre que alguns políticos se debatem com dificuldades ou sempre que determinadas estratégias não produzem os efeitos esperados por quem as concebeu»*. A extensa nota da RTP seria duramente criticada, por unanimidade, pelo CCS que emitiria uma recomendação que concluía referindo que *«Não deve a Direção de Informação da RTP, com as responsabilidades de um órgão do sector público de comunicação social, exceder o seu direito de defesa e lançar-se em ataques políticos pessoais e condenações de forças políticas e das suas estratégias»*.

e Francisco Sousa Tavares seriam os últimos membros a tomar posse em 10 de abril de 1987. Na mesma eleição, José Adelino Maltês não obteve os indispensáveis dois terços dos votos dos deputados presentes.

Apesar de os nomes propostos recolherem o consenso das direções dos principais partidos parlamentares, nomeadamente PSD e PS, tinham sido várias, como atrás se referiu, as votações em que o sufrágio dos parlamentares não permitiu a sua eleição: Zeferino Coelho, Paulo Portas, que só seria eleito à quarta votação em que o seu nome foi sufragado, Nandin de Carvalho, reprovado por três vezes, Francisco Sousa Tavares, eleito à segunda tentativa. João Pulido de Almeida e José Adelino Maltês não obtiveram o voto favorável de dois terços dos deputados.

Com a morte de Norberto Lopes e as renúncias ao cargo, sucessivamente, de Natália Correia, Mário Mesquita e Francisco Sousa Tavares, o Conselho deixa de ter quórum no final de 1989. Face ao antagonismo existente entre o Governo e o CCS, o PSD não viabilizaria qualquer eleição que permitisse a sua substituição e o seu funcionamento normal[94].

De resto, iniciara-se em outubro de 1987 um processo de revisão constitucional. A projetada abertura da televisão à iniciativa privada, o processo de legalização das *rádios piratas* ou *rádios livres* e a privatização da *imprensa estatizada*, com a drástica diminuição do sector público da comunicação social ou, pelo menos, do seu papel hegemónico, obrigariam o poder político a uma nova ponderação sobre o quadro regulador. Antes, o CCS manifestara já algum distanciamento crítico face à privatização da *imprensa estatizada*[95].

---

[94] Em carta dirigida ao presidente da Assembleia da República, no final de 1989, o Conselho alertava o Parlamento para essa situação, referindo que continuava a receber «*numerosas queixas, sobre as quais legalmente se deve pronunciar*», pelo que estava «*criada uma situação de vazio que, cremos, importa superar, o que só a Assembleia da República pode fazer, através da eleição dos membros em falta, como insistentemente temos vindo a referir*».

[95] Num comunicado de 26 de fevereiro de 1986, sobre a anunciada privatização do *Jornal de Notícias*, o CCS afirmaria que «*uma das consequências seria a diminuição significativa do espaço em que é assegurada a possibilidade de confronto das diversas correntes de opinião*» e «*a sua preocupação perante notícias vindas a lume em vários órgãos de comunicação social relativamente a perspectivas de cedência de jornais, estações de rádio e canais de televisão do sector público*». Mais tarde, em setembro de 1987, avaliando o Programa de Governo, o CCS, em comunicado aprovado por unanimidade, refere que «*nem a experiência, nem as condições sociais portuguesas permitem concluir que uma total privatização dos meios de comunicação social conduza a uma efectiva liberdade destes, a um melhor desempenho de serviço público*». Um ano depois, o

Antevendo a sua própria substituição por outro organismo regulador, o CCS consideraria ser *«política e moralmente absurdo condenar [...] um órgão com cerca de quatro anos e meio de actividade à extinção. Trata-se, julgamos, de um grave erro na economia do sistema»*. E continuava, depois de referir o estudo de 339 queixas contra órgãos de comunicação social, as 22 sugestões de alteração legal apresentadas à Assembleia da República, as 14 diretivas, 56 recomendações e 36 pareceres: *«Toda esta actividade e todo este capital de experiência são aparentemente ignorados no processo de revisão constitucional por algumas forças políticas.»*

No entanto, a revisão constitucional, que se concretizaria em 1989, iria ser o palco dessa mudança. O acordo entre o PS e o PSD implicaria a substituição do CCS, apesar do incontestável prestígio da generalidade dos seus membros. De facto, foram membros desta entidade reguladora, Fernando Abranches Ferrão, que ocuparia o cargo de Presidente até ao seu falecimento em 6 de maio de 1985, Artur Portela, que lhe sucederia na presidência, Norberto Lopes, João Gaspar Simões, Margarida Ramos de Carvalho, Pedro Themudo de Castro, Luís Brito Correia, Natália Correia, Manuel Gusmão, Maria de Lurdes Breu e Paulo Portas, que tomaram posse em 4 de junho de 1984, no início da sua atividade, e Mário Mesquita, Augusto Abelaira e Francisco Sousa Tavares, que entrariam mais tarde para o conselho.

## 2.5 A Alta Autoridade para a Comunicação Social (1990–2006)

### 2.5.1 A revisão constitucional de 1989 e as leis n.os 15/90 e 43/98

As profundas modificações na comunicação social, ocorridas ou preparadas sobretudo na segunda metade da década de 80, induziram uma nova reflexão sobre a regulação do sector, colocando em causa o papel do Conselho de Imprensa, cujo âmbito de atribuições e competências não abrangia os meios audiovisuais, e o Conselho de Comunicação Social, que limitava a sua atuação ao sector público de comunicação social.

Por outro lado, a hostilidade do PSD face à orientação do CCS, em especial depois de, em maio de 1985, Artur Portela assumir a presidência, impeliria os sociais-democratas a defenderem um modelo bem diferente do então

CCS lamentaria, em comunicado sobre a privatização de *A Capital*, não ter sido ouvido sobre o processo de *desnacionalização dos órgãos do sector público de comunicação social*.

vigente. Numa primeira fase, corporizada no projeto de revisão constitucional, o PSD proporia mesmo a retirada deste órgão regulador do texto da Constituição, o que remeteria a sua regulamentação para uma lei aprovada por maioria simples na Assembleia da República.

O PSD aproveitaria habilmente o debate então realizado na Comissão Eventual para a Revisão Constitucional (CERC) em torno da eventual consagração do Conselho de Imprensa no texto da Constituição, que os partidos da esquerda parlamentar chegaram a sugerir, ou da criação de duas entidades reguladoras — uma para a imprensa e a outra para os meios audiovisuais, ou uma para o sector público e a outra para o sector privado, que incluiria o licenciamento da nascente televisão privada. Secundados pelos centristas, os sociais-democratas, recordando que o Conselho de Imprensa nunca fora *constitucionalizado*, invocavam uma conduta coerente, ao excluírem todos os possíveis órgãos reguladores da Constituição[96].

Pelo contrário, o PS, o PCP, o PRD e a Intervenção Democrática defendiam nos seus projetos a continuidade do CCS, a quem os dois primeiros partidos queriam mesmo atribuir competência para uma intervenção com carácter vinculativo na designação dos gestores e diretores dos órgãos do sector público de comunicação social. O PS (projeto n.º 3/V) propunha que o Conselho emitisse *«parecer prévio, público e fundamentado, com carácter vinculativo, sobre a nomeação e exoneração dos directores»*, enquanto o PCP (projeto n.º 2/V) entendia que a nomeação dos gestores e dos diretores daqueles órgãos deveria depender de parecer favorável, cuja aprovação exigiria uma maioria de dois terços dos membros daquele órgão regulador. O PRD seria a única força política, no quadro da apresentação de projetos de revisão constitucional, a propor o alargamento da regulação ao sector privado audiovisual: *«Para garantir a independência, a qualidade e o pluralismo das estações de radiodifusão e radiotelevisão não pertencentes ao Estado»* ou ao sector público da economia, propunha este partido a criação de uma *Alta Autoridade para o Audiovisual*, cuja *«organização e competência»* constariam da lei.

No debate parlamentar sobre a revisão constitucional, iniciado em 1987 e concluído em 1989, seriam equacionadas diversas opções de modelo de regulação: a continuação do Conselho de Comunicação Social, abrangendo

---

[96] Ver nomeadamente a intervenção do deputado José Luís Ramos no debate sobre o artigo 39.º da Constituição na CERC in DAR, II Série, N.º 14-RC, referente à reunião de 5/5/88, p. 415.

apenas o sector público de comunicação social ou alargando o seu espaço de intervenção ao sector privado, a consagração constitucional do Conselho de Imprensa, a existência de um regulador para a imprensa e de outro para rádio e para a televisão, e previsto no texto constitucional ou apenas previsto na legislação do sector, entre outras hipóteses.

Fruto de laboriosas negociações entre o PS e o PSD, que envolveriam um pacote de artigos em que a sorte da entidade reguladora era apenas um dos pontos em discussão, o acordo entre os dois partidos seria atingido antes da chamada *segunda leitura* dos projetos de revisão, realizada ainda pela Comissão Eventual. No tocante à comunicação social, que estava longe de esgotar as matérias em negociação, ficaria fora do acordo uma proposta do PSD que cingia o sector público televisivo a *um serviço público mínimo*.

Na sessão de 10 de janeiro de 1989, o deputado António Vitorino defenderia o acordo entre os dois partidos: a criação de uma *Alta Autoridade para a Comunicação Social*, designação influenciada pela francesa *Haute Autorité de la Communication Audiovisuelle*, criada em julho de 1982 — mas substituída em 1986, e próxima da sugerida pelo PRD, *Alta Autoridade para o Audiovisual*.

De acordo com a proposta PS/PSD, a nova Alta Autoridade para a Comunicação Social (AACS) substituiria o CCS, mantendo as suas competências, a que se acrescentaria essencialmente a participação no processo de licenciamento dos operadores privados de televisão e a apreciação de queixas relativamente aos conteúdos publicados ou emitidos[97].

Na prática, o PS garantia a consagração constitucional da entidade reguladora e a sua participação no processo de licenciamento da televisão privada. O PSD conseguiria a extinção do CCS, que considerava como lhe tendo sido claramente hostil, e a sua substituição por uma nova entidade, cuja composição era bem mais favorável ao Governo. Por outro lado, assegurava a participação, todavia bem mitigada, no processo de licenciamento que se limitava então, de forma quase meramente consultiva, à televisão, e não abrangia as rádios locais.

Com efeito, a decisão do licenciamento dos operadores de televisão privados caberia então ao Governo, mas estaria limitada aos operadores que previamente merecessem um parecer favorável da AACS. Recorde-se que, em 1991, a AACS aprovaria os três candidatos à utilização das duas redes de

---

[97] DAR, II Série n.º 74-RC, referente à reunião da CERC de 10/1/89, p. 2223 e 2224.

frequências afetas à televisão privada, deixando a decisão para o Governo, que escolheria a *SIC* e a *TVI* e eliminaria a *TV1*[98].

O acordo entre os dois partidos, indispensável para a obtenção dos necessários dois terços dos deputados, seria duramente criticado, sobretudo à esquerda do PS, nomeadamente pelos comunistas. Aliás, na votação final do novo artigo 39.º da Constituição, todos os restantes partidos, do CDS ao PCP, votariam contra, mau grado pequenas alterações conseguidas pelos socialistas, nomeadamente a participação da AACS, através de um parecer não vinculativo, na nomeação e exoneração dos diretores do sector público de comunicação social. Três deputados socialistas (Sottomayor Cardia, Manuel Alegre e Teresa Santa Clara Gomes) votariam também contra e 18 outros, igualmente do PS, entre os quais Jaime Gama, entregariam na Mesa da Assembleia da República declarações de voto exprimindo a sua discordância face ao texto adotado.

O aspecto mais controverso da solução adotada tinha que ver com a prevista composição da nova entidade.

Ao invés do CCS, integrado por 11 membros, eleitos pela Assembleia da República por maioria de dois terços dos deputados presentes, o que implicava, para cada um dos eleitos, um consenso que incluiria necessariamente os dois principais partidos, PSD e PS, o articulado do novo artigo 39.º previa uma composição mista com diversas origens, mas claramente governamentalizada:

- — um magistrado, designado pelo Conselho Superior da Magistratura, que presidiria;
- — cinco membros eleitos pela Assembleia da República segundo o método da média mais alta de Hondt;
- — três membros designados pelo Governo;
- — e quatro elementos representativos, designadamente, da opinião pública, da comunicação social e da cultura.

---

[98] O extenso parecer de 73 páginas concluiria que «*os três candidatos reúnem os requisitos mínimos necessários para a atribuição das licenças postas a concurso, todos eles tendo condições para satisfazer o interesse público, embora cada um com diferentes características e méritos próprios*». Votaram favoravelmente 10 conselheiros (o presidente, juiz Pedro Figueiredo Marçal, Eduardo Trigo, Bráulio Barbosa, Torquato da Luz, Marques de Carvalho, Montalvão Machado, Costa Parente, Beltrão de Carvalho, Fernando Seara e Glória de Matos), contra 2 (António Reis e Lídia Jorge) e 1 abstenção (José Garibaldi).

Desta forma, além da maioria dos membros indicados pelo Parlamento, a *maioria PSD* poderia ainda indicar os três representantes do Governo e, eventualmente, os quatro elementos restantes, uma vez que o articulado do texto aprovado era omisso sobre a forma da sua designação, o que remetia a respetiva regulamentação para lei da Assembleia da República.

A forma de designação destes *representantes da opinião pública, da comunicação social e da cultura* ocuparia uma parte significativa dos debates parlamentares, quer nas reuniões da CERC, quer mais tarde no próprio Plenário dos deputados. Face ao silêncio do PSD, que nunca clarificou a sua intenção quanto à legislação que regulamentaria a AACS, e às duras críticas dos comunistas, o PS limitar-se-ia a mostrar a sua convicção de que eles não seriam indicados pelo Governo ou pela maioria parlamentar do PSD.

O deputado socialista Jorge Lacão chegaria a recordar que a futura lei da AACS teria de ser promulgada pelo Presidente da República e *«sujeita ao controlo dos mecanismos constitucionais»*[99]. De qualquer modo, a convicção dos responsáveis socialistas de que a lei ordinária não remeteria para a maioria parlamentar a designação daqueles representantes estaria alicerçada noutros indicadores. Por exemplo, num debate promovido pela Associação de Jornalistas Parlamentares, em 11 de abril de 1989, o deputado do PSD Carlos Encarnação afirmaria que não admitia *«que na lei ordinária haja a inconsciência de inventar processos de designação, precisamente, destes últimos quatro elementos que subvertam o espírito com que esta autoridade foi constituída»*[100].

A lei que regulamentaria a AACS desmentiria esse aparente otimismo. Os quatro elementos, representativos da opinião pública, da comunicação social e da cultura, seriam cooptados pelos restantes nove membros da entidade reguladora, onde a maioria PSD, graças às indicações do Parlamento e do Governo, garantia seis lugares...

A previsível hegemonia social-democrata na composição da AACS provocaria duras críticas de toda a oposição, do CDS ao PCP[101], e igualmente do

[99] DAR, I Série, n.º 71, referente à sessão plenária de 27/4/89, p. 3405.

[100] Ver II Encontro dos Jornalistas Parlamentares, ed. AR, p. 84.

[101] O deputado socialista Jorge Lacão referiria mesmo num debate parlamentar que estava *«significativamente ferida a condição de independência institucional da Alta Autoridade»*, acrescentando que ela corria *«o risco de não vir a ser senão um órgão de administração indirecta do Governo»*.

Sindicato dos Jornalistas[102], que passaria a designá-la sistematicamente por Alta Autoridade contra a Comunicação Social[103]. Na votação final em plenário da Assembleia da República, apenas o PSD votaria favoravelmente, tendo todos os restantes grupos parlamentares, incluindo o PS, votado contra.

Sensível a esses protestos, o próprio Presidente da República vetaria a lei aprovada pelo Parlamento, invocando três razões fundamentais: a designação por cooptação, que, nas palavras do Presidente Mário Soares na sua mensagem de devolução da lei à Assembleia da República, contribuiria para a «*acentuação do predomínio tendencial das maiorias parlamentares e dos governos, quaisquer que eles sejam, na composição da Alta Autoridade*»; a extinção do Conselho de Imprensa, cuja atividade o Presidente elogiava; e a eliminação do carácter imperativo do voto favorável dos conselhos de redação na designação dos diretores das publicações periódicas[104].

No entanto, a reapreciação parlamentar do diploma vetado não provocaria qualquer alteração, visto que a maioria social-democrata rejeitaria todas as propostas apresentadas pelos partidos da oposição, que visavam remeter a designação dos referidos quatro elementos para entidades do sector da comunicação social, designadamente os sindicatos dos jornalistas e dos trabalhadores da rádio e da televisão, a Sociedade Portuguesa de Autores, as associações da imprensa e as associações de defesa do consumidor.

Aliás, na principal intervenção dos sociais-democratas no debate, o deputado Pacheco Pereira clarificaria o entendimento do PSD face à própria AACS. Por um lado, rejeitando a existência de um problema de composição: «*Criado pelo Estado, dentro do Estado e como instrumento do Estado, o seu princípio*

---

[102] Em diversas tomadas de posição, entre as quais se destaca, em 6 de março de 1990, uma carta aos deputados da Assembleia da República, subscrita também pelos conselhos de redação e pelos delegados sindicais, o Sindicato dos Jornalistas criticaria igualmente a extinção do Conselho de Imprensa, o facto de a lei não prever a representação de jornalistas na AACS e a diminuição dos poderes dos conselhos de redação. Antes, entre diversas ocasiões, num comunicado divulgado em 8 de janeiro de 1990, o mesmo Sindicato manifestara a sua total discordância «*pelo facto de os jornalistas, principais produtores da Informação, não terem representação institucional na Alta Autoridade*» (Andringa, Diana, *E não se pode regulá-la? (A Televisão e a Alta Autoridade), ISCTE, p. 15)*

[103] A expressão terá sido lançada pelo deputado do PEV Herculano Pombo no debate parlamentar que aprovaria os estatutos deste regulador. Mário Mesquita, então diretor do *Diário de Lisboa*, chamaria à AACS «*pseudónimo do Governo*».

[104] DAR n.º 66, referente à sessão da AR de 24/4/90.

*de representação só pode ser aquele que emana directamente da fonte de legitimidade do poder em democracia, ou seja, aquele que se traduz nos órgãos eleitos para o exercício directo do poder político»*. Com base neste entendimento, Pacheco Pereira rejeitava a representação *«corporativa»* preconizada pela oposição.

Por outro lado, Pacheco Pereira assumia uma cedência do seu partido em relação à própria existência de uma entidade reguladora no sector:

> *Se apenas dependesse do PSD, não haveria Alta Autoridade para a Comunicação Social nem qualquer outra instituição deste tipo. As relações entre o poder e a comunicação social e a comunicação social e a sociedade seriam meramente reguladas por uma lei geral da comunicação social que definisse os poderes e os direitos, os crimes e defesa face a esses crimes, as regras e as violações das regras*[105].

Aprovada de novo apenas pela maioria social-democrata, sem qualquer emenda, a Lei da AACS (Lei n.º 15/90, de 30 de junho) representaria, de qualquer forma, neste quadro, uma clara ampliação das atribuições e competências da entidade reguladora na comunicação social:

— herdando os poderes antes atribuídos ao Conselho de Comunicação Social, relativos à garantia da independência do pluralismo de cada um dos órgãos do sector público da comunicação social, todavia limitados à emissão de um parecer prévio, público e fundamentado, mas não vinculativo, sobre a nomeação e exoneração dos respetivos diretores;
— acolhendo algumas das competências do extinto Conselho de Imprensa, designadamente sobre os recursos interpostos em caso de recusa do direito de resposta e sobre a classificação das publicações;
— alargando a sua ação ao sector privado da comunicação social, designadamente mediante uma intervenção, embora limitada, nos processos de licenciamento dos operadores de televisão privada e das rádios locais[106];

---

[105] DAR, I Série, n.º 75, referente à sessão de 15/5/90, p. 2499.

[106] De acordo com o artigo 4.º, alíneas f) e g) da Lei n.º 15/90, de 30 de junho, competiria à AACS, *«emitir parecer prévio à decisão de licenciamento, pelo Governo, de canais privados de televisão»* e *«apreciar as candidaturas à atribuição de alvará para o exercício da actividade de radiodifusão e emitir parecer fundamentado sobre as mesmas, a apresentar ao Governo»*. Em 1990, quando esta lei entrou em vigor, já tinham sido licenciadas pelo Governo, sob proposta

— integrando competências sancionatórias em processos contraordenacionais, agora repartidas com o departamento estatal do sector da comunicação social, sendo atribuídos à AACS poderes relativamente às infrações cometidas no exercício da liberdade de expressão e de informação.

No entanto, de acordo com o artigo 5.º da Lei n.º 15/90, as deliberações da AACS apenas teriam carácter vinculativo em matéria de direito de resposta e de direitos de antena e de réplica política. Por outro lado, a sua intervenção em matérias mais relevantes tinha algumas limitações: a emissão de parecer sobre candidaturas a licenças para o exercício da atividade de televisão limitava-se aos projetos que obtivessem parecer favorável do Governo; a sua posição sobre as nomeações ou exonerações dos diretores dos órgãos de comunicação social do Estado era meramente consultiva e podia nem sequer ser considerada se, *«em caso de urgência, devidamente fundamentada, previamente comunicada à Alta Autoridade»*, a administração desses órgãos, nomeada pelo Governo, procedesse à nomeação dos diretores a título interino *«até à emissão do parecer da Alta Autoridade»*[107]; apesar de ser obrigatória a difusão das diretivas genéricas e das recomendações da AACS pelo órgão de comunicação social a que dissessem respeito, o incumprimento do seu conteúdo, mesmo quando tivessem natureza vinculativa, permanecia isento de qualquer outro tipo de sanção[108]. Excetuava-se apenas o incumprimento das deliberações

de uma comissão consultiva prevista no artigo 28.º da Lei n.º 87/88, de 30 de julho, mais de 300 rádios locais. A criação da AACS em 1990 faria cessar a efémera existência desta Comissão Consultiva. Antes, a lei 8/87, de 11 de Março, estipulara mesmo a criação de um Conselho da Rádio, que deveria funcionar junto da Assembleia da República, com uma composição que incluía, entre outros representantes da Assembleia da República, do Governo, dos sindicatos dos jornalistas e que seria presidida por um juiz indicado pelo Conselho Superior da Magistratura. Teria competências, nomeadamente, no domínio da atribuição de alvarás para as rádios locais e na apreciação de queixas de pessoas cujos direitos tivessem sido ofendidos através da radiodifusão. O Conselho da Rádio não chegaria a ser criado. Esta lei seria revogada pela Lei n.º 87/88, de 30 de julho e mesmo julgada inconstitucional pelo Acórdão do Tribunal Constitucional nº 275/89.

[107] Artigo 6.º, n.º 3, da Lei n.º 15/90.

[108] Esta matéria seria corrigida pela Lei n.º 30/94, de 29 de agosto, estabelecendo-se que a violação desta obrigação constituía uma contraordenação punível com coima.

por parte dos diretores dos órgãos de comunicação social do Estado, mas a lei referia apenas que a AACS deveria *«participar às entidades competentes»*[109].

A extinção do Conselho de Imprensa, regulador que ganhara claramente o apoio dos jornalistas, significava igualmente que desaparecia um dos dois órgãos — além do Conselho Deontológico do Sindicato dos Jornalistas, que tinha como uma das atribuições a pronúncia sobre questões de deontologia profissional[110].

No entanto, a questão da composição da AACS, que visivelmente afetara a sua popularidade, sobretudo no sector da comunicação social, viria a ser objeto de alteração decorrente da IV Revisão Constitucional, concretizada em 1997.

Sob o impulso do PS, que vencera as eleições de 1995, as modificações introduzidas no texto do artigo 39.º da Constituição implicariam não só a redução de três para um no número de membros designados pelo Governo[111] — diminuindo assim a composição da AACS de 13 para 11 membros — como a subsequente alteração, pela Assembleia da República, da lei que regulamentava esta entidade reguladora.

Os socialistas defendiam também a mudança do nome da entidade reguladora, que deveria voltar a designar-se Conselho de Comunicação Social. Pelo contrário, o projeto de revisão constitucional do PSD não incluía qualquer alteração ao artigo 39.º da Constituição.

Desta forma, a Lei n.º 43/98, de 6 de agosto, concretizaria a alteração da composição, bem como o elenco de atribuições e competências.

No primeiro aspecto, atribuindo a designação dos quatro membros representativos da opinião pública, da comunicação social e da cultura ao Conselho Nacional do Consumo, aos jornalistas com carteira profissional e às organizações patronais dos órgãos de comunicação, sendo o quarto elemento cooptado pelos restantes membros *«entre figuras do meio cultural e científico»*. A AACS, na sua composição, associava, desta forma, formas de designação típicas da heterorregulação (membros indicados pelo Conselho Superior da Magistratura, pela Assembleia da República, pelo Governo e pelo Conselho

[109] Artigo 5.º, n.º 4, da Lei n.º 15/90.

[110] Artigo 3.º alínea e) da Lei n.º 31/78, de 20 de junho de 1978.

[111] O projeto de revisão constitucional do PS ia mesmo mais longe, dado que não previa que o Governo indicasse qualquer membro da AACS, proposta que não seria apoiada pelo PSD, gorando-se a indispensável maioria qualificada de dois terços dos deputados.

Nacional do Consumo) e da autorregulação (membros designados pelos jornalistas e pelas organizações patronais da comunicação social)[112].

A principal modificação no elenco de competências traduzia-se na atribuição à AACS de um papel decisivo, e não apenas meramente consultivo, relacionado com a seleção dos operadores de rádio e de televisão: competir-lhe-ia atribuir as licenças e autorizações, bem como deliberar sobre as respetivas renovações e cancelamentos. Além disso, recuperando competências que tinham sido atribuídas ao Conselho de Comunicação Social, a AACS passaria a dever pronunciar-se sobre as iniciativas legislativas relativas a matérias relacionadas com as suas atribuições, podendo igualmente sugerir à Assembleia da República ou ao Governo as medidas legislativas e regulamentares que considerasse necessárias à observância dos princípios constitucionais relativos à comunicação social e às suas próprias atribuições. E o parecer do regulador sobre as nomeações e exonerações dos diretores dos órgãos de comunicação social estender-se-ia aos seus diretores-adjuntos e subdiretores, ainda que, embora *«prévio, público e fundamentado»*, continuasse a não ser vinculativo.

Por outro lado, a competência em matéria de classificação de publicações foi alargada aos órgãos de comunicação audiovisuais, passando as suas deliberações neste âmbito a ter natureza vinculativa[113], o mesmo sucedendo com a confirmação dos pressupostos para a invocação da cláusula de consciência pelos jornalistas[114]. As deliberações relativas a casos de denegação de direito de resposta, que já eram vinculativas, adquiriram outra eficácia, uma vez que a recusa por parte dos órgãos de comunicação de prestação da informação necessária à apreciação do caso passou a ser passível de coima, e, por outro lado, a não divulgação da resposta, quando ordenada pela AACS, deixou de ficar impune, constituindo crime de desobediência.

De acordo com José Luís Cardoso[115], as competências da Alta Autoridade poderiam ser agrupadas da seguinte forma:

---

[112] Artigo 10.º, n.º 1, alínea d) da Lei n.º 43/98.

[113] Alínea o) do artigo 4.º da Lei n.º 43/98.

[114] Artigo 23.º, n.º 2 e alíneas o) e i) do artigo 4.º da Lei n.º 43/98.

[115] *Autoridades Administrativas Independentes e Constituição,* Coimbra Editora, 2002, págs. 269 e seguintes.

— uma função administrativa ativa, que se traduziria na competência para aprovar diretivas e recomendações[116], atribuir os títulos habilitadores para o exercício das atividades de rádio e televisão, bem como deliberar sobre as respetivas renovações, cancelamentos ou transmissão e para participar na classificação dos órgãos de comunicação social[117];

— uma função de carácter consultivo, mediante emissão de parecer prévio, público e fundamentado sobre a nomeação e destituição dos diretores que tivessem a seu cargo as áreas da programação e informação, assim como dos respetivos diretores adjuntos e subdiretores dos órgãos de comunicação social pertencentes ao Estado e a outras entidades públicas ou a entidades direta ou indiretamente sujeitas ao controlo económico destas[118], bem como mediante pronúncia sobre

[116] As recomendações da Alta Autoridade eram de divulgação obrigatória e gratuita nos órgãos de comunicação social a que dissessem diretamente respeito. Antes da Lei n.º 43/98, eram equiparadas às notas oficiosas. De acordo com esta lei, as recomendações passariam a ter limites no número de palavras (500 na informação escrita, 300 na rádio e 200 na televisão) e, por exemplo, nos casos dos operadores de rádio e televisão, deveriam ser divulgadas nos principais serviços noticiosos.

[117] Recorde-se, todavia, que estas competências no domínio da atribuição de licenças e alvarás para a atividade de rádio e de televisão apenas foram introduzidas na revisão da lei da AACS de 1998. Antes disso, como sublinha Ana Roque, *Comunicação Social — Uma experiência de regulação,* Universidade Autónoma de Lisboa, 2002, p. 217, o parecer prévio da AACS à decisão de licenciamento de operadores de rádio e de televisão por parte do Governo seria *«um acto administrativo (quando excludente) ou um acto prévio ou instrutório (quando inserido no processo de licenciamento»*, que continuaria após essa intervenção).

[118] Art. 4.º alínea e) da Lei n.º 15/90, que sofreu pequenas alterações, nomeadamente a referida extensão aos diretores-adjuntos e subdiretores com a Lei n.º 43/98. Ao longo de cerca de 15 anos de atividade, a AACS foi chamada a pronunciar-se sobre 59 propostas de nomeação de cargos de direção de programas e de informação das empresas do sector público de comunicação social. Dessas 59 propostas, 56 teriam um parecer favorável (35 dos quais por unanimidade) e apenas três receberiam um parecer negativo. O mais polémico destes pareceres foi sobre a nomeação de Emídio Rangel para diretor — geral de Antena da RTP, em 3 de outubro de 2001. A AACS alegaria, nomeadamente, que a acumulação de várias funções executivas nas áreas da informação e da programação, e em vários canais, *«suscita natural preocupação»* e, sobretudo que *«algumas das orientações»* que Rangel imprimira *«à informação e à programação da SIC são a antítese das obrigações e deveres do serviço público de televisão»*. Os restantes dois pareceres desfavoráveis da AACS disseram respeito à exoneração de Rui Fino de diretor do *Jornal da Madeira*, em 8 de maio de 2002,

as iniciativas legislativas que tratassem de matéria relacionada com as suas atribuições;

— uma função administrativa de controlo em sede de cumprimento das normas referentes à propriedade das empresas de comunicação social, bem como daquelas que impõem às empresas de comunicação social o dever de publicar quaisquer dados informativos (entre outros, no caso das publicações periódicas, os nomes dos diretores e administradores, bem como dos detentores de mais de 10% do capital da empresa e a tiragem) e que a habilita também a verificar as condições relativas à publicação de sondagens e inquéritos de opinião cujo objeto se relacionasse com atos eleitorais ou referendários, assim como o rigor e a objetividade na publicação dos respetivos resultados, a confirmar a ocorrência de alteração profunda na linha de orientação dos órgãos de comunicação social, em caso de invocação da cláusula de consciência dos jornalistas e a zelar pela isenção e imparcialidade nas campanhas de publicidade do Estado, das Regiões Autónomas e das autarquias locais;

— e, por último, uma função jurisdicional em matéria de apreciação de queixas relativas às condições de acesso aos direitos de resposta, de antena e de réplica política, bem como de quaisquer outras queixas que, no âmbito das suas atribuições, tivessem por objeto a alegada violação de normas legais aplicáveis aos órgãos de comunicação social, de arbitragem de conflitos suscitados entre os titulares do direito de antena no que concerne à elaboração dos respetivos planos gerais de utilização e de julgamento pela prática de contraordenações cometidas mediante violação de algum dos direitos cuja tutela lhe incumbia e de aplicação das respetivas coimas[119].

O estatuto dos membros da AACS não seria modificado, continuando a não diferir muito do anteriormente estabelecido para o Conselho de Comunicação Social: mandatos de quatro anos renováveis apenas uma vez,

---

e de vários diretores da RTP para cargos de direção na NTV, canal difundido nas redes de cabo e propriedade da empresa, detida então pela RTP, Porto TV.

[119] Sobre as atribuições e competências da AACS, ver também Ana Roque, «Instâncias Reguladoras dos Media em Portugal», in Galileu — Revista de Economia e Direito, vol. II, n.º 1, 1997, p. 50.

inamovibilidade, independência e equiparação salarial ao cargo de diretor-geral da função pública.

### 2.5.2 A atividade da Alta Autoridade para a Comunicação Social

A substituição do Conselho de Comunicação Social pela Alta Autoridade para a Comunicação Social, que iniciou a sua atividade em 1 de agosto de 1990, representaria, como atrás se assinalou, um considerável alargamento das suas atribuições e competências de regulação no sector, agora incidindo não apenas nas empresas de capital público ou maioritariamente público, mas igualmente no emergente conjunto de parceiros privados.

As suas atribuições estavam enumeradas de forma ampla no texto constitucional (art. 39.º, n.º 1): *«assegurar o direito à informação, a liberdade de imprensa e a independência dos meios de comunicação social perante o poder político e o poder económico, bem como a possibilidade de expressão e confronto das diversas correntes de opinião e o exercício dos direitos de antena, de resposta e de réplica política»*.

A vastidão e a diversidade das atribuições e competências, bem como dos respetivos meios de atuação, uns mais específicos da administração, outros mais próprios da jurisdição[120], constituiriam porventura uma das facetas mais características da AACS, que assumiria com clareza uma dupla vertente, aliando funções de regulador às de provedor dos consumidores dos *media*. Merece ainda destaque o largo conjunto de ações promovidas pela AACS para debate das políticas do sector.

No entanto, sem esquecer ou desvalorizar a extensa, diversificada e relevante lista de iniciativas da AACS[121], a sua atividade incidiu sobretudo na apreciação de queixas de cidadãos — o que constituía uma significativa

---

[120] Simango, Américo, «A Alta Autoridade para a Comunicação Social», in Direito e Justiça, Revista da Faculdade de Direito da Universidade Católica Portuguesa, vol. XIV, 2000, p. 285.

[121] A AACS aprovou, entre outras iniciativas, diretivas sobre, nomeadamente, a divulgação de sondagens e inquéritos de opinião em período eleitoral, o direito de acesso aos recintos desportivos, o exercício do direito de resposta na imprensa, a classificação das publicações periódicas, o direito à imagem, a utilização de imagens de pessoas em situação de manifesta fragilidade psicológica, a isenção e o rigor na cobertura jornalística de eleições nos clubes de futebol, a exposição de mortos nos órgãos de comunicação social, a cobertura jornalística de surtos de doenças infecciosas, a informação televisiva acerca

mudança face aos reguladores anteriores — e de diversas entidades sobre a atuação dos órgãos de comunicação social. De facto, a maioria das deliberações recaiu sobre a isenção, o rigor e o pluralismo da informação, o direito de resposta, sobretudo na imprensa, e a fiscalização da atividade televisiva, neste aspecto, designadamente, apreciando situações de conflitualidade entre a liberdade de programação e a proteção de direitos e valores como os da dignidade humana e da proteção dos públicos sensíveis.

Analisando o conjunto de deliberações tomadas pela AACS entre o início da sua atividade, em 30 de junho de 1990, e o final de 2004 — a AACS seria substituída em 17 de fevereiro de 2006, mas não existem dados estatísticos oficiais sobre a sua atividade nos últimos 14 meses —, constatar-se-á que, em termos quantitativos, ela se centrou sobretudo em quatro temas, que justificaram, em conjunto, 2805 das 3909 deliberações tomadas naquele período: o direito à informação (rigor e isenção, pluralismo, independência dos órgãos de comunicação social face aos poderes político e económico), que mereceu 875 deliberações; a classificação de publicações periódicas, com 793 deliberações; os direitos de resposta, retificação e réplica política, com 685 — uma média de 4 por cada mês — e os processos relativos a licenças, autorizações e cancelamentos dos alvarás relativos às rádios, designadamente locais, que justificaram 452 deliberações.

Limitando esta apreciação meramente quantitativa à televisão, as prioridades parecem diversas: as matérias relativas ao direito à informação merecem de uma forma clara a maior atenção: 345 das 850 deliberações tomadas. A seguir, mas apenas com 141 deliberações, surgem as questões relativas aos limites à liberdade de programação e, com 62, o tema dos direitos de resposta, retificação e réplica política. Estes seriam bem mais utilizados, logo naturalmente mais sujeitos a controvérsia, na imprensa do que através da rádio e da televisão — 532 queixas relativas à imprensa, contra 89 na rádio, 62 na televisão e apenas 2 face a notícias emitidas pela agência Lusa.

Ainda no estrito domínio das competências da AACS em função das queixas tendo por objeto a atividade de operadores de televisão, sublinhe-se o crescente número de deliberações sobre a SIC e a TVI[122].

---

de alegados crimes e a promoção de programas televisivos que possam influir de modo negativo na formação das crianças.

[122] Comparando os três primeiros anos de atividade dos operadores privados (1993 a 1995) com os três últimos anos de atividade da AACS (janeiro de 2003 a fevereiro de

A apreciação do objeto das queixas relativas à RTP, ao longo do período de atividade da AACS, permite igualmente constatar uma assinalável evolução.

Por influência do âmbito de competências do seu antecessor — o Conselho de Comunicação Social, vocacionado para a salvaguarda dos princípios do pluralismo e da independência do sector público de comunicação social perante o poder político, a AACS veria a sua atividade inicial marcada por essa herança. No entanto, progressivamente, o objeto principal de queixas incidindo sobre a RTP, que, todavia, continua a ser o operador a suscitar mais queixas (ou processos abertos oficiosamente pela própria AACS), transferir-se-ia para o domínio dos limites à liberdade de expressão e programação[123].

De resto, a própria AACS assinalaria essa evolução. No relatório relativo à atividade de 2003, ao mesmo tempo que sublinhava o seu crescente labor — *«o número de deliberações da AACS nos primeiros dez anos de actividade foi praticamente igual ao verificado nos últimos quatro»* — era referida a *«crescente diversificação dos assuntos objecto de deliberação»* e igualmente a *«transferência de preocupações do público e demais intervenientes»*. Deste modo, prosseguia o texto do relatório, *«o número de deliberações relativas a rigor informativo e pluralismo, que nos primeiros dez anos absorveram a maior parte das atenções da AACS, foi ultrapassado pelo das que se prendem com problemas de harmonização do direito à informação com outros direitos fundamentais, designadamente os direitos da personalidade»*[124].

Os dados relativos à origem das queixas espelhariam a mesma evolução.

As matérias relativas ao rigor informativo e ao pluralismo tinham como principal preocupação as forças políticas, nomeadamente os partidos,

2006), verifica-se não só uma diminuição relativa do número de queixas tendo como objeto a programação (e a informação) da RTP (de 91 para 50), como igualmente uma assinalável subida das referentes à atividade dos operadores privados, sobretudo da TVI (de 6 para 38), mas igualmente da SIC (de 27 para 33).

[123] Entre os períodos de 1991 a 1993 e 2003 e 2005, o número de queixas relativas a rigor, isenção ou pluralismo na informação da RTP sofre uma quebra de 65 (que correspondem a 65,7% do total) para 23 (46%). Pelo contrário, o número de queixas sobre a eventual ultrapassagem dos limites à liberdade de expressão e programação passa de 12 (12,1%) para 23 (46%). O número total de queixas contra a RTP também sofre uma quebra assinalável (de 99 para 50). Sublinhe-se que, em 9 de julho de 1997, por iniciativa da AACS, RTP, SIC e TVI subscreveriam um acordo de autorregulação sobre *«a representação da violência na televisão»*.

[124] Relatório de atividades da AACS, referente a 2003, p. 1

enquanto as questões sobre os limites à liberdade de expressão e programação eram sobretudo invocadas por cidadãos anónimos.

Entre o período de 1991/93, quando a AACS iniciou as suas funções, e 2003/05, na fase final do seu mandato, diminuiu bastante o volume de queixas provenientes, direta ou indiretamente, das forças partidárias ou das autarquias (de 39 para 10), refletindo uma menor preocupação com as questões do rigor e do pluralismo da informação da RTP, já constatada nas estatísticas relativas ao objeto das queixas. Na verdade, uma apreciação do volume de queixas com estas motivações e origens permite ainda outra conclusão: o seu volume foi decrescendo regularmente ao longo dos cerca de 15 anos de atividade da AACS, com a sintomática exceção dos períodos imediatamente anteriores aos principais atos eleitorais, nomeadamente para a Assembleia da República, exemplos de 1995 e 2001/02[125].

[125] A atitude da AACS face às queixas apresentadas, ainda apenas sobre a RTP — do ponto de vista da sua procedência ou improcedência —, merece ser igualmente referenciada. Sendo difícil extrair conclusões sobre as motivações dos membros da autoridade reguladora, ou sequer associar essas opções ao período (1990–1997) em que a AACS era mais acusada de ter diminuta independência face ao poder político, não deixa de ser curioso assinalar que, sendo nos primeiros anos fortemente maioritárias as deliberações isentando a RTP (cerca de 60% das 98 queixas), o número de queixas julgadas improcedentes diminuiria de forma acentuada na fase final de atuação da AACS (34%). Desta forma, poder-se-á concluir que, na fase final do seu mandato e por força da sua composição, a entidade reguladora terá tido uma composição tendencialmente menos favorável à maioria política emanada das eleições de 2002.

# Capítulo 3
# O modelo institucional da ERC

## 3.1 A revisão constitucional de 2004 e o novo enquadramento legal

Em funções desde 1990, a Alta Autoridade para a Comunicação Social (AACS) começaria a ver o seu modelo questionado, cerca de dez anos depois, pelos próprios partidos parlamentares que o conceberam. A sua atividade era crescentemente sujeita a críticas, não apenas motivadas pelo conteúdo das suas deliberações, mas também pela sua alegada incapacidade, tanto de responder aos novos desafios colocados pela evolução do sector, como de cumprir atempadamente todas as missões que lhe estavam cometidas[126]. Acresce que emergia então o fenómeno da *convergência* entre os *media* e as comunicações, convidando a uma nova ponderação sobre o modelo das instâncias de regulação.

Era então manifesto que a AACS não conseguira suprir as insuficiências já apontadas às entidades reguladoras antecedentes: insuficiente contributo doutrinário, exceto, desde o início da atividade da AACS, no que respeita ao exercício do direito de resposta, escassa eficácia das suas deliberações, muitas vezes divulgadas de forma discreta ou sujeitas a sucessivos recursos ou outros expedientes dilatórios, diminuta influência na definição das políticas públicas para o sector, gritante insuficiência de meios e estruturas de apoio[127], alguma conflitualidade interna e escassas experiência e ligação ao sector de muitos dos seus membros.

A necessidade de um estudo sobre a adequação do quadro de regulação dos *media* ao desenvolvimento dos sectores do audiovisual e das telecomuni-

---

[126] Na nota justificativa da proposta de lei que criaria a ERC, justificava-se a substituição da Alta Autoridade para a Comunicação Social, pela sua inoperância, «*provocada — em grande medida — pela sua forma de composição e pela insuficiência de meios técnicos*».

[127] Na fase final da sua existência, a AACS tinha cerca de 20 funcionários (Nota justificativa da proposta de lei que cria a ERC, onde se estimava que esta nova entidade deveria ter cerca de 50 funcionários).

cações num ambiente de convergência motivaria o XIV Governo, o segundo liderado por António Guterres, a lançar uma iniciativa denominada «Convergência e Regulação».

Iniciada em junho de 2001 por um grupo de trabalho paritariamente constituído por elementos designados pelos presidentes do Instituto da Comunicação Social e da ANACOM, a apreciação do tema seria, numa segunda fase, continuada no âmbito da mesma iniciativa por um Grupo de Reflexão composto por um conjunto de personalidades dos sectores da comunicação social e das comunicações[128].

Num documento inicial, produzido antes da consulta pública que promoveria entre fevereiro e abril de 2002, este Grupo alcançaria mesmo um consenso *«em torno da ideia de que a convergência aconselhará a não separação orgânica da regulação das redes e dos acessos, admitindo a possibilidade de uma entidade única ser responsável pela regulação das duas realidades, apesar dos interesses e dos valores divergentes que presidem a cada uma delas»*[129].

*«A defesa da unificação orgânica»* — continuava o texto daquele Grupo de Reflexão — *«caracterizada pela existência de um regulador único a nível nacional, conjugando as diversas atribuições e competências necessárias à regulação do sector em causa, hoje dispersas por vários organismos — assenta em condições de eficácia, e não deverá nunca confundir-se com uma identificação de duas regulações, que têm objetivos e valores diferentes»*.

Mau grado preconizar então uma *«unificação orgânica»*, o Grupo aconselhava a que se tivesse em consideração *«a primazia da defesa dos princípios constitucionais de direitos, liberdades e garantias sobre considerações de índole meramente económica»* e avançava alguns aspectos que não deveriam ser *«esquecidos na definição do futuro modelo de regulação»*:

— *«a regulação organicamente separada de conteúdos e redes produziu — ou foi produzida — por órgãos de natureza e cultura completamente diferentes;*

---

[128] Compunham o Grupo de Reflexão da Iniciativa Convergência e Regulação, designado pelo Despacho Conjunto n.º 987/2001, de 8 de outubro de 2001, subscrito pelos ministros do Equipamento Social, Eduardo Ferro Rodrigues e pelo ministro da Cultura, Augusto Santos Silva, sete personalidades: Artur Castro Neves, Diana Andringa, Diogo Lucena, Duarte Teixeira de Azevedo, Manuel Pedroso Lima, Maria Luísa Duarte e Raul Junqueiro.

[129] Documento do Grupo de Reflexão, p. 39.

— *são também completamente diferentes as competências exigidas para a regulação de cada um dos sectores;*
— *deve ser cuidadosamente ponderada a forma de articular as duas regulações e as entidades por elas responsáveis».*

Recordando alguns exemplos europeus, como o inglês, o italiano e o suíço, em que se tinha verificado uma evolução nas autoridades reguladoras, traduzida no alargamento e na agregação de competências, como resposta ao fenómeno da convergência, aquele Grupo apontaria ainda a multiplicidade, alegadamente excessiva, de entidades com competências de intervenção incidentes nos sectores das comunicações e dos *media*: a AACS, a ANACOM, o ICS, a Direção-Geral do Comércio e da Concorrência, o ICAM, o Instituto do Consumidor e a Comissão de Aplicação de Coimas em Matéria de Publicidade.

Realizada a consulta pública, as conclusões da iniciativa «Convergência e Regulação», divulgadas em maio de 2002 numa altura em que acabara de tomar posse o XV Governo, liderado por Durão Barroso, seriam mais cautelosas em relação ao modelo proposto. Reconhecia-se que *«a definição de um modelo de regulação para os sectores das comunicações e da comunicação social, em particular o audiovisual, num ambiente de crescente convergência tecnológica implica, no essencial, optar entre duas perspectivas em que o factor temporal assume um papel decisivo»*. Considerava-se desta forma que havia que escolher entre o modelo A (*«a agregação numa única entidade das competências de regulação dos dois sectores em apreço»*) e o modelo B (*«a adopção de um modelo evolutivo que salvaguarde, num primeiro momento, a separação orgânica e funcional das entidades de regulação dos sectores das comunicações e da comunicação social, e que formalize de imediato formas eficazes e vinculativas de cooperação entre essas entidades, tendo como base os respectivos quadros regulamentares»*)[130].

No documento, recomendava-se *«por ora, a adopção do modelo B»*. Ao mesmo tempo, recomendava-se *«a criação de um nível óptimo de cooperação e articulação entre as distintas entidades de regulação, sugerindo-se a criação de comissões especializadas que integrem representantes dos reguladores de cada área específica para a análise e resolução de questões concretas»*[131].

[130] Relatório «Convergência e Regulação», p. 139.
[131] *Idem.*

O documento defendia ainda *«a reformulação, em sede de revisão constitucional, do figurino da Alta Autoridade para a Comunicação Social»*, que deveria *«ser independente do poder político e económico, sendo para o efeito dotada dos meios apropriados (humanos, técnicos e financeiros) que lhe permita um cabal cumprimento das suas atribuições e competências»*. Admitia-se mesmo uma *«desconstitucionalização da futura autoridade reguladora independente»* com o objetivo de conseguir *«uma melhor adequação a um contexto de acelerada mutação tecnológica e de mercado»*[132].

Alguns meses antes da divulgação, em maio de 2002, do relatório «Convergência e Regulação», os programas de governo apresentados antes das eleições legislativas de março de 2002 pelos dois principais partidos, o PSD e o PS, demonstravam que estava reaberto o debate sobre o modelo de regulação dos *media*.

De facto, enquanto, em 1999, os programas pré-eleitorais eram completamente omissos sobre a regulação da comunicação social — aparentemente, as alterações aprovadas em 1997, sob proposta do Governo de António Guterres, na composição da Alta Autoridade para a Comunicação Social, tinham devolvido alguma consensualidade a este órgão regulador —, em 2002, PSD e PS apresentavam propostas que punham claramente em causa o modelo então vigente. O PSD recordava que o regulador *«na sua estrutura e composição actuais, tem sido muitas vezes uma verdadeira fonte de problemas, por omissão ou por acção desajustada. Repensar e mudar a actual regulação implica que algumas das actuais responsabilidades deixem de estar sob a alçada do Estado»*, o que poderia ser feito *«com uma nova estrutura, mais pequena, mais credível, com funções mais claras e revestindo a natureza de autoridade administrativa independente»*. Antecipando já o que iria defender, o programa do PSD sublinhava que importaria *«ainda propor, em futura revisão constitucional, a extinção da Alta Autoridade para a Comunicação Social»*. O PS punha mesmo em causa a regulação separada dos *media* e das comunicações, propondo *«uma autoridade de regulação única para os sectores das telecomunicações e do audiovisual, que substitua a AACS e que, continuando na dependência da Assembleia da República, seja mais forte, mais qualificada e mais independente»*[133].

---

[132] *Idem*, p. 142.

[133] O PS não manteria esta proposta por muito tempo. Já em pleno processo de revisão constitucional, o PS apresentaria um programa para as eleições legislativas de 2005, que, aliás, venceria, onde se podia ler que o partido propunha *«promover com a maior brevidade a criação de um novo órgão regulador dos media, independente dos poderes político e económ-*

A mudança de maioria política, decorrente das eleições legislativas de março de 2002, não modificaria os princípios gerais da apreciação realizada. Um relatório elaborado por um *Grupo de Trabalho sobre Regulação*[134], nomeado pelo novo titular do sector da Comunicação Social, o ministro Morais Sarmento, no âmbito da preparação do documento «Novas Opções para o Audiovisual» — que, divulgado em dezembro de 2002, constituiria o plano de ação do Governo de Durão Barroso para aquele sector —, manteria os princípios gerais anteriormente preconizados, nomeadamente a recusa «*no imediato*» de constituição de uma *superinstância reguladora* que abrangesse os conteúdos e as comunicações[135].

De acordo com o texto, embora esse modelo oferecesse a vantagem de «*responder às rápidas mutações induzidas nestes sectores pela evolução tecnológica e pela emergência de novas plataformas onde se podem identificar zonas cinzentas, de fronteira, entre a regulação das redes e infra-estruturas de comunicações e a regulação dos media*», a sua adoção comportaria a necessidade de

> *solucionar de forma equilibrada os conflitos suscitados inevitavelmente pela reunião de diferentes culturas reguladoras [...] bem como pelos diferentes interesses e objectivos subjacentes a essas áreas, os quais são marcadamente orientados por princípios de regulação técnica, económica e de mercado, na indústria de telecomunicações, e influenciados por razões culturais, de cidadania e de interesse público, nos conteúdos dos media e da comunicação social.*

---

*mico e dispondo dos meios humanos, técnicos e financeiros adequados*», acrescentando-se que «*a respectiva lei orgânica a aprovar pela Assembleia da República nos termos do novo preceito constitucional, deverá prever a articulação entre a entidade reguladora da comunicação social e as entidades congéneres das comunicações e da concorrência*». O programa do XVII Governo Constitucional, liderado por José Sócrates, reproduziria nos mesmos termos estes compromissos. O PSD limitou-se então a defender a criação de «*uma nova entidade reguladora eficaz, flexível e independente, mas que também procure incentivar as medidas de auto e co-regulação a implementar pelos diferentes agentes de comunicação do país*».

134 Este Grupo de Trabalho foi composto pelo Prof. Paulo Pinho, que o coordenou, pelo membro da administração da RTP, Armando Costa e Silva, pela jurista do gabinete do secretário de Estado da Cultura, Anabela Afonso, pela presidente do Instituto da Comunicação Social, Teresa Ribeiro e ainda por António Pires de Lima, por dois quadros do ICP — ANACOM, Francisco Mendonça Dias e Gracinda de Abreu, e por dois membros do gabinete do ministro da Presidência, Francisco Van Zeller e Tiago de Pitta e Cunha.

135 Anexo 6 ao documento «Novas Opções para o Audiovisual».

Sem prejuízo de considerar a possibilidade de, *«num segundo momento»*, federar esta nova instância reguladora dos *media* com o ICP-ANACOM, o texto, que seria integralmente transcrito no documento «Novas Opções para o Audiovisual»[136], enunciava ainda exaustivamente as áreas de competências de uma nova instância reguladora:

— *estudo, análise e elaboração de estratégias e políticas para os sectores regulados;*
— *acesso à actividade de rádio e televisão, incluindo competências para a instrução dos processos e atribuição, renovação e cancelamento de licenças;*
— *salvaguarda dos direitos, liberdades e garantias, incluindo a regulação de direitos de resposta, de antena e de réplica política, e competências na área da protecção de públicos vulneráveis* (...);
— *fiscalização geral do cumprimento das normas reguladoras, compreendendo a investigação dos actos ilícitos, a instrução dos processos de contra-ordenação, e finalmente a aplicação das respectivas coimas e sanções acessórias;*
— *fiscalização concreta na área da publicidade, em particular no que respeita a infracções dos limites horários diários [...]*
— *fiscalização na área de conteúdos obrigatórios, em particular no que respeita ao cumprimento de quotas sobre conteúdos obrigatórios, conteúdos de origem nacional e europeia, ou conteúdos provenientes de produção independente;*
— *fiscalização concreta do conjunto de normas a que está sujeito o exercício do serviço público de rádio e de televisão;*
— *fiscalização concreta do cumprimento das normas que obriguem as empresas dos sectores regulados à publicação de dados de qualquer tipo ou espécie;*
— *competências relativas a actos de registo e de fiscalização concreta das normas sobre a transparência da propriedade dos agentes dos respectivos sectores;*
— *competências na emissão de pareceres na área da promoção e defesa da concorrência, nomeadamente no que respeita às práticas proibidas, em especial o abuso de posição dominante e à concentração de empresas, em estreita articulação com a Autoridade da Concorrência, e com o ICP-ANACOM, quando assim for pertinente.*

A semelhança das opções propostas pelos governos PS e PSD/CDS para a revisão do modelo da entidade reguladora e a convergência nas críticas formuladas à AACS, particularmente face à sua incapacidade de responder a

[136] Páginas 41 e 42.

todas as solicitações a que era chamada — cerca de centena e meia de queixas apresentadas permaneciam sem as devidas instrução e deliberação —, criaram as condições necessárias para que não fosse difícil o entendimento entre os principais partidos na revisão constitucional de 2004.

Neste quadro, as propostas, esboçadas em documentos do gabinete do ministro Morais Sarmento, conduziriam a um necessário acordo entre socialistas, sociais-democratas e centristas.

De facto, o responsável pela tutela da comunicação social nos governos de Durão Barroso e Santana Lopes (2002–2005) apresentara em documentos preparatórios —«Modelos para uma nova Autoridade Reguladora da Imprensa e do Audiovisual» e «Parâmetros para uma nova Entidade Reguladora» — três modelos alternativos de entidade reguladora, incluindo, em qualquer deles, a previsão, na própria lei, de departamentos internos da entidade reguladora:

— um primeiro modelo teria um conselho de administração de três elementos nomeados livremente pelo Governo e um Conselho Consultivo de Regulação com cinco membros, quatro dos quais nomeados pela Assembleia da República. Caberia a este conselho dar parecer vinculativo sobre as matérias compreendidas no universo dos direitos, liberdades e garantias que lhe fossem apresentadas pelo conselho de administração;
— um segundo modelo de designação fundamentalmente parlamentar, era apresentado com várias sub-hipóteses: três elementos nomeados pela Assembleia da República; dois nomeados pela Assembleia e um terceiro cooptado pelos primeiros; ou quatro designados pela Assembleia e um quinto elemento cooptado por aqueles;
— um terceiro modelo em que os membros — três ou cinco — seriam nomeados pelo Presidente da República sob proposta do Governo.

Apenas o segundo modelo, o de designação parlamentar — na sua versão com cinco membros —, mereceria o acordo dos socialistas.

Iniciada em outubro de 2003, neste contexto, a 6.ª Revisão Constitucional alteraria, assim, de novo o modelo de regulação da comunicação social, criando o seu quarto figurino, em cerca de três décadas, desde a primeira experiência dos conselhos de informação, o que significava igualmente uma nova modificação do artigo 39.º da Constituição, que, como assinalam Jorge

Miranda e Rui Medeiros, é a norma *«que mais modificações sofreu em toda a recente história constitucional portuguesa — por três vezes, objecto de uma reformulação integral (em 1982, 1989 e em 2004) e de outra vez (em 1997) alterado em quatro dos seus números»*[137].

Apesar de se antever um fácil consenso entre as principais forças políticas, apenas os grupos parlamentares do PSD/CDS e do Bloco de Esquerda apresentariam propostas de modificação do artigo 39.º da Constituição, relativo à regulação da comunicação social:

— O PSD e o CDS propunham uma versão já muito próxima da que viria a ser aprovada: o número 1 da norma constitucional enumerava os objetivos fundamentais da regulação, donde todavia estava ainda excluída a *«possibilidade de expressão e confronto das diversas correntes de opinião»*, frase que viria a ser acolhida na norma constitucional, onde figurariam as atribuições cometidas à ERC:

> *O direito à informação e a liberdade de imprensa; a não concentração da titularidade dos meios de comunicação social; a independência perante o poder político e o poder económico; o respeito pelos direitos, liberdades e garantias pessoais; o respeito pelas normas reguladoras das actividades de comunicação social; a possibilidade de expressão e confronto das diversas correntes de opinião;* e *o exercício dos direitos de antena, de resposta e de réplica política.*

O texto dos sociais-democratas e dos centristas remetia ainda para a lei a fixação da composição, da organização e da competência da nova entidade, bem como a forma de eleição dos seus membros, cuja maioria deveria ser eleita pela Assembleia da República por uma maioria qualificada de dois terços dos deputados presentes, sendo o outro (ou outros) por eles cooptados;

— O BE previa um artigo 39.º bem mais pormenorizado: a nova entidade deveria denominar-se *Autoridade para a Comunicação Social* e seria constituída por cinco membros, dois designados respetivamente pelo Presidente da República e pelo Conselho Superior da Magistratura (um

[137] Miranda, Jorge e Medeiros, Rui, *Constituição da República Portuguesa Anotada,* Tomo I, Coimbra Editora, 2006, págs. 877–878.

magistrado) e os restantes eleitos respetivamente pela Assembleia da República, mediante eleição por maioria qualificada de dois terços, pelos jornalistas e pelas associações empresariais de comunicação social. A proposta do BE, que previa mandatos de cinco anos, estabelecia ainda a criação de três conselhos técnicos, com cinco membros cada, respetivamente para a «*regulação da propriedade da Comunicação Social*», «*a Defesa do Consumidor*» e «*para a Liberdade de Imprensa*» e estipulava as principais competências da nova entidade: concessão, suspensão e revogação das licenças dos operadores de rádio e de televisão, aplicação de sanções e coimas, emissão de parecer vinculativo sobre «*qualquer acto que altere a estrutura de propriedade de qualquer empresa de comunicação social*»[138]. O Bloco de Esquerda justificaria a sua proposta de composição através do deputado Luís Fazenda: «*Cremos que a entidade reguladora gozaria de uma maior independência e de maior legitimidade se resultasse da cooperação entre vários órgãos de soberania (que não se veja nisto nenhuma espécie de corporativismo) e também de representantes dos jornalistas e das associações empresariais da comunicação social*»[139].

No decorrer dos debates, o PS e o PSD rapidamente convergiriam numa apreciação semelhante[140], quer sobre as críticas ao desempenho da cessante

---

[138] A proposta de revisão constitucional do PCP não incluía qualquer alteração ao artigo 39.º. Numa intervenção realizada na comissão parlamentar que apreciou as propostas na especialidade, o deputado comunista António Filipe, reafirmando que o PCP era favorável a «*entidade reguladora forte*» e que o balanço da atividade da AACS não era «*tão negativo como poderia ter sido*», criticou duramente aquilo que considerou a «*desconstitucionalização do regulador*», isto é, o facto de a designação e a composição precisa do regulador não figurarem na então ainda proposta de novo artigo 39.º (Diário da Assembleia da República, II Série de 4 de fevereiro de 2004, p. 28 e segs.).

[139] Diário da Assembleia da República, 2.ª série de 4 de fevereiro de 2004, p. 22.

[140] «*Até que enfim...*», começou por referir o deputado do PSD Luís Campos Ferreira ao referir-se à iminente aprovação de uma nova redação para o artigo 39.º da Constituição. O mesmo deputado justificaria na mesma intervenção essa substituição da AACS por uma nova entidade reguladora: «*a desadequação da estrutura da Alta Autoridade, a falta de recursos, a rigidez da composição do estatuto e o seu ténue quadro de competências conduziram de forma pública e notória para a desregulação do sector, verificando-se, lamentavelmente, um incumprimento sistemático das regras em vigor e permitindo a violação descarada dos mais elementares direitos e garantias dos cidadãos em geral*». As críticas formuladas pelo deputado do PS Alberto Martins não seriam muito diferentes: «*Creio que estamos em situação de virar de*

*Alta Autoridade*, quer sobre o modelo da nova entidade reguladora, que deveria ter menos membros — o que possibilitaria um reforço do quadro de técnicos sem acréscimo de custos — e mais competências, mas permaneceria autónoma face ao seu congénere das comunicações.

O elenco de atribuições da nova entidade administrativa independente a incluir no texto constitucional, no n.º 1 do artigo 39.º, obteria um consenso alargado, expresso numa votação praticamente unânime, registando-se, apenas, o voto *dissidente* de quatro deputados socialistas, um dos quais votou contra e os restantes abstiveram-se.

O mesmo não aconteceria com a norma do n.º 2 do mesmo artigo 39.º, que estabelecia a forma de eleição dos membros — *designados pela Assembleia da República* por maioria de dois terços dos deputados presentes, desde que superior à maioria dos deputados em efetividade de funções *e por cooptação destes* — e remetia para uma lei — que, segundo a nova redação do artigo 168.º da Constituição, deveria ser aprovada por dois terços dos deputados, a definição da composição, competências, organização e funcionamento da entidade: os deputados do BE votariam contra, comunistas e verdes optariam pela abstenção, bem como dois deputados do PS.

De acordo com Augusto Santos Silva, que, na qualidade de ministro com a tutela da comunicação social, seria o principal responsável pela legislação sobre a nova entidade reguladora na sequência da revisão constitucional de 2004, o novo modelo teria cinco características essenciais: é *«claramente uma hetero-regulação»*, que não poderá ser confundida com autorregulação ou com corregulação; não é *«unicamente, ou principalmente, económica ou tecnológica»*; trata-se de *«uma regulação pública, legitimada politicamente e enquadrada no Estado, mas independente do Governo»*; *«exerce-se a partir dos princípios e valores constitucionais e do ponto de vista do conjunto dos cidadãos»*; finalmente, *«distingue-se do sistema judicial»* e é *«assumida por uma entidade autónoma, que deve*

---

*página relativamente à experiência da Alta Autoridade para a Comunicação Social. Todos temos consciência de que é um modelo esgotado, que não foi dotado, nem se dotou, de meios técnicos, de capacidade financeira, nem de capacidade logística para cumprir as funções essenciais de salvaguarda do direito à informação, independência perante o poder político e o poder económico, pluralismo de opiniões e respeito pelos direitos, liberdades e garantias. Esta Alta Autoridade, enquanto instrumento de regulação, não pôde, sobretudo não pôde, não teve os meios, não conseguiu cumprir essa função»* (Diário da Assembleia da República de 22 de abril de 2004, págs. 4201 e 4232).

*ser dotada dos poderes de autoridade e sancionamento que se revelarem necessários ao cumprimento das respetivas atribuições»*[141].

A crise política que conduziu às eleições de fevereiro de 2005, com a mudança de maioria política, do PSD para o PS, atrasaria o processo de criação da nova entidade reguladora. A proposta de lei de criação da ERC — Entidade Reguladora para a Comunicação Social — apenas seria debatida no Parlamento em setembro de 2005, mais de um ano depois de concluída a 6.ª revisão constitucional.

### 3.2 A Lei n.º 53/2005, de 8 de novembro

Aprovada pela mesma maioria parlamentar que formara o consenso necessário à revisão da norma constitucional — PS, PSD e CDS/PP, num total de 137 votos a favor, e rejeitada por 12 deputados do BE, PCP e Verdes, a Lei n.º 53/2005, de 8 de novembro, que criaria a ERC, representou uma assinalável evolução face ao anterior quadro legal da regulação do sector, em especial na natureza da entidade reguladora, no seu âmbito de atuação, nas respetivas competências, na sua composição, nas suas fontes de financiamento e no controlo e acompanhamento da sua atividade.

De facto, a proposta de lei do Governo (11/X), apresentada na mesa da Assembleia da República a 19 de maio de 2005 e objeto de votação final global em 29 de setembro, 15 dias depois de ser debatida em plenário, suscitara, mesmo antes da sua discussão parlamentar, um debate sobre diversos temas: a designação da nova entidade, a sua composição, o modelo de financiamento, o seu âmbito de atuação e as mudanças que isso provocaria no departamento da Administração Pública com competências na área da comunicação social.

Não estando a designação da nova entidade expressa no texto da Constituição, o que acontecia pela primeira vez, esta matéria acabou por ser objeto de reflexão e debate praticamente apenas nos trabalhos técnicos de preparação da proposta de lei que aprovaria o novo regulador e nas negociações interpartidárias, designadamente entre PS e PSD. Foram várias as designações ponderadas ou mesmo propostas, entre as quais, as do Conse-

---

[141] Augusto Santos Silva, «A hetero-regulação dos meios de comunicação social», Revista *Comunicação e Sociedade* n.º 11, 2007, págs. 18 e 19.

lho Regulador para a Comunicação Social (CRC), LIBERCOM (Entidade Administrativa Independente para a Comunicação Social); Conselho Superior da Comunicação Social (CSC) e Autoridade Reguladora da Imprensa e do Audiovisual (ARIA), acabando por vingar a de Entidade Reguladora para a Comunicação Social (ERC).

A composição da direção do novo regulador dos *media* não figurava igualmente no articulado do texto constitucional, mas seria aprovada ainda na fase inicial das negociações entre PSD e PS: quatro membros eleitos pela Assembleia da República, numa lista única que teria de obter mais de dois terços dos votos dos deputados presentes, desde que superior à maioria absoluta dos deputados em efetividade de funções, que escolheriam posteriormente por cooptação o quinto elemento, que não seria necessariamente o presidente[142].

Apesar do claro aumento do volume e da importância das suas atribuições e competências, residiria na sua composição a opção legislativa mais polémica e contestada no debate parlamentar de aprovação da nova entidade.

Justificada pela imperiosa necessidade de aumentar a eficácia da entidade reguladora e de permitir um mais significativo reforço do seu quadro de assessorias técnicas, sem pôr em causa a sua independência, a opção tomada pela maioria viria a ser criticada, nomeadamente pelos deputados do PCP e do BE. A redução do número de membros e a forma de eleição afunilariam as escolhas, limitando-as a alegados representantes dos dois principais partidos do centro do espectro político, em prejuízo da sua diversidade. Acresce que a eleição por lista completa, e não candidato a candidato, reforçaria o peso dos diretórios partidários, visível na mais difícil das escolhas — a do *decisivo* quinto elemento, considerado como aquele que poderia desempatar votações com uma maior vertente político-partidária. Finalmente, a exclusão de membros indicados por entidades do sector — Sindicato dos Jornalistas, associações patronais, etc., implicando o abandono da inédita fórmula da AACS, *politizaria* ainda mais a escolha da Assembleia da República, embora afastasse a nova entidade do modelo misto anterior, que não evitara uma indesejável limitação da autonomia do regulador face aos regulados.

[142] Em maio de 2006, a Assembleia Legislativa da Madeira aprovou uma proposta de lei, que apresentou à Assembleia da República, segundo a qual as assembleias legislativas das regiões autónomas dos Açores e da Madeira designariam, nos mesmos termos, dois membros para o Conselho Regulador, que passaria a ter sete membros. A proposta não teria qualquer seguimento, não tendo sido votada na Assembleia da República.

A nota justificativa que acompanhava a proposta de lei aprovada em Conselho de Ministros estimava que, além dos seus 5 membros e de um Fiscal Único, a ERC necessitaria de *«cerca de 50 funcionários, entre pessoal administrativo e pessoal técnico (agentes de fiscalização, juristas, economistas)»*. As necessidades de financiamento da nova entidade suscitariam, desta forma, um estudo detalhado, que levaria à elaboração de três modelos alternativos, que coincidiam, em primeiro lugar, no recurso a verbas a transferir do Instituto da Comunicação Social (cerca de 350 mil euros), dada a transferência dos serviços de registos dos órgãos de comunicação social para a ERC; em segundo lugar, no recurso a verbas relativas a taxas por licenciamento ou autorização de novos operadores de rádio e de televisão e também devidas à aplicação de contraordenações ou outras sanções; e, em terceiro lugar, na previsão de uma dotação orçamental idêntica à da AACS, pouco mais de 2 milhões de euros. No entanto, os três modelos divergiam na principal fonte de receita: o modelo I previa um montante de 6 milhões de euros proveniente da extensão da contribuição audiovisual às pessoas coletivas; o modelo II incluía um montante de perto de 7 milhões, que representava 10% sobre o montante das taxas cobradas pelo ICP-ANACOM pela utilização do espectro radioelétrico; e o modelo III, que calculava um montante de 5,2 milhões provenientes de *«excedentes do ICP-ANACOM»*, que representavam 30% do resultado líquido do exercício do ano de 2003.

Nenhum destes três modelos de financiamento seria escolhido — a nota justificativa refere mesmo que se concluiu que *«nenhum dos modelos de financiamento se adaptava às necessidades de garantia da legalidade das taxas a cobrar»*, tendo-se então optado pela *«criação de uma taxa a aplicar aos diversos meios de comunicação regulados (rádio, televisão, imprensa, operadores de telecomunicações e outros distribuidores de conteúdos)»*, que seria determinada após estudo técnico coordenado pelo ICP-ANACOM.

A insuficiência das receitas obtidas levaria rapidamente o governo a decidir assegurar anualmente a transferência de uma verba de um milhão de euros proveniente das receitas do ICP-ANACOM para a ERC, o que aconteceria a partir da publicação da Portaria 1629/2007, de 31 de dezembro[143].

[143] Como adiante se referirá, a transferência do milhão de euros proveniente da ANACOM esteve longe ser anual...

A diversificação das fontes de financiamento da ERC conduziria, por outro lado, a um significativo reforço, face às verbas antes colocadas à disposição da AACS: em 2005, esta entidade geriu um orçamento de cerca de 2 milhões de euros, enquanto a ERC teria, em 2007, um volume de receitas que chegaria perto dos 4,2 milhões de euros: 2,3 milhões provenientes da Assembleia da República, 1 milhão transferido do ICP-ANACOM e 761 mil euros através da taxa de regulação e supervisão constituiriam as receitas mais significativas.

Para além das verbas provenientes do Orçamento do Estado, constituem ainda receitas da ERC, como adiante se analisará com maior detalhe, nomeadamente, as taxas e outras receitas a cobrar junto das entidades que prosseguem atividades de comunicação social, as taxas e outras receitas cobradas no âmbito da atribuição de títulos habilitadores aos operadores de rádio e de televisão e o produto das coimas, das sanções pecuniárias e das multas aplicadas. O regime de taxas, contestado pela generalidade do sector, seria aprovado pelo DL 103/2006, de 7 de junho, e pela Portaria n.º 653/2006, de 29 de junho. Em 2007, o montante líquido cobrado em coimas seria apenas de 19,2 mil euros[144].

A ERC pode assim dispor de uma estrutura organizativa bem mais vasta e tecnicamente preparada, dirigida por um Conselho Regulador com um número escasso de membros (cinco), que lhe assegura uma maior eficiência. Na opinião de Augusto Santos Silva[145], tomando por comparação a Alta Autoridade para a Comunicação Social, há *«um reforço de competências, meios e recursos*; *condições para maior qualificação técnica, isto é uma tecno-estrutura especializada e eficiente*; *uma clara legitimidade parlamentar e uma forma de participação social e dos interesses inequivocamente circunscrita ao plano consultivo»*[146].

A Entidade Reguladora para a Comunicação Social (ERC) iniciou funções a 17 de fevereiro de 2006, com a tomada de posse dos cinco membros que então compunham o seu Conselho Regulador. O início de atividade do novo regulador implicaria outras mudanças. Uma delas era desde logo visível na sua definição legal: enquanto a AACS era definida apenas como *«um órgão*

[144] Dados do Relatório de Actividades e Contas de 2007, p. 181

[145] Augusto Santos Silva, «A hetero-regulação dos meios de comunicação social», Revista *Comunicação e Sociedade* n.º 11, 2007, p. 25.

[146] Augusto Santos Silva refere-se à participação de representantes dos jornalistas e das empresas no Conselho Consultivo da ERC e não no Conselho Regulador.

*independente que funciona junto da Assembleia da República, dotado de autonomia* administrativa» (art. 2.º da Lei n.º 43/98), a ERC era considerada *«uma pessoa colectiva de direito público, dotada de autonomia administrativa e financeira e de património próprio, com natureza de entidade administrativa independente»* (art.º 1, n.º 1 dos Estatutos da ERC, anexos à Lei n.º 53/2005).

O seu âmbito de atuação abrangeria não apenas as agências noticiosas, as publicações periódicas e os operadores de rádio e de televisão, ou seja, os meios de comunicação *tradicionais*, mas, igualmente, *«as pessoas singulares ou colectivas que disponibilizem ao público, através de redes de comunicações electrónicas, serviços de programas de rádio ou de televisão, na medida em que lhes caiba decidir sobre a sua selecção e agregação»* e *«as pessoas singulares ou colectivas que disponibilizem regularmente ao público, através de redes de comunicações electrónicas, conteúdos submetidos a tratamento editorial e organizados com um todo coerente»*. Esta definição do âmbito de intervenção regulatória — o artigo 6.º dos Estatutos da ERC — constitui, desde então, a única norma na legislação da comunicação social que, de uma forma transversal, delimita o campo dos *media*[147].

Todavia, a circunstância de, no mesmo artigo, o legislador ter enunciado o âmbito de intervenção e os meios de comunicação abrangidos com um critério aberto (*«todas as entidades que, sob a jurisdição do Estado português, prossigam actividades de comunicação social»*), mas acompanhado do advérbio *designadamente*, permite concluir que a regulação pode abranger outras entidades que não apenas as que são enunciadas nas diversas alíneas do referido artigo 6.º dos Estatutos.

As suas competências aumentariam face às atribuídas à AACS. É verdade que continua válida a classificação funcional atrás adotada para a AACS: a ERC desempenha funções de regulamentação, administrativas, de controlo e de julgamento e sancionatórias. Ainda que predominantemente vocacionada para a defesa de direitos e liberdades fundamentais, a ERC tem, todavia, uma vocação dual, ao visar igualmente *«objetivos de regulação e supervisão*

[147] Em rigor, refira-se que o artigo 6.º dos Estatutos da ERC é transcrito no artigo 2.º da Lei n.º 78/2015, de 29 de julho, que *regula a promoção da transparência da titularidade, da gestão e dos meios de financiamento das entidades que prosseguem atividades de comunicação social*, estabelecendo que esta lei se aplica a todas as entidades identificadas na referida norma.

*puramente económicos»*[148]. No entanto, como adiante se verá, as mudanças são visíveis em todos estes domínios.

## 3.3 O modelo institucional da ERC

### 3.3.1 A ERC e as outras experiências europeias

A independência do regulador, não apenas face ao poder político, mas igualmente em relação ao poder económico e aos próprios regulados, constitui um dos aspectos essenciais da definição do seu modelo institucional. Estando em causa a regulação da comunicação social, matéria estruturante relativamente a direitos, liberdades e garantias dos cidadãos, a independência do regulador justifica uma acrescida prioridade.

Essa preocupação manifesta-se de forma clara na vasta doutrina evidente nos documentos da União Europeia e do Conselho da Europa sobre a regulação da comunicação social[149], que contribuiu não apenas para uma harmonização do elenco de atribuições e competências dos reguladores nacionais dos diferentes países, como igualmente do seu modelo institucional, sustentado na generalidade dos países europeus com a criação de uma estrutura autónoma não integrada na área governamental.

Da mesma forma, um dos documentos mais relevantes sobre a regulação da comunicação social, o relatório final *Indireg*[150], de fevereiro de 2011, que aprecia exaustivamente o grau de independência dos reguladores europeus, estabelece uma grelha de análise fundamentada em cinco dimensões: o estatuto e as competências do regulador, a sua autonomia financeira, a autono-

---

[148] Miguel Prata Roque, «Os poderes sancionatórios da ERC», in *Direito Sancionatório das Autoridades Reguladoras*, Coimbra Editora, 2009, p. 389.

[149] Entre esses documentos, refiram-se as recomendações de 2000 e 2008 do Comité de Ministros do Conselho da Europa, já desenvolvidamente analisados no Capítulo 1 deste livro.

[150] O estudo *Indireg* foi realizado por um conjunto de cinco entidades: Hans-Bredow-Institut for Media Research, que dirigiu o grupo, Universidade Católica de Lovaina, através do Interdisciplinary Centre for Law&ICT (ICRI), Centre for Media and Communication Studies (CMCS) da Central European University, Cullen International e Perspective Associates.

mia dos dirigentes, a sua preparação técnica e os mecanismos de prestação de contas e de transparência[151].

Outro autor — W. Smith, citado por Adriana Mutu[152] — considera existirem três elementos fundamentais para a definição da independência da regulação: a independência face às empresas reguladas, aos consumidores e a outros interesses privados, a distância face às autoridades políticas e as garantias de autonomia organizativa, como o financiamento.

No entanto, o carácter complexo e multifacetado do tema da *independência regulatória*, objeto de análise por uma assinalável lista de autores referidos no estudo *Indireg*, reflete-se desde logo na diversidade de matérias que exigem intervenção independente do regulador, como refere McQuail, que recorda, entre outras, o licenciamento dos operadores de rádio e de televisão, a propriedade das empresas, a distribuição do sinal dos operadores, os conteúdos, os direitos e as questões éticas dos jornalistas[153].

Por outro lado, a independência do regulador depende de um vasto conjunto de variáveis, mesmo que, como procedeu Gilardi[154], nos limitemos aos aspectos formais: o estatuto do seu principal dirigente e da direção (por exemplo, duração do mandato, quem os designa, como podem ser exonerados, a possibilidade de renovação do mandato), a relação com o Governo e com o Parlamento (por exemplo, as garantias de independência do regulador, as obrigações face ao Governo e ao Parlamento, nomeadamente a apresentação de relatórios periódicos), a autonomia financeira e organizativa (qual a principal fonte de financiamento, quem fiscaliza a execução orçamental, quem delibera sobre a organização interna e as opções relativamente ao recrutamento de pessoal) e as competências sobre regulação (são exclusivas do regulador ou repartidas com outro regulador independente, ou com o Parlamento, ou com o Governo, ou o regulador apenas tem competências de natureza consultiva). Outro autor, Gheventer, igualmente referido no rela-

[151] *Indireg Final Report*, p. 6.

[152] Adriana Mutu, *The Formal Independence of National Media Regulatory Authorities: a Cross-Country Comparative Study*, Tese de doutoramento apresentada em maio de 2015 na Universidade Autónoma de Barcelona, p. 44.

[153] McQuail, 2010, citado por Mutu, obra cit., p. 30.

[154] F. Gilardi, *The Formal Independence of Regulators: A Comparison of 17 Countries and 7 Sectors*, Swiss Political Science Review, 11(4), 2005, págs. 139–167.

tório *Indireg*[155], enumera um conjunto de fatores associados ao conceito de independência: o processo de tomada de decisão, a autonomia financeira, o processo de designação dos dirigentes, a especialização, a estabilidade da direção, a interferência política no processos de tomada de decisão e a capacidade de execução, incluindo a aplicação de sanções. Por sua vez, Tomas Lamanauskas, igualmente citado, analisa o conceito de independência do ponto de vista da relação do regulador com os *market players*, a influência política e os consumidores[156].

Particularmente exigente, o estudo *Indireg* fundamenta a sua análise num conjunto de descritores que permitem uma apreciação mais detalhada e realista sobre o funcionamento dos reguladores: os sectores e áreas de regulação, a evolução do regulador em matérias como a sua estrutura, a evolução institucional e as suas tradições, o enquadramento constitucional e legal, a dimensão do mercado e da indústria do sector, a análise dos principais atos jurídicos, bem como o quadro de pessoal e o orçamento do organismo regulador.

No modelo português, a primeira, singular e relevante especificidade decorre da própria consagração no texto constitucional da existência de uma entidade reguladora independente, desde o texto original da Constituição de 1976[157]. Como entidade independente, não integrada na Administração Pública dependente do Governo, o regulador não deixa por isso de desempenhar uma atividade administrativa[158].

A estrutura e o quadro geral de atribuições e competências do atual regulador — a Entidade Reguladora para a Comunicação Social (ERC) — foram definidos na 6.ª revisão constitucional, através da Lei Constitucional n.º 1/2004, substituindo a Alta Autoridade para a Comunicação Social. No

---

155 *Idem*, página 38.

156 *Idem*, página 46.

157 Como sublinha Miguel Prata Roque, «Os poderes sancionatórios da ERC», in *Direito Sancionatório das Autoridades Reguladoras,* Coimbra Ed., 2009, p. 389, a ERC é «*a única entidade reguladora administrativa independente cujo estatuto decorre directamente de normas constitucionais*».

158 Na opinião de Jorge Miranda e Rui Medeiros, in *Constituição Portuguesa Anotada*, Tomo III, p. 586, Coimbra Editora, 2007, «*as autoridades administrativas independentes traduzem por regra a intenção de subtrair a intervenção administrativa em certos domínios a influências partidárias e às vicissitudes de maiorias políticas contingentes surgindo como uma garantia acrescida da imparcialidade da Administração Pública*».

entanto, ao contrário do que sucedera nas revisões constitucionais de 1982 e 1989, o texto do artigo 39.º da Constituição não estabelecia agora nem o nome nem a exata composição[159] da nova entidade, remetendo essas definições para uma lei, tendo o legislador constituinte inscrito apenas a indicação de que os membros da entidade reguladora seriam *«designados pela Assembleia da República e por cooptação destes»*. Por sua vez, sublinhe-se, de novo, o artigo 168.º, n.º 6, alínea a), do texto constitucional estabeleceria que *«a lei respeitante à entidade de regulação da comunicação social»* careceria *«de aprovação por maioria de dois terços dos deputados presentes, desde que superior à maioria absoluta dos Deputados em efetividade de funções»*.

A consagração constitucional da exigência de uma maioria qualificada de dois terços dos deputados, não apenas para a aprovação da regulamentação essencial do quadro de funcionamento do regulador, mas igualmente para a eleição de quatro dos seus cinco membros, obriga a um vasto consenso no quadro parlamentar, incluindo tendencialmente forças partidárias oposicionistas[160]. No entanto, esta inegável vantagem em nome da independência e da pluralidade do regulador não obsta a que se possa contrapor que essa exigência de uma maioria mais alargada terá como consequência possível uma maior dificuldade em alterar de forma substancial o quadro regulamentar do regulador, mesmo quando a evolução do sector dos *media* o tornasse aconselhável[161].

Aliás, terá sido essa característica específica da ERC — a exigência de uma maioria qualificada para a aprovação da lei que a regulamentou — uma das razões que conduziram a Assembleia da República a excluí-la do elenco

---

[159] Recorde-se, todavia, que, como atrás se assinalou, o texto da Constituição, depois da 2.ª revisão em 1989, não estabeleceria como seriam escolhidos quatro dos então 13 membros da Alta Autoridade para a Comunicação Social.

[160] De facto, de todos os 22 governos constitucionais formados desde 1976, apenas o IX Governo, liderado por Mário Soares, entre julho de 1983 e novembro de 1985, composto por uma coligação entre PS e PSD, alcançaria um apoio parlamentar superior a dois terços dos deputados da Assembleia da República.

[161] No entanto, uma eventual alteração, por exemplo, ao quadro de competências previsto na lei, como aliás sucedeu com a legislação que atribuiu à ERC a competência de zelar pela transparência da propriedade, não carece dessa maioria qualificada. Em contrapartida, já seria de duvidosa constitucionalidade uma lei que integrasse a ANACOM na ERC, sem esse apoio parlamentar qualificado, iniciativa que terá sido ponderada pelo Governo de Passos Coelho.

de entidades abrangidas pela Lei n.º 67/2013, de 28 de agosto, a Lei-quadro das entidades administrativas independentes com funções de regulação da atividade económica dos sectores privado, público e cooperativo[162]. Aprovado com os votos favoráveis do PSD e do CDS/PP, ou seja, sem uma maioria qualificada de dois terços, o diploma resultaria de uma proposta de lei, em cujo preâmbulo se referia já a exclusão do seu âmbito de aplicação do Banco de Portugal e da ERC *«apesar das suas atribuições, uma vez que se regem por legislação própria e possuem tratamento específico em sede constitucional»*. Apesar de, no parecer enviado à Assembleia da República, o Tribunal de Contas ter defendido que a ERC fosse abrangida pela lei, sem, todavia, fundamentar a sua proposta com mais do que uma breve referência, segundo a qual *«não se vislumbra justificação para a sua exclusão»*, nenhum dos grupos parlamentares secundaria essa proposta.

Sublinhe-se, aliás, que esta lei-quadro previa a designação pelo Governo dos dirigentes destas entidades, bem como a sua colocação no âmbito de um ministério, *«cujo membro do Governo seja o responsável pela principal área de atividade económica sobre a qual incide a atuação da entidade reguladora»*[163], o que claramente as diferenciava do modelo da ERC. Todavia, ficava expressa, no âmbito da gestão, a não submissão a qualquer superintendência ou tutela governamental e a impossibilidade de os membros do Governo dirigirem recomendações ou emitirem diretivas aos órgãos dirigentes das entidades reguladoras sobre a sua atividade reguladora ou as prioridades a adotar na respetiva prossecução[164].

---

[162] Foram abrangidos pela lei o Instituto de Seguros de Portugal, a Comissão do Mercado de Valores Mobiliários, a Autoridade da Concorrência, a Entidade Reguladora dos Serviços Energéticos, a ANACOM, o Instituto Nacional de Aviação Civil, o Instituto da Mobilidade e dos Transportes, a Entidade Reguladora dos Serviços de Águas e Resíduos e a Entidade Reguladora da Saúde.

[163] Artigo 9.º da Lei n.º 67/2013.

[164] No entanto, de acordo com o artigo 45.º, n.º 4, da Lei n.º 67/2013, os planos de atividade e os orçamentos destes reguladores *«carecem de aprovação prévia, no prazo de 60 dias após a sua receção, por parte dos membros do Governo responsáveis pela área das finanças e pela principal área de atividade económica sobre a qual incide a atuação da entidade reguladora»*. De acordo com o n.º 6 do mesmo artigo 45.º, as aprovações podem ser recusadas, nomeadamente, *«mediante decisão fundamentada em ilegalidade ou prejuízo para os fins da entidade reguladora ou para o interesse público»*.

### 3.3.2 A fase da designação e da eleição dos membros do regulador

A subordinação do regulador da comunicação social ao Parlamento, iniciada com os conselhos de informação e com o Conselho de Imprensa[165], e prosseguida com as experiências seguintes (Conselho de Comunicação Social e Alta Autoridade para a Comunicação Social), continuaria, acentuando-se com o modelo da ERC desde os processos de designação e eleição dos seus dirigentes, até ao acompanhamento da sua atividade.

No entanto, o modelo da ERC assinalaria diversas modificações face às experiências anteriores.

Em primeiro lugar, a clara redução do número de membros do seu órgão máximo, o Conselho Regulador.

Depois dos modelos dos Conselhos de Informação — numa primeira fase, em cada um dos conselhos haveria um membro por cada 10 deputados de cada grupo parlamentar, com um mínimo de 1, e, depois de 1981, um por cada partido com menos de 10 deputados, um por cada partido por cada 10 deputados ou fração superior a 5, devendo o partido mais votado indicar ainda mais 2 membros, ou seja, no conjunto pelo menos 25 membros em cada Conselho; do Conselho de Comunicação Social — 11 membros; e da Alta Autoridade para a Comunicação Social — numa primeira fase 13, mas, depois de 1998, 11 membros —, a direção da ERC teria apenas 5 membros[166].

---

[165] De acordo com o artigo 17.º da Lei de Imprensa de 1975, o Conselho de Imprensa funcionaria junto do Ministério da Comunicação Social «*durante o período de vigência do Governo Provisório*», mas passou para a órbita da Assembleia da República em 1978, com a entrada em vigor da Lei n.º 31/78, de 20 de junho.

[166] Esta redução do número de dirigentes aproximaria, neste domínio, o regulador português da generalidade dos seus congéneres europeus, em que a grande maioria tem entre 3 e 13 membros, como acontece, entre outros, nos casos da Islândia e Países Baixos (3 membros), Áustria, Hungria, Malta e Polónia (5), Letónia (6), Croácia, Chipre, Grécia e França (7), Irlanda, Sérvia, Eslováquia, Turquia e Grã-Bretanha (9), Espanha (10), Roménia (11) e República Checa (13). Sublinhe-se que o regulador espanhol, a Comisión Nacional de los Mercados y la Competencia, que iniciou a sua atividade em 2013, abrange não só o audiovisual, mas também os sectores das comunicações, da energia, transportes, concorrência e serviço postal. Estónia, Finlândia, Eslovénia, Suécia, Noruega e Suíça têm reguladores com um único dirigente. (Sobre os dados relativos aos reguladores europeus dos *media* ver *Indireg — Final Report*, 2011; AVMS-RADAR, *Final Report*, 2015; Adriana Mutu, *The Formal Independence of National Media Regulatory Autho-*

Esta drástica redução do número de membros resultava desde logo da profunda alteração da natureza do organismo em causa, terminando a experiência mais abrangente de representatividade sectorial da Alta Autoridade[167] com o regresso a um modelo de designação *centralizada* e essencialmente parlamentarizada, tal como o tinham sido, aliás, embora com uma composição mais alargada, os conselhos de Informação e o Conselho de Comunicação Social. Acresce que este emagrecimento do número de dirigentes devia-se também à constatação de que uma das causas do atraso, considerado inaceitável, com que, sobretudo nos derradeiros anos da sua existência, eram apreciadas e votadas pela Alta Autoridade para a Comunicação Social muitas das queixas apresentadas se devia à insuficiência de quadros técnicos, pelo que, como atrás se referiu, seria aconselhável uma diminuição do número desses dirigentes que pudesse, em contrapartida, sem acréscimo insustentável de custos, permitir um claro alargamento dos quadros da ERC, conferindo-lhe uma maior eficácia[168].

Em segundo lugar, o facto de se atribuir apenas ao Parlamento a escolha e a eleição dos membros do regulador, que, todavia, de acordo com os próprios textos da Constituição e da lei, posteriormente indicariam por acordo entre si o quinto elemento Conselho Regulador[169]. Este modelo asse-

*rities: a Cross-Country Comparative Study*, 2015; *ERGA Report on the Independence of NRAs*, 2015).

[167] Como atrás se referiu, a Alta Autoridade para a Comunicação Social herdou as atribuições e competências do Conselho de Imprensa, que constituiu também uma experiência de regulação com sistema de designação partilhada.

[168] A ERC tem tido, nos últimos anos, entre 60 e 89 funcionários. De acordo com o referido estudo *AVMS-RADAR* e *Indireg* de 2015, varia muito o número de funcionários dos diferentes reguladores europeus dos *media*, desde a experiência islandesa com apenas dois quadros até ao regulador convergente britânico OFCOM com 790 ou do singular regulador espanhol com 500, dos quais apenas 160 terão funções relacionadas com a regulação do sector audiovisual, ou mesmo do italiano, igualmente convergente, com 372 quadros. A maior parte dos reguladores não tem um *staff* superior a 100 pessoas, com exceção, além das atrás referidas, da Finlândia (245), França (310), Hungria (122), Polónia (130) e Roménia (133).

[169] A ligação do regulador ao Parlamento constitui o modelo mais frequente a nível europeu. De acordo com o estudo de Adriana Mutu (*The Formal Independence of National Media Regulatory Authorities: a Cross-Country Comparative Study*, 2015), 40% dos reguladores europeus têm um modelo de designação dos seus dirigentes em que o Parlamento tem um papel predominante, em 22% há uma influência dos governos e dos parlamen-

melha-se, aliás, ao procedimento de designação dos membros do Tribunal Constitucional[170].

Esta forma de designação introduziria diversas modificações face às experiências anteriores. Significaria, em primeiro lugar, a recusa de um modelo de regulação com designação partilhada em vigor, como atrás se referiu, na experiência da Alta Autoridade para a Comunicação Social — Parlamento, Governo, Conselho Superior da Magistratura, jornalistas, organizações patronais do sector da comunicação social e Conselho Nacional do Consumo, evitando-se desta forma, com maior ênfase, o risco da captura do regulador pelos regulados. Por outro lado, ao Governo deixaria de competir a designação de qualquer dirigente, procurando-se desta forma garantir a desgovernamentalização do regulador. A opção pela eleição no quadro parlamentar, através da apresentação a sufrágio de uma lista completa com os nomes dos quatro candidatos, ordenados por ordem alfabética, sem conferir a possibilidade de aprovar ou reprovar cada um dos nomes apresentados,

---

tos, 19% apenas do executivo e também 19% da sociedade civil e das organizações profissionais. Outro autor (Machet, num texto submetido em 2002 a uma reunião da EPRA em Bruxelas) considerava existirem quatro modelos relativamente à designação dos dirigentes dos reguladores: o do Norte da Europa, com uma predominância do papel dos governos; o da Europa Central, onde os parlamentos têm um papel decisivo; o modelo francês, com uma participação conjunta do executivo, através do Chefe do Estado, que designa um membro, e da Assembleia Nacional e do Senado, que indicam três cada um; e o modelo alemão, em que, nos reguladores existentes em cada um dos Estados federados, existe uma participação decisiva da sociedade civil. Mas o modelo de nomeação varia muito de país para país, inclusivamente sobre a forma como o Parlamento os designa, uma vez que há Estados em que a escolha é realizada por eleição no plenário dos deputados, enquanto noutros é realizada no âmbito de uma mera comissão parlamentar. Constituem exemplos de reguladores de nomeação governamental, entre outros, Grã-Bretanha, Dinamarca, Espanha, Finlândia, Países Baixos, Islândia, Noruega e Suécia, mas na sua maioria a escolha é da responsabilidade do Parlamento. Não há exemplos de escolha dos dirigentes dos reguladores pelos regulados ou pela indústria dos *media*, embora, em alguns países (Albânia, Montenegro, Macedónia e Sérvia), as empresas de comunicação social sejam convidadas a propor candidatos a esses cargos (também os estudos acima referidos *AVMS-RADAR* e *Indireg*).

[170] Miguel Prata Roque, «Os poderes sancionatórios da ERC», in *Direito Sancionatório das Autoridades Reguladoras*, Coimbra Ed., 2009, p. 382. O mesmo autor assinala que os Estatutos da ERC impõem que as listas candidatas possam ser subscritas por apenas 10 deputados, ao invés dos 25 necessários para a apresentação de listas para o Tribunal Constitucional.

diferenciava este método do que fora aplicado na eleição parlamentar dos membros do Conselho de Comunicação Social[171].

A imposição para a aprovação da lista de candidatos do voto favorável de uma maioria qualificada de dois terços dos deputados presentes, desde que superior à maioria absoluta dos deputados em efetividade de funções — o que não aconteceria em 2017, na primeira votação do atual Conselho Regulador (ver Fig. 1) —, em detrimento da eleição pelo método proporcional, apresentaria como vantagem a aparente *despartidarização* dos membros do Conselho, que não seriam oficialmente apresentados como representantes de partidos políticos, mas seria criticada, designadamente pelo PCP e pelo Bloco de Esquerda, por afunilar a seleção dos membros às escolhas dos dois principais partidos, sem cujo apoio não seria obtida a necessária maioria qualificada de dois terços[172].

| CReg | 1.º | 2.º | 3.º (vot. s/2/3) | 3.º |
|---|---|---|---|---|
| Data | 3.12.2006 | 14.10.2011 | 20.10.2017 | 27.11.2017 |
| Votantes | 191 | 213 | 211 | 225 |
| Sim | 147 (76,9%) | 144 (67,6%) | 133 (63,0%) | 160 (71,1%) |
| Brancos | 36 | 60 | 72 | 56 |
| Nulos | 8 | 9 | 6 | 9 |

FIG. 1 — Eleições na Assembleia da República das listas de candidatos para o Conselho Regulador da ERC

[171] Como se referiu no Capítulo 2, este processo permitiu mesmo que vários nomes indigitados para o Conselho de Comunicação Social não tivessem alcançado o número de votos necessários para a eleição.

[172] Em rigor, ficou sempre claro, em relação aos membros indicados pelo Parlamento, que PS e PSD indicaram dois membros cada, uma vez que a soma do número de deputados de cada um dos grupos parlamentares ultrapassou sempre os dois terços do número total de deputados. Por outro lado, apenas na escolha do primeiro Conselho Regulador, PS e PSD não aceitaram a indicação inicial de um dos dois membros propostos por cada um dos partidos, tendo apenas aceitado uma segunda indicação. Foram então *vetados* Sebastião Lima Rego, proposto pelo PS, e Miguel Carvalho, pelo PSD.

Aliás, em julho de 2012, pouco tempo depois da deliberação sobre a queixa do jornal *Público* contra o ministro Miguel Relvas, em que o Conselho Regulador se dividiria de acordo com a *proveniência partidária* dos seus membros, o BE apresentou um projeto de lei (275/XII) de alteração aos estatutos da ERC que abordava, sobretudo, cinco temas: o Conselho Regulador seria designado pela Assembleia da República por maioria qualificada de dois terços, respeitando o artigo 163.º, h), da Constituição, mas sob proposta do Conselho Consultivo; à atual composição do Conselho Consultivo (16 membros)[173] seriam acrescentados 12 membros eleitos pela Assembleia da República, de acordo com o método de Hondt, sendo, no entanto, assegurado que todos os grupos parlamentares teriam pelo menos um membro; as listas seriam votadas segundo o método de Hondt, o que poderia ser considerado contrário ao texto constitucional; todos os cinco membros propostos — e não apenas quatro — seriam previamente ouvidos em comissão parlamentar; e não haveria cooptação (embora a Constituição o estipule claramente no art. 39.º)[174]. Entretanto, também o Sindicato dos Jornalistas, em setembro de 2009, propusera a representação proporcional com o objetivo de *«assegurar a efectiva representatividade de todo o arco parlamentar»* e ainda uma alteração da composição *«de modo a integrar a participação paritária das empresas e dos jornalistas e a representação da sociedade civil»*.

---

[173] De acordo com o artigo 39.º dos Estatutos da ERC, os 16 membros do Conselho Consultivo são indicados por representantes de 16 entidades: Autoridade da Concorrência, Secretaria-Geral da Presidência do Conselho de Ministros, que substituiu os antigos departamentos da Administração Pública responsáveis pelas políticas públicas para a Comunicação Social, ANACOM, Instituto do Consumidor, Instituto do Cinema, Audiovisual e Multimédia, Conselho de Reitores das Universidades Portuguesas, Conselho Coordenador dos Institutos Superiores Politécnicos, CENJOR, associação sindical dos jornalistas com maior número de filiados, confederação de meios de comunicação social com maior número de filiados, associação de consumidores com maior número de filiados, associação de agências de publicidade com maior número de filados, associação de anunciantes com maior número de filiados, Instituto Civil da Autodisciplina da Publicidade (ICAP), Associação Portuguesa para o Controlo de Tiragem e Circulação (APCT) e Comissão de Análise e Estudos de Meios (CAEM).

[174] No entanto, o BE nunca agendaria este projeto para discussão, tendo caducado em 2015. Sobre este projeto de lei, ver Mariana Lameiras de Sousa, *Regulação dos Media em Democracia: Experiências e Modelos no Caso Português*, tese de doutoramento, Universidade do Minho, 2016, p. 251.

Em terceiro lugar, aumentaria a duração do mandato — dos quatro anos, quer nos conselhos de informação quer nos organismos que lhe sucederam, CCS e AACS, para cinco anos, o que visava distanciar a composição do regulador dos ciclos eleitorais e parlamentares e das maiorias políticas formadas[175]. Aliás, na esmagadora maioria dos países europeus, o fim dos mandatos não coincide com os ciclos eleitorais[176]. Por outro lado, enquanto nos organismos que antecederam a ERC, os mandatos eram renováveis — sem limite nos conselhos de informação, apenas uma vez no Conselho de Comunicação Social e na Alta Autoridade para a Comunicação Social —, o mesmo não acontece com os membros do atual regulador[177].

Em quarto lugar, o aumento das incompatibilidades dos seus membros com outros cargos ou funções. Inicialmente limitado, com os conselhos de informação, ao exercício de funções nos órgãos sociais ou como trabalhador nas empresas abrangidas por este órgão, e mais tarde alargado, com o Conselho de Comunicação Social, ao desempenho de funções dirigentes em partidos políticos ou na administração pública ou como titular de órgãos de

[175] Na grande maioria dos reguladores europeus, a duração do mandato oscila entre os 4 e os 6 anos: Bélgica (no regulador da comunidade germânica), Dinamarca, Grécia, Islândia e Lituânia (4 anos); Albânia, Bélgica (comunidades flamenga e francesa), Estónia, Croácia, Irlanda, Luxemburgo, Lituânia, Montenegro, Países Baixos, Sérvia e Eslovénia (5 anos, como Portugal); e Áustria, Bulgária, Chipre, República Checa, Espanha, França, Polónia, Roménia, Eslováquia e Turquia (6 anos). Na Finlândia e na Grã-Bretanha, a lei não estabelece a duração do mandato. (estudos referidos em páginas anteriores *AVMS-RADAR* e *Indireg*).

[176] Adriana Mutu, obra citada, p. 115. Constituem exceções Albânia, Bélgica, Bósnia-Herzegovina, Dinamarca, Estónia, Islândia, Sérvia e Eslovénia.

[177] Além de Portugal, não é permitida a renovação do mandato dos dirigentes dos reguladores da França, Itália, Polónia, Islândia e Macedónia. A possibilidade de renovação por apenas mais um mandato está prevista na Albânia, República Checa, Grécia, Lituânia, Letónia, Montenegro, Países Baixos, Sérvia, Eslováquia e Grã-Bretanha. Na Bulgária e na Irlanda, o mandato pode ser renovado, no máximo, duas vezes. Em outros países europeus, entre os quais, Áustria, Bélgica, Dinamarca, Finlândia, Croácia, Islândia, Suécia e Eslovénia, a lei não prevê limites à renovação dos mandatos. Em alguns países, prevê-se um regime diferente para o presidente do regulador face aos outros dirigentes, com acontece no Chipre (apenas o presidente do regulador está limitado a um mandato) e na República Checa, onde, pelo contrário, os dirigentes do regulador, e não o presidente, apenas podem desempenhar funções durante um mandato (estudos atrás referidos da *AVMS-RADAR* e *Indireg*).

soberania ou em autarquias locais, e equiparado, e com a revisão da lei da Alta Autoridade para a Comunicação Social, ao regime *«estabelecido para os titulares de altos cargos públicos»*[178], o elenco de incompatibilidades seria claramente alargado com a ERC[179]. Por um lado, impedindo a designação de quem fosse ou tivesse sido, nos últimos dois anos, *«membro de órgãos executivos de empresas, sindicatos, de confederações ou associações empresariais do sector da comunicação social»* ou *«membro do Governo, dos órgãos executivos das Regiões Autónomas ou das autarquias locais»*. Por outro, estabelecendo que os membros do Conselho Regulador deveriam ser escolhidos entre *«pessoas com reconhecida idoneidade, independência e competência técnica e profissional»*[180], critérios que deveriam naturalmente ser ponderados pelos deputados da Assembleia da República no momento da eleição ou pelos membros já eleitos quando se escolhesse o 5.º elemento do Conselho, e proibindo que tivessem *«interesses de natureza financeira ou participações nas entidades que prosseguem actividades de comunicação social»*[181]. Acresce que, durante o seu mandato, os membros do Conselho Regulador não podem exercer qualquer outra função pública ou atividade profissional[182].

Além disso, pela primeira vez, o regime de incompatibilidades estendeu-se ao período subsequente ao exercício do mandato, ao prever-se que os membros do Conselho Regulador não poderiam *«exercer qualquer cargo com funções executivas em empresas, em confederações ou em associações empresariais do*

---

[178] Artigo 11.º da Lei n.º 43/98, de 6 de junho.

[179] Artigo 18.º da Lei n.º 53/2005, de 8 de novembro (Estatutos da ERC).

[180] Em vários países europeus, Áustria, Bélgica, Chipre, Dinamarca, Estónia, Finlândia, Itália, Países Baixos e Croácia, entre outros, a lei impõe que a escolha para membro das entidades reguladoras recaia sobre pessoas com experiência profissional na área dos *media*, entre outras atividades. Há mesmo países onde é exigida uma licenciatura em Direito ou que o cargo seja desempenhado por um juiz, como acontece, por exemplo, com os presidentes dos reguladores da Suécia e da Islândia (Indireg, *Final Report — Annex*, Table 19, AVMS-RADAR, p. 47 e Adriana Mutu, obra citada, p. 115).

[181] Da mesma forma, o artigo 44.º dos Estatutos da ERC (Lei n.º 53/2005) estipula que *«o pessoal da ERC não pode prestar trabalho ou outros serviços, remunerados ou não, a empresas sujeitas à sua supervisão ou outras cuja actividade colida com as atribuições e competências da ERC»*.

[182] Excetua-se o exercício de funções docentes no ensino superior a tempo parcial, de acordo com o artigo 18.º, n.º 7, b), da Lei n.º 53/2005, de 8 de novembro (Estatutos da ERC). Esta limitação a funções públicas deve ser entendida como extensível ao exercício de cargos em partidos políticos.

*sector da comunicação social durante um período de dois anos contados da data da sua cessação de funções»*[183].

Finalmente, em quinto lugar, conferindo uma evidente relevância ao elemento cooptado pelos restantes quatro, antes eleitos pela Assembleia da República. É verdade que esse quinto elemento do Conselho Regulador é o único a não ser eleito pela Assembleia da República nem submetido ao seu escrutínio na fase que antecede a sua escolha, através de uma audição parlamentar como a que é realizada a cada um dos candidatos da lista apresentada[184], perante a Comissão competente para o efeito, isto é, aquela que tem a seu cargo as matérias relativas à comunicação social[185]. No entanto, PS e PSD têm atribuído uma significativa importância à escolha desse elemento. O acordo interpartidário sobre a sua indigitação foi, em qualquer dos três mandatos, anterior à eleição dos restantes quatro membros e até, no caso do segundo mandato (2011–2017), pelo menos simultâneo ao entendimento entre esses dois partidos relativo à própria composição da lista a submeter aos deputados da Assembleia da República, claramente ao arrepio do que está previsto nos Estatutos da ERC[186].

---

[183] Artigo 18.º, n.º 8, da referida Lei n.º 53/2005. Medidas semelhantes vigoram em países como Albânia, Bulgária, Croácia, França, Grécia, Hungria, Letónia, Macedónia, Malta, Espanha, e Reino Unido. Na Hungria e no Reino Unido, esse período é apenas de seis meses, mas em Itália e na Grécia prolonga-se por quatro anos (Adriana Mutu, obra cit., p. 116 e *AVMS-RADAR*, obra citada, p. 52)

[184] Como assinala Miguel Prata Roque (in *Os poderes sancionatórios da ERC*, p. 382), um eventual juízo negativo quanto a um dos candidatos não permite, por si só, a sua não eleição, uma vez que a votação incide sobre uma *lista fechada*, mas pode contribuir para que a lista em que está inserida não obtenha a maioria exigida para a sua eleição. Não se pode excluir, de facto, que as votações obtidas pelas listas candidatas na Assembleia da República (escassas maiorias e mesmo, no 3.º Conselho Regulador, reprovação na primeira votação) tenham sido condicionadas por uma avaliação desfavorável de alguns dos nomes incluídos na lista de candidatos ou por prestações consideradas menos felizes na audição parlamentar.

[185] À data da elaboração deste livro, a 12.ª Comissão, Comissão Parlamentar de Cultura e Comunicação.

[186] Esse entendimento incluiu a concordância dos membros candidatos a serem designados pelo Parlamento, em que não contrariariam depois a indicação dada pelos grupos parlamentares sobre o nome da personalidade a cooptar, previamente estabelecido entre as direções parlamentares. Na prática, os membros cooptados nunca foram escolhidos, com plena autonomia, tal como a lei prevê, pelos membros eleitos pela

A importância atribuída pelos partidos (PS e PSD) a esta escolha decorre igualmente do entendimento segundo o qual o elemento cooptado ou, com mais rigor, o quinto elemento do Conselho Regulador, seria não apenas o presidente, como aconteceu, sem que a lei o impusesse, nos três mandatos, iniciados em 2006, 2011 e 2017, como teria um papel decisivo em muitas deliberações, *desempatando* eventuais impasses entre os membros indicados por cada um dos partidos[187]. Essa escolha, no primeiro mandato, de Azeredo Lopes, no segundo, de Carlos Magno, e no terceiro, de Sebastião Póvoas, através de um difícil acordo no quadro parlamentar entre as cúpulas partidárias do PS e do PSD, viria a ser várias vezes adiada, atrasando o início de funções do primeiro Conselho e prolongando de forma significativa o mandato dos conselhos reguladores liderados por Azeredo Lopes e por Carlos Magno[188].

---

Assembleia da República. Apenas um dos membros de um dos conselhos, João Pedro Figueiredo, não seguiria esta *regra*, abstendo-se, com declaração na qual expõe o sentido de voto, na votação relativa à cooptação de Sebastião Póvoas, que viria, posteriormente, a ser eleito pelos seus pares, sem unanimidade, como presidente do Conselho Regulador, no 3.º mandato da ERC, iniciado em 2017. Entretanto, um exemplo interessante de recusa desta situação é o da República de Cabo Verde. Com uma legislação sobre a Agência Reguladora para a Comunicação Social (ARC) claramente influenciada pelo modelo português, os estatutos desta entidade apresentam, porém, uma diferença significativa: o Parlamento daquele Estado africano escolhe por dois terços os cinco membros do regulador, e não apenas quatro, não havendo lugar a qualquer (falsa) cooptação.

[187] Como adiante se procurará demonstrar, esse suposto alinhamento partidário dos membros do Conselho Regulador e o consequente papel de árbitro do *quinto elemento presidente* não se verificariam em qualquer dos mandatos.

[188] O primeiro Conselho Regulador deveria ter cessado as suas funções em fevereiro de 2011, mas isso apenas aconteceria cerca de nove meses depois, em 9 de novembro de 2011, pouco tempo depois de o PS aceitar a sugestão do PSD de que Carlos Magno deveria ser o elemento a cooptar pelos membros eleitos pelo Parlamento, como viria a suceder. O segundo Conselho viu o seu previsto mandato de cinco anos ser prolongado em mais um ano e um mês, uma vez que, além do impasse entre PS e PSD, o PSD reclamava o direito a indicar o quinto elemento, que deveria ser o presidente, alegando ser o partido com maior número de deputados, enquanto o PS pretendia uma genuína cooptação, até abdicar dessa posição algumas semanas antes da eleição parlamentar. Além disso, a eleição dos membros do 3.º Conselho Regulador teria de ser repetida cerca de um mês depois, por a lista apresentada não ter obtido os votos favoráveis de dois terços dos deputados.

A dificuldade no entendimento entre os dois partidos terá igualmente contribuído para a não substituição de um dos vogais do primeiro Conselho Regulador, Luís Gonçalves da Silva, que abandonou o cargo em setembro de 2010, cinco meses antes do previsto final do mandato, mas um ano e dois meses antes da sua efetiva concretização[189].

### 3.3.3 A fase do exercício do mandato

São diversas as formas de garantia da independência do regulador e dos seus dirigentes durante o exercício do mandato, designadamente que este seja desempenhado com independência e autonomia, sem prejuízo das obrigações de transparência e de forma a assegurar o seu acompanhamento e fiscalização pela Assembleia da República.

Os estatutos da ERC (artigo 18.º, n.º 2) estabelecem que os membros do Conselho Regulador *«são independentes no exercício das suas funções, não estando sujeitos a instruções ou orientações específicas»*. Esta norma deverá sobretudo ser entendida como uma forma de assegurar a autonomia de decisão face à Assembleia da República, cujo poder de intervenção se limitará, em princípio, ao momento da eleição dos seus membros e ao acompanhamento da sua atividade. Este poder traduz-se na obrigação da ERC de *«manter a Assembleia da República informada sobre as suas deliberações e actividades, enviando-lhe uma colectânea mensal das mesmas»*, de remeter igualmente um relatório anual sobre as suas atividades de regulação, bem como um relatório de atividades e contas, que serão debatidos na comissão parlamentar com competências na área da comunicação social, no prazo de 30 dias posteriores ao seu recebimento[190]. Esta comissão poderá igualmente, sempre que entender necessário, convocar os membros do Conselho Regulador.

---

[189] No segundo mandato, também apresentaram a sua demissão, cessando as respetivas funções, os vogais Raquel Alexandra Castro, em dezembro de 2016, e Rui Gomes, em março de 2017, mas essas demissões ocorreram já um e quatro meses, respetivamente, depois da data prevista para o fim do mandato.

[190] O prazo estabelecido para o envio destes relatórios à Assembleia da República termina no dia 31 de março de cada ano, mas poucas vezes tem sido cumprido, dado que esse prazo não teve em conta que os relatórios de atividades da ERC têm incluído análises às contas das empresas reguladas com base em relatórios cujo prazo de entrega

O acompanhamento e a consequente fiscalização parlamentar podem, porém, não se limitar à mera receção e análise das deliberações e atividades da ERC. A Assembleia da República pode, mediante uma resolução aprovada por dois terços dos deputados presentes, desde que superior à maioria absoluta dos deputados em efetividade de funções, demitir qualquer membro do Conselho Regulador *«em caso de grave violação dos seus deveres estatutários, comprovadamente cometida no desempenho de funções ou de qualquer obrigação inerente ao cargo»*[191] ou mesmo dissolver o próprio Conselho Regulador, *«em*

---

termina também no final de março A maior parte dos reguladores *europeus tem a sua atividade fiscalizada pelo Parlamento, com exceção, segundo o relatório AVMS*-RADAR (p. 87), da Dinamarca, Estónia, Finlândia, Islândia, Luxemburgo, Lituânia, Países Baixos, Suécia e Eslovénia. Da mesma forma, esses relatórios anuais (apenas na Bulgária e na Finlândia os relatórios são semestrais) reportam normalmente a atividade regulatória — com exceção do Reino Unido e da Suécia, onde os relatórios se cingem a aspetos financeiros, e, em vários países, como Albânia, Croácia, República Checa, Hungria, Lituânia, Montenegro, Malta, Países Baixos, Polónia, Roménia, Suécia e Eslovénia, são submetidos a votação no Parlamento.

[191] Artigo 22.º, n.º 1, alínea e). Um processo tendente à demissão de um dos membros do Conselho Regulador foi promovido apenas uma vez, pela Cofina, contra o autor deste livro, em julho de 2017. Alegava então a Cofina que eu teria sido pressionado pelo ex--primeiro — ministro José Sócrates, relativamente a uma queixa que este apresentara ao regulador contra o *Correio da Manhã*, e que, em consequência disso, teria pressionado os restantes membros do Conselho, antes de este aprovar, em fevereiro de 2014, com 4 votos favoráveis e uma abstenção, uma deliberação condenando este jornal. O jornal baseava as acusações numa notícia publicada mais de dois anos antes pelo semanário *Sol*. Face a este pedido, quer na ata de uma reunião de 21 de janeiro de 2015, quer em mensagem publicada dias depois por todos os membros do Conselho na Intranet da ERC, estes desmentem expressamente ter sofrido qualquer forma de pressão, o que o *Correio da Manhã*, apesar de ter tido acesso às atas, nunca referiu. A Assembleia da República rejeitaria liminarmente a petição da Cofina, facto igualmente silenciado pelo jornal. Esta petição à Assembleia da República foi anunciada no mesmo dia em que o *Correio da Manhã* e a *CMTV* tomaram conhecimento de que seriam obrigados a divulgar na íntegra uma deliberação da ERC (ERC/2017/147), aprovada por unanimidade, condenando-os pela publicação e emissão de um vídeo gravado sem autorização, num autocarro em que uma jovem era vítima de uma agressão sexual. Aliás, esta deliberação daria lugar a um processo contraordenacional que teria a sua conclusão em março de 2021, já no mandato de novo Conselho Regulador, que decidiria aplicar uma coima de 75 mil euros aos dois órgãos de comunicação social da Cofina. A partir de 2019, o grupo Cofina, proprietário daquele jornal, levantaria em diversos processos a decorrer no regulador incidentes de suspeição relativos ao vice-presidente da ERC, Mário Mesquita, requerendo a sua não

*caso de graves irregularidades no funcionamento do órgão»*[192]. Este princípio da inamovibilidade, regra crucial na consagração da independência do regulador, reforçado ainda por não ser posto em causa se durante o mandato for alterada a maioria parlamentar que elegeu os seus membros, sofre assim uma limitação, atenuada pela exigência da mesma maioria qualificada de dois terços que era imposta para a eleição dos membros do Conselho Regulador[193].

Além do acompanhamento parlamentar, a atividade dos órgãos e agentes da ERC está sujeita à jurisdição administrativa nos termos gerais[194], e pode dar lugar a responsabilidade civil, criminal, disciplinar e financeira pelos atos e omissões que aqueles pratiquem no exercício das suas funções[195]. Por seu turno, as sanções por prática de ilícitos de mera ordenação social são impugnáveis junto dos tribunais judiciais e das decisões proferidas no âmbito da resolução de litígios cabe recurso para os tribunais judiciais ou arbitrais[196].

A ERC está igualmente sujeita à jurisdição do Tribunal de Contas, sendo obrigatória a apresentação das contas anuais para efeitos da respetiva aná-

---

participação em deliberações envolvendo aquele grupo, o que nunca seria aceite pelo Conselho Regulador.

192 Artigo 23.º, n.º 1, dos Estatutos da ERC. Portugal, República Checa, Hungria, Malta e Polónia constituem os únicos países europeus em que todo o órgão dirigente do regulador pode ser demitido. No caso da República Checa e da Polónia, por exemplo, essa demissão pode ter como origem a repetida rejeição do relatório anual pelo Parlamento (Adriana Mutu, obra citada, p. 117 e AVMS-RADAR, p. 59)

193 Ainda de acordo com o artigo 22.º, n.º 1, dos Estatutos da ERC, os membros do Conselho Regulador podem igualmente cessar o exercício das suas funções por morte, por incapacidade permanente ou por incompatibilidade superveniente do titular, por renúncia ou por faltas a três reuniões consecutivas ou nove interpoladas, salvo justificação aceite pelo plenário do conselho regulador. Em caso de cessação individual de mandato, será escolhido um novo membro, que cumprirá um mandato integral de cinco anos, o que implicaria a existência de mandatos não coincidentes entre os membros do Conselho Regulador. De acordo com Adriana Mutu, obra citada, p. 116, os mais frequentes motivos para a perda do mandato na legislação dos reguladores europeus são as repetidas faltas às reuniões, a incompatibilidade com outros cargos, uma condenação por sentença, uma doença prolongada, a violação da lei, o abandono da organização ou grupo que o membro em causa representava e o reconhecimento de que foi prestada informação incorreta no processo de escolha daquele membro.

194 Artigo 75.º, n.º 1, dos Estatutos da ERC.

195 Artigo 74.º dos Estatutos da ERC.

196 Artigo 75.º, números 2 e 3, dos Estatutos da ERC.

lise e julgamento[197]. Essa jurisdição pode abranger igualmente outras formas necessárias para aferir o desempenho da entidade numa perspetiva de economicidade, eficácia e eficiência da sua atividade[198].

A obrigatória disponibilização de um sítio na Internet representa outro fator que contribui para o acompanhamento e a transparência da atividade da ERC. O sítio na Internet deverá publicar os principais dados relativos à entidade, não apenas os seus estatutos, a composição dos seus órgãos, os orçamentos e relatórios e contas referentes aos dois últimos anos da sua ati-

---

[197] Artigo 76.º dos Estatutos da ERC.

[198] Em maio de 2007, o Tribunal de Contas decidiu realizar uma auditoria temática à atividade de regulação dos sectores da água, saúde, energia, comunicações, transportes e comunicação social. Num questionário enviado à ERC, eram solicitados esclarecimentos sobre uma vasta diversidade de temas relativos à regulação da comunicação e à atividade da ERC, incluindo matérias relacionadas com as receitas da entidade e a sua organização, mas o documento de 11 páginas, subscrito pelo juiz responsável pela auditoria, Carlos Moreno, incluía questões bem mais vastas e distantes das competências do Tribunal de Contas, nomeadamente, entre várias outras, a análise do modelo de serviço público de rádio e de televisão existente em Portugal, a sua comparação com modelos existentes noutros países, as «*vantagens e desvantagens que comporta a participação do Estado no meio empresarial do sector regulado*», «*as vantagens e desvantagens*» do modelo de regulação português e, ainda sobre este modelo, «*que aspectos que poderiam ser melhorados e de que forma*». Em resposta assinada pelo então presidente do Conselho Regulador, Azeredo Lopes, a ERC recusar-se-ia a responder a algumas das questões, sublinhando que elas pareciam «*assentar num possível equívoco quanto à natureza da ERC, uma entidade administrativa independente*» (...) «*que goza de uma muito ampla autonomia no exercício das suas atribuições, traduzida na independência funcional (liberdade decisória) e independência financeira (dotada de receitas próprias)*» e referindo que os Estatutos da ERC «*conferem ao Tribunal de Contas (art. 76.º), enquanto tribunal financeiro, poderes de fiscalização no âmbito da sua jurisdição, máxime da legalidade das despesas públicas e de julgamento das contas da Entidade*». Em resposta, enviada em setembro de 2007, o juiz Carlos Moreno concederia um novo prazo de 10 dias, improrrogáveis, para a resposta ao questionário, acompanhando a carta de uma informação interna do Tribunal de Contas em que se lembrava que os membros do Conselho Regulador, ao recusarem a prestação de informações, poderiam ser objeto de sanções por infração do artigo 66.º da Lei de Organização e Processo do Tribunal de Contas. O Conselho Regulador manteria a sua recusa, mas o Tribunal de Contas não voltaria a solicitar uma resposta às controversas questões, abdicando da sua posição anterior.

vidade, mas igualmente as deliberações tomadas que não digam respeito à sua gestão corrente[199].

Os estatutos da ERC consagram igualmente algumas regras relativamente ao exercício do cargo pelos membros do Conselho Regulador.

Em primeiro lugar, estabelecendo que *«devem exercer o cargo com isenção, rigor, independência e elevado sentido de responsabilidade»*, o que implica que não podem *«emitir publicamente juízos de valor gravosos sobre o conteúdo das deliberações aprovadas»*[200], norma que deve ser entendida como visando impedir declarações dos membros do Conselho Regulador nesse âmbito aos órgãos de comunicação social. No entanto, o regimento das reuniões do Conselho Regulador, aprovado em novembro de 2008, estabelece (artigo 12.º, n.º 3) que *«quando se trate de pareceres a dar a outros órgãos administrativos, as deliberações serão sempre acompanhadas das declarações de voto apresentadas»*. Por outro lado, a partir do segundo mandato do regulador, as declarações de voto dos seus membros passaram a ser disponibilizadas no sítio eletrónico da ERC, pelo

---

[199] Artigo 77.º dos Estatutos da ERC. A obrigatoriedade de publicar documentos relativos à atividade regulatória (deliberações, respostas a consultas públicas, relatórios de atividade, atas das reuniões, entre outros) é considerada um dos indicadores mais relevantes para aferir da transparência dos reguladores. Por outro lado, de acordo com o artigo 28.º, n.º 2, dos mesmos Estatutos, *«o conselho regulador pode decidir, em cada caso concreto, que as reuniões sejam públicas, bem como convidar eventuais interessados a comparecerem nas referidas reuniões»*. Não se realizaram até agora *reuniões públicas,* mas é relativamente frequente a presença de convidados, por iniciativa do regulador, para prestar esclarecimentos sobre matérias que lhes digam respeito. No que concerne à transparência da sua atividade, de acordo com o referido relatório AVMS-RADAR, p. 98, apenas dez reguladores europeus não são obrigados a divulgar as suas decisões (Chipre, República Checa, Alemanha, Islândia, Países Baixos, Polónia, Suécia, Eslovénia, Turquia e o regulador ASA do Reino Unido), mas, na generalidade, publicitam essas suas deliberações.

[200] Artigo 20.º, n.º 3, dos Estatutos da ERC. Uma norma semelhante figurava na legislação que regulamentava a atividade da Alta Autoridade para a Comunicação Social, mas a perda do mandato de qualquer dos seus membros resultava apenas da violação, comprovada por decisão judicial, do dever de guardar sigilo sobre as questões ou processos que estivessem a ser objeto de apreciação ou da revelação das posições expressas a propósito dos mesmos por si ou pelos restantes membros da Alta Autoridade. Anteriormente, a perda de mandato dos membros do Conselho de Comunicação Social poderia resultar, nomeadamente, do exercício de quaisquer funções em partidos ou associações políticas, bem como do facto de terem com estes qualquer vínculo laboral (artigo 21.º da Lei n.º 23/83, de 6 de setembro).

que estará assegurada, nesses casos e pelo menos indiretamente, a publicidade das diversas posições emitidas pelos diferentes membros do Conselho Regulador, atenuando o alcance do preceito atrás referido.

Em segundo lugar, impondo restrições aos membros do Conselho Regulador durante o mandato: não poderão ter *«interesses de natureza financeira ou participações nas entidades que prosseguem actividades de comunicação social»*[201], nem *«exercer qualquer outra função pública ou actividade profissional, excepto no que se refere ao exercício de funções docentes no ensino superior, em tempo parcial»*[202]. Estão igualmente previstas incompatibilidades para os funcionários da ERC que, de acordo com os Estatutos[203], não podem *«prestar trabalho ou outros serviços, remunerados ou não, a empresas sujeitas à sua supervisão ou outras cuja actividade colida com as atribuições e competências da ERC»*.

Em terceiro lugar, como atrás se referiu, prolongando o regime de incompatibilidades para além do mandato. Os membros do Conselho Regulador *«não podem exercer qualquer cargo com funções executivas em empresas, em sindicatos, em confederações ou em associações empresariais do sector da comunicação social durante um período de dois anos contados da data da sua cessação de funções»*[204].

### 3.3.4 O financiamento

A avaliação da independência do regulador impõe igualmente uma análise do seu modelo de financiamento, quer relativamente à proveniência das suas receitas, quer ainda à sua relevância para assegurar o conjunto de atribuições e competências que lhe são cometidas.

Não sendo viável um mero autofinanciamento, o financiamento total ou parcial através de fundos públicos, com a respetiva verba inscrita no Orça-

---

[201] Artigo 18.º, n.º 7, alínea a) dos Estatutos da ERC.

[202] Artigo 18.º, n.º 7, alínea b) dos Estatutos da ERC. Pode entender-se que a interdição do exercício de funções públicas durante o exercício do mandato abrange os cargos partidários e mesmo a atividade político-partidária. Aliás, de acordo com o atrás referido estudo AVMS-RADAR, p. 52, há nove países que preveem essa interdição: Bélgica (regulador da comunidade flamenga), Estónia, França, Alemanha, Países Baixos, Portugal, Eslovénia e, abrangendo apenas a proibição de acumulação de funções de regulador e de deputado, Malta e Irlanda.

[203] Artigo 44.º.

[204] Artigo 18.º, n.º 8, dos Estatutos da ERC.

mento do Estado, surge na maior parte dos países europeus como o modelo mais frequente[205]. As receitas provenientes dos operadores de rádio e de televisão, quer diretamente através de taxas cobradas pela atribuição de licenças ou de autorizações[206], quer indiretamente, através da atribuição de parte dessas receitas cobradas pelo Estado, constituem igualmente uma frequente fonte de financiamento.

Por outro lado, em alguns países, o Estado financia apenas o montante das despesas do regulador que não seja coberto pelas receitas obtidas na sua atividade, devendo eventuais lucros ser transferidos para o erário público[207].

De qualquer forma, a diversidade da proveniência das verbas atribuídas, a autonomia de decisão do regulador na definição da aplicação desses fundos e a transparência de todo este processo constituem preocupações assinaladas nos estudos relativos à independência dos reguladores[208], bem como da legislação aplicável na generalidade dos países europeus.

No caso da ERC, os artigos 48.º e seguintes dos Estatutos estabelecem as regras gerais relativas à sua gestão financeira e patrimonial, complementadas subsidiariamente pelo regime jurídico aplicável aos institutos públicos. A gestão patrimonial e financeira da ERC, incluindo a prática de atos de gestão privada, está sujeita ao regime da contabilidade pública e rege-se segundo princípios de transparência e economicidade[209].

As receitas e as despesas da ERC deverão constar de um orçamento anual aprovado pelo seu Conselho Regulador.

---

[205] Constituem exceções a este financiamento total ou parcial com fundos públicos Alemanha, Áustria, Chipre, Croácia, Irlanda (embora possa ser admitido em circunstâncias excecionais), Macedónia, Eslovénia e Reino Unido (no que respeita aos mecanismos de autorregulação ASA e ATVOD). Registe-se ainda que o financiamento dos reguladores italiano AGCOM e britânico OFCOM é apenas muito limitadamente comparticipado com fundos públicos (4,8 e 2 %, respetivamente (AVMS-RADAR, obra citada, p. 64).

[206] São os casos de países como Albânia, Bulgária, Chipre, Hungria, Irlanda, Itália, Montenegro, Malta, Portugal, Sérvia, Suécia, Eslovénia, Turquia e Reino Unido (OFCOM) (AVMS-RADAR, obra citada, página 65).

[207] Exemplos da Albânia, Finlândia, Polónia e Sérvia. Em Portugal, de acordo com as habituais regras de execução orçamental, os saldos da ERC relativamente às verbas provenientes da Assembleia da República são entregues na tesouraria do Estado no prazo de 15 dias úteis após a publicação das normas relativas à execução orçamental.

[208] Como os já referidos estudos da AVMS-RADAR, *Indireg* e de Adriana Mutu.

[209] Artigo 48.º dos Estatutos da ERC.

Constituem receitas, nos termos do artigo 50.º dos Estatutos da ERC e do Decreto-Lei n.º 103/2006, de 7 de junho, alterado pelos Decretos-Lei n.º 70/2009, de 31 de março, n.º 36/2015, de 9 de março, n.º 33/2018, de 15 de maio, e n.º 107/2021, de 6 de dezembro, que aprovou o regime de taxas da ERC, as verbas provenientes do Orçamento do Estado, que deverão constar do orçamento da Assembleia da República; as taxas e outras receitas cobradas junto das entidades que prosseguem atividades no âmbito da comunicação social ou cobradas no âmbito da atribuição de títulos habilitadores aos operadores de rádio e de televisão; o produto das coimas por si aplicadas, das custas processuais cobradas em processos contraordenacionais, das sanções pecuniárias compulsórias por si aplicadas pelo incumprimento de decisões individualizadas e da aplicação de multas previstas em contratos celebrados com entidades públicas e privadas; quaisquer outras receitas, rendimentos ou valores que provenham da sua atividade ou que por lei ou contrato lhe venham a pertencer ou a ser atribuídos, bem como quaisquer subsídios ou outras formas de apoio financeiro; e ainda o produto da alienação de bens próprios e da constituição de direitos sobre eles, os juros decorrentes de aplicações financeiras e o saldo de gerência do ano anterior[210].

De uma forma mais genérica e sistematizada, as fontes de financiamento da ERC podem, desta forma, ser divididas em dois grupos: em primeiro lugar, o financiamento através de receitas próprias, resultantes da atividade do regulador e baseadas em taxas cobradas aos órgãos de comunicação social como contrapartida dos atos praticados pela ERC, em função dos custos necessários à regulação das atividades ou à prestação de serviços específicos, ou decorrentes das vantagens obtidas pela utilização de bens do domínio público na atividade de difusão: as taxas de regulação e supervisão, as taxas por serviços prestados e as taxas por emissão de títulos habilitadores, e ainda as verbas decorrentes de encargos administrativos e as resultantes da aplicação de coimas e penalidades por contraordenações; e, em segundo lugar, o financiamento público, concretizado pelas transferências de verbas

[210] artigo 50.º dos Estatutos da ERC. O regime procedimental relativo às taxas encontra-se regulamentado nos artigos 13.º e seguintes do Decreto-Lei n.º 103/2006. O montante das taxas está fixado na Portaria n.º 136/2007, alterada pelo Decreto-Lei n.º 70/2009, de 31 de março, e pela Portaria n.º 785/2009, de 27 de julho. Encontra-se igualmente publicado nos anexos II e III do referido Decreto-Lei n.º 107/2021, de 6 de dezembro.

inscritas no Orçamento do Estado aprovado pela Assembleia da República e da verba proveniente da participação da ERC nos resultados líquidos anuais da ANACOM.

O modelo de financiamento da ERC distingue-se, todavia, do estabelecido na Lei quadro das entidades reguladoras de 2013 (Lei n.º 67/2013, de 28 de agosto). Neste diploma legal, confere-se destaque, no domínio das receitas, às receitas próprias, sendo consideradas como tal as contribuições, taxas ou tarifas cobradas pelo exercício da atividade reguladora ou pelos serviços prestados, os montantes das coimas aplicadas e outras contribuições, taxas ou tarifas legalmente impostas aos operadores sujeitos à sua regulação e apenas supletivamente as dotações do orçamento do Estado. A regra é, pois, a da *autossuficiência financeira*, o que exclui ou, pelo menos, secundariza as verbas provenientes do Orçamento do Estado ou dos contribuintes[211].

— A taxa de regulação e supervisão

De entre as receitas próprias, destaca-se, pela sua percentagem no respetivo conjunto, a taxa de regulação e supervisão, que visa remunerar os custos específicos incorridos pela atividade do regulador, tendo em conta as características técnicas, o alcance geográfico, o volume e impacto social relativo da atividade de comunicação social desenvolvida por cada órgão deste sector.

Desde 2012, exceto em 2015, 2020 e 2021, esta taxa de regulação e supervisão tem constituído a principal fonte de receita da ERC[212], como adiante se analisará com maior detalhe.

Esta taxa incide sobre as diferentes categorias de meios e suportes de comunicação social: imprensa (incluindo as agências noticiosas); serviços

---

[211] Vital Moreira, «Lucros fictícios», *Diário de Notícias,* suplemento *Dinheiro Vivo,* 18 de maio de 2019, p. 11.

[212] Um operador de radiodifusão da Região Autónoma dos Açores, a *Atlântirádio* deduziu uma impugnação judicial da liquidação da taxa de regulação e supervisão relativa a 2006 junto do Tribunal Administrativo e Fiscal de Ponta Delgada, fundamentando a sua pretensão com o argumento de que essa taxa seria um verdadeiro imposto, do que decorreria a inconstitucionalidade orgânica das normas do regime das taxas da ERC, aprovado pelo Decreto-Lei n.º 103/2006, de 7 de junho. Em outubro de 2007, o Tribunal Administrativo e Fiscal de Ponta Delgada julgaria improcedente essa impugnação. Interposto recurso junto do Tribunal Constitucional, este, através do Acórdão n.º 365/2008, manteria essa decisão.

de programas de rádio e televisão; distribuição de serviços de programas[213]; comunicações móveis[214]; sítios informativos submetidos a tratamento editorial[215], bem como os serviços audiovisuais a pedido e os serviços de plataforma de partilha de vídeos. Deve ser cobrada anualmente[216].

Ainda de acordo com o diploma que regulamenta o regime de taxas da ERC, o já citado Decreto-Lei n.º 103/2006, de 7 de junho, alterado pelos

---

[213] O n.º 5 do artigo 5.º do anexo I (Regime de taxas da ERC) ao Decreto-Lei n.º 103/2006 dispõe que integram a categoria de *distribuição de serviços de programas* «*as entidades que disponibilizem ao público, através de redes de comunicações eletrónicas, serviços de programas televisivos, na medida em que lhes caiba decidir sobre a sua seleção e agregação, com exceção das entidades que integram as categorias de comunicações móveis ou de sítios informativos submetidos a tratamento editorial*».

[214] O n.º 6 do atrás referido artigo 5.º estabelece que integram esta categoria «*os operadores de comunicações móveis que forneçam serviços de programas de rádio ou de televisão, na medida em que lhes caiba decidir sobre a sua seleção e agregação, ou que disponibilizem regularmente ao público conteúdos submetidos a tratamento editorial e organizados como um todo coerente*».

[215] De acordo com o n.º 7 do mesmo artigo, «*integram a categoria de sítios informativos submetidos a tratamento editorial as entidades que disponibilizem ao público, através da Internet, serviços de programas radiofónicos ou televisivos, quando sejam responsáveis pela sua organização ou pela sua seleção e agregação, e ainda as entidades que, através do mesmo meio, disponibilizem regularmente ao público edições eletrónicas de publicações periódicas ou quaisquer outros conteúdos submetidos a tratamento editorial e organizados como um todo editorial*». No entanto, de acordo com o n.º 8 do mesmo artigo, «*não integra a categoria de sítios informativos submetidos a tratamento editorial, não estando sujeita a pagamento de taxa de regulação e supervisão, a mera retransmissão, através da Internet, de serviços de programas radiofónicos ou televisivos, assim como a mera transposição, para o mesmo meio, da edição impressa de publicações periódicas*». Os sítios informativos online, no entanto, beneficiam de isenção, conforme se verá a seguir.

[216] A cobrança anual foi cumprida pela ERC relativamente às categorias de televisão, rádio, comunicações móveis e distribuição de serviços de programas. No entanto, relativamente à categoria de imprensa, dado o elevado número de publicações, bem como a desatualização da base de dados então existente no departamento de Registos da ERC relativamente às entidades públicas proprietárias de publicações anotadas e às moradas dos proprietários, a cobrança dessa taxa sofreu alguns atrasos, nomeadamente nos primeiros anos de vida do atual regulador. Assim, em 2006 e 2007, foram apenas notificadas parte das taxas relativas a 2006; em 2010, as restantes de 2006 e as relativas aos anos de 2007 e 2010; em 2011, foram emitidas as notas de cobrança dos anos de 2008 e 2009; em 2013, o restante de 2010 e parte dos anos de 2011 e 2012; em 2014, o restante dos anos de 2011 e 2012; e em 2015, os anos de 2013, 2014 e 2015. Apenas a partir de 2016, a cobrança nesta categoria de imprensa ficou atualizada, o que explica o decréscimo dessa receita nos anos seguintes.

Decretos-Lei n.º 70/2009, n.º 36/2015, de 9 de março, n.º 33/2018, de 15 de maio, e 107/2021, de 6 de dezembro, foi criado um sistema de subcategorias que distingue diversas intensidades de função regulatória requerida (regulação alta, média e baixa), determinadas *«pela complexidade técnica da actividade reguladora; pelo volume de trabalho repercutido na actividade reguladora; pelas características técnicas do meio de comunicação social utilizado; e pelo alcance geográfico do meio de comunicação social utilizado»*[217].

Desta forma, integram a subcategoria de regulação alta (ver fig.2), em geral, os órgãos de comunicação social de âmbito nacional, bem como os operadores de distribuição, sujeitos a taxas de montante superior. Pelo contrário, os órgãos de comunicação social abrangidos pela regulação baixa estão sujeitos a taxas bem menos exigentes (por exemplo, de 50 unidades de conta para 1, no caso da imprensa; de 85 para 0,5 a 4, no caso das rádios; de 562 para 0 no que respeita à televisão; e de 422 para 34 relativamente à distribuição de serviços de programas). Tendo em conta os valores da unidade de conta processual estabelecidos para 2021 — 102 euros —, valor que, aliás, se mantém desde 2009, isso significará uma taxa anual de regulação de cerca de 57 mil euros para cada um dos serviços de programas de televisão[218], de cerca de 8 mil euros para os operadores de rádio de cobertura nacional, como, por exemplo, a Rádio Renascença, de pouco mais de 5 mil euros para jornais como o *Público*, *Jornal de Notícias* e o *Expresso*, cerca de 43 mil euros para os operadores de distribuição como a NOS, Altice ou Vodafone; relativamente à regulação média, de cerca de 15 mil euros para a SPORT TV, 3300 euros para a TSF e 306 euros para os jornais desportivos *A Bola*[219] ou o *Record*; e no que respeita à regulação baixa de 102 euros para as publicações perió-

[217] Artigo 6.º, n.º 2, do Anexo I do referido diploma. Existem ainda outras diferenciações que merecem referência como, por exemplo, as verificadas entre serviços de programas de rádio generalistas e temáticas.

[218] Importa, todavia, referir que vários dos operadores de televisão dispõem de mais do que um serviço de programas. No caso da RTP, com diversos serviços de programas de rádio e de televisão, o montante total é de 254 792 euros anuais, pagos em duas prestações semestrais, dado que apenas são pagas anualmente as taxas de montante abaixo de cinco unidades de conta.

[219] No entanto, a Vicra, empresa proprietária desta publicação periódica, dispõe igualmente de um serviço de programas televisivo temático, A Bola TV, pelo que acrescem a este montante cerca de 15 mil euros.

dicas confessionais e entre 51 e 408 euros para as rádios locais, consoante a população residente no município a que corresponde a licença (ver fig. 4)[220].

| REGULAÇÃO ALTA |
|---|
| • Publicações periódicas de informação geral, diárias a semanais, de âmbito nacional |
| • Agências noticiosas |
| • Serviços de programas de rádio de âmbito nacional |
| • Serviços de programas de televisão generalistas com cobertura de âmbito nacional |
| • Entidades de distribuição de serviços de programas televisivos cuja cobertura abranja mais de metade do território nacional |
| • Operadores de comunicações móveis que forneçam conteúdos de comunicação social |
| • Entidades que disponibilizem através da Internet serviços de programas radiofónicos ou televisivos quando sejam responsáveis pela sua organização ou pela sua seleção e agregação |
| • Entidades que disponibilizem regularmente ao público através da Internet edições eletrónicas de publicações periódicas ou quaisquer outros conteúdos submetidos a tratamento editorial e organizados como um todo coerente |

[220] O diploma que estabeleceu o regime de taxas, o Decreto-Lei n.º 103/2006, de 7 de junho, previa para as rádios locais uma taxa de regulação baixa, correspondente a quatro unidades de conta, ou seja, 408 euros anuais. Em 2009, no entanto, como atrás se referiu, o Governo modificaria o diploma, através do Decreto-Lei n.º 70/2009, de 31 de março, procedendo à divisão da taxa de regulação e supervisão para estes órgãos de informação em cinco escalões, em função da população residente no município a que corresponde a licença (ver fig.3). O escalão A abrangia os municípios com mais de 140 mil pessoas, o B entre 70 mil e 140 mil, o C entre 35 mil e 70 mil, o D entre 5 mil e 35 mil e o E com uma população igual ou inferior a 5 mil pessoas. A medida era justificada, no preâmbulo do diploma, pela resposta *«às preocupações manifestadas pelo sector»* pelo que, *«acompanhada de uma redução do próprio valor das taxas»*, permitia *«redistribuir os custos da regulação em função do potencial de retorno publicitário das rádios locais e, deste modo, da sua capacidade contributiva, repondo o equilíbrio exigido pelo princípio da igualdade tributária»*. Em 2018, dos cerca de 300 operadores de rádio local, 162 estavam classificados no escalão D e 11 no escalão E.

| REGULAÇÃO MÉDIA |
|---|
| • Publicações periódicas de informação geral, diárias a semanais, de âmbito regional |
| • Publicações periódicas de informação especializada, diárias a semanais, de âmbito nacional |
| • Serviços de programas de rádio de âmbito regional |
| • Serviços de programas de rádio de âmbito internacional |
| • Serviços de programas de televisão temáticos |
| • Serviços de programas de televisão com cobertura regional ou local |
| • Serviços de programas de televisão de âmbito internacional |
| • Entidades que disponibilizem serviços de programas televisivos cuja cobertura abranja dois ou mais distritos ou uma Região Autónoma |

| REGULAÇÃO BAIXA |
|---|
| • Publicações periódicas de informação geral ou especializada que não se incluam em nenhuma das subcategorias previstas para a regulação alta ou média |
| • Publicações periódicas doutrinárias |
| • Serviços de programas de rádio de âmbito local (subdivisão em 5 escalões) |
| • Entidades que disponibilizem serviços de programas televisivos cuja cobertura abranja apenas um distrito |
| • Serviços audiovisuais a pedido |
| • Serviços de plataforma de partilha de vídeos |

FIG. 2

| ESCALÕES DA REGULAÇÃO BAIXA RELATIVOS AOS SERVIÇOS DE PROGRAMAS DE RÁDIO DE ÂMBITO LOCAL |
|---|
| • Escalão A — Município com população residente superior a 140 mil pessoas |
| • Escalão B — Município com população residente entre 70 mil e 140 mil pessoas |
| • Escalão C — Município com população residente entre 35 mil e 70 mil pessoas |
| • Escalão D — Município com população residente entre 5 mil e 35 mil pessoas |
| • Escalão E — Município com população residente igual ou inferior a 5 mil pessoas |

FIG. 3

TAXAS DE REGULAÇÃO e SUPERVISÃO (em unidades de conta)

| | Imprensa | Rádio | Televisão | Distribuição de serviços de programas | Operadores de telemóveis | Sítios informativos | Serviços audiovisuais a pedido | Plataformas de partilha de vídeos |
|---|---|---|---|---|---|---|---|---|
| Regulação alta | 50 | 85 | 562 | 422 | 281 | 0 | 0 | 0 |
| Regulação média | 3 | 33 | 148 | 127 | 0 | 0 | 0 | 0 |
| Regulação baixa | 1 | Esc A — 4<br>B — 3<br>C — 2<br>D — 1<br>E — 0,5 | 0 | 34 | 0 | 0 | 2 | 2 |

FIG. 4 — Valor da unidade de conta processual em 2021 (e desde 2009) — 102 euros

Estão isentos do pagamento de taxa por regulação e supervisão os sítios informativos sujeitos a tratamento editorial[221], os serviços de programas radiofónicos e as publicações periódicas detidos por associações de estudantes e o Canal Parlamento[222].

[221] A legislação em vigor que estabelece o regime das taxas está manifestamente desfasada face ao atual universo mediático. A isenção que beneficia este tipo de órgãos de informação não tem em consideração, por exemplo, o seu número de consumidores, o volume de negócios ou as receitas publicitárias de que beneficiam, em muitos casos superiores aos de um pequeno jornal regional ou de uma rádio local. Um dos exemplos de isenção da taxa que pode ser referido é do *Observador.*

[222] O artigo 12.º n.º 1, do Anexo I ao Decreto-Lei n.º 103/2006, considera a ARTV (então denominada Canal Parlamento) um «*serviço de programas televisivo*», o que difere claramente do entendimento da Assembleia da República. Com efeito, o Parlamento entendia esse serviço apenas como «*um sinal da rede interna de vídeo*», como a ele se referia a Lei n.º 6/97, de 1 de março, que autorizara a difusão dos trabalhos parlamentares nas redes de cabo. Também a ERC considerou o Canal Parlamento um serviço de programas televisivo, o que provocaria uma polémica com a Assembleia da República, que se tornou mais visível quando, em 25 de agosto de 2012, o *Expresso* divulgou uma carta enviada sobre a matéria pelo regulador ao Parlamento, a reação da então presidente da Assembleia da República, Assunção Esteves, a essa missiva, bem como a controvérsia que o seu teor provocou entre os membros do Conselho Regulador.

— A taxa por serviços prestados

Com bem menor relevância no conjunto das receitas do regulador, nunca tendo ultrapassado os 69 mil euros recolhidos em 2013 (ver fig. 5, mais adiante), a taxa por serviços prestados visa remunerar, como se referia no preâmbulo do Decreto-Lei n.º 103/2006, *«especificamente a realização casuística de determinadas actividades por parte da ERC (em contraste com a actividade permanente de regulação e supervisão), nomeadamente a apreciação de operações de concentração, a apreciação de acordos entre empresas, a emissão de certidões e de pareceres e a realização de inscrições e averbamentos»*[223].

— A taxa por emissão de títulos habilitadores

Estão sujeitos à taxa por emissão de títulos habilitadores, de acordo com o artigo 9.º do Anexo I ao Decreto-Lei n.º 103/2006, atos como a atribuição e a renovação de licenças e de autorizações a operadores de radiodifusão e de televisão. A fixação da taxa específica pelos serviços prestados visa *«a remuneração parcial do Estado pela cedência da utilização de um bem escasso do domínio público e assenta na socialização parcial das vantagens económicas atribuídas aos operadores habilitados, por força da atribuição de um exclusivo que lhes permite exercer um poder de monopólio»*[224].

[223] Estão igualmente sujeitos a esta taxa atos como o cancelamento de registos, os averbamentos aos títulos habilitadores para o exercício das atividades de rádio e televisão, a emissão de fotocópias e certidões, a realização de auditorias às entidades que prossigam atividades de comunicação social, a credenciação de empresas de sondagens e a aprovação das alterações ocorridas nas respetivas estruturas societárias, o depósito de sondagens e inquéritos de opinião e a retificações deles resultantes, a classificação de publicações periódicas e o depósito do estatuto editorial dos órgãos de comunicação social. A apreciação de operações de concentração, acordos entre empresas e de abuso de posição dominante no mercado de comunicação social têm um custo de 14 unidades de conta (1428 euros), de acordo com o anexo III do Decreto-Lei n.º 103/2006, atualizado pelo Decreto-Lei n.º 107/2021, de 6 de dezembro. A realização de auditorias aos operadores de comunicação social atinge as 29 unidades de conta, mas todos os restantes atos abrangidos por esta taxa por serviços prestados não chegam a uma unidade de conta. De acordo com o artigo 10.º do mesmo diploma, a fixação da taxa específica por serviços prestados assenta na cobertura dos custos administrativos de cada ato prestado, segundo critérios como o volume de trabalho repercutido na atividade reguladora, o tempo despendido, a complexidade técnica e os gastos a suportar pela ERC.

[224] N.º 2 do artigo 10.º do mesmo diploma.

Os valores destas taxas são bem mais elevados do que os relativos às taxas por serviços prestados: a taxa devida pela atribuição e renovação de licença a operadores de televisão, de âmbito nacional, cuja atividade assente na utilização do espectro hertziano terrestre atinge as 2809 unidades de conta, ou seja, 286,5 mil euros[225]. Para os operadores de televisão que não utilizem o espectro hertziano terrestre, o custo de atribuição e renovação da autorização é cerca de dez vezes menos, 28 662 euros correspondentes a 281 unidades de conta.

Um valor idêntico é imposto às rádios de cobertura nacional, cuja atividade assente na utilização do espectro hertziano terrestre, mas as rádios locais estão sujeitas a uma taxa que varia entre os 510 euros (5 unidades de conta) e os 3774 euros (37 unidades de conta), de acordo com uma divisão por escalões idêntica à utilizada para o cálculo da taxa de regulação e supervisão.

Ainda que com montantes anuais claramente menores do que os cobrados pela taxa de regulação e supervisão, a taxa por emissão de títulos habilitadores variou muito em função da atribuição ou renovação das licenças e autorizações dos operadores de rádio e de televisão. Este facto permite explicar porque atingiram, em 2009 e 2010, montantes globais de 452 mil e 503 mil euros, respetivamente. De facto, nesses dois anos, a ERC procedeu à renovação, por mais 15 anos, das licenças de cerca de 300 rádios locais. Em contrapartida, em 2007, não foi registada qualquer receita proveniente das taxas por emissão de títulos habilitadores (ver fig. 5, mais adiante).

— Outras receitas: encargos administrativos e coimas e penalidades por contraordenações

Além das taxas de regulação e supervisão, por serviços prestados e por emissão de títulos habilitadores, constituem igualmente receitas da entidade reguladora, estando sujeitos a pagamento de encargos os procedimentos administrativos que culminem em decisão condenatória emitida pelo conselho regulador, por violação de norma legal, na aplicação de coima ou admoestação ou na suspensão ou revogação de títulos habilitadores do exer-

[225] A atribuição e renovação de licenças para operadores de televisão de cobertura regional e local que utilizem o espectro hertziano terrestre terá uma taxa de 449 e 112 unidades de conta, isto é, de 49 798 euros e de 11 424 euros, respetivamente.

cício de atividade de rádio ou de televisão[226]. O pagamento desses encargos recai sobre a entidade objeto de uma decisão desfavorável, independentemente de esta ser operadora de comunicação social[227].

Na maior parte dos procedimentos (direito de resposta; rigor informativo, isenção e pluralismo; privacidade, direito à imagem e liberdade de expressão; impedimento de acesso às fontes de informação; publicidade oculta em órgãos de comunicação social; sigilo profissional; independência dos órgãos de comunicação social face ao poder político e ao poder económico; e cumprimento do artigo 27.º da Lei da Televisão e dos Serviços Audiovisuais a Pedido relativamente aos limites à liberdade de programação) é devido o pagamento de 4,5 unidades de conta, ou seja 459 euros[228]. No entanto, com a intenção de, sobretudo aos cidadãos, não limitar por razões económicas a apresentação de queixas junto do regulador, estão isentos de encargos administrativos os queixosos em procedimentos sobre direito de resposta e de réplica política; rigor informativo, isenção e pluralismo; privacidade, direito à imagem e liberdade de expressão; e impedimento de acesso a fontes de informação, exceto se se demonstrar que o queixoso visou a provocação de danos de forma dolosa[229].

Por outro lado, a atribuição à ERC de amplos poderes sancionatórios, aumentados relativamente aos seus antecessores como a AACS, por via do alargamento das suas atribuições e competências, tem como contrapartida que uma parcela do conjunto de receitas seja proveniente da aplicação de coimas e sanções pecuniárias.

No entanto, embora em alguns casos as sanções aplicadas tenham atingido quantias consideráveis[230], apenas em 2014 o valor anual ultrapassaria

---

[226] Artigo 11.º, n.º 1, do Anexo I ao Decreto-Lei n.º 103/2006.

[227] Artigo 11.º, n.º 2, do mesmo Anexo.

[228] Anexo V ao Decreto-Lei n.º 103/2006. Constituem exceções as arbitragens (10 unidades), a mediação e outros meios de resolução de conflitos (5 unidades) e os procedimentos relativos à observância das normas que regulam a realização e a publicação de sondagens e a produção de retificações (1,5 unidades).

[229] Artigo 12.º, n.ºs 2 e 3, do Anexo I ao Decreto-Lei n.º 103/2006.

[230] No Relatório de Atividades e Contas relativo a 2009 (página 160), refere-se que foram nesse ano cobradas coimas em processos contraordenacionais no montante total de 92 mil euros, dos quais 42 mil relativos a um processo de 2002 contra a TVI. Sublinhe-se que os montantes referidos nos relatórios correspondem às verbas efetivamente recebidas nesse ano e não às que decorrem de todos os processos contraordenacionais

os 120 mil euros, atingindo os 131 mil euros, em grande parte graças ao elevado montante de uma contraordenação, aplicada à TVI, de 75 mil euros, sancionando a exibição, em serviços noticiosos, de imagens, consideradas simultaneamente chocantes e sem importância jornalística nem interesse público, de um homicídio praticado em Oliveira do Bairro[231]. De qualquer forma, mesmo nesse ano de 2014, a percentagem das receitas provenientes de sanções não ultrapassou os 3,65% das receitas totais da ERC[232]. Em 2021, o montante recebido ultrapassou igualmente os 100 mil euros, atingindo cerca de 104 mil.

— As verbas provenientes do Orçamento do Estado

A verba integrada no Orçamento do Estado, anualmente aprovado pela Assembleia da República, constitui uma das formas mais importantes no financiamento da atividade do regulador. Como adiante se sublinhará, a relevância desta forma de financiamento, apesar do seu decréscimo a partir de 2012, em valores absolutos e relativos, prossegue o modelo criado com os conselhos de informação, o Conselho de Comunicação Social e a Alta Autoridade para a Comunicação Social[233].

De acordo com as normas da atividade parlamentar, a Assembleia da República solicita anualmente à ERC, em agosto, uma proposta de orçamento, que incluirá uma verba que deverá constar do orçamento da Assem-

---

desse espaço de tempo, que são muitas vezes apenas recebidos em anos posteriores, tanto mais que vários são objeto de recurso e transitam através do Instituto de Gestão Financeira do Ministério da Justiça.

[231] Processo n.º 8/PC/2012.

[232] É questionável que os reguladores beneficiem diretamente do produto das sanções pecuniárias aplicadas para punir infrações dos regulados ou para os compelir à prática ou à abstenção de certo ato ou conduta, porque ela pode induzir o regulador a abusar da sua competência sancionatória para aumentar as receitas e ainda porque se trata de uma receita cujo montante global é incerto, contrariando a regra da previsibilidade das receitas dos reguladores (Vital Moreira, «Lucros fictícios», artigo no suplemento do *Diário de Notícias,* 18 de maio de 2019, p. 11). Recorde-se, no entanto, que, no caso da ERC, o produto global desta atividade sancionatória corresponde a uma percentagem reduzidíssima do conjunto das receitas, não existindo qualquer vestígio de que tenha sido menos rigorosa ou independente por essa questão.

[233] Sublinhe-se, todavia, que, em 2021, a verba atribuída pela Assembleia da República — 2 milhões de euros — inverteu essa tendência, embora não tenha atingido os montantes de antes de 2012.

bleia da República, *«em rubrica autónoma discriminada nos mapas de receitas e de despesas globais dos serviços e fundos autónomos, por classificação orgânica»*[234].

— A participação da ERC nos resultados líquidos anuais da ANACOM

No preâmbulo do Decreto-Lei n.º 103/2006, sobre o regime de taxas do regulador dos *media*, a *«participação da ERC nas receitas líquidas de cada exercício anual do ICP-ANACOM»* é justificada pela *«progressiva convergência da regulação das comunicações e da regulação dos conteúdos difundidos pela comunicação social»*. Por sua vez, o artigo 2.º desse Decreto-Lei estipulava que, nos termos da alínea g) do artigo 50.º da Lei n.º 53/2005, de 8 de novembro[235], seria *«anualmente fixado, por portaria conjunta dos membros do Governo responsáveis pela área das finanças, das obras públicas, transportes e comunicações e da comunicação social, o montante a transferir para a ERC — Entidade Reguladora para a Comunicação Social, por conta dos resultados líquidos de cada exercício anual do ICP-ANACOM entregues como receita geral do Estado nos termos da lei»*.

A primeira portaria publicada após esse diploma, a Portaria n.º 1428/2006, de 22 de dezembro, estabeleceria uma verba de um milhão de euros, montante que não seria alterado. De acordo com o previsto, a ANACOM entregaria 85% dos seus resultados líquidos anuais como receita do Estado até 31 de dezembro do ano seguinte àquele a que os resultados dizem respeito[236].

Apesar da consagração legal da sua entrega anual, tem sido, todavia, irregular a sua efetiva disponibilização. A análise das receitas cobradas líquidas integradas nos relatórios e contas anuais da ERC permite constatar que em 2010, 2012, 2014, 2016, 2017 e 2020 não foram transferidos os milhões aprovados nos sucessivos orçamentos da ERC. Em contrapartida, em 2009 foram entregues 2 milhões de euros, um deles mais cedo do que o previsto, em 2015, 3 milhões, e perto do final do ano de 2021, 4 milhões, relativos aos anos de 2018, 2019, 2020 e 2021.

---

[234] Artigo 48.º, n.º 5, dos Estatutos da ERC.

[235] Com efeito, entre as receitas da ERC previstas neste artigo 50.º dos seus Estatutos, estão «*Quaisquer outras receitas, rendimentos ou valores que provenham da sua actividade ou que por lei ou contrato lhe venham a pertencer ou a ser atribuídos, bem como quaisquer subsídios ou outras formas de apoio financeiro*».

[236] Desta forma, em 2007, a ERC deveria receber um milhão de euros dos resultados líquidos da ANACOM de 2005, em 2008, dos resultados de 2006, e assim sucessivamente.

A irregularidade com que foram entregues as verbas previstas — o milhão de euros anual — foi frequentemente objeto de iniciativas do Conselho Regulador da ERC, nomeadamente junto dos sucessivos governos e também da Assembleia da República[237]. As normas aplicáveis a esta transferência foram alteradas mais do que uma vez: por exemplo, depois de o referido artigo 2.º do Decreto-Lei n.º 103/2006 estipular que o montante seria *«anualmente fixado, por portaria conjunta dos membros do Governo responsáveis pelas áreas das finanças, das obras públicas, transportes e comunicações e da comunicação social»* — ou seja, subscrita por três ministros ou secretários de Estado —, a Portaria n.º 1544/2008, de 31 de dezembro estabeleceria que o milhão de euros por conta dos resultados líquidos da ANACOM de 2007 seria *«automaticamente transferido em 1 de Janeiro de 2009»*; em 2015, de acordo com o artigo 71.º do Decreto-Lei n.º 36/2015, de 9 de março, que estabelecia as normas de execução do Orçamento do Estado para 2015, estipulou-se que o montante por conta dos resultados líquidos da ANACOM seria *«anualmente fixado na lei do Orçamento do Estado»*; em 2018, de acordo com o artigo 157.º do Decreto-Lei n.º 33/2018, de 15 de maio, que aprova as normas de execução do Orçamento do Estado para 2018, estabelece-se que o montante é anualmente fixado *«por portaria dos membros do Governo responsáveis pelas áreas das finanças e em razão da matéria»*. Antes, em fevereiro de 2018, o Governo aprovara uma portaria que fixava a forma de aplicação dos resultados líquidos do exercício de 2016 da

[237] O frequente atraso na transferência anual da verba de um milhão de euros para a ERC levou o Grupo Parlamentar do PSD, em 11 de janeiro de 2021, a apresentar na Assembleia da República um projeto de resolução, com o número 899/XIV, que seria aprovado em 25 de fevereiro por larga maioria — apenas com a abstenção dos deputados do PS. No texto do projeto, recomendava-se ao Governo *«a transferência imediata pelo Ministério das Finanças de receitas próprias da ERC no montante atual de 3 milhões de euros»*. Sublinhando que a ERC não é *«diretamente tutelada pelo Governo, mas antes independente do mesmo»* e assinalando que outras entidades (a Agência Espacial Europeia — ESA e o Instituto do Cinema e do Audiovisual — ICA) recebem diretamente os montantes a que têm direito igualmente provenientes da ANACOM, os deputados afirmavam que *«o Ministério das Finanças terá nos seus cofres valores significativos que pertencem à ERC»* e consideravam que *«esta situação, altamente irregular, carece de resolução urgente, sob pena de estrangular orçamentalmente a ERC, impedindo-a de cumprir cabalmente as atribuições que lhe estão submetidas pela CRP e pela lei»*.

ANACOM, de acordo com a qual o montante a transferir para a ERC seria inicialmente transferido para o Tesouro[238].

A diferença de procedimentos — as verbas para a ESA (Agência Espacial Europeia) e para o ICA (Instituto do Cinema e do Audiovisual) eram diretamente entregues — levaria o Conselho Regulador da ERC a deliberar integrar no Orçamento da ERC para 2019 um crédito de 2 milhões de euros, *«do qual o Governo é devedor, na qualidade de depositário das quantias transferidas pela ANACOM para a ERC»*[239]. Na mesma ata em que essa decisão foi tomada, referia-se que *«resulta expressamente, quer da Constituição da República Portuguesa, quer dos Estatutos da ERC, que esta entidade reguladora depende única e exclusivamente da Assembleia da República, não estando sujeita a qualquer tutela governamental»* pelo que *«condicionar [...] o Orçamento da ERC à tutela de outra entidade que não a Assembleia da República não se afigura uma prática constitucional e legal»*.

Em 31 de março de 2021, através da Portaria n.º 75-A/2021, que fixa a forma de aplicação dos resultados líquidos do exercício de 2019 da ANACOM, o Governo estabeleceria, por um lado, que seria transferido para a ERC um milhão de euros por conta dos resultados líquidos de 2019 e, por outro, que, além deste montante, podiam *«ainda ser incluídos os montantes a transferir para a ERC, por conta dos resultados líquidos do ICP-ANACOM relativos aos anos de 2016, 2017 e 2018»*, no valor anual de 1 milhão de euros[240].

— Análise global

Uma análise mais detalhada do quadro de receitas cobradas líquidas da ERC (ver fig. 5) permite retirar várias conclusões.

---

[238] Artigo 2.º, n.º 2, c), da Portaria n.º 41-A/2018, de 2 de fevereiro.

[239] Ata da reunião do Conselho Regulador de 17 e 22 de agosto de 2018.

[240] Artigo 2.º, n.º 2, e), da Portaria, ao abrigo do artigo 2.º do Decreto-Lei n.º 103/2006, de 7 de junho na redação dada pelo Decreto-Lei n.º 33/2018, de 5 de maio. Neste artigo, estabelece-se que *«é anualmente fixado, por portaria dos membros do Governo responsáveis pelas áreas das finanças e em razão da matéria, o montante a transferir para a ERC — Entidade Reguladora para a Comunicação Social por conta dos resultados líquidos de cada exercício anual da Autoridade Nacional de Comunicações (ANACOM)»*.

| | 2006 | 2007 | 2008 | 2009 | 2010 | 2011 | 2012 | 2013 | 2014 | 2015 | 2016 | 2017 | 2018 | 2019 | 2020 | 2021 |
|---|---|---|---|---|---|---|---|---|---|---|---|---|---|---|---|---|
| Receita total | 2467 | 4181 | 4630 | 6489 | 4357 | 4369 | 3290 | 4484 | 3604 | 6598 | 3991 | 3832 | 4401 | 4554 | 3448 | 7926 |
| Taxa de regulação e supervisão | 332 | 762 | 927 | 1545 | 1059 | 938 | 1388 | 1454 | 1512 | 1769 | 2127 | 1814 | 1521 | 1510 | 1484 | 1592 |
| Taxa por serviços prestados | 56 | 33 | 56 | 50 | 43 | 50 | 38 | 69 | 56 | 39 | 39 | 39 | 41 | 55 | 39 | 49 |
| Taxa por emissão de títulos habilitadores | 12 | 0 | 243 | 452 | 503 | 154 | 163 | 111 | 216 | 35 | 88 | 259 | 89 | 114 | 57 | 173 |
| Encargosadministrativos | | | | | 18 | 24 | 18 | 17 | 12 | 9 | 4 | 7 | 1 | 0,3 | 0,3 | 0,9 |
| Coimas e penalidades por contraordenações | | 19 | 18 | 92 | 62 | 21 | 17 | 4 | 131 | 2 | 68 | 20 | 56 | 37 | 34 | 104 |
| Transferência da Ass. da República | | 2365 | 2382 | 2275 | 2340 | 2169 | 1643 | 1788 | 1662 | 1731 | 1656 | 1684 | 1681 | 1823 | 1823 | 2000 |
| Transferência da ANACOM | | 1000 | 1000 | 2000 | 0 | 1000 | 0 | 1000 | 0 | 3000 | 0 | 0 | 1000 | 1000 | 0 | 4000 |

FIG. 5 — receita cobrada líquida em milhares de euros referida nos relatórios de atividades e contas. Refira-se que, em vários anos, as verbas relativas a contraordenações decorrem, pelo menos parcialmente, de processos instaurados em anos anteriores. Em 2006, foram recebidos 34 mil euros, mas relativos a processos instaurados pela Alta Autoridade para a Comunicação Social. Os dados relativos a 2021 são ainda provisórios.

Em primeiro lugar, existe uma tendência geral de descida no montante global de receitas cobradas líquidas totais da ERC. De facto, embora esse montante varie muito de acordo com a atribuição das verbas provenientes da ANACOM — em alguns anos, como atrás se referiu, essa verba não foi transferida, mas noutros, em compensação, foram atribuídos 2 milhões de euros, em 2009, ou mesmo 3 em 2015 e 4 em 2021[241], constata-se uma tendência geral de redução das receitas, sobretudo a partir de 2012, embora parcialmente invertida em 2021. Esse quadro de redução das receitas torna-se mais relevante (e preocupante), tendo em consideração o progressivo aumento de atribuições e competências do regulador, como adiante se analisará.

Em segundo lugar, sublinhe-se o facto de essa redução das receitas cobradas se dever fundamentalmente à diminuição do montante recebido por transferência da Assembleia da República, sobretudo a partir de 2012. Excluindo os montantes provenientes da ANACOM, cuja irregularidade dificulta uma análise objetiva, a percentagem dos montantes provenientes da

[241] Em 2015, a ERC recebeu as verbas que deveriam ter sido atribuídas em 2012, 2014 e 2015, o que permitiu até a receita anual cobrada líquida mais elevada de sempre, se excetuarmos 2021, em que foram recebidos os referidos 4 milhões de euros em dívida da ANACOM.

Assembleia da República face aos montantes globais foi igualmente decrescendo nos últimos anos. Atingiu os 74,3% em 2007 e os 64,4% em 2011, mas ficaria em 41,4% em 2016, em 43,9% em 2017, atingindo os 49,3% em 2018 e registando pequenas subidas, embora mantendo o mesmo montante, em 2019, para 51,3%, e em 2020 (52,8%) (ver fig. 6). Em 2021, apesar de o montante da Assembleia da República ter registado um pequeno aumento, a sua percentagem no total recebido baixou ligeiramente, graças à subida dos valores das taxas de títulos habilitadores, de regulação e supervisão e das coimas e penalidades por contraordenação.

| Ano | Montante da AR | Total das receitas cobradas líquidas (excluindo ANACOM) | Percentagem |
|---|---|---|---|
| 2007 | 2365 | 3181 | 74,3 |
| 2008 | 2382 | 3630 | 65,6 |
| 2009 | 2275 | 4489 | 50,7 |
| 2010 | 2340 | 4357 | 53,7 |
| 2011 | 2169 | 3369 | 64,4 |
| 2012 | 1643 | 3290 | 49,9 |
| 2013 | 1788 | 3484 | 51,3 |
| 2014 | 1662 | 3604 | 46,1 |
| 2015 | 1731 | 3598 | 48,1 |
| 2016 | 1656 | 3991 | 41,4 |
| 2017 | 1684 | 3832 | 43,9 |
| 2018 | 1681 | 3401 | 49,3 |
| 2019 | 1823 | 3554 | 51,3 |
| 2020 | 1823 | 3448 | 52,8 |
| 2021 | 2000 | 3926 | 50,9 |

FIG. 6

Em terceiro lugar, constata-se uma mudança, ocorrida a partir de 2015, relativamente à principal fonte de financiamento do regulador. A referida descida dos montantes atribuídos pela Assembleia da República, acompanhada pela clara subida das verbas obtidas através da cobrança da taxa de regulação e supervisão, proporcionaram uma maior dependência do regulador face a esta modalidade de receita. Recorde-se que o financiamento pela Assembleia da República entre 2007 e 2010 ultrapassou sempre os 2,1 milhões de euros anuais (2,380 milhões em 2008), mas desceu para menos de 1,8 milhões a partir de 2012 (1,684 milhões em 2017, 1,681 em 2018 e um pequeno aumento em 2019 (1,823 milhões), que se manteve em 2020 e registou um pequeno aumento em 2021. Em contrapartida, as receitas provenientes da taxa de regulação e supervisão tiveram uma subida exponencial — em 2011, não chegaram a atingir um milhão de euros (938 mil), mas em 2016 mais que duplicaria o seu valor (2,127 milhões), antes de uma pequena descida, em 2017, para 1,814 milhões de euros e de quedas mais acentuadas em 2018 (1,521 milhões de euros), 2019 (1,510 milhões de euros), 2020 (1,484 milhões de euros) e 2021 (1,592 milhões de euros), uma vez que, como atrás se explicou, não ficaram já então por cobrar taxas relativas a anos anteriores.

Em quarto lugar, regista-se o facto de serem três as principais fontes de receitas da ERC (Orçamento do Estado através da Assembleia da República, ANACOM e taxa de regulação e supervisão), ou seja, duas diretamente relacionadas com deliberações do poder político e uma outra dependente de receitas próprias relacionadas com a sua atividade. A predominância de verbas associadas a deliberações do poder político, inevitável se tivermos em conta a incapacidade de garantir um modelo de autofinanciamento através da própria atividade de regulação, poderá afetar a imagem de independência do regulador, designadamente quanto à resposta a conceder em matéria de novas competências e quanto à sua autonomia e capacidade para determinar as prioridades de regulação. A inconstância da forma de financiamento através do milhão de euros proveniente da ANACOM pode agudizar essa preocupação, embora seja claro, sublinhe-se de novo, analisando a atividade do regulador desde 2006, que não existem vestígios ou qualquer tipo de fundada suspeita de o regulador ter sido, por essa via, instrumentalizado ou condicionado pelo poder político.

Em quinto lugar, o montante de financiamento da ERC tem sido bem superior ao dos seus antecessores. Depois do Conselho de Imprensa e dos conselhos de informação e do Conselho de Comunicação Social, estes com atribuições e competências limitadas ao sector público da comunicação social, a Alta Autoridade para a Comunicação Social (AACS) viria a dispor de verbas mais elevadas, embora claramente inferiores àquelas que seriam disponibilizadas à ERC: por exemplo, entre 2002 e 2005, ano em que teve o orçamento mais elevado, a AACS viu a verba disponibilizada pela Assembleia da República, e inscrita no seu orçamento, aumentar de 1,918 para 2,043 milhões de euros. Recorde-se, por outro lado, que a AACS poderia também autofinanciar-se através das receitas das contraordenações, mas, de acordo com os estatutos de 1998 do regulador de então, abrangiam apenas coimas por incumprimento do direito de resposta, infrações ao dever de colaboração dos órgãos de comunicação social para com o regulador e a violação das normas que impunham a divulgação, nos órgãos de comunicação social a que dissessem respeito, das recomendações da AACS. Não se pode esquecer, no entanto, que não só a estrutura e as competências do anterior regulador eram bastante mais exíguas como o facto de a regulação da comunicação social exigir hoje, desde logo por imperativo comunitário expresso na Diretiva sobre Serviços de Comunicação Social Audiovisual, uma resposta efetiva e articulada, a nível europeu, com outros reguladores, assente em pressupostos de funcionamento bem claros, entre os quais os da independência, suficiência e estabilidade do financiamento, aspectos interdependentes e que compete aos Estados-Membros assegurar.

### 3.3.5 A estrutura do regulador

O artigo 14.º dos Estatutos da ERC atribui ao Conselho Regulador, composto por cinco membros (um presidente, um vice-presidente e três vogais)[242], um indiscutível papel determinante na definição e condução das atividades do regulador, detalhadamente transcritas na extensa norma dos n.os 2 e 3 do artigo 24.º do mesmo diploma.

Outras normas dos Estatutos da ERC estabelecem regras imperativas relativamente às deliberações deste Conselho: por um lado, de acordo com o artigo 29.º, não só se impõe a existência de um quórum mínimo de três membros, como se exige que qualquer deliberação obtenha o voto favorável também de três membros, independentemente de os restantes optarem

[242] Artigo 15.º, n.º 1, dos Estatutos da ERC.

ou não pela abstenção[243]. Acresce que o mesmo artigo (no seu n.º 3) impõe a presença da totalidade dos membros em efetividade de funções quando estiver em causa a eleição do presidente e do vice-presidente, a aprovação de regulamentos vinculativos[244], a atribuição de títulos habilitadores para o exercício da atividade de televisão, a aprovação de regulamentos internos relativos à organização e funcionamento da ERC[245], a criação de departamentos ou serviços da ERC e a aprovação dos planos de atividades e do orçamento, bem como dos respetivos relatórios de atividades e contas[246].

---

[243] Um exemplo relevante desta imposição foi a deliberação sobre a aquisição da Media Capital pela Altice, em 2017. Na altura apenas com três membros, dadas as demissões, uns meses antes, dos vogais Raquel Alexandra Castro e Rui Gomes, o Conselho Regulador não conseguiria aprovar a necessária deliberação consensual, dada a oposição do seu presidente, Carlos Magno, à proposta proveniente dos serviços do regulador, que obteria a aprovação da maioria dos conselheiros (2 em 3), todavia insuficiente dada a existência desta norma (n.º 2 do artigo 29.º dos Estatutos da ERC). Nessa altura, entre março e dezembro de 2017, com apenas três membros em funções, apenas puderam ser aprovadas pelo Conselho Regulador as deliberações que obtinham o voto favorável de todos eles.

[244] O *Regulamento sobre quotas de música portuguesa — regime de exceção,* aprovado pela Deliberação 495/2008, de 5 de setembro, o *Regulamento sobre o acesso e ordenação dos guias electrónicos de programação de rádio ou de televisão,* aprovado em 2 de outubro de 2010 e publicado na II Série do Diário da República, retificada por deliberação de 1 de outubro de 2011, e o *Regulamento n.º 348/2016, de 1 de abril,* que viria a ser alterado em outubro de 2020 pelo *Regulamento n.º 835/2020, que estabelece as regras sobre a transparência dos* principais *meios de financiamento e sobre o relatório anual de governo societário das entidades que prosseguem atividades de comunicação social,* constituem alguns dos escassos exemplos deste tipo de regulamentos. Em janeiro de 2020, foi publicado, no Diário da República, o projeto de regulamento que estabelece o regime de procedimento eletrónico de atos de registo de órgãos de comunicação social, que esteve em consulta pública até março.

[245] É o caso do *Regulamento Interno e Orgânico da Entidade Reguladora para a Comunicação Social,* adotado pelo Conselho Regulador em 27 de julho de 2011 e objeto de quatro alterações: em 9 de maio de 2012, 17 de setembro de 2014, 11 de novembro de 2015 e 13 de janeiro de 2016. Além deste, existem ainda o *Regulamento para a Concessão do Estatuto de Trabalhador Estudante,* o *Regulamento de Carreiras e de Proteção e Disciplina do Trabalho* e o *Regulamento de Recrutamento de Pessoal.*

[246] Em contraste com esta clara exigência de consensualidade, o artigo 93.º, n.º 2, da Lei da Televisão e dos Serviços Audiovisuais a Pedido (Lei n.º 27/2007, de 30 de julho) estabelece que «*Compete à Entidade Reguladora para a Comunicação Social a instrução dos processos de contraordenação previstos na presente lei e ao seu presidente a aplicação das coimas corres-*

No entanto, a estrutura do regulador, quer de um ponto de vista meramente formal, quer relativamente às *fontes de poder* interno, não se cinge a este órgão colegial.

Em primeiro lugar, os próprios estatutos da ERC[247] preveem a existência de outros órgãos — a direção executiva, o conselho consultivo e o fiscal único.

Formada pelos presidente e vice-presidente do Conselho Regulador e pelo diretor executivo, a direção executiva é o órgão responsável pela direção dos serviços e pela gestão administrativa, patrimonial e financeira da ERC[248]. Entre as suas competências estão igualmente as de *«gerir os recursos humanos afetos à ERC, de acordo com as suas atribuições técnicas e de gestão, e as exigências da atividade desenvolvida»*, *«propor ao Conselho Regulador a nomeação e contratação de pessoal»*, *«preparar e propor ao Conselho Regulador a celebração de acordos e contratos de prestação de serviços nas suas áreas de competência»*, *«apresentar anualmente, ao Conselho Regulador, o Relatório de Atividades e Contas relativo ao exercício em curso»* e *«assegurar a execução do Plano de Atividades anual, sob a supervisão do Conselho Regulador»*[249].

Sem prejuízo da relevância da sua atividade, a direção executiva está claramente subordinada ao Conselho Regulador, a quem compete afinal, entre outras matérias, aprovar o orçamento anual, os relatórios de atividades e contas, o regulamento de organização e funcionamento dos serviços que integram a ERC e o respetivo quadro de pessoal e decidir sobre a criação ou encerramento de delegações ou de agências da entidade[250].

É verdade que o diretor executivo é o cargo mais importante na estrutura dos serviços da ERC, sendo contratado mediante deliberação do Conselho Regulador[251], mas ele tem uma limitada intervenção nas matérias que consti-

---

*pondentes»*, mas, como adiante se analisará, não é curial que esta norma prevaleça sobre o princípio da colegialidade claramente enunciado nos Estatutos da ERC.

[247] Artigo 13.º dos Estatutos da ERC.

[248] Artigo 32.º dos Estatutos da ERC e artigo 16.º do Regulamento Interno e Orgânico da ERC.

[249] Artigo 16.º, alíneas b), e), g), i) e j), do Regulamento Interno e Orgânico da ERC.

[250] Artigo 24.º dos Estatutos da ERC.

[251] Artigo 33.º, n.º 2 dos Estatutos da ERC. Os Estatutos da ERC não preveem expressamente que o mandato do diretor executivo cesse com o fim do mandato (não renovável) dos membros do Conselho Regulador e do Fiscal Único. Pode, todavia, interpretar-se esta norma como indicando que esse contrato apenas vigora enquanto durar o

tuem o conjunto de atividades de regulação[252]. Aliás, ainda de acordo com os estatutos da ERC (artigo 26.º), é ao presidente do Conselho Regulador que são atribuídas competências — para além da direção das reuniões do Conselho ou da coordenação da sua atividade, como a coordenação da *«actividade da direção executiva, assegurando a direcção dos respectivos serviços e a respectiva gestão financeira»*, bem como de representação externa da ERC — de assegurar as relações com a Assembleia da República, o Governo e as demais autoridades e de *«determinar as áreas de intervenção preferencial dos restantes membros»*[253]. De qualquer forma, o carácter marcadamente colegial do Conselho Regulador,

---

mandato do Conselho Regulador. No entanto, não havendo, ao contrário do que se passa com o Conselho Regulador e com o Fiscal Único, qualquer norma que impeça a renovação do mandato, poderá concluir-se que ela seria possível, assegurando desta forma uma continuidade que teria o efeito de minorar os inconvenientes que decorrem da substituição em simultâneo de todos os outros cargos dirigentes da ERC. Mas terá de existir uma deliberação de um novo Conselho Regulador que expressamente o mantenha no cargo.

[252] Mesmo assim, a escolha do cargo de Diretor Executivo teve na *gestão política* do Conselho Regulador uma importância não desvalorizável. Se, em 2006, a escolha de Nuno Pinheiro Torres foi consensual, já a seleção do segundo diretor executivo — Pinheiro Torres demitira-se em agosto de 2010, um ano e três meses antes da tomada de posse do segundo Conselho Regulador e não foi substituído — foi bem mais controvertida. A escolha de Fátima Resende, após um concurso público, não foi unanime (dois votos contra dos membros indicados pelo PS), tendo dividido o Conselho Regulador de acordo com as origens partidárias dos seus membros. A eleição de Fátima Resende para o terceiro Conselho Regulador tornaria inevitável a realização de um novo concurso para seleção do novo diretor executivo, Pedro Correia Gonçalves, que apenas assumiria funções em 14 de dezembro de 2018, mais de um ano depois do início do mandato do Conselho. A nomeação voltaria a não ser unanime, tendo um voto contra, com declaração de voto do vogal João Pedro Figueiredo. Assinale-se ainda que, desde 2021, o Diretor Executivo assiste às reuniões do Conselho Regulador. Antes, o Diretor Executivo apenas participava nas reuniões em que estivessem em apreciação matérias relativas às suas competências específicas.

[253] Mesmo quando não exista entendimento entre os membros do Conselho Regulador sobre as áreas de intervenção de cada um, não parece viável que o presidente as possa impor contra a sua vontade expressa. Durante o mandato do 2.º Conselho Regulador (2011–2017), um impasse entre os membros do Conselho sobre a atribuição de pelouros de supervisão de departamentos da ERC, ocorrido ainda na primeira metade do mandato e que se prolongaria até ao final, levaria a uma decisão no sentido da supervisão conjunta de cada departamento por todos os membros do Conselho, o que, na prática, reforçaria o papel do presidente nessa tarefa.

de acordo com a intenção do legislador, encontra a sua expressão não apenas no facto de os estatutos (artigo 29.º, n.º2) exigirem, para a aprovação de qualquer deliberação, o voto favorável de três membros, como igualmente de imporem que, quando, *«por razões de urgência devidamente fundamentadas, o presidente do conselho regulador ou quem o substituir nas suas ausências e impedimentos»* praticar atos da competência do conselho regulador, eles deverão *«ser sujeitos a ratificação na primeira reunião ordinária seguinte do conselho»*.

Na estrutura orgânica da ERC, prevê-se igualmente a existência de um Conselho Consultivo, definido nos Estatutos (artigo 38.º) como *«órgão de consulta e de participação na definição das linhas gerais de actuação da ERC, contribuindo para a articulação com as entidades públicas e privadas representativas de interesses relevantes no âmbito da comunicação social e de sectores com ela conexos»*. Composto por 16 membros, representantes de diversas entidades na sua quase totalidade diretamente ligadas ao sector da comunicação social[254], o Conselho Consultivo tem constituído sobretudo um fórum de divulgação das atividades do regulador junto das entidades com intervenção e influência no sector da comunicação social. No entanto, o pequeno número de reuniões anuais — apenas em 2009 (5 reuniões) e 2011 (3) o número foi superior a 2 reuniões; em 2006, 2010, 2012, 2016, 2018, 2019 e 2021, foi realizada uma única reunião; e em 2017 e em 2020, não se realizou nenhuma — e a dispersão dos temas em apreciação (ver fig. 7) não contribuiu para que este

[254] O conselho consultivo é composto por representantes das seguintes 16 instituições: Autoridade da Concorrência, Direção de Serviços de Relações Internacionais e Comunicação da Presidência do Conselho de Ministros, ANACOM, Instituto do Consumidor, Instituto do Cinema, Audiovisual e Multimédia, Conselho de Reitores das Universidades Portuguesas, Conselho Coordenador dos Institutos Superiores Politécnicos, CENJOR, associação sindical de jornalistas com maior número de filiados, confederação de meios de comunicação social com maior número de filiados, associação de consumidores do sector da comunicação social com maior número de filiados, associação de agências de publicidade com maior número de filiados, associação de anunciantes com maior número de filiados, Instituto Civil da Autodisciplina da Publicidade, Associação Portuguesa para o Controlo de Tiragem e Circulação e Comissão de Análise e Estudo de Meios. Por discordar da composição do próprio Conselho Regulador, o Sindicato dos Jornalistas não participou desde o início nas reuniões do Conselho Consultivo, mas modificaria essa posição em 2019, participando nas reuniões realizadas nesse ano e em 2021.

órgão tivesse um papel mais determinante na orientação da entidade, como terá sido ponderado pelo legislador.

| *Ano* | *Data* | *Ordem dos trabalhos* |
|---|---|---|
| 2006 | 13/12 | Balanço da atividade da ERC. Troca de opiniões sobre o anteprojeto de Lei da Televisão |
| 2007 | 22/11 | Relatório de Regulação de 2006 |
| | 14/12 | Novas regras sobre publicidade decorrentes da Diretiva europeia sobre os serviços audiovisuais |
| 2008 | 25/11 | Apresentação do Relatório de Regulação de 2007, do Relatório Intercalar da Avaliação do Pluralismo Político-Partidário na RTP e do Estudo de Receção dos Meios de Comunicação |
| | 16/12 | Calendário de reuniões para 2009; Relatório de Atividades e Contas de 2007 |
| 2009 | 10/02 | A crise dos *media* e o papel do regulador |
| | 25/03 | Projeto de Diretiva sobre a inserção de sobreposições autopromocionais em programas televisivos |
| | 19/05 | Modelos e métodos de recolha e divulgação de dados relativos a audiências de televisão e rádio e a tiragens e vendas de jornais e revistas |
| | 07/07 | Continuação da ordem de trabalhos da reunião anterior; o processo de transposição da Diretiva AVMS |
| | 15/09 | Literacia nos *Media* (análise da Recomendação da Comissão Europeia sobre o tema) |
| 2010 | 18/05 | Comunicação comercial de alimentos e bebidas dirigidas a crianças |
| 2011 | 20/01 | Análise dos relatórios de Atividade e Contas e de Regulação de 2009 |
| | 16/06 | Balanço da atividade regulatória da ERC |
| | 13/12 | Apresentação do novo Conselho Regulador e análise do funcionamento do Conselho Consultivo |
| 2012 | 15/05 | Análise da constituição de grupos de trabalho sobre os temas da competência da ERC |
| 2013 | 18/6 | Apresentação e debate do Relatório de Regulação da ERC de 2011 |
| | 17/12 | Análise global do sistema mediático português; audiência e mercado publicitário; 2014 — Perspetivas para a indústria dos meios e estratégias de regulação. |
| 2014 | 20/11 | Políticas de incentivos ao sector da comunicação social |
| 2015 | 23/06 | Situação económico-financeira do sector da comunicação social |
| | 15/12 | Apresentação e discussão do modelo regulatório para a lei da Transparência dos *Media* |
| 2016 | 10/03 | Apresentação da plataforma digital da ERC para a transparência da titularidade, da gestão e dos meios financeiros dos órgãos de comunicação social |
| | 11/11 | Revisão da Diretiva AVMS |
| 2017 | | (Não se realizaram reuniões do Conselho Consultivo em 2017) |
| 2018 | 17/12 | Apresentação do Plano de Atividades para 2019 |
| 2019 | 19/6 | O tema da desinformação. Apresentação do Portal da transparência. |
| 2020 | | (Não se realizaram reuniões do Conselho Consultivo em 2020) |
| 2021 | 26/10 | Apresentação da atividade da ERC |

FIG. 7 — Reuniões do Conselho Consultivo (2006–2021)

Um terceiro órgão da estrutura da ERC é o Fiscal Único, obrigatoriamente um revisor oficial de contas, responsável pelo controlo da legalidade e eficiência da gestão financeira e patrimonial da ERC. Designado pela

Assembleia da República, aplicando-se subsidiariamente o processo aplicável à eleição do Conselho Regulador, compete-lhe igualmente examinar periodicamente a situação financeira e económica da ERC e verificar o cumprimento das normas reguladoras da sua atividade, participando às entidades competentes as irregularidades eventualmente detetadas, e emitir pareceres sobre a aquisição, oneração, arrendamento e alienação de bens imóveis e sobre o orçamento e o relatório e contas da ERC[255].

O papel dos serviços de apoio administrativo e técnico da ERC em toda a atividade do regulador também não pode ser omitido nem desvalorizado.

A diversidade de atribuições e competências exigidas ao regulador obrigou os seus responsáveis, nomeadamente no primeiro mandato (2006–2011), a considerarem prioritária a criação de uma estrutura técnica especializada com uma dimensão bem superior à existente nas suas antecessoras. Logo em 2006, ano da criação da ERC, a entidade tinha 47 pessoas integradas nos seus serviços de apoio administrativo e técnico[256]. Esse número subiria (ver Fig. 8) para 72 em 2009, mas, durante os anos seguintes, não chegaria às sete dezenas, mau grado o progressivo aumento de competências cometidas à entidade. Apenas em 2018 a ERC passaria a ter nos seus quadros 76 funcionários, graças à celebração em junho desse ano de contratos individuais de trabalho por tempo indeterminado com sete trabalhadores, ao abrigo do programa de regularização extraordinária dos vínculos precários de pessoas que tenham exercido funções que correspondam a necessidades permanentes[257], bem como ao recrutamento em regime de cedência de interesse público de três trabalhadores e ao regresso de outros três trabalhadores que se encontravam de licença sem vencimento ou em cedência de interesse público noutros organismos públicos[258]. No final de 2021, face ao novo alargamento das

---

[255] Artigo 36.º dos Estatutos da ERC e artigo 19.º do Regulamento Interno e Orgânico da ERC.

[256] Desses 47 colaboradores, 13 transitaram da Alta Autoridade para a Comunicação Social (AACS) e 14 das Divisões de Fiscalização e Registos do Instituto da Comunicação Social — que deixava então de ter essa competência — —, passando a exercer funções na ERC em regime de comissão de serviço. No final de 2005, a AACS tinha 39 efetivos (Relatório de Atividades e Contas de 2006, p. 111) .

[257] Estabelecido na Lei 112/2017, de 29 de dezembro.

[258] Relatório de Atividades e Contas da ERC, 2018, p. 50.

suas atribuições e competências, a ERC disporia de um quadro de 89 postos de trabalho, embora apenas 87 estivessem em funções no regulador.

| Dep/unid | 2006 | 2007 | 2008 | 2009 | 2010 | 2011 | 2012 | 2013 | 2014 | 2015 | 2016 | 2017 | 2018 | 2019 | 2020 | 2021 |
|---|---|---|---|---|---|---|---|---|---|---|---|---|---|---|---|---|
| Gestão | | X | X | X | X | X | X | X | X | X | X | X | X | X | X | X |
| Monitorização e Análise de *Media* | X | | | | | | | | | | | | | | | |
| Análise de *Media* | | X | X | X | X | | X | X | X | X | X | X | X | X | X | X |
| Sondagens | | X | X | X | X | | | | | | | | | | | |
| Análise de *Media* e Sondagens | | | | | | X | | | | | | | | | | |
| Monitorização e Estatística | | X | X | X | X | | | | | | | | | | | |
| Fiscalização | X | X | X | X | X | X | X | X | | | | | | | | |
| Supervisão dos Meios | | | | | | | | | X | X | | | | | | |
| Supervisão | | | | | | | | | | | X | X | X | X | X | X |
| Registos | X | X | X | X | X | X | X | X | | | X | X | X | X | X | X |
| Jurídico | X | X | X | X | X | X | X | X | X | X | X | X | X | X | X | X |
| Unidade da Transparência | | | | | | | | | | | | | | X | X | X |
| Unidade da Biblioteca, Documentação e Arquivo | | | | | | | | | | | | | | X | X | X |
| Total de colaboradores dos quadros | 47 | 57 | 60 | 72 | 66 | 66 | 67 | 65 | 65 | 61 | 64 | 63 | 76 | 86 | 89 | 89 |

FIG. 8 — Evolução da estrutura orgânica e funcional da ERC

Desde o seu início, a estrutura da ERC foi organizada em torno de diversos departamentos e unidades, a que foram atribuídas funções especializadas. Embora com várias mudanças ao longo dos anos (ver Figs. 8 e 9), pode-se dizer que, além do Departamento de Gestão, com funções mais administrativas no âmbito da gestão financeira, orçamental e de recursos humanos[259], a orgânica da entidade foi sendo estruturada com base em serviços técnicos

[259] Na dependência da Direção Executiva está igualmente o Núcleo de Informática (artigo 21.º do Regulamento Interno e Orgânico da ERC).

(departamentos ou unidades) relacionados com áreas de intervenção regulatória, e em grupos de trabalho com tarefas específicas[260].

2006 — 3 departamentos: Gestão; Fiscalização e Registos; Jurídico e Resolução de Diferendos; em agosto, é criada a Unidade de Monitorização e Análise de *Media*
2007 — 2 departamentos: Gestão; Jurídico; e 5 unidades: Fiscalização; Registos; Monitorização; Análise de *Media*; Sondagens
2008, 2009 e 2010 — sem alterações
2011 — Uma única alteração: a junção das unidades de *Media* e Sondagens.
2012 — A anterior unidade de *media* e sondagens passa a ser um dos agora 3 departamentos, com a designação Departamento de Análise de Media.
2013 — Sem alterações.
2014 — É criado um novo departamento (Supervisão de Meios) que resulta da fusão das anteriores unidades de Fiscalização e Registos, mantendo-se os outros 3: Gestão, Jurídico e Análise de *Media.*
2015 — Sem alterações.
2016 — Mantêm-se 3 departamentos: Gestão, Jurídico; Análise de *Media*; e o anterior departamento de Supervisão de Meios é dividido em 2 unidades: Supervisão e Registos;
2017 — Sem alterações.
2018 — Sem alterações.
2019 — São criadas 2 unidades: Transparência dos *Media*; e Biblioteca, Documentação e Arquivo.
2020 — A ERC tem na sua estrutura 4 departamentos (Análise de *Media*, Gestão, Jurídico e Supervisão) e 3 unidades (Biblioteca, Documentação e Arquivo; Registos e Transparência dos *Media*)
2021 — Em 29 de setembro, o Conselho Regulador aprova a criação de uma Unidade para a Literacia Mediática, mas a medida não seria concretizada, pelo menos até fevereiro de 2022.

FIG. 9 — Evolução anual da estrutura orgânica e funcional da ERC

[260] Um desses grupos de trabalho criados foi incumbido da Transparência da Propriedade dos *Media*, cuja criação respondeu à aprovação da Lei n.º 78/2015, de 29 de julho, que regula a promoção da transparência da titularidade, da gestão e dos meios de financiamento das entidades que prosseguem atividades de comunicação social, atribuindo à ERC um papel relevante na recolha e divulgação dessa informação. A continuação da atividade deste grupo de trabalho tornou imperiosa, em 2019, a sua formalização numa Unidade. Existem igualmente grupos de trabalho com uma constituição transversal aos diferentes serviços da entidade, por exemplo, aquele que acompanha as questões relativas às acessibilidades dos públicos com necessidades especiais aos serviços de programas televisivos.

Atualmente, no início de 2022, existem quatro departamentos — Análise de *Media*, Gestão, Jurídico e Supervisão, e três unidades — Registos, Transparência dos *Media* e Biblioteca, Documentação e Arquivo (ver fig. 10).

A ERC — Entidade Reguladora para a Comunicação Social — encontra-se organizada do seguinte modo:

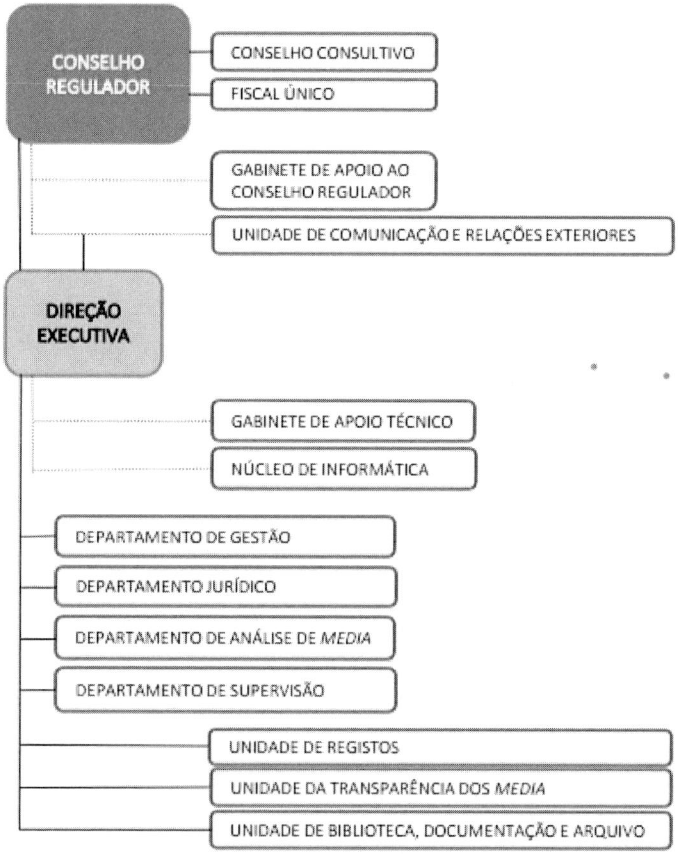


FIG. 10 — (quadro publicado no sítio da ERC)

Com particular relevância na instrução dos processos resultantes das queixas apresentadas figuram o Departamentos Jurídico, a quem compete igualmente, além da assessoria do Conselho Regulador e da instrução dos processos de contraordenação, a ligação com a prestação externa de serviços de assistência jurídica[261], e o Departamento de Análise de *Media*, que deverá promover, designadamente, *«o desenvolvimento de análises de conteúdos mediáticos no âmbito de procedimentos de queixas/participações, processos de averiguações e pedidos de pareceres»*, bem como o desenvolvimento de análises de grelhas de programação dos serviços de programas e a monitorização de conteúdos da imprensa, rádio e televisão e ainda *«a produção de relatórios, dados e indicadores estatísticos relevantes no âmbito da atividade de regulação»*[262].

Por sua vez, ao Departamento de Supervisão compete nomeadamente a fiscalização do cumprimento dos operadores, os processos de autorização, de renovação de licenciamentos, alteração de projeto, cessão de serviços e alterações de domínio dos operadores de rádio e de televisão.

À Unidade de Registos compete o registo e a classificação dos órgãos de comunicação social, bem como a atualização do respetivo cadastro e a verificação da sua conformidade.

À Unidade de Biblioteca, Documentação e Arquivo cabe a gestão do acervo bibliográfico e documental da ERC, bem como a manutenção da base de dados sobre legislação, diretivas e estudos relacionados com a atividade regulatória.

---

[261] Artigo 21.º, n.º 3, do Regulamento Interno e Orgânico da ERC. A ERC manteve, desde outubro de 2016 até outubro de 2019, um contrato de prestação de serviços com a sociedade de advogados Saragoça da Matta & Silveiro de Barros, mas faria então uma *consulta ao mercado*, de que resultaria a escolha da sociedade de advogados Vaz Mendes & Associados.

[262] Artigo 21.º, n.º 4, do Regulamento Interno e Orgânico da ERC. A criação do Departamento de Análise de *Media* (DAM) representa, de um ponto de vista estrutural, a mais relevante mudança ocorrida com a criação da ERC, uma vez que os anteriores reguladores (Conselho de Imprensa, conselhos de informação, Conselho de Comunicação Social e Alta Autoridade para a Comunicação Social) tinham um quadro de técnicos quase exclusivamente vocacionado para uma abordagem predominantemente jurídica das questões da regulação. A partir de 2019, o DAM ganhou maior importância na apreciação das queixas e participações sobre conteúdos informativos ou de programação dirigidas à ERC, uma vez que, integrando alguns dos juristas antes afetos ao Departamento Jurídico (DJ), passou a elaborar os projetos de deliberação sem ser necessária uma articulação com este departamento, que manteve na sua esfera de competências, nomeadamente, os casos de direito de resposta e a instrução dos processos de contraordenação. Outros juristas foram então igualmente transferidos do DJ para outros departamentos ou unidades.

A experiência e a especialização técnica de uma grande maioria dos quadros da entidade[263] — sublinhe-se que, em 2018, 82,9% dos funcionários tinham como grau académico pelo menos a licenciatura — têm garantido uma resposta adequada às funções do regulador, muito embora se afigure inevitável o reforço de competências nas áreas relacionadas com os novos mercados.

A importância dos quadros da ERC deve-se ainda a dois outros fatores: em primeiro lugar, o de eles assegurarem a transição quando, como acontece (em princípio) de cinco em cinco anos, se verifica a mudança de todos os membros do Conselho Regulador, constituindo então, mais do que em outras ocasiões, a principal fonte de informação para os novos reguladores sobre a atividade da entidade; em segundo lugar, pela circunstância de, seguindo procedimentos existentes desde poucos meses após o início da atividade da ERC, em 2006, as propostas de deliberação serem, na sua grande maioria, aprovadas pelo Conselho Regulador com base numa proposta dos serviços[264], elaborada na generalidade das situações sem qualquer orientação prévia do Conselho ou de qualquer dos seus membros, antes aproveitando o seu conhecimento técnico dos temas, cimentado pela *jurisprudência* que exista sobre essa matéria em anteriores deliberações, o que permite

[263] «*Background and experience of the staff*» — é desta forma que o relatório Indireg (página 55) se refere a duas das características essenciais do conjunto dos quadros do regulador para assegurar a sua independência.

[264] Aliás, o artigo 58.º, n.º 1, dos Estatutos da ERC, que confere um prazo de 30 dias, a contar da entrega da oposição ou, na sua falta, do último dia do respetivo prazo, para a decisão fundamentada do Conselho Regulador, admite expressamente que ela consista na «*mera reprodução da proposta de decisão apresentada pelos serviços competentes*». No entanto, nos primeiros meses de atividade da ERC, seguindo uma prática que provinha da AACS, os processos eram distribuídos pelos membros do Conselho Regulador, cabendo-lhes, na qualidade de relatores, a direção, em articulação com os serviços competentes em função do tema em causa, e a formulação da proposta de deliberação. Mais tarde, o papel dos membros do Conselho Regulador cingir-se-ia, na grande maioria dos processos, à apreciação e eventual alteração das propostas de deliberação já preparadas pelos departamentos ou unidades competentes. Isso não invalida que, em alguns processos mais complexos, os técnicos dos departamentos incumbidos de elaborar as propostas de deliberação solicitem ao Conselho Regulador ou aos seus membros com a supervisão desse departamento uma orientação prévia geral sobre a matéria em causa. Sobre esta matéria, ver igualmente o Regulamento das Reuniões do Conselho Regulador, artigos 1.º a 4.º.

concluir ser indiscutivelmente relevante o contributo dos quadros do regulador para a qualidade e independência das suas intervenções.

Esse relevante papel dos quadros do regulador justificará o alargamento aos funcionários de regras relativas a incompatibilidades. Com efeito, o artigo 44.º dos Estatutos estipula que *«o pessoal da ERC não pode prestar trabalho ou outros serviços, remunerados ou não, a empresas sujeitas à sua supervisão ou outras cuja actividade colida com as atribuições e competências da ERC»*[265].

### 3.4 Um regulador independente?

A Diretiva dos Serviços de Comunicação Social Audiovisual (Diretiva 2018/1808 do Parlamento Europeu e do Conselho de novembro de 2018), ao mesmo tempo que estabelece a necessidade da existência de entidades reguladoras no sector dos *media*, atribui uma clara relevância à sua independência. No artigo 30.º da Diretiva (DSCSA), cuja nova versão aprovada em 2018 valoriza de forma insofismável a regulação dos *media*, é atribuída aos Estados-Membros a missão de assegurar que essas autoridades ou entidades sejam jurídica e funcionalmente independentes dos respetivos governos e de outras entidades públicas ou privadas e *«exerçam os seus poderes de forma imparcial e transparente»*. O mesmo preceito enuncia ainda objetivos que visam garantir essa independência nos procedimentos de nomeação e demissão dos seus dirigentes.

No ponto 5 do mesmo artigo refere-se que *«Os Estados-Membros estabelecem no seu direito nacional as condições e os procedimentos de nomeação e demissão dos dirigentes das autoridades e entidades reguladoras nacionais, ou dos membros do órgão colegial que exercem essas funções, incluindo a duração dos seus mandatos»*, acrescentando-se que *«os procedimentos devem ser transparentes e não discriminatórios, e devem garantir o necessário grau de independência»*. A mesma norma prescreve ainda que *«O dirigente de uma autoridade ou entidade reguladora nacional, ou os membros do órgão colegial que exercem essas funções no âmbito de uma autoridade ou entidade reguladora nacional, podem ser demitidos se deixarem de satisfizer as condi-*

[265] Outra norma que espelha essa preocupação é o n.º 4 do artigo 43.º dos Estatutos, segundo o qual *«o recrutamento de pessoal será precedido de anúncio público, obrigatoriamente publicado em dois jornais de grande circulação nacional, e será efectuado segundo critérios objectivos de selecção, a estabelecer em regulamento aprovado pelo conselho regulador da ERC»*.

*ções exigidas para o exercício das suas funções, previamente estabelecidas a nível nacional*». «*As decisões de demissão*», acrescenta-se, «*devem ser devidamente justificadas, sujeitas a notificação prévia e disponibilizadas ao público*».

A questão da independência dos reguladores, desde logo face ao poder político, mas igualmente face aos regulados, constitui uma preocupação nuclear na definição dos modelos de regulação dos *media* na generalidade dos países europeus.

No caso português, na avaliação do modelo institucional da ERC, podem ser registadas e valorizadas preocupações com a independência orgânica, com a independência funcional e com a independência face aos interesses regulados.

A independência orgânica é assegurada não só pelo regime de incompatibilidades e pela natureza do mandato — fixo, inamovível, não renovável e sem correspondência com a legislatura parlamentar, como também pela origem e forma de eleição dos seus dirigentes, exigindo-se uma maioria de dois terços, em princípio mais alargada do que a que sustente o governo. A independência funcional concretiza-se na inexistência de quaisquer instruções ou diretivas a que os membros se devam submeter por parte de quem os elegeu, sem prejuízo dos mecanismos de escrutínio da sua atividade pela Assembleia da República. A independência em relação aos interesses regulados decorre da forma de eleição dos seus membros e também do próprio regime de incompatibilidades.

Em contrapartida, os críticos deste modelo de regulação têm acentuado sobretudo a dependência do regulador face ao poder político e, sobretudo, a sua «*submissão*» ao *bloco central* formado pelo PS e pelo PSD, os dois partidos hegemónicos desde 1974.

Que se poderá concluir? O modelo adotado para a ERC, bem diverso, como atrás se assinalou, dos vigentes para os anteriores reguladores (Conselho de Imprensa, conselhos de informação, Conselho de Comunicação Social e Alta Autoridade para a Comunicação Social) suscita várias questões.

Merecem já poucos reparos a recusa de formas de participação direta dos regulados no órgão, que reduziriam as garantias de independência face aos interesses que é necessário compor, bem como, enquanto fonte da designação dos membros do regulador, a exclusão do Governo ou mesmo do Presidente da República, que as poriam em causa na relação com o poder político.

Em contrapartida, o percurso da ERC, passados cerca de 16 anos sobre a sua criação, tem acentuado a polémica em relação a outras questões, designadamente a cooptação do quinto elemento do Conselho Regulador e a votação por *lista fechada* na Assembleia da República por maioria qualificada de dois terços, e não por voto proporcional. Acresce que, entre muitos dos que analisam nos *media* o desempenho do regulador, se propagou a ideia de que este modelo conduziu a uma clara subordinação dos seus membros ao poder político e/ou aos partidos do *bloco central* que os nomearam. E, ainda, que a questão da independência do regulador se cinge à relação com o poder político, esquecendo o distanciamento a cultivar face ao poder económico.

Quando, na revisão constitucional de 2004 e, no ano seguinte, na formulação da lei que instituiu o novo regulador, se concebeu o modelo de designação indireta de um dos membros do Conselho, através de cooptação, o propósito parece ter sido, como atrás se referiu, o de *despolitizar* e *despartidarizar* essa escolha, mais sensível se tivermos em conta que, de acordo com essa análise, esse quinto elemento seria decisivo para a obtenção de maiorias em deliberações política ou partidariamente mais polémicas. E, ainda que isso não estivesse contemplado na legislação aprovada, este elemento cooptado teria acrescidas possibilidades de ver reconhecida a sua isenção e o seu distanciamento face aos partidos, que lhe confeririam desde logo as condições ideais para vir a ser eleito pelos seus pares como presidente do Conselho Regulador.

Analisando o que se passou no processo de designação dos três conselhos reguladores (2006, 2011 e 2017) e na atividade dos dois conselhos reguladores cujo mandato foi concluído (2006 a 2011 e 2011 a 2017) ou mesmo do terceiro conselho, cujo mandato estará no seu último ano, não é difícil tirar conclusões.

Em primeiro lugar, o chamado *quinto elemento* não foi, de facto, escolhido pelos (quatro) outros membros do Conselho Regulador previamente eleitos pela Assembleia da República, mas sim negociado e acordado pelas direções dos dois principais partidos e dos respetivos grupos parlamentares, PS e PSD, antes mesmo ou, pelo menos, ao mesmo tempo, no caso dos dois últimos mandatos, da definição da lista de quatro membros submetida ao voto dos deputados. E se, no primeiro caso — a escolha de Azeredo Lopes —, o consenso parece ter sido relativamente fácil, nos mandatos seguintes, as escolhas de Carlos Magno[266] e de Sebastião Póvoas, ambos propostos pelo PSD e

[266] De acordo com uma notícia do *Sol* de 7 de outubro de 2011, igualmente reproduzida noutros órgãos de comunicação social, Carlos Magno foi diretamente escolhido e

aceites pelo PS, não foram tão céleres, atrasando vários meses o acordo sobre a lista dos restantes quatro candidatos e a sua submissão ao voto parlamentar. Nestes últimos dois mandatos, o PSD reivindicou a iniciativa de propor o nome desse quinto elemento, invocando que se devia a ser então o partido com um maior número de deputados[267]. O PS esteve inicialmente renitente em aceitar esse privilégio, tendo mesmo durante alguns meses, em 2016 e 2017, defendido que a lei deveria ser estritamente cumprida, remetendo-se a sua escolha para uma cooptação livremente realizada por membros já legitimados pelo voto parlamentar, mas acabaria por ceder.

Em segundo lugar, apesar de a lei nada prever nesse sentido, esse quinto elemento seria, em qualquer dos três mandatos, eleito como presidente, acentuando a ideia de que os partidos políticos o encararam sempre como um *fiel da balança*, necessário segundo uma leitura de um quadro de atribuições e competências do regulador em que o posicionamento dos dirigentes seria muito influenciado por opções e convicções ideológicas e de cariz político-partidário. Acresce que os Estatutos da ERC (art. 26.º) atribuem-lhe mais do que competências de coordenação e representação próprias de um cargo deste tipo, uma vez que lhe reconhecem também, como atrás se referiu, a possibilidade de *«determinar as áreas de intervenção preferencial dos restantes membros»*, faculdade que, todavia, apenas seria exercida no atual mandato.

No entanto, uma análise aos milhares de deliberações aprovadas nos diferentes mandatos pelos conselhos reguladores desmente esta leitura, frequentemente invocada, da influência dos principais partidos ou do Governo na orientação da ERC.

Os números são claros. Grande parte das deliberações tomadas pelo Conselho Regulador, 90,24% no conjunto dos dois primeiros mandatos (2006–2017), foi aprovada por unanimidade pelos membros do Conselho

---

convidado pelo então primeiro-ministro Passos Coelho, alegadamente por ser favorável à privatização da RTP, que então figurava entre as prioridades políticas do seu governo.

[267] Nas negociações parlamentares entre os dois principais partidos relativamente aos vários cargos de designação parlamentar em que é exigida uma maioria de dois terços, têm sido invocados outros critérios como a alternância entre partidos ou a distribuição equitativa dos cargos através de uma negociação global em que simultaneamente se distribuem as presidências ou outros cargos em várias entidades e organismos. Qualquer uma destas *soluções* constitui um péssimo sinal para a independência do regulador dos *media*, desde logo porque torna bem menos relevantes aqueles que deveriam ser os critérios essenciais — a independência, a preparação e a competência para o cargo.

Regulador presentes nas votações (ver Fig. 11)[268]. Estes valores aumentariam inclusivamente nos quatro primeiros anos do terceiro mandato (2018, 2019, 2020 e 2021).

| CReg | Ano | % |
|---|---|---|
| I | 2006 | 98,9 |
| I | 2007 | 85,6 |
| I | 2008 | 91,8 |
| I | 2009 | 83,0 |
| I | 2010 | 85,3 |
| I | 2011 | 96,0 |
| II | 2011 | 94,1 |
| II | 2012 | 93,8 |
| II | 2013 | 85,6 |
| II | 2014 | 89,5 |
| II | 2015 | 88,7 |
| II | 2016 | 87,7 |
| II | 2017 | 99,8 |
| III | 2018 | 95,2 |
| III | 2019 | 98,4 |
| III | 2020 | 96,2 |
| III | 2021 | 94,8 |

FIG. 11 — (percentagem anual de deliberações do Conselho Regulador aprovadas pela unanimidade dos membros presentes na votação; tabela elaborada pelo autor com base nos dados fornecidos nos relatórios anuais de regulação e, relativamente a 2021, no sítio da ERC)

[268] Considerando todo o mandato do primeiro Conselho Regulador, presidido por Azeredo Lopes, a percentagem de votações unânimes foi inferior à verificada no segundo em que a ERC foi liderada por Carlos Magno: 88,47% para 91,26%. Importará, contudo, ter em conta que, durante praticamente todo o ano de 2017, último do mandato, depois

Por outro lado, essa elevada percentagem mantém-se sensivelmente idêntica se considerarmos apenas as deliberações cujos intervenientes e/ou a matéria em causa tenham implicações partidárias ou político ideológicas, quer à escala nacional, quer relativamente às questões autárquicas e regionais. (ver fig. 12)[269]. Repare-se, inclusivamente, que, já com o Conselho Regulador atualmente em funções, de 2018 ao final de 2021, das 121 deliberações com as referidas implicações, apenas uma não foi aprovada por unanimidade[270].

Aliás, uma detalhada análise do conjunto dos processos nos mandatos anteriores, entre 2006 e 2017, com essa componente político-partidária, quer à escala nacional, quer no âmbito autárquico ou regional, permite desmentir a argumentação daqueles que sustentam a existência de uma estreita e irremediável dependência dos membros do Conselho Regulador face aos partidos políticos que indicaram os seus nomes ou uma clara agenda política no funcionamento da entidade: apenas 8,42% do total dos processos apreciados (401 em 4757) têm essa componente político-partidária ou mesmo político-ideológica; mais de metade desses 401 processos tiveram origem em queixas relativas ao direito de resposta ou à divulgação de sondagens de opinião; apenas 168 desses 401 tiveram como tema o rigor ou o plura-

da demissão apresentada por dois dos vogais deste segundo Conselho, apenas poderiam ser aprovadas as deliberações que obtivessem o voto favorável dos três membros então em funções. Ora, se excluirmos as deliberações de 2017, a média de deliberações unanimes deste Conselho passaria a atingir os 89,18%, mesmo assim ligeiramente superior à verificada no anterior Conselho. Sublinhe-se um outro ponto relevante: o primeiro ano de cada um dos mandatos tem sido aquele em que é maior a percentagem de deliberações unânimes, mas isso não aconteceu no terceiro mandato, em que essa percentagem, já elevada no primeiro ano de mandato — na prática, em 2018, uma vez que, no mês de dezembro de 2017, o Conselho então empossado apenas apreciaria matérias de organização interna —, ainda subiria em 2019, embora tivesse baixado, ainda que ligeiramente, em 2020 e 2021.

[269] Critérios: votações com base em deliberações cujos queixosos ou alvos da queixa foram membros do governo, partidos, dirigentes de partidos, autarcas ou autarquias e cujo tema essencial (rigor, pluralismo, direito de resposta ou outros) tenha cariz ou implicações políticas.

[270] O voto contra do presidente do Conselho Regulador, Sebastião Póvoas, impediria a unanimidade na apreciação da queixa (ERC/2021/35 CONTJOR-NET), que foi deferida, do Bloco de Esquerda contra o *Notícias Viriato* por falta de rigor e violação do direito ao bom nome e reputação.

lismo informativo; grande parte destes processos foram originados por queixas de autarcas, autarquias ou estruturas regionais dos partidos ou forças políticas concorrentes a eleições autárquicas ou regionais; apenas menos de um quarto destes processos (93 em 401) foi aberto por queixa das direções nacionais dos partidos ou de membros do Governo. Nos quatro primeiros anos do mandato em curso do regulador, a unanimidade verificada em 120 das 121 deliberações relativamente a processos com essa componente político ideológica reforça ainda mais essa conclusão.

| Ano | Número delib. | Unani | % | Tema Rigor/Plur | Tema Dir resp | Tema Outros | Queixoso Gov/part | Queixoso Autarquia/ Autarcas | Queixoso Outros | Delib. Deferido | Delib. Indeferido |
|---|---|---|---|---|---|---|---|---|---|---|---|
| 2006 | 17 | 16 | 94,1 | 7 | 9 | 1 | 3 | 14 | 0 | 11 | 6 |
| 2007 | 28 | 20 | 71,4 | 17 | 10 | 1 | 10 | 18 | 0 | 18 | 8 |
| 2008 | 42 | 37 | 88,0 | 3 | 36 | 3 | 4 | 35 | 3 | 25 | 14 |
| 2009 | 27 | 21 | 77,7 | 11 | 12 | 4 | 9 | 12 | 6 | 15 | 11 |
| 2010 | 28 | 21 | 75,0 | 18 | 7 | 3 | 12 | 11 | 4 | 11 | 17 |
| 2011 | 26 | 21 | 80,7 | 8 | 3 | 5 | 9 | 12 | 5 | 13 | 12 |
| 2012 | 30 | 26 | 86,6 | 16 | 10 | 4 | 4 | 18 | 8 | 19 | 11 |
| 2013 | 20 | 16 | 80,0 | 10 | 4 | 6 | 8 | 8 | 4 | 7 | 13 |
| 2014 | 35 | 29 | 82,8 | 12 | 9 | 15 | 8 | 17 | 6 | 22 | 5 |
| 2015 | 50 | 45 | 90,0 | 11 | 13 | 26 | 13 | 22 | 10 | 28 | 20 |
| 2016 | 57 | 49 | 85,9 | 29 | 12 | 16 | 9 | 26 | 22 | 33 | 24 |
| 2017 | 41 | 41 | 100 | 26 | 7 | 8 | 4 | 24 | 13 | 23 | 18 |
| 2018 | 43 | 43 | 100 | 30 | 7 | 6 | 4 | 33 | 6 | 19 | 24 |
| 2019 | 26 | 26 | 100 | 20 | 5 | 1 | 12 | 8 | 6 | 12 | 14 |
| 2020 | 15 | 15 | 100 | 12 | 3 | 0 | 9 | 5 | 1 | 11 | 4 |
| 2021 | 37 | 36 | 97,2 | 27 | 6 | 4 | 10 | 19 | 8 | 23 | 14 |

FIG. 12 — Deliberações sobre processos com implicações político-partidárias (queixoso, tema, etc.) Tabela elaborada pelo autor.

Em terceiro lugar, porque foram muito raras as deliberações do Conselho Regulador, mesmo considerando apenas as que tinham implicações políticas, em que as divisões entre os membros do Conselho reproduzem as suas diferentes alegadas origens partidárias. Com efeito, ao longo dos perto de 12 anos dos dois primeiros mandatos, apenas em 10 das 4757 deliberações tomadas pelo Conselho Regulador e em apenas 3 das 1368 deliberações tomadas até final de 2021 no mandato em curso, os dois membros indicados pelo PS, por um lado, e os dois pelo PSD, pelo outro, votaram com posições opostas, num alegado alinhamento partidário[271].

Acresce que apenas, em dois casos, nesse universo de 13 deliberações, os temas em apreciação tinham de facto conteúdo político-partidário: em 2007, na fase inicial do primeiro mandato, os dois membros do Conselho indicados pelo PS não aprovaram uma deliberação tomada após queixa do Grupo Parlamentar do PSD, considerada procedente pela maioria dos conselheiros, sobre uma alegada falta de pluralismo na cobertura informativa de uma sessão parlamentar; em 2012, também na fase inicial de um mandato, o segundo, os dois membros do Conselho indicados pelo PS votaram contra uma proposta de deliberação, que seria aprovada pelos restantes três membros, ilibando o então ministro Miguel Relvas da acusação de ter pressionado jornalistas do *Público*[272]. (ver Fig. 13).

São igualmente muito escassos os casos de votações sem unanimidade em que seja detetada uma relação entre o sentido de voto de um membro do Conselho Regulador e a sua *filiação* partidária. Pelo contrário, houve muitas votações, em processos envolvendo governantes ou autarcas do PS ou do PSD, em que os membros do regulador não satisfizeram as reclamações dos partidos que os tinham indigitado.

Aliás, não é igualmente correto fazer uma *leitura política ou ideológica* do sentido de voto de cada membro dos conselhos reguladores, não apenas relativamente às queixas ou participações por impulso externo, mas igualmente às deliberações tomadas sobre temas do âmbito interno do regulador. Em cada um deles — limitando a análise aos dois primeiros mandatos —

---

[271] No primeiro mandato, foram membros do Conselho Regulador, eleitos pela Assembleia da República com base numa lista proposta pelos grupos parlamentares do PS e do PSD, Estrela Serrano e Rui Assis Ferreira (indicados pelo PS) e Elísio de Oliveira e Luís Gonçalves da Silva (indicados pelo PSD). No segundo mandato, Arons de Carvalho e Rui Gomes (PS) e Luísa Roseira e Raquel Alexandra Castro (PSD). No terceiro mandato, Mário Mesquita e João Pedro Figueiredo (PS) e Fátima Resende e Francisco Azevedo e Silva (PSD).

[272] Não incluímos nesta lista as votações relativas a questões organizativas da ERC. Ora, numa dessas votações, em janeiro de 2012, houve igualmente uma deliberação marcada por uma *divisão partidária*. A escolha de Fátima Resende para diretora executiva da ERC teve então a oposição dos dois membros indicados pelo PS. Sublinhe-se que Fátima Resende seria em 2017 indicada pelo PSD para figurar na lista dos membros do Conselho Regulador eleitos pela Assembleia da República.

houve diferenças assinaláveis no quadro de votações (ver Figs. 14 e 15), sem que possa daí resultar alguma leitura ideológica ou partidária. Aliás, entre outros exemplos possíveis, pode concluir-se que, quer no primeiro, quer no segundo mandatos, os conselheiros tendencialmente mais críticos e discordantes das deliberações aprovadas (Luís Gonçalves da Silva e Rui Assis Ferreira, no primeiro mandato e Raquel Alexandra Castro e Carlos Magno, no segundo) tiveram *origens partidárias* diversas, tendo até Magno ocupado o cargo de presidente. Já no terceiro mandato (ver Fig. 16), concluídos quatro dos seus cinco anos, a elevada percentagem de votações por unanimidade permite concluir não ter existido igualmente qualquer alinhamento partidário ou ideológico.

| ANO | DELIBERAÇÃO | TEMA |
|---|---|---|
| 2007 | 5/PLU-TV/2007 | Pluralismo na cobertura de uma sessão parlamentar (RTP) |
| 2008 | 18/CONT-TV/2008 | Conteúdos violando o art.º 27.º, n.º 4, da Lei da Televisão, sem identificativo visual (SIC) |
| 2012 | 10/AUT-R/2012 | Alteração da classificação de rádio local para temática musical (Cidade FM Minho) |
| 2012 | 11/AUT-R/2012 | Cessão de uma rádio local (Cidade FM Minho) |
| 2012 | 13/AUT-R/2012 | Cessão de uma rádio local (Pampilhosa) |
| 2012 | 15/AUT-R/2012 | Alteração do projeto e de denominação de uma rádio local (Rádio Noar) |
| 2012 | 6/DJ/2012 | Alegadas pressões do ministro Relvas sobre o *Público* |
| 2012 | Parecer 8/2012 | Alteração ao Contrato de Concessão do serviço público de radiodifusão |
| 2013 | Processos contraord. | Infração das regras em matéria de anúncio da programação (SIC) |
| 2016 | ERC/2016/199 | Violação dos limites à liberdade de imprensa (Diário Insular) |
| 2018 | ERC/2018/75 | Direito de resposta solicitado pela IURD à TVI e TVI24 |
| 2018 | EDOC/2017/6150 | Imagens lesivas da dignidade humana (*Correio da Manhã* — sítio online) |
| 2020 | ERC/2020/38 | Falta de rigor, sensacionalismo e violação dos limites à liberdade de programação (CMTV) |

FIG. 13 — votações no Conselho Regulador com «alinhamento partidário». Tabela elaborada pelo autor.

| | Del | Unan | Abst | Cont | AL Abs | AL Con | EO Abs | EO con | ES Abs | ES Com | GS Abs | GS Com | AF Abs | AF con |
|---|---|---|---|---|---|---|---|---|---|---|---|---|---|---|
| 2006 | 97 | 96 | 0 | 1 | 0 | 0 | 0 | 0 | 0 | 0 | 0 | 0 | 0 | 1 |
| 2007 | 195 | 167 | 27 | 14 | 6 | 0 | 1 | 1 | 5 | 4 | 9 | 6 | 6 | 3 |
| 2008 | 342 | 314 | 28 | 14 | 4 | 2 | 1 | 1 | 1 | 4 | 16 | 5 | 6 | 2 |
| 2009 | 465 | 386 | 87 | 30 | 1 | 1 | 4 | 1 | 3 | 4 | 40 | 18 | 39 | 6 |
| 2010 | 361 | 308 | 49 | 25 | 3 | 5 | 2 | 0 | 2 | 4 | 22 | 7 | 20 | 9 |
| 2011 | 276 | 265 | 4 | 7 | 0 | 0 | 1 | 0 | 3 | 0 | - | - | 3 | 4 |
| Total | 1736 | 1536 | 195 | 91 | 14 | 8 | 9 | 3 | 14 | 16 | 87 | 36 | 74 | 25 |

FIG. 14 — 1.º Conselho Regulador — AL (Azeredo Lopes), EO (Elísio Oliveira), ES (Estrela Serrano), GS (Gonçalves da Silva), AF (Assis Ferreira). Del (deliberação), unan (unanimidade), abst (abstenção), cont (contra). Tabela elaborada pelo autor.

| | Del. | Una | Abst | Cont | CM abs | CM com | AC ab | AC con | LR abs | LR Com | RA abs | RA Com | RG Abs | RG com |
|---|---|---|---|---|---|---|---|---|---|---|---|---|---|---|
| 2011 | 51 | 48 | 3 | 0 | 3 | 0 | 0 | 0 | 0 | 0 | 0 | 0 | 0 | 0 |
| 2012 | 487 | 457 | 20 | 12 | 5 | 1 | 2 | 5 | 4 | 0 | 0 | 3 | 9 | 3 |
| 2013 | 492 | 422 | 45 | 35 | 22 | 11 | 1 | 1 | 1 | 0 | 10 | 23 | 9 | 1 |
| 2014 | 393 | 352 | 15 | 38 | 13 | 12 | 1 | 0 | 0 | 0 | 1 | 26 | 0 | 2 |
| 2015 | 479 | 425 | 46 | 19 | 15 | 3 | 2 | 2 | 6 | 0 | 18 | 11 | 6 | 2 |
| 2016 | 530 | 465 | 49 | 22 | 1 | 0 | 2 | 1 | 5 | 0 | 29 | 18 | 15 | 1 |
| 2017 | 589 | 588 | 1 | 0 | 0 | 0 | 0 | 0 | 0 | 0 | 0 | 0 | 1 | 0 |
| Total | 3021 | 2757 | 179 | 126 | 59 | 27 | 8 | 9 | 16 | 0 | 58 | 81 | 40 | 9 |

FIG. 15 — 2.º Conselho Regulador — CM (Carlos Magno), AC (Arons de Carvalho), LR (Luísa Roseira), RA (Raquel Alexandra Castro), RG (Rui Gomes). Tabela elaborada pelo autor.

| | Del | Una | Abst | Cont | SP Abs | SP Com | MM Abs | MM Con | FR abs | FR con | FAS Abs | FAS Con | JPF abs | JPF Com |
|---|---|---|---|---|---|---|---|---|---|---|---|---|---|---|
| 2018 | 331 | 315 | 12 | 12 | 0 | 2 | 5 | 3 | 3 | 2 | 1 | 0 | 3 | 5 |
| 2019 | 382 | 376 | 1 | 6 | 0 | 3 | 0 | 3 | 0 | 0 | 1 | 0 | 0 | 0 |
| 2020 | 261 | 251 | 5 | 8 | 2 | 0 | 2 | 1 | 0 | 5 | 0 | 1 | 1 | 1 |
| 2021 | 394 | 376 | 14 | 5 | 0 | 2 | 7 | 2 | 2 | 0 | 3 | 1 | 3 | 0 |

FIG. 16 — 3.º Conselho Regulador — SP (Sebastião Póvoas), MM (Mário Mesquita), FR (Fátima Resende), FAS (Francisco Azevedo e Silva), JPF (João Pedro Figueiredo). Tabela elaborada pelo autor.

Uma análise tendo por base as deliberações sobre processos mais polémicos e com maior mediatismo — escolhidos pelo autor com critérios necessariamente subjetivos e polémicos — permite tirar a mesma conclusão (ver Fig. 17).

1-I-2006 (que adotou a Recomendação 7/2006) — Procedimento aberto por iniciativa do Conselho Regulador face a acusações de Eduardo Cintra Torres num artigo publicado no jornal *Público* sobre a cobertura dos incêndios florestais realizada pela RTP, dois meses depois alargado a acusações do deputado do PSD Agostinho Branquinho, segundo o qual um assessor do primeiro-ministro José Sócrates teria tentado condicionar a difusão de notícias sobre o mesmo tema. Entendendo que se verificara uma falta de rigor informativo do jornal e que ficaram demonstradas a consistência e a coerência da cobertura dos incêndios pela RTP, o Conselho Regulador recomenda ao jornal *Público* que assegure o cumprimento das suas obrigações legais básicas. Deliberação aprovada por 4 votos a favor e 1 contra (Assis Ferreira). A recomendação da ERC seria anulada por deliberações do Tribunal Administrativo do Porto e, em 2013, face a um recurso interposto pela ERC, do Tribunal Central Administrativo Norte.

1-IND/2007 — Procedimento aberto por iniciativa do Conselho Regulador face ao artigo de Nuno Saraiva na edição de 3/4/2007 do *Expresso*, intitulado «Impulso irresistível de controlar», sobre o comportamento dos assessores de imprensa do primeiro-ministro José Sócrates em relação às dúvidas suscitadas em torno do seu processo de licenciatura. O Conselho Regulador entendeu, nomeadamente, que não foram trazidos ao processo elementos concretos que comprovassem ter existido o objetivo de impedir a investigação do seu percurso universitário e que o tratamento editorial da RTP1 sobre este tema não foi omisso relativamente ao seu dever de informação. Deliberação aprovada por 3 votos (Azeredo Lopes, Elísio de Oliveira e Assis Ferreira) e 1 contra (Gonçalves da Silva).

11/CONT-TV/2009 — Dez queixas contra diversas edições do *Jornal Nacional* da TVI entre janeiro e março de 2009, questionando o tratamento jornalístico de matérias que envolviam o primeiro-ministro José Sócrates e outros membros do Governo. O Conselho Regulador decidiu instar a TVI a cumprir de forma mais rigorosa o dever de rigor e isenção jornalísticas, nomeadamente o dever de demarcar claramente os factos da opinião e considerou a possibilidade de a TVI ter posto em causa o respeito pela presunção de inocência dos visados nas notícias. Deliberação aprovada por 4 votos contra 1 (Gonçalves da Silva).

3/LIC-TV/2009 — Na sequência do concurso público para o licenciamento de um serviço de programas de âmbito nacional, generalista, de acesso não condicionado livre aberto pela Portaria n.º 1239/2008, de 31 de outubro, o Conselho Regulador deliberou excluir as duas candidaturas apresentadas ao 5.º canal pela Telecinco, SA e ZON II — Serviços de Televisão SA por não reunirem os requisitos legais e regulamentares para admissão a concurso. Deliberação aprovada por 3 votos a favor e 2 contra (Gonçalves da Silva e Assis Ferreira).

6/OUT-TV/2009 — Na sequência da suspensão do *Jornal Nacional de Sexta* da TVI e dos consequentes pedidos de demissão da direção de informação da TVI e da chefia da redação, o Conselho Regulador reprovou o facto de a administração da TVI ter interferido na esfera de competências da direção de informação. Deliberação aprovada por unanimidade.

1/OUT-I/2010 — O Conselho Regulador deliberou abrir um processo de averiguações tendo como objeto apurar elementos relativos à situação denunciada pelo Diretor do *Sol* num artigo publicado na edição do semanário de 20 de novembro de 2009 e na entrevista que concedeu ao *Correio da Manhã* de 22 de novembro do mesmo ano. O processo seria arquivado por não resultar provada a tentativa do governo de «estrangulamento» económico-financeiro do jornal. Deliberação aprovada por 4 votos contra 1 (Gonçalves da Silva).

5/CONT-I/2010 — Após queixa apresentada por Rui Paulo Figueiredo, assessor do primeiro-ministro José Sócrates, contra o jornal *Público,* devido à publicação de uma notícia sobre alegadas suspeitas de que assessores e os serviços da Presidência da República estariam sob escuta ou vigilância do Governo ou do PS, o Conselho Regulador aprovaria uma deliberação criticando o jornal por não ter ouvido o queixoso antes de publicada a notícia. A deliberação aprovaria igualmente a publicação pelo jornal de uma Recomendação (4/2010), ambas por 4 votos favoráveis e a abstenção de Elísio de Oliveira.

13/OUT-TV/2010 — Na sequência da suspensão do Jornal Nacional de Sexta da TVI, o Conselho Regulador deliberou abrir um processo de averiguações sobre alegadas interferências dos poderes político e/ou económico. Na deliberação, o Conselho não deu por demonstrado que a decisão da administração da TVI tenha sido determinada por interferências do poder político. Deliberação aprovada por 4 votos contra 1 (Gonçalves da Silva).

2/OUT-I/2010 — Na sequência de uma queixa apresentada pelo jornalista Mário Crespo devido à recusa de publicação de um artigo da sua autoria no *Jornal de Notícias*, o Conselho Regulador deliberaria arquivar o processo, por unanimidade. Mais tarde, também por unanimidade (4-OUT-I/2010), o Conselho consideraria improcedente a reclamação apresentada pelo mesmo jornalista contra aquela deliberação.

15/CONT-TV/2011 — Em novembro de 2010, a ERC recebeu diversas participações contra a TVI devido à transmissão, no programa *Casa dos Segredos*, de situações ofensivas, atentatórias da dignidade da pessoa humana e inadequadas para públicos sensíveis. O Conselho Regulador aprovaria por unanimidade uma deliberação instando a TVI a exercer um maior controlo sobre as imagens transmitidas em programas do género *reality show* e determinaria a abertura de um processo contraordenacional. Mais tarde (deliberação n.º 20/CONT-TV/2011), o Conselho revogaria também por unanimidade aquela deliberação no ponto em que se determinava a abertura de um processo contraordenacional, dado que essa decisão tinha por fundamento a ausência de resposta da TVI à ERC, o que se verificou não corresponder ao que de facto se tinha passado.

6/DJ/2012 — Em 23 de maio de 2012, o Conselho Regulador deliberou abrir um processo de averiguações para apurar a eventual existência de pressões do ministro Miguel Relvas sobre o *Público* e a jornalista Maria José Oliveira no âmbito da cobertura jornalística do «caso das secretas». O Conselho Regulador, por maioria (votos contra de Arons de Carvalho e Rui Gomes), não daria como provada a existência de pressões ilícitas ou que tenha ocorrido um condicionamento da liberdade de imprensa. O tema voltaria a ser analisado na deliberação 7/DJ/2012 devido a um pedido de reabertura do inquérito apresentado pelo Sindicato dos Jornalistas por alegadamente não terem sido desencadeadas todas as deliberações de prova devidas, mas o Conselho Regulador por maioria (abstenção Arons de Carvalho) considerou esse pedido improcedente.

28/CONT-TV/2012 — Na sequência da submissão de mais de 300 queixas, o Conselho Regulador deliberou por unanimidade reprovar a exibição pela TVI do programa *Casa dos Segredos*, série 3, fora do horário protegido e sem identificativo visual apropriado, e abrir um processo contraordenacional, que culminaria com a deliberação ERC/2016/262 (CONT-TV-PC) na condenação a uma coima de 20 mil euros.

2/CONT-R/2012 — Face à cessação da rubrica *Este Tempo*, da Antena 1, o Conselho Regulador, após um processo de averiguações, concluiria por unanimidade que os elementos apurados não permitiam dar como provado que a cessação do programa resultara diretamente do desagrado provocado por uma crónica de Pedro Rosa Mendes, em 18 de janeiro de 2012, na qual este escritor criticara duramente o regime angolano.

66/2014 (CONTPROG-TV) — 26 participações relativamente ao programa *Casa dos Segredos*, Série 4, transmitido pela TVI entre outubro de 2013 e janeiro de 2014, levaram o Conselho Regulador a deliberar, por unanimidade, considerar que o programa violou os limites impostos pelo artigo 27.º, n.º 4, da Lei da Televisão no que respeita ao horário de transmissão e à ausência de um identificativo visual apropriado, instaurando um processo contraordenacional e dirigir uma recomendação de difusão obrigatória àquele operador, o que seria confirmado na deliberação 67/2014 (CONTPROG-TV). Na deliberação, são referidos os processos abertos à TVI devido a edições anteriores do programa (15/CONT-TV/2011, 6/CONT-TVI/2012 e 28/CONT-TV/2012).

17/2014 (CONTJOR-I) — Em fevereiro de 2013, foi apresentada por José Sócrates uma queixa relativa ao alegado desrespeito por deveres ético-legais que incidem sobre a atividade jornalística em várias edições do *Correio da Manhã*. Em fevereiro de 2014, o Conselho Regulador aprovaria por maioria (abstenção de Carlos Magno) uma deliberação em que, nomeadamente, se dá por verificada a violação do disposto no artigo 14.º, n. . º 1, alíneas a) e f), do Estatuto do Jornalista, se insta o jornal ao cumprimento das normas legais e deontológicas aplicáveis à atividade jornalística e se dirige a Recomendação 1/2014, cujo texto deveria ser inserido numa das cinco primeiras páginas da edição impressa.

47/2015 (CONTJOR-TV) — Na sequência de várias participações contra uma reportagem transmitida pela TVI sobre a morte de 6 jovens na praia do Meco, o Conselho Regulador deliberou por maioria (abstenção de Carlos Magno) condenar a TVI por violação do disposto nas alíneas a), e) e f) do n.º 1 e alíneas c) e d) do n.º 2 do artigo 14.º do Estatuto do Jornalista, devido à falta de rigor informativo, sensacionalismo, não identificação das fontes e desrespeito pela dor de familiares das vítimas, bem como dirigir uma decisão individualizada que deveria ser divulgada num noticiário daquele operador.

ERC/2016/121 (CONTJOR-I) — Na sequência de uma queixa do ex-primeiro-ministro José Sócrates contra o *Correio da Manhã* visando a cobertura jornalística de desenvolvimentos de uma investigação acerca da utilização de cartões de crédito afetos a gabinetes ministeriais, inclusivamente o do próprio primeiro-ministro, durante o segundo governo liderado pelo queixoso que ocorreu em três edições do jornal, o Conselho Regulador deliberou por maioria (abstenção de Arons de Carvalho) não dar por verificada a alegada violação de direitos de personalidade do queixoso, não dar por provada a alegada falta de isenção e imparcialidade por parte do jornal e dar por verificada a violação do disposto no artigo 14.º, n.º 1., al. e), do Estatuto do Jornalista relativo ao dever de auscultar as partes com interesses atendíveis, no que diz respeito a uma das notícias em causa.

ERC/2016/247 (PLU-TV) — Três participações por ausência de pluralismo nos espaços de comentário político dos operadores RTP1, SIC e TVI levaram o Conselho Regulador, por unanimidade, a recomendar à RTP, à SIC e à TVI, nomeadamente o escrupuloso cumprimento dos princípios gerais do pluralismo e da diversidade a que estão obrigadas, devendo adotar soluções que permitam a presença regular e equilibrada dos diversos movimentos, forças políticas e correntes de opinião representadas na sociedade portuguesa nos seus espaços de comentário e demais programas de informação e a sublinhar que o cumprimento das obrigações de pluralismo deve ser assegurado dentro dos espaços de programação própria de cada serviço de programas e não numa lógica de complementaridade entre diferentes serviços de programas explorados por um mesmo operador.

ERC/2016/202 (CONTJOR-TV) — Um conjunto de participações sobre a forma como a TVI24 foi informando, ao longo de algumas horas da sua emissão de 13 de dezembro de 2015, sobre a situação no BANIF mereceu do Conselho Regulador uma deliberação aprovada por unanimidade em que sublinha, nomeadamente, a inobservância do dever de auscultação prévia das partes com interesses atendíveis na matéria noticiada, dá ainda por assente ter sido assumida, no caso, por parte do operador TVI, uma decisão editorial criticável à luz das mais elementares boas práticas jornalísticas, dado ser manifesto não existir inteira segurança quanto à fiabilidade dos elementos então sucessivamente divulgados e retificados durante o programa «Campeonato Nacional», e sublinha que a conduta adotada pelo operador TVI no caso vertente é tanto mais reprovável quanto é certo que a matéria noticiosa era dotada de relevante interesse público e jornalístico, e passível, além disso, de provocar considerável impacto na vida de muitas pessoas e nos destinos da própria sociedade portuguesa e ordena ao operador a exibição e leitura de um texto de condenação do procedimento no serviço noticioso de maior audiência do serviço de programas TVI24.

6/2016 (CONTJOR-TV) — A 8 de outubro de 2015, o Conselho Regulador da ERC decidiu abrir um processo oficioso em face da existência de indícios de violação de direitos fundamentais dos cidadãos, na sequência das declarações do pivô do *Telejornal*, na edição do dia anterior, sobre os novos deputados, na RTP1, o que levaria à apresentação de várias queixas. Alegam os vários participantes que no dito serviço noticioso foi cometido pelo pivô um ato de «discriminação» e de «humilhação» para com um deputado recém-eleito pelo PS, devido à sua orientação sexual conhecida publicamente. O Conselho Regulador deliberaria por unanimidade não confirmar os indícios de violação de direitos fundamentais, considerar improcedentes as queixas, mas recomendar à RTP que pondere o uso das novas plataformas e mesmo dos *social media* para corrigir os seus erros com maior celeridade, sempre que, como no caso, as circunstâncias o impusessem.

ERC/2017/186 (CONTJOR-TV) — Em 19 de junho de 2017, o Conselho Regulador determinou a abertura de um procedimento de averiguações relativo a reportagem sobre os incêndios em Pedrogão Grande, emitida na edição de 18 de junho de 2017 do *Jornal das 8* da TVI, fundamentando essa decisão na necessidade de verificação do cumprimento das regras ético-jurídicas que devem conformar a atividade jornalística no tratamento dado a diversos elementos de reportagem integrados no referido serviço noticioso, reforçada com as mais de 100 participações que entretanto chegaram à ERC, contestando o plano televisivo em que aparece um dos cadáveres da tragédia. Concluindo, nomeadamente, que a utilização das imagens e sons referenciados eram desnecessárias do ponto de vista informativo e o seu enquadramento foi feito sem o cumprimento dos deveres deontológicos que visam assegurar o rigor da informação, o Conselho Regulador da ERC, por unanimidade, exortaria a TVI à observância escrupulosa da ética de antena que assegure o respeito pela dignidade da pessoa humana, bem como ao cumprimento escrupuloso do dever de rigor, rejeitando o sensacionalismo da informação.

ERC/2017/217 (Parecer) — Em 11 de agosto de 2017, de acordo com a Lei da Concorrência, a MEO apresentou junto da Autoridade da Concorrência um formulário de notificação prévia da sua intenção de adquirir o controlo exclusivo sobre o Grupo Media Capital. Em 21 do mesmo mês, esta Autoridade solicitou à ERC que emitisse um parecer sobre essa operação de concentração. No entanto, no final de um extenso texto de cerca de 50 páginas, o Conselho Regulador informaria não ter um entendimento unânime sobre os riscos aqui sistematizados para o pluralismo no sector da comunicação social em Portugal. Na avaliação desses riscos, os três membros do Conselho Regulador então no exercício do cargo não obtiveram um consenso sobre o sentido da pronúncia da ERC relativamente ao projeto de aquisição.

ERC/2018/93 — Na sequência de 292 participações, o Conselho Regulador iniciou um procedimento oficioso contra a edição do programa da SIC *Supernanny*, transmitido em 14 de janeiro de 2018. Estava em causa, nomeadamente, a exposição pública de um menor com 7 anos de idade num programa de género *reality show*, cujo mote era a avaliação psicológica dos comportamentos de um menor em contexto familiar e a forma mais adequada de lhe dar resposta. Ainda que, entretanto, a SIC tenha suspendido o programa, o Conselho Regulador aprovou um conjunto de recomendações sobre programas envolvendo menores. Aprovado por unanimidade.

ERC/2019/295 (CC) — Em 1 de outubro de 2019, foi apresentado na Autoridade da Concorrência um formulário de notificação prévia de uma operação de concentração de empresas por via da qual a Cofina SGPS, SA se propunha adquirir o controlo exclusivo do Grupo Media Capital SGPS, SA. Em consequência, a Autoridade da Concorrência solicitou à ERC um parecer sobre o referido projeto de concentração. O regulador concluiria, por maioria, com o voto contra de Mário Mesquita, não se opor à referida operação, por entender não se concluir que ela colocasse em causa os valores do pluralismo e da diversidade de opiniões que incumbe à ERC acautelar.

ERC/2020/12 — O Conselho de Administração da RTP solicitou à ERC que se pronunciasse, de acordo com os Estatutos da empresa, sobre as destituições dos diretores de informação da RTP e consequentes nomeações de novos dirigentes, deliberações que exigem parecer prévio e vinculativo. As destituições mereceram parecer favorável por unanimidade. Também as nomeações mereceram parecer favorável por unanimidade, exceto no caso do novo diretor de informação, António José Teixeira, que obteve os votos favoráveis de 3 membros do Conselho, tendo o vice-presidente Mário Mesquita pedido escusa na votação e a vogal Fátima Resende optado pela abstenção.

ERC/2020/114 — Tendo sido remetidas, em novembro de 2019, duas participações à ERC relativamente à ausência do programa da RTP1 *Sexta às 9*, durante o mês de setembro e parte de outubro desse ano, enquanto decorria a campanha eleitoral para as eleições legislativas, o regulador entendeu ouvir a jornalista principal responsável por aquele programa, Sandra Felgueiras. Nessa audição, esta jornalista acusou também a diretora de informação Maria Flor Pedroso de se ter imiscuído nas investigações em curso pela equipa que aquela jornalista dirigia sobre o encerramento do Instituto Superior de Comunicação Empresarial onde a referida diretora era docente, o que, segundo aquela jornalista comprometeria a investigação, que seria cancelada. O Conselho Regulador concluiria por unanimidade não existirem elementos de prova que evidenciassem que o recomeço do programa apenas a seguir às eleições se devesse a interferência ou pressões políticas nem considerou terem ficado demonstradas irregularidades por parte da direção de informação no acompanhamento e controlo do programa. Todavia, em resultado da polémica criada por esta participação a direção de informação, pediria a sua demissão, o que seria aceite pelo Conselho de Administração da RTP.

ERC/2020/189 — Tendo como base uma análise documental, bem como um projeto de deliberação da CMVM, o Conselho Regulador deliberou por unanimidade proceder à abertura de um processo de contraordenação contra a Vertix/ Prisa e a Pluris/Mário Ferreira pela existência de fortes indícios de ocorrência de uma alteração não autorizada de domínio sobre os operadores de rádio e de televisão a operar sob licença que compõem o universo da Media Capital.

Fig. 17 — Queixas com maior repercussão mediática

O mesmo se poderá concluir analisando as deliberações em que o Conselho Regulador, normalmente graças à gravidade da ação do órgão de comunicação social alvo do procedimento em causa e, eventualmente, ao mediatismo do caso, lhe impôs a divulgação da deliberação, nos termos do artigo 63.º, n.º 2, ou do artigo 64.º, n.º 2[273]. Com efeito, das apenas 42 deliberações abrangidas — 30 durante o mandato do primeiro Conselho Regulador, apenas 10 no segundo e duas, até ao final de 2021, no terceiro —, 83% foram aprovadas por unanimidade (25 no primeiro mandato, 8 no segundo e 2 no terceiro), mas apenas 9 tinham conotações ideológicas ou político partidárias.

Acresce que, dessas 9, 4 envolviam partidos e órgãos de comunicação social da Região Autónoma da Madeira (3 queixas do PS e 1 de um militante do PND); 3 estavam relacionadas com queixas de autarcas contra publicações periódicas, uma de âmbito nacional e outra regional; uma respeitava a uma reportagem de uma *revista social* sobre aspectos da suposta vida privada de um dirigente e deputado de um partido político; e outra tivera origem

[273] O artigo 63.º, n.º 2, estipula que «*O conselho regulador, oficiosamente ou mediante queixa de um interessado, pode dirigir recomendações concretas a um meio de comunicação social individualizado*». Por sua vez, de acordo com o artigo 64.º, n.º1, «*O conselho regulador, oficiosamente ou mediante queixa de um interessado, pode adotar decisões em relação a uma entidade individualizada que prossiga actividades de comunicação social*». As recomendações e decisões são obrigatória e gratuitamente divulgadas nos órgãos de comunicação social a que digam respeito (artigo 65.º, n.º 1). Este tema será igualmente analisado, acompanhado nomeadamente de uma síntese de todas as deliberações e de outros dados estatísticos, no capítulo 4.4.3, sob o prisma do poder e da eficácia do regulador.

numa queixa da presidente da Assembleia Legislativa da Região Autónoma dos Açores contra uma publicação periódica e um rádio daquela Região. Em todas estas queixas, a deliberação foi votada por unanimidade dos membros do Conselho Regulador presentes no momento da votação. Apenas as restantes duas tiveram repercussão nacional e não obtiveram aprovação unânime: a atrás referida queixa de Rui Paulo Figueiredo contra o *Público*, que levaria à Recomendação 4/2010, aprovada por 4 votos a favor e uma abstenção do vogal do Conselho Regulador, Elísio de Oliveira; e a queixa de José Sócrates contra o *Correio da Manhã*, que deu azo à Recomendação 1/2014, aprovada igualmente por 4 votos a favor e uma abstenção do então presidente do Conselho Regulador, Carlos Magno.

Pode assim concluir-se que, ao contrário do que tem sido referido por críticos do atual modelo do regulador, não existem vestígios de subordinação da ERC, mesmo nas suas deliberações com uma maior incidência político-ideológica, às instâncias do poder político, como a Assembleia da República e o Governo ou aos partidos políticos (PS e PSD) que têm assegurado a maioria necessária para a eleição parlamentar dos membros do Conselho Regulador. Aliás, essa conclusão pode ser alargada às deliberações envolvendo outras forças partidárias, nomeadamente aquelas que estão há mais tempo representadas na Assembleia da República, CDS/PP, CDU e BE.

Bem menos referida nas análises ao modelo institucional da ERC, a independência face aos *regulados* — designadamente às empresas do sector da comunicação social — constitui igualmente uma faceta relevante, tanto mais que a generalidade da função regulatória respeita diretamente à atividade dos órgãos de comunicação social, implicando em múltiplas ocasiões contactos formais ou informais com dirigentes dessas empresas e das associações representativas do sector.

Sensível a esta questão, o legislador estabeleceu diversas regras que visam assegurar a independência face aos interesses dos regulados.

Em primeiro lugar, não menosprezando ou desvalorizando, no elenco de objetivos, atribuições e competências do regulador, o direito dos cidadãos à informação relativamente ao direito a informar[274].

---

[274] Ver designadamente os artigos 7.º (Objectivos da regulação), 8.º (Atribuições) e 24.º (Competências do Conselho Regulador) dos Estatutos da ERC.

Em segundo lugar, prevendo regras especificamente destinadas a garantir essa independência: não pode ser designado para o Conselho Regulador quem seja ou tenha sido nos últimos dois anos *«membro de órgãos executivos de empresas, de sindicatos, de confederações ou associações empresariais do sector da comunicação social*[275]*»*; durante o seu mandato, os membros do Conselho Regulador não podem *«ter interesses de natureza financeira ou participações nas entidades que prosseguem actividades de comunicação social»*, nem *«exercer qualquer outra função pública ou actividade profissional, excepto no que se refere ao exercício de funções docentes no ensino superior, em tempo parcial*[276]*»*; e, a seguir ao final do mandato, *«não podem exercer qualquer cargo com funções executivas em empresas, em sindicatos, em confederações ou em associações empresariais do sector da comunicação social durante um período de dois anos contados da data da sua cessação de funções»*[277].

Em terceiro lugar, recusando claramente a representação de interesses dos regulados na escolha dos membros do Conselho Regulador, embora promovendo a sua representação, de forma limitada, no Conselho Consultivo da ERC de um membro designado pelo Sindicato dos Jornalistas e de outro da Confederação de Meios de Comunicação Social[278].

As normas, acima referidas, que impõem um intervalo de dois anos entre funções de direção em estruturas dirigentes no sector e a eleição para o Con-

---

[275] Artigo 18.º, n.º 4, dos Estatutos da ERC.

[276] Artigo 18.º, n.º 7, alíneas a) e b) dos Estatutos da ERC. O artigo 44.º do mesmo diploma estabelece igualmente que *«O pessoal da ERC não pode prestar trabalho ou outros serviços, remunerados ou não, a empresas sujeitas à sua supervisão ou outras cuja actividade colida com as atribuições e competências da ERC.»*

[277] Artigo 18.º, n.º 8 dos Estatutos da ERC.

[278] Em rigor, o artigo 39.º dos Estatutos da ERC estabelece que, dos 16 membros do Conselho Consultivo, um seja designado pela *«associação sindical de jornalistas com maior número de filiados»* e outro pela *«confederação de meios de comunicação social com maior número de filiados»*. Recorde-se que, discordando do modelo de composição do Conselho Regulador, designadamente por não incluir nenhum membro indicado pelos jornalistas, o Sindicato dos Jornalistas nunca se fez representar, até 2019, nas reuniões do Conselho Consultivo. Relativamente à representação das empresas, depois da criação, em 2014, por cinco dos principais grupos de *media* (Cofina, Controlinveste, Impresa, Media Capital e Grupo Renascença) da Plataforma de Meios de Comunicação Social Privados, o entendimento do Conselho Regulador da ERC foi o de que a representação continuaria a caber à Confederação de Meios de Comunicação Social, tendo mesmo sido rejeitada pelo Conselho Regulador uma proposta de um dos seus membros, que visava garantir a presença, sem direito de voto e na qualidade de *observador*, de um representante da referida Plataforma.

selho Regulador da ERC, terão contribuído para que tenha sido reduzido o número de *reguladores* com origem em cargos dirigentes de empresas do sector. No primeiro mandato, apenas o vogal Elísio de Oliveira, embora por escassos meses, pertencia aos quadros da RTP antes de assumir funções na ERC. No segundo mandato, dois membros (Raquel Alexandra Castro, na SIC, e Rui Gomes, no Portal Sapo) exerciam anteriormente funções jornalísticas. No terceiro mandato, apenas o também vogal do Conselho, João Pedro Figueiredo, tinha como origem uma empresa do sector, a RTP, onde exercia funções de jurista (ver fig. 18).

| Mandato | Nome | Experiência na regulação (1) | Experiência nos *media* (2) | Outras Atividades (3) |
|---|---|---|---|---|
| 2006–2011 | Azeredo Lopes | | | X |
| 2006–2011 | Elísio Oliveira | | X | |
| 2006–2011 | Estrela Serrano | | X | |
| 2006–2010 | Gonçalves da Silva | | | X |
| 2006–2011 | Rui Assis Ferreira | X | X | |
| 2011–2017 | Carlos Magno | | X | |
| 2011–2017 | Arons de Carvalho | X | X | |
| 2011-2017 | Luísa Roseira | | | X |
| 2011-2016 | Raquel Alexandra Castro | | X | |
| 2101-2017 | Rui Gomes | | X | |
| 2017- | Sebastião Póvoas | | | X |
| 2107- | Mário Mesquita | X | X | |
| 2017- | Fátima Resende | X | | |
| 2017- | Azevedo e Silva | | X | |
| 2017- | João Pedro Figueiredo | | X | |

FIG. 18

(1) Experiência em anteriores entidades de regulação — Conselho de Imprensa, Conselhos de Informação, Conselho de Comunicação Social ou Alta Autoridade para a Comunicação Social.

(2) Experiência anterior em atividades relacionadas com os *media* — jornalista, docente de Ciências da Comunicação ou Jornalismo, quadro de uma empresa do sector da comunicação social ou na Administração Pública ligada ao sector.

(3) Atividade profissional anterior sem relação direta com a Comunicação Social.

A análise dos *curricula* dos 15 membros que ocuparam ou ainda ocupam cargos no regulador permite extrair diversas conclusões: a diversidade de experiências e de origens profissionais, mesmo em cada um dos três conselhos; o reduzido número daqueles cuja atividade anterior não esteve associada ao sector dos *media*; e o elevado número de membros que antes e mesmo durante o seu mandato exerceram funções docentes ou de investigação na área da comunicação social (Elísio de Oliveira, Estrela Serrano, Rui Assis Ferreira, Carlos Magno, Arons de Carvalho, Raquel Alexandra Castro, Rui Gomes, Mário Mesquita e João Pedro Figueiredo, ou seja 9 dos 15 membros).

Não é possível estabelecer uma relação de dependência entre o regulador — em qualquer um dos três mandatos — e os regulados[279]. E não apenas por causa das normas legais atrás referidas, ao perfil ético dos membros do regulador ou ao escrutínio exigente que os *media* e o espaço público exercem à sua atividade. Isso deve-se igualmente, como atrás se referiu, ao relevante papel dos serviços da ERC, recorrendo à extensa e detalhada *jurisprudência* do regulador, bem como à indiscutível preparação técnica da generalidade dos seus quadros, na elaboração das propostas de deliberação, que chegam normalmente devidamente fundamentadas e ultimadas, alguns dias antes das reuniões semanais, a cada um dos membros do Conselho Regulador, cabendo a este órgão a sua correção ou alteração mais substancial ou antes a sua mera validação[280]. Aliás, uma análise das deliberações dos sucessivos conselhos reguladores demonstra que os temas que mais os dividiram foram os que envolviam matérias relativas ao rigor informativo, aos limites à liberdade de programação, nomeadamente perante imagens que alegadamente contenham pornografia ou violência gratuita e à transmissão das licenças das rádios locais, todas sem implicações ou qualquer relevância político-partidária.

---

[279] Uma análise exaustiva de sentido do voto dos membros do regulador provenientes de empresas reguladas permitirá concluir que, mesmo que se possa assinalar, num ou noutro caso, um eventual alinhamento com os pontos de vista dessas empresas, isso nunca teve qualquer influência nas deliberações maioritárias do Conselho.

[280] Ver a este propósito o Regulamento Interno e Orgânico da ERC e o Regimento das Reuniões do Conselho Regulador.

## 3.5 Aperfeiçoar o modelo institucional da ERC?

O papel dos principais partidos políticos na eleição dos membros do Conselho Regulador e o acompanhamento parlamentar da atividade da ERC, ambos com alguma relevância mediática, generalizaram a noção de que a questão da independência do regulador se coloca substancialmente na sua relação com o poder político.

Todavia, como atrás se referiu, o essencial da atividade regulatória respeita ao âmbito da atividade da *indústria dos media*, o que confere maior importância às regras que visam assegurar, face a ela, a independência do regulador.

Mais de 15 anos depois do início da experiência regulatória da ERC, sem desvalorizar o contributo dos órgãos reguladores anteriores, é possível sublinhar o que se deveria manter intocável no seu modelo institucional, bem como alinhavar um conjunto de propostas de alteração dos seus estatutos.

A recusa de um modelo de representação dos regulados, a eleição dos membros do Conselho Regulador por uma maioria qualificada e não por voto proporcional — o que, neste caso, acentuaria a sua ligação partidária, desde logo retirando o *poder de veto* dos partidos políticos sobre a escolha de *representantes* das forças concorrentes[281] —, e os procedimentos internos que asseguram um papel determinante da estrutura interna da ERC na formulação das suas deliberações constituem opções que não devem ser postas em causa, bem como as normas relacionadas com a transparência de atuação do regulador, nomeadamente o artigo 77.º, n.º 1 dos Estatutos, que obriga a ERC a *«disponibilizar um sítio na Internet, com todos os dados relevantes, nomeadamente o diploma de criação, os Estatutos, os regulamentos, as decisões e orientações, bem como a composição dos seus órgãos, os planos, os orçamentos, os relatórios e contas referentes aos dois últimos anos da sua actividade e ainda todas as deliberações que não digam respeito à sua gestão corrente»*.

Pelo contrário, existem diversas matérias relativas ao modelo institucional da ERC suscetíveis de serem aperfeiçoadas.

O aspecto mais polémico do modelo do regulador tem sido, desde a sua criação, a escolha do quinto elemento do Conselho Regulador, que a Cons-

---

[281] Em 2009, o Sindicato dos Jornalistas propôs que a eleição dos membros do Conselho Regulador fosse realizada através do método proporcional, com o objetivo de garantir uma maior representatividade do *arco parlamentar*.

tituição e a lei estabelecem que deve ser cooptado pelos restantes membros, eleitos por maioria qualificada de dois terços. Como atrás se recordou, em qualquer dos três processos de escolha dos membros do Conselho Regulador (2006, 2011 e 2016–7), essa cooptação foi sempre, na prática, substituída por um acordo entre dirigentes dos dois partidos cuja representatividade parlamentar é suficiente, em conjunto, para atingir a maioria qualificada (PS e PSD), sendo o elemento escolhido indicado para o cargo de presidente aos 4 membros eleitos pelo Parlamento, a quem coube assim proceder, na prática, a uma mera ratificação. Sublinhe-se que esta escolha pelas cúpulas partidárias, concretizada desta forma, envolverá negociações em que podem ser incluídos, como atrás se referiu, critérios absolutamente distantes da intenção do legislador, como a rotatividade entre os dois partidos, a sua ponderação num conjunto de designações para diversos cargos de designação parlamentar noutros sectores de atividade, o reconhecimento de que a escolha cabe ao partido com um maior número de deputados, etc.

Perante a clara falência deste modelo, impõe-se, pois, uma mudança no próprio quadro constitucional e legal. Uma das possibilidades seria atribuir à Assembleia da República a escolha direta de todos os 5 membros do Conselho Regulador[282]. Outra hipótese a ponderar seria a substituição da (falsa) cooptação pela atribuição da escolha desse 5.º elemento a outra entidade, por exemplo, o Presidente da República, o Conselho Superior da Magistratura ou um organismo da sociedade civil (entre outras possibilidades, o Conselho de Reitores das Universidades Portuguesas); ou, ainda no quadro parlamentar, a mera eleição por dois terços do presidente do Conselho Regulador, conferindo-lhe a responsabilidade pela indicação dos restantes 4 membros, que seriam (ou não ) sujeitos a nova eleição por maioria qualificada de dois terços. Outra eventual modificação no quadro legal, a ponderar, seria a eleição pelo Parlamento de apenas 3 membros, cabendo a indicação de um 4.º membro a uma entidade da sociedade civil (também aqui, entre outras possibilidades, o Conselho de Reitores das Universidades Portuguesas)[283].

---

[282] Como atrás se recordou, os Estatutos da Autoridade Reguladora de Cabo Verde (Lei n.º 8/VIII/2011), com uma legislação e um modelo quase decalcados dos da ERC, preveem precisamente que o Parlamento escolha todos os seus membros, não existindo assim qualquer cooptação.

[283] O objetivo desta redução para três dos elementos eleitos pelo Parlamento seria o de tentar dificultar o procedimento habitual dos dois partidos (PS e PSD), que, a partir

Ainda no âmbito do processo de eleição dos reguladores, a manter-se o atual modelo ou outro semelhante, impor-se-ia que a votação parlamentar com vista à eleição dos reguladores não fosse realizada através de uma lista fechada, antes conferindo a possibilidade aos deputados de exercerem o seu direito de voto relativamente a cada um dos membros propostos. É claro que esta opção dificultaria a eleição, mas elevaria claramente os níveis de exigência relativamente ao seu currículo[284].

Por outro lado, sem prejuízo de se manter o princípio da não renovação dos mandatos, acompanhada da continuação da sua duração de cinco anos, ou seja, superior à dos parlamentares, a renovação apenas parcial do Conselho, a meio de cada mandato, ou de um membro em cada ano, conferiria maior independência ao regulador, facilitando igualmente a transição entre as direções[285]. De acordo com um estudo realizado em 2012 pela ATKearney para a ERC (*Relatório Independente sobre a Entidade Reguladora para a Comunicação Social)*, a substituição em cada ano de um dos membros do Conselho Regulador requereria um consenso político para cada membro, fomentando a prevalência de critérios de competência técnica em detrimento de critérios políticos e evitaria situações como as que se verificaram na transição entre mandatos, em que todo o Conselho Regulador permaneceu em gestão corrente durante vários meses, à espera de um consenso interpartidário sobre a composição da nova direção.

Do mesmo modo, impor-se-ia que aumentasse o intervalo de tempo legalmente imposto (artigo 18.º, n.º 8, dos Estatutos) entre a cessação de funções de membro do Conselho Regulador e o exercício de cargos com

---

do segundo mandato da ERC, estabeleceram um consenso tácito no sentido de aceitar os (dois) nomes indicados pela outra força política, independentemente do juízo que formulassem sobre a qualificação dos elementos propostos para o cargo.

[284] Não se deduza desta proposta que um dos critérios curriculares devesse ser exclusivamente a preparação na área específica da comunicação social. De facto, alguns dos membros dos diferentes conselhos reguladores da ERC não tinham, como atrás se assinalou, qualquer experiência profissional neste domínio, mas nem por isso o seu contributo foi menos positivo.

[285] Em setembro de 2011, o então presidente do Conselho Regulador, Azeredo Lopes, defendeu, perante a Comissão Parlamentar de Ética, Cidadania e Comunicação da Assembleia da República, a substituição parcelar dos membros do regulador (Helena Sousa e outros, *Cronologia da Actividade da ERC 2005–2011,* p. 119, CECS, Universidade do Minho, 2012).

funções executivas em empresas, sindicatos, em confederações ou em associações empresariais do sector da comunicação social, atualmente de dois anos, com o objetivo de garantir uma maior distância e independência entre regulador e regulados.

As regras de exercício do cargo de membro do Conselho Regulador e mesmo de funcionário da Entidade poderiam igualmente ser detalhadas, não apenas no estrito plano legal, como igualmente no domínio da ética e da deontologia[286]. O aprofundamento da noção de *conflito de interesse*, as condições para a designação para a direção do regulador e as incompatibilidades durante e a seguir ao exercício do cargo, as regras de sigilo profissional e o dever de reserva que dirigentes e quadros devem respeitar, entre outras questões, seriam aprofundadas com clara vantagem para a construção de uma imagem de maior isenção e independência do regulador. Neste domínio, poderia ser considerada a possibilidade de os membros do Conselho Regulador que tenham pertencido aos quadros de uma empresa do sector não poderem participar nas deliberações em que essa empresa fosse interveniente no processo na qualidade de queixosa ou de alvo da queixa ou participação.

O modelo de financiamento do regulador deveria igualmente ser objeto de alteração legislativa, de forma a atualizar e a assegurar a transferência regular e atempada da verba (1 milhão de euros) que desde o início da atividade da ERC tem sido proveniente da ANACOM, constituindo, como atrás se referiu com mais detalhe, uma verba equivalente a 20 a 25% das receitas. Da mesma forma, o financiamento da ERC deveria estar assegurado através de planos plurianuais e predominantemente, na medida do possível, através de receitas próprias[287].

---

[286] Um bom exemplo neste domínio é a *Charte de déontologie du Conseil Supérieur de l'Audiovisuel* francês.

[287] No mesmo sentido, ver *Relatório independente sobre a Entidade Reguladora para a Comunicação Social, ATKearney, 2012.*

# Capítulo 4
# As atribuições e as competências e a atividade da ERC

## 4.1 As atribuições e competências da ERC

Na sua origem, como atrás se procurou demonstrar, a regulação da comunicação social em Portugal teve simultaneamente duas experiências complementares: por um lado, através do Conselho de Imprensa, uma forma original de regulação partilhada, que se distinguia do modelo do Press Council inglês, não apenas pela sua origem numa lei e não num processo de autorregulação, mas igualmente pela sua composição, ao incluir representantes do poder político; por outro, através de órgãos eleitos pela Assembleia da República — primeiro os conselhos de Informação para a Imprensa, RTP, RDP e ANOP, depois o Conselho de Comunicação Social, que tinham como escopo fundamental a garantia da independência perante o poder político da (então ampla) comunicação social propriedade do Estado.

A mudança no quadro empresarial do sector, concretizada no final da década de 80 e no início da seguinte — privatização dos jornais estatizados, legalização de mais de três centenas de rádios locais e abertura da televisão à iniciativa privada, tornou obsoleto o quadro de atribuições e competências do Conselho de Comunicação Social, determinando uma profunda mudança no quadro da regulação. A revisão constitucional de 1989 e a legislação aprovada na sua sequência criariam um novo modelo através da Alta Autoridade para a Comunicação Social (AACS), que alargaria o seu poder a toda a comunicação social: não apenas a do sector público, mas também do revigorado sector privado; não apenas à imprensa, como acontecia com o então extinto Conselho de Imprensa, mas também aos restantes *media*, nomeadamente a rádio e a televisão.

A integração de toda a regulação dos *media* na AACS conduziria a um evidente alargamento das atribuições e competências do regulador. Elas incluiriam agora não apenas as matérias relativas às garantias de independência e de pluralismo do sector público de comunicação social, nomeadamente as queixas sobre um eventual incumprimento desses princípios, bem como a aprovação de pareceres prévios, públicos e fundamentados sobre a nomeação e a exoneração dos diretores de programação e de informação[288], mas também as herdadas do Conselho de Imprensa, designadamente as decorrentes de queixas de pessoas singulares ou coletivas cujos direitos tivessem sido alegadamente ofendidos através de um órgão de comunicação social, como, entre outros, o direito de resposta, ou de queixas de órgãos de comunicação social face a limitações à liberdade de informação, mas igualmente a classificação das publicações periódicas, a verificação da alteração na orientação das publicações periódicas com vista ao eventual reconhecimento do direito dos jornalistas a invocarem a *cláusula de consciência,* e a pronúncia sobre assunto da sua competência acerca dos quais tivesse sido solicitado o seu parecer, sobretudo pela Assembleia da República ou pelo Governo. Acresce que o referido alargamento do âmbito de atuação da AACS a toda a comunicação social, bem como a possibilidade de licenciamento de novos operadores na televisão e na radiodifusão sonora local e regional induziriam o poder político a conferir ao novo regulador a responsabilidade de matérias como a atribuição dos respetivos títulos habilitadores[289] e o cumprimento

---

[288] A obrigação da emissão de um parecer sobre a nomeação dos responsáveis pela programação e informação dos operadores de serviço público de rádio e de televisão seria, nessa altura, alargada aos seus diretores — adjuntos e subdiretores, passando mais tarde (Lei n.º 18-A/2002, de 18 de julho) a ser vinculativa. Este acréscimo das competências da AACS foi acompanhado da revogação do poder conferido ao Conselho de Opinião da RTP para emitir parecer vinculativo sobre a composição da administração daquela empresa. Na altura, essa mudança foi interpretada como uma resposta do Governo de Durão Barroso ao voto desfavorável daquele órgão ao novo Conselho de Administração que se propunha cumprir a intenção manifestada pelo executivo de excluir a RTP2 do universo da empresa. Seria então atribuído ao Conselho de Opinião o poder de emitir um parecer prévio, público e fundamentado, mas não vinculativo, sobre a nomeação e destituição dos diretores de programação e informação. Recorde-se igualmente que, entre maio de 1996 e agosto de 2003, competia ao Conselho de Opinião indicar a maioria dos membros do Conselho de Administração da RDP (Radiodifusão Portuguesa). Sobre esta matéria, ver o Acórdão n.º 254/2002 do Tribunal Constitucional.

[289] De acordo com as alíneas f) e g) do n.º 1 do artigo 4.º da Lei n.º 15/90 (Atribuições, competências, organização e funcionamento da AACS), competiria ao regulador «*Emitir parecer prévio à decisão de licenciamento, pelo Governo, de canais privados de televisão*» e «*Apreciar as candidaturas à atribuição de alvará para o exercício da actividade de radiodifusão e emitir parecer fundamentado sobre as mesmas, a apresentar ao Governo*». No entanto, qualquer destes pareceres não tinha carácter vinculativo. Porém, as alterações introduzidas em 1997 e 1998 na

das regras sobre a participação de capital estrangeiro nos órgãos de comunicação social, bem como da legislação relativa à publicação de sondagens.

O início da atividade da Entidade Reguladora para a Comunicação Social (ERC), em fevereiro de 2006, representaria um novo alargamento no conjunto de atribuições e competências do regulador dos *media*. Apesar de a norma constitucional adstrita à regulação do sector desde 1976 — o artigo 39.º — não ter sofrido, nesse aspecto específico, alterações substanciais na revisão constitucional de 2004[290], a verdade é que quer o quadro normativo, quer os próprios estatutos da ERC, quer a legislação dos *media* — especialmente as leis da rádio e da televisão — delegariam no regulador novas responsabilidades, nomeadamente a proteção dos públicos sensíveis, a determinação das obrigações dos operadores televisivos face aos públicos com necessidades especiais e a fiscalização do respetivo cumprimento, a proteção dos públicos relativamente a comunicações comerciais, a colaboração com a ANACOM na planificação do espectro radioelétrico, a verificação do cumprimento pelos operadores de rádio e de televisão dos fins da sua atividade, das quotas de música portuguesa pelos operadores de rádio e das quotas de

---

legislação da comunicação social (Lei n.º 2/97, de 18 de janeiro, que modificou a Lei da Rádio, Lei n.º 31-A/98, de 14 de julho, que alterou a Lei da Televisão e Lei n.º 43/98, de 6 de agosto, que modificou a Lei da AACS) atribuíram o papel determinante na seleção e atribuição das licenças e autorizações à AACS, substituindo o Governo e garantindo, desta forma, uma acrescida independência face ao poder político.

[290] Em rigor, no que respeita apenas às atribuições e competências do regulador, o texto do artigo, depois da 6.ª revisão constitucional de 2004, acrescentaria apenas uma referência à «*não concentração da titularidade dos meios de comunicação social*» e outra ao «*respeito pelas normas reguladoras das actividades de comunicação social*». Refira-se ainda que na revisão constitucional de 1997 (Lei n.º 1/97, de 20 de setembro) tinham sido introduzidas pequenas alterações relativamente às competências da AACS: na versão de 1989, o artigo 39.º incluía duas normas, segundo as quais esta entidade emitiria um «*parecer prévio à decisão de licenciamento pelo Governo de canais privados de televisão, a qual, quando favorável à outorga de licença, só pode recair sobre candidatura que tenha sido objeto de parecer favorável*» e um «*parecer prévio, público e fundamentado sobre a nomeação e a exoneração dos directores dos órgãos de comunicação social pertencentes ao Estado, a outras entidades públicas ou a entidades directa ou indirectamente sujeitas ao seu controlo económico*»; na versão decorrente da revisão constitucional de 1997, as mesmas normas têm uma redação mais contida ao referirem que a AACS «*intervém nos processos de licenciamento de estações emissoras de rádio e de televisão, nos termos da lei*» e «*...na nomeação e exoneração dos directores dos órgãos de comunicação social públicos, nos termos da lei*».

produção europeia e de produção independente pelos operadores de televisão, o registo dos órgãos de comunicação social, a realização de auditorias anuais à RTP e a fiscalização dos tempos de difusão de publicidade pelos operadores televisivos e do volume sonoro da sua programação e da distribuição da publicidade do Estado pela comunicação social regional e local (ver fig. 19).

| | CImp 1975–1990 | CInf 1977–1983 | CCS 1983–1990 | AACS 1990–2006 | ERC 2006– |
|---|---|---|---|---|---|
| Apreciar queixas sobre a conduta dos órgãos de comunicação social | X (1) | X | X | X | X |
| Apreciar queixas dos órgãos de comunicação social face a limitações à liberdade de informação | X (1) | X | X | X | X |
| Emitir parecer sobre política de informação ou sobre iniciativas legislativas na área da comunicação social | X | | | X | X |
| Colaborar na elaboração de legislação antimonopolista | X | | | | |
| Verificar a alteração de orientação dos periódicos para efeitos de invocação da cláusula de consciência | X | | | X | X |
| Classificação das publicações periódicas | X | | | X | X |
| Organizar e divulgar o controlo da tiragem | X | | | | |
| Apreciar queixas sobre recusa do direito de resposta | X | X(2) | X(2) | X | X |
| Pronunciar-se sobre matérias de deontologia e de respeito pelo segredo profissional | X | | | | |
| Independência e pluralismo do sector público da comunicação social | | X | X | X | X |
| Pronunciar-se sobre a criação ou encerramento de qualquer publicação editada pelas empresas do sector público | | X | | | |
| Apreciar queixas em que se alegue violação de normas aplicáveis ao sector público | | | X | X | X |
| Parecer prévio, público e fundamentado sobre a nomeação e exoneração dos diretores de programas e informação do sector público | | | X | X | X |
| Independência dos órgãos de comunicação social face aos poderes político e económico | | | | X | X |
| Assegurar os direitos de antena, resposta e réplica política | | | | X | X |
| Atribuir os títulos habilitadores da atividade de rádio e de televisão | | | | X (3) | X |

| | CImp 1975–1990 | CInf 1977–1983 | CCS 1983–1990 | AACS 1990–2006 | ERC 2006– |
|---|---|---|---|---|---|
| Cumprimento das regras sobre participação de capital estrangeiro nos órgãos de comunicação social | | | | X | |
| Cumprimento da legislação na publicação de sondagens | | | | X | X |
| Imparcialidade da publicidade do Estado | | | | X | X |
| Proteção dos públicos sensíveis | | | | | X |
| Proteção dos públicos relativamente a comunicações comerciais | | | | | X |
| Velar pela não concentração | | | | | X |
| Verificar o cumprimento pelos operadores de rádio e de televisão dos fins da sua atividade | | | | | X |
| Colaborar com a ANACOM na planificação do espectro radioelétrico | | | | | X |
| Registo dos órgãos de comunicação social | | | | | X |
| Classificação dos órgãos de comunicação social | | | | | X |
| Definir e fiscalizar o cumprimento das obrigações dos operadores televisivos relativamente aos públicos com necessidades especiais | | | | | X |
| Fiscalizar o cumprimento pelos operadores de televisão das quotas de produção europeia e de produção independente | | | | | X |
| Fiscalizar o cumprimento pelos operadores de rádio das quotas de música portuguesa | | | | | X |
| Promover a realização de auditorias anuais às empresas concessionárias dos serviços públicos de rádio e de televisão | | | | | X |
| Proceder à identificação dos poderes de influência sobre a opinião pública na perspetiva da defesa do pluralismo e diversidade | | | | | X |
| Fiscalizar os tempos de difusão de publicidade pelos operadores televisivos | | | | | X |
| Fiscalizar a isenção das campanhas publicitárias do Estado, Regiões Autónomas e autarquias | | | | | X |
| Fiscalizar o volume sonoro da programação de TV | | | | | X |
| Fiscalizar a distribuição da publicidade do Estado pela comunicação social regional e local | | | | | X |

| | CImp 1975–1990 | CInf 1977–1983 | CCS 1983–1990 | AACS 1990–2006 | ERC 2006– |
|---|---|---|---|---|---|
| Proceder à instrução dos processos de contraordenação e aplicar coimas por violação da legislação | | | | | X |
| Suspender serviços de programas de acesso condicionado livre ou com assinatura que prejudiquem a livre personalidade de crianças e adolescentes | | | | | X |
| Proceder a estudos e iniciativas de investigação na área da comunicação social | | | | X (4) | X |
| Disponibilizar listas de operadores dos serviços audiovisuais, a pedido, dos operadores de televisão e dos fornecedores de serviços de plataformas de partilha de vídeos sob jurisdição do Estado português | | | | | X |
| Incentivar mecanismos de corregulação, autorregulação e cooperação entre os diversos operadores de televisão, de serviços audiovisuais a pedido e de fornecedores de plataformas de partilha de vídeos | | | | | X |
| Assegurar a divulgação da propriedade e dos meios de financiamento dos órgãos de comunicação social | | | | | X |
| Desenvolver iniciativas de combate à desinformação | | | | | X |
| Proceder ao registo dos operadores de serviços audiovisuais a pedido e aos fornecedores de plataformas de partilha de vídeos | | | | | X |

FIG. 19 — A evolução das principais atribuições e competências das entidades reguladoras

(1) Apenas para a imprensa.
(2) Apenas para a RTP, RDP e Lusa.
(3) Antes de 1998, os pareceres da AACS não tinham carácter vinculativo.
(4) Depois de 1998.

O progressivo alargamento das atribuições e competências dos sucessivos reguladores dos *media* constitui uma das suas características assinaláveis, decorrentes sobretudo da evolução das políticas públicas para o sector e do seu quadro económico e tecnológico, do reconhecimento do papel e da influência dos *media* e da necessidade de encontrar uma estrutura simultaneamente eficaz e independente para assegurar os direitos à liberdade de informação e os direitos dos cidadãos face aos *media*.

Neste contexto, a classificação (ver Fig. 20) do extenso e diversificado conjunto de atribuições e competências por áreas temáticas não é um exercício simples ou unívoco, tanto mais que não decorre apenas dos Estatutos da ERC, mas igualmente de um vasto elenco de diplomas legais que, sobretudo nos últimos anos, foram acrescentando novas áreas de responsabilidade ao regulador. No entanto, pode-se destacar o seu papel em vários domínios:

- Liberdade de empresa e acesso à atividade, o que inclui nomeadamente a atribuição de licenças e autorizações aos operadores de rádio e de televisão, o registo e a classificação dos órgãos de comunicação social e a definição do acesso e ordenação dos guias eletrónicos de programas de rádio e de televisão;
- Processos de concentração e transparência da propriedade, através de pareceres e da receção e divulgação dos dados sobre os órgãos de comunicação social;
- Avaliação dos conteúdos na perspetiva da liberdade de informação, nomeadamente apreciando queixas e participações dos cidadãos face a conteúdos difundidos pelos órgãos de comunicação social e destes face a limitações à liberdade de informação;
- Fiscalização do cumprimento pelos operadores de rádio e de televisão dos fins genéricos e específicos das respetivas atividades, designadamente as obrigações sobre quotas de música portuguesa, no caso dos primeiros, e de produção europeia, produção em língua portuguesa e produção independente, bem como dos planos plurianuais para a acessibilidade dos públicos com necessidades especiais e do volume sonoro no caso dos segundos;
- Avaliação do cumprimento dos objetivos e obrigações do serviço público de *media* e participação no modelo de governação da RTP, o que inclui igualmente a emissão de parecer sobre o contrato de concessão do serviço público, a emissão de pareceres sobre o cumprimento dos requisitos pessoais dos membros indigitados para o Conselho Geral Independente e sobre a nomeação e exoneração dos diretores da RTP e da Lusa e a análise dos relatórios dos provedores do ouvinte e do espectador da RTP;
- A instrução dos processos de contraordenação e a eventual aplicação de sanções pela violação da legislação;
- A emissão de pareceres sobre iniciativas legislativas dos órgãos de soberania ou de propostas em matérias de comunicação social;
- A promoção de estudos e outras iniciativas na área dos *media*.

| Área temática | Temas e legislação |
|---|---|
| Liberdade de empresa (acesso à atividade) | - Proceder ao registo dos órgãos de comunicação social e respetivos averbamentos, bem como dos operadores de distribuição, dos serviços de audiovisuais a pedido e de fornecimento de plataformas de partilha de vídeos art.º 24.º LERC, art.º 24.º LR, art.º 19 LT, Decreto Regulamentar 8/99<br>- Atribuir, renovar, suspender ou revogar licenças e autorizações de operadores de rádio e de televisão art.º 24.º LERC, arts. 9.º, 17.º a 23.º, 27.º, 28.º, 73.º, 74.º, 85.º e 86.º LR, arts. 15.º a 24.º, 82.º a 84.º LTV<br>- Aprovar modificação de projetos dos serviços de programas licenciados ou autorizados art.º 24.º LERC art.º 26.º LR<br>- Pronunciar-se sobre o objeto e o regulamento de concursos públicos de licenciamento de operadores de rádio e de TV art.º 24.º LERC art. 19.º LR, art.º 15.º LT<br>- Classificar os órgãos de comunicação social art.º 24.º LERC, art.º 7.º, 8.º, 9.º e 26.º LR, art.º 7 e 8 LT, art.º 3 LRIL<br>- Verificar e promover a conformidade dos estatutos editoriais dos órgãos de comunicação social com a lei art.º 24.º LERC, art.º 17.º LI, art.º 34.º LR, art.º 36.º LT<br>- Dar parecer sobre o objeto e o processo de licenciamento dos concursos públicos para atribuição de direitos de utilização de frequências para seleção e agregação de serviços de programas de acesso não condicionado com assinatura e condicionado art.º 15.º a 17.º LT<br>- Autorizar a modificação da área geográfica consignada aos serviços de programas de radiodifusão e de televisão de âmbito nacional art.º 7 LR e art.º 7.º LT<br>- Dar parecer sobre o preço máximo a cobrar pelo detentor do direito de utilização de frequências associado à exploração do Mux A da TDT pela prestação do serviço de multiplexagem, transporte e difusão do sinal art.º 4 LTDT<br>- Autorizar a descontinuidade das emissões de televisão art.º 7.º LT<br>- Definir os parâmetros para o acesso e a ordenação dos guias eletrónicos de programas de rádio e de televisão art.º 24.º LERC<br>- Especificar os serviços de programas sujeitos a obrigações de transporte (*must carry*) art.º 24.º LERC, art.º 25.º LT, art.º 3.º LC<br>- Especificar os serviços de programas sujeitos a obrigações de entrega (*must deliever*) art.º 25.º LT e art.º 24.º LERC<br>- Dar parecer, a solicitação da ANACOM, sobre os casos em que a operação do sistema RDS envolva a transmissão de mensagens através da utilização de radiotexto art.º 3.º RIORDS<br>- Dar parecer vinculativo sobre o nome do canal de programa a atribuir pela ANACOM art.º 4.º RIORDS<br>- Disponibilizar listas de operadores de serviços audiovisuais, a pedido, dos operadores de televisão e dos fornecedores de serviços de plataformas de partilha de vídeos que estão sob a jurisdição do Estado português e transmiti-las ao membro do Governo responsável pela área da comunicação social art.º 3 LT<br>- Verificar se o fornecimento de programas e de vídeos gerados por utilizadores constituem uma funcionalidade essencial do serviço de redes sociais art.º 2.º LT |

| Área temática | Temas e legislação |
|---|---|
| Concentração e transparência | - Emitir parecer sobre processos de concentração da propriedade dos órgãos de comunicação social art.º 24.º LERC, art.º 4.º LI, art.º 4.º LR, art.º 4.º B LT<br>- Assegurar a transparência da propriedade dos órgãos de comunicação e proceder à receção e divulgação dos respetivos dados art.º 4.º A e 5.º LT, art.º 2.º, 3.º, 5.º, 6.º, 10.º a 12.º, 14.º a 17.º LTr<br>- Dar parecer sobre a alteração de domínio dos operadores de rádio e de televisão art.º 24.º LERC, art.º 4.º LR<br>- Participar em articulação com a Autoridade da Concorrência na determinação dos mercados economicamente relevantes no sector da comunicação social art.º 24.º LERC, art.º 55.º LC<br>- Pronunciar-se por solicitação da Autoridade da Concorrência sobre factos suscetíveis de serem qualificados como práticas restritivas de concorrência art.º 35.º LC<br>- Proceder à identificação dos poderes de influência sobre a opinião pública na perspetiva da defesa do pluralismo e da diversidade, podendo adotar medidas necessárias à sua salvaguarda art.º 24.º LERC |
| Conteúdos e liberdade de informação | - Fazer respeitar os princípios e limites legais aos conteúdos difundidos pelas entidades que prosseguem atividades de comunicação social art.º 24.º LERC<br>- Apreciar queixas dos cidadãos face a conteúdos dos órgãos de comunicação social art.º 24.º, 55.º a 58.º, 63.º a 66.º LERC, art.º 2.º LI art.º 6.º CPDHED<br>- Apreciar queixas dos órgãos de comunicação social face a limitações à liberdade de informação art art.º 8.º, 24.º, 55.º a 58.º, 63.º a 66.º LERC<br>- Apreciar queixas sobre direito de resposta, de antena e réplica política art.º 24.º, 59.º a 61.º e 66.º LERC, art.º 27.º, 32.º LI, art.º 62.º LR, art.º 68.º LT<br>- Adotar diretivas genéricas destinadas a incentivar padrões de boas práticas na comunicação social art.º 63.º e 65.º LERC<br>- Dirigir recomendações concretas ou adotar decisões em relação a um órgão de comunicação social individualizado art. 63.º e 65.º LERC<br>- Arbitrar planos de utilização do direito de antena art.º 53.º LR, art.º 59.º LT art.º 24.º LERC<br>- Definir e tornar públicos os critérios para avaliação do incumprimento dos limites dos programas relativamente à formação da personalidade de crianças e adolescentes art.º 27.º LT<br>- Emitir parecer, arbitrar e resolver litígios e conflitos de interesse relacionados com a cobertura e transmissão de acontecimentos de interesse generalizado do público que sejam objeto de direitos exclusivos art.º 24.º LERC, art.º 32.º LT<br>- Dirimir conflitos relativos aos direitos dos operadores de radiodifusão de transmissão de espetáculos ou outros eventos públicos art.º 31.º LR<br>- Pronunciar-se sobre a natureza de publicações, cujo conteúdo pornográfico ou incitadoras, de forma direta ou indireta, ao ódio e à violência, as excluirá do regime de incentivos à comunicação social art.º 9.º DLIECS<br>- Fazer respeitar os princípios e limites legais dos conteúdos publicitários nas matérias cuja competência não se encontre legalmente conferida a outros organismos art.º 24.º LERC<br>- Arbitrar litígios sobre situações de desacordo sobre o direito de acesso a locais públicos art.º 24.º LERC art.º 10.º EJ<br>- Analisar o conteúdo das mensagens em radiotexto e aplicar sanções art.º 7.º e 9.º RIORDS |

| **Área temática** | **Temas e legislação** |
|---|---|
| Conteúdos e liberdade de informação | – Promover e Incentivar a corregulação, a autorregulação e a cooperação entre operadores de rádio, de televisão, de serviços audiovisuais a pedido e dos fornecedores de plataformas de partilha de vídeos art.º 6.º e 69.º E LT, art.º 6.º LR, art.º 24.º LERC<br>– Incentivar a elaboração pelos operadores de televisão e pelos operadores de serviços audiovisuais a pedido de um sistema comum de classificação de programas dos serviços de comunicação social audiovisual art.º 27.º LT<br>– Elaborar um plano plurianual para a acessibilidade dos públicos com necessidades especiais e fiscalizar o seu cumprimento pelos operadores de televisão e dos serviços audiovisuais a pedido art.º 34.º e 34.º-A LT<br>– Apreciar a pedido dos interessados a ocorrência de alteração profunda na linha de orientação de um órgão de comunicação social art.º 24.º LERC, art.º 12.º EJ<br>– Apreciar as reclamações endereçadas pela CNE relativas à atuação da comunicação social nos períodos eleitorais art.º 9.º LCJPE art.º 63 a 65.º LERC |
| Fiscalização | – Fiscalizar o cumprimento das leis, regulamentos e requisitos técnicos aplicáveis no âmbito das suas atribuições art. 24.º LERC<br>– Fiscalizar o cumprimento dos fins genéricos e específicos das respetivas atividades, bem como das obrigações fixadas nos títulos dos operadores de rádio e TV art.º 24.º LERC, art.º 26.º e 76.º LR, art.º 21 e 23 LT<br>– Fiscalizar, em cooperação com o ICA, o cumprimento pelos operadores de televisão e pelos serviços audiovisuais a pedido das obrigações sobre produção europeia, em língua portuguesa e independente art.º 44.º a 47.º, 49.º LT<br>– Fiscalizar o cumprimento pelos operadores de rádio das obrigações sobre quotas de música portuguesa e música portuguesa recente, bem como determinar os serviços de programas em que essa obrigação não é aplicável por se basear na difusão de géneros musicais insuficientemente produzidos em Portugal e tornar públicos os critérios adotados art.º 41.º a 47.º LR<br>– Receber anualmente da CCPJ a lista dos titulares acreditados para o exercício profissional do jornalismo art.º 34.º CCPJ<br>– Fiscalizar o cumprimento dos tempos dos espaços publicitários na rádio e na televisão art.º 24.º LERC<br>– Ratificar o acordo sobre o valor comercial significativo art.º 41.º-A LT<br>– Fiscalizar a isenção e imparcialidade das campanhas publicitárias do Estado, das Regiões Autónomas e das autarquias art.º 24.º LERC<br>– Verificar e fiscalizar o cumprimento dos deveres de comunicação e transparência e de aplicação da percentagem de publicidade institucional do Estado para órgãos de comunicação locais e regionais e comunicar ao Tribunal de Contas os casos de incumprimento art.º 7 a 12 LTPIE<br>– Elaborar um relatório atualizado sobre a adjudicação das ações informativas e publicitárias do Estado, bem como da sua distribuição, a ser disponibilizado mensalmente no sítio da ERC na Internet, bem como de um relatório anual de avaliação sobre o grau de cumprimento da lei sobre a publicidade institucional do Estado art.º 11 LPTIE<br>– Fiscalizar o rigor e a isenção das sondagens art.º 24.º LERC<br>– Participar no processo de criação de um sistema comum de classificação de programas de televisão art.º 27.º LT<br>– Fiscalizar o cumprimento pelos operadores dos planos plurianuais para a acessibilidade dos públicos com necessidades especiais e divulgar um relatório sobre a evolução desses dados art.º 34.º e 34.º-A LT |

| Área temática | Temas e legislação |
|---|---|
| Fiscalização | – Fiscalizar o conteúdo das mensagens em radiotexto art.º 9.º RIORDS<br>– Fiscalizar o volume sonoro da publicidade televisiva art.º 40.º-B e 93.º LT<br>– Efetuar auditorias para fiscalização e controlo dos elementos fornecidos pelos operadores de televisão e de distribuição e de serviços audiovisuais a pedido, assim como pelos fornecedores de plataformas de partilha de vídeos art.º 19.º LT<br>– Publicar no seu sítio na Internet até 19 de dezembro de 2021 e posteriormente de dois em dois anos um relatório sobre a execução das obrigações relativas à incorporação da produção europeia e da produção independente art.º 45.º LT<br>– Comunicar à entidade reguladora do Estado-Membro com jurisdição sobre os serviços de comunicação social audiovisual que visem audiências situadas em território português a eventual violação do dever de informação a que estão obrigadas, bem como a informação de que um fornecedor de serviços de comunicação audiovisual sob jurisdição do Estado português prestará um serviço total ou principalmente dirigido a outro Estado-Membro art.º 49.º e 86.º-C LT<br>– Avaliar a adequação e eficácia das soluções adotadas sobre funcionalidades obrigatórias pelos fornecedores de plataformas de partilha de vídeos art.º 69.º-D LT<br>– Organizar e manter bases de dados que permitam avaliar o cumprimento da lei pelas entidades e serviços sujeitos à sua supervisão art. 24.º LERC<br>– Solicitar aos operadores as gravações das emissões art.º 43.º LTV |
| Serviços público e de interesse público | -Emitir parecer sobre contrato de concessão do serviço público de *media* (RTP), bem como sobre as respetivas alterações art.º 24.º LERC, art.º 50.º LR, art.º 52.º LT<br>– Emitir parecer sobre os membros indigitados para o Conselho Geral Independente da RTP (CGI) arts 10.º e 14.º ERTP<br>– Emitir parecer prévio e vinculativo sobre a nomeação e a exoneração dos diretores e diretores adjuntos da RTP e da Lusa que tenham a seu cargo as áreas da informação e da programação art.º 24 e 61 LERC, art.º 24 ERTP<br>– Avaliar o cumprimento dos objetivos e obrigações do serviço público art.º 4 ERTP<br>– Promover e publicar auditorias anuais à RTP e verificar a boa execução dos contratos de concessão art.º 24.º LERC, art.º 51.º LR, art.º 57.º LT, art.º 11 ERTP, art.º 2.º LFSP<br>– Pronunciar-se sobre o currículo e eventuais incompatibilidades dos membros propostos para o CGI da RTP art.º 14.º ERTP<br>– Analisar os relatórios dos provedores do ouvinte e do espectador da RTP art.º 37.º ERTP<br>– Celebrar protocolos de cooperação com o CGI da RTP art.º 13.º ERTP |
| Sanções | – Proceder à instrução dos processos de contraordenação e aplicar coimas ou outras sanções, designadamente a suspensão ou a revogação dos títulos habilitadores do exercício da atividade de rádio e de televisão por violação da legislação, bem como a violação das normas sobre o direito de acesso a fontes de informação ou à independência dos jornalistas art.º 24.º LERC, art.º 35.º, 36.º LI, art.º 69.º a 75.º, 77.º, 78.º LR, art.º 73.º, 75.º a 84.º, 86.º-A, 93.º LT, art.º 8.º, 12.º EJ |

| **Área temática** | **Temas e legislação** |
|---|---|
| Sanções | – Restringir a circulação de serviços da sociedade da informação que contenham conteúdos submetidos a tratamento editorial e que lesem ou ameacem valores previstos na Lei das Comunicações Eletrónicas art.º 24.º LERC<br>– Suspender os serviços de programas televisivos de acesso não condicionado livre ou com assinatura que prejudiquem manifesta, séria ou gravemente a livre personalidade de crianças e adolescentes art.º 86.º LT<br>– Limitar a oferta de programas de serviços audiovisuais a pedido que violem os limites à liberdade de programação art.º 86.º -B LT<br>– Adotar medidas para a cessação de infrações cometidas através de serviços de programas de televisão e de serviços audiovisuais a pedido fornecidos por operadores sob jurisdição de outro Estado-Membro quando verifique que tais serviços são dirigidos ao território português art.º 86.º -A LT<br>– Impedir a oferta de programas incluídos em catálogos de serviços audiovisuais a pedido que violem o disposto nos n.os 1, 2 e 5 do artigo 27.º da LT art.º 86.º -B LT |
| Pareceres | – Dar parecer sobre iniciativas legislativas submetidas pela Assembleia da República e pelo Governo e propor ou sugerir medidas nas matérias atinentes às suas atribuições art.º 25.º LERC<br>– Dar parecer sobre a planificação do espectro radioelétrico a aprovar pela ANACOM art.º 18.º LR, art.º 14.º LT<br>– Dar parecer sobre as operações do sistema RDS art.º 3.º RIORDS<br>– Dar parecer sobre o nome do canal de programa a atribuir pela ANACOM art.º 4.º RIORDS<br>– Dar parecer sobre o regulamento a aprovar pela ANACOM relativo ao sistema RDS art.º 12.º RIORDS<br>– Promover em conjunto com a ANACOM e apresentar à Assembleia da República os estudos financeiros, técnicos e jurídicos que permitam uma análise sobre as diferentes possibilidades de alargamento adicional da oferta de serviços de programas na plataforma TDT art.º 5.º LTDT |
| Estudos | – Promover estudos e outras iniciativas de investigação na área da comunicação social art.º 24.º LERC |
| Outros | – Adotar medidas contra a deslocalização de emissões art.º 86.º-A LT<br>– Participar e intervir nas iniciativas que envolvam organismos internacionais congéneres art.º 24.º LERC<br>– Publicar no seu sítio e remeter ao Governo, até 30 de novembro de 2022 e posteriormente de três em três anos, um relatório reativo à evolução das competências em literacia mediática em Portugal art.º 93.º-A LT<br>– Enviar à Assembleia da República um relatório anual sobre as suas atividades de regulação, bem como o relatório de atividades e contas art.º 73.º LERC<br>– Disponibilizar um sítio na Internet com dados relevantes sobre a ERC, incluindo diploma de criação, regulamentos, decisões e orientações, composição dos seus órgãos, planos, orçamentos, relatório e contas referentes aos últimos dois anos e todas as deliberações que não digam respeito à sua gestão corrente, bem como o teor das sentenças ou acórdãos comunicados pelos tribunais em matérias de direito de resposta, de crimes cometidos através dos meios de comunicação social e em processos por ofensa ao direito de informar art.º 10.º LERC |

| Área temática | Temas e legislação |
|---|---|
| Outros | - Pronunciar-se sobre a natureza de publicações, cujo conteúdo pornográfico ou incitadoras, de forma direta ou indireta, ao ódio e à violência, as excluirá do regime de incentivos à comunicação social art.º 9.º DLIECS |

FIG. 20 — Quadro de competências da ERC

LERC — Estatutos da ERC (Lei n.º 53/2005)
LI — Lei de Imprensa (Lei n.º 2/99)
LR — Lei da Rádio (Lei n.º 54/2010)
LT — Lei da Televisão (Lei n.º 8/2011)
EJ — Estatuto do Jornalista (Lei n.º 1/99)
CCPJ — Estatuto da Comissão da Carteira Profissional de Jornalista (Decreto-Lei n.º 70/2008)
ERTP — Estatutos da RTP (Lei n.º 39/2014)
LFSP — Lei do Financiamento do Serviço Público (Lei n.º 30/2003)
LRIL — Lei do Regime do Incentivo à Leitura (Decreto-Lei n.º 22/2015)
DLIECS — Decreto-Lei sobre os incentivos do Estado à Comunicação Social (DL n.º 23/2015)
LC — Lei da Concorrência (Lei n.º 19/2012)
LTr — Lei da Transparência (Lei n.º 78/2015)
LTPIE — Lei da Transparência da Publicidade Institucional do Estado (Lei n.º 95/2015)
LTDT — Lei sobre o alargamento da oferta de serviços de programas da TDT (Lei n.º 33/2016)
LCJPE — Lei sobre a cobertura jornalística em período eleitoral (Lei n.º 72-A/2015)
RIORDS — Regime de instalação e operação do sistema de transmissão de dados em radiodifusão (RDS) pelos operadores de radiodifusão sonora (DL 272/98)
CPDHED — Carta Portuguesa de Direitos Humanos na Era Digital (Lei n.º 27/2021)

## 4.2 A regulação e a evolução da estrutura administrativa do Estado para os *media*

O progressivo alargamento das atribuições e competências dos vários reguladores da comunicação social deve também ser analisado no quadro das sucessivas mudanças por que igualmente foi passando a estrutura administrativa do Estado relativa às políticas de comunicação social, cujas relevância e dimensão, em contrapartida, foram diminuindo nitidamente ao longo dos anos. Importa, aliás, avaliar a transição de competências entre os departamentos da administração pública que tiveram a seu cargo a execução das políticas de comunicação social e os sucessivos reguladores.

O primeiro Governo a seguir ao 25 de Abril de 1974 teria um ministro da Comunicação Social, o jornalista Raul Rego. Além disso, era criado um Ministério da Comunicação Social, a quem competiria *« ocupar-se dos assuntos relativos à política de informação, através da coordenação dos órgãos respectivos, em ordem à consecução dos objectivos previstos no Programa do Governo Provisório»*. Neste programa, previa-se a *«Publicação de uma nova Lei de imprensa, rádio, televisão e cinema»*, a «*Garantia da independência e pluralismo dos meios de informação, com salvaguarda do carácter nacional da Radiotelevisão Portuguesa e da Emissora Nacional»* e a «*montagem de esquemas antimonopolistas em matéria de informação»*[291].

Em março de 1975, um novo diploma[292] tornava evidente que a prioridade governativa no domínio da comunicação social era a da «*informação de carácter noticioso oficial»*, pelo que se atribuía ao Ministério da Comunicação Social a incumbência de organizar a política de informação, transmitindo aos órgãos de comunicação social «*toda a informação de carácter noticioso oficial»*. O mesmo diploma criava a Comissão Interministerial de Informação, de forma a assegurar que «*a informação referente à actuação do Poder Público seja difundida de forma rápida, oportuna e coerente»*[293].

Nos diplomas legais que foram estabelecendo e modificando a estrutura da administração pública responsável pelas políticas de comunicação social (ver Fig. 21), a noção de que uma política de incentivos ao sector era considerada uma prioridade chegaria apenas em 1982, com a publicação da lei orgânica da Direção-Geral da Comunicação Social[294].

---

[291] Artigo 10.º do Decreto-Lei n.º 203/74, de 15 de maio.

[292] Decreto-Lei n.º 145/75, de 20 de março.

[293] De acordo com o artigo 4.º, a Comissão Interministerial de Informação era um órgão consultivo, presidido pelo diretor-geral da Informação, junto do qual funcionaria, nela participando, o diretor dos Serviços de Informação daquela Direcção-Geral e representantes da Presidência do Conselho de Ministros e de cada um dos Ministérios, bem como representantes das Forças Armadas.

[294] Decreto Lei n.º 420/82, de 12 de outubro. Entre março de 1975 e 1982, os diversos diplomas publicados refletiam sobretudo as modificações na estrutura governativa relativas ao sector. O Decreto-Lei (DL) n.º 342/74, de 18 de julho, cria no Ministério da Comunicação Social o cargo de subsecretário de Estado da Comunicação Social. Cinco meses depois, com o DL n.º 517/74, de 2 de outubro, é criada no Ministério da Comunicação Social a Secretaria de Estado da Comunicação Social. O Decreto-Lei n.º 145/75, de 20 de março de 1975, centraliza no Ministério da Comunicação Social a competência para transmitir aos órgãos de comunicação social informações de carácter noticioso oficial. No mesmo ano de 1975, o DL n.º 409/75, de 2 de agosto, estabelece que no Ministério da Comunicação Social existirão 2 secretarias de Estado (Informação e Cultura). A primeira terá 4 unidades orgânicas — Comissão Interministerial de Informação, Assessoria Técnica, Direção-Geral de Divulgação e Direção-Geral de Informação. Num quadro anexo ao diploma, é publicado o quadro de funcionários: 874 pessoas, entre os quais, sublinhe-se, 2 médicos, 2 enfermeiros, 2 eletricistas, 2 encadernadores, 1 marceneiro, 4 carpinteiros, 1

| ANO | REGULADOR | ADMINISTRAÇÃO PÚBLICA |
|---|---|---|
| 1974 | | Min Com Soc (DL 203/74, 145/75 e 409/75 |
| 1975 | Cons de Imp (DL 85-C/75 e L 31/78) | Secret de Estado da Com Soc (DL 517/74) |
| 1976 | | |
| 1977 | Cons de Imp + Cons de Inf (L 78/77 e 67/78) | |
| 1978 | | |
| 1979 | | |
| 1980 | | Extinto Min Com Social (DL 3/80) |
| 1981 | | Extinta SECS (DL 230-A/81) |
| 1982 | | Direção-Geral da Com Social (DL 420/82) |
| 1983 | Cons de Imp + CCS (L 23/83) | |
| 1984 | | |
| 1985 | | |
| 1986 | | |
| 1987 | | |
| 1988 | | |
| 1989 | | |
| 1990 | AACS (L 15/90) | |
| 1991 | | |

---

canalizador, 85 escriturários-dactilógrafos, 20 motoristas, 8 telefonistas, 23 contínuos, 13 guardas noturnos, 69 serventes e 5 paquetes Previa-se ainda que a dotação de pessoal do quadro anexo seria «progressivamente acrescido do numero de unidades transferidas do Ministério da Educação e Cultura». Todavia, em 1980, com o DL n.º 3/80, de 7 de fevereiro, seria extinto o Ministério da Comunicação Social, ficando os seus serviços e organismos integrados na Presidência do Conselho de Ministros, através da Secretaria de Estado da Comunicação Social. Esta seria integrada, com o DL n.º 28/81, de 12 de fevereiro, no Ministério da Qualidade de Vida, juntamente com as secretarias de Estado do Ordenamento e Ambiente e dos Despostos. Finalmente, com DL n.º 230-A/81, de 27 de julho, seria extinta a Secretaria de Estado da Comunicação Social, passando os seus órgãos e serviços para a Presidência do Conselho de Ministros. Apesar disso, sublinhe-se, na generalidade dos elencos governativos posteriores a 1981 continuaria a existir um secretário de Estado responsável pelas políticas públicas para a comunicação social.

| ANO | REGULADOR | ADMINISTRAÇÃO PÚBLICA |
|---|---|---|
| 1992 | | Gabinete de Apoio à Imprensa (DL 49/92) |
| 1993 | | |
| 1994 | | |
| 1995 | | |
| 1996 | | |
| 1997 | | Instituto da Comunicação Social (DL 34/97) |
| 1998 | AACS (L 43/98) | |
| 1999 | | |
| 2000 | | |
| 2001 | | |
| 2002 | | |
| 2003 | | |
| 2004 | | |
| 2005 | | |
| 2006 | ERC (L 53/2005) | |
| 2007 | | Gab. de Meios de Com Social (DL 165/2007 |
| 2008 | | |
| 2009 | | |
| 2010 | | e DL 97/2010) |
| 2011 | | |
| 2012 | | |
| 2013 | | |
| 2014 | | |
| 2015 | | Dir Serv Polit. Legislat. Media (DL 24/2015) |
| 2016 | | |
| 2017 | | |
| 2018 | | |
| 2019 | | Dir Serv Rel Int e Comunic (Port 395/2019) |
| 2020 | | |

FIG. 21 — As mudanças no regulador e na administração pública da comunicação social

De facto, entendia-se então constituírem as principais atribuições desta Direção-Geral da Comunicação Social, não só *«assegurar a execução das actividades de comunicação social na área da informação oficial»*, como *«participar na definição da política de apoio aos órgãos de comunicação social e assegurar a sua execução e fiscalização»*[295].

No entanto, a progressiva mudança nas prioridades assumidas pela estrutura administrativa responsável pelas políticas de comunicação social — da *informação oficial* à *política de incentivos* — obrigaria a uma reponderação da sua dimensão, bem como das suas principais funções. Em 1987, através da Portaria n.º 414-A/87, de 18 de maio, foi publicado o primeiro diploma contendo um conjunto articulado de medidas de apoio à comunicação social, não apenas regional, mas também de âmbito nacional[296].

Em 1992, cerca de dois anos depois da profunda alteração no modelo de regulação — com a criação de um regulador, a AACS, que abrangia todos os meios de comunicação e os órgãos do sector público como do privado, é

---

[295] Artigo 1.º, n.º 2, do Decreto-Lei n.º 420/82, de 12 de outubro. Esta Direção-Geral, em cujo mapa de pessoa se previa a existência de 350 funcionários, tinha 5 serviços, entre os quais a Direção dos Serviços de Informação, a quem competiria *«assegurar a recolha, tratamento e difusão de toda a actividade noticiosa e informativa oficial oriunda quer dos diferentes departamentos governamentais, quer dos restantes organismos da Administração Pública; prestar apoio aos jornalistas e correspondentes estrangeiros, à imprensa de grande expansão e, de maneira muito especial, à imprensa regional e à das comunidades de emigrantes; servir de suporte técnico a todos os departamentos governamentais, nos assuntos de comunicação social; estruturar e executar acções de interesse colectivo que utilizem técnicas de sensibilização da opinião pública e promover os documentos resultantes da sua acção»*. A Direção dos Serviços de Informação incluiria uma *Divisão de Noticiário*, a quem incumbiria, nomeadamente, *«recolher e tratar o noticiário oficial para posterior difusão»* e *«elaborar notícias e notas às redacções de acordo com os dados e directivas recebidos», e uma Divisão de Promoção Informativa*, encarregada de «coordenar os tempos de antena facultados ao Governo» e *«Estruturar e executar, directa ou indirectamente, em colaboração com outros organismos da Administração Pública, de harmonia com diretrizes superiores, acções de interesse colectivo que integrem técnicas de sensibilização da opinião pública»*.

[296] Os incentivos à comunicação social, e em particular à imprensa, além de alguns pequenos apoios durante a I Guerra Mundial, surgiriam em 1976, com o porte pago, a que se seguiram outras formas de apoio: subsídio ao preço do papel (a partir de 1977), IVA reduzido para a imprensa (1984), descontos nas telecomunicações (1985) e nos títulos de transportes (1988). A extensão dos apoios às rádios locais surgiria apenas em 1997 e contribuiu para a substituição do Gabinete de Apoio à Imprensa pelo Instituto da Comunicação Social, ocorrida no mesmo ano.

extinta a Direção-Geral da Comunicação Social. No preâmbulo do diploma (DL n.º 48/92, de 7 de abril), são justificadas as razões que levam então o governo a extinguir aquele organismo: «*A conclusão do processo de intervenção do Estado na área da comunicação social*» — recorda-se no diploma, que refere a abertura da televisão à iniciativa privada e o processo de privatização de títulos e de empresas públicas na área da comunicação social e apenas refere a continuação de um «*serviço público mínimo*» — era o que levava o governo de então, liderado por Cavaco Silva, a entender que já não se justificava «*a manutenção de uma unidade administrativa como a Direção-Geral da Comunicação Social*» (...), «*esgotado que está o objectivo histórico que presidiu à sua criação e que constituiu até há uns anos a sua razão de ser: definição da política para sector da comunicação social e organismo difusor da informação oficial*». Desta forma, a assistência e o apoio aos correspondentes estrangeiros passava para o Ministério dos Negócios Estrangeiros, os registos para a Secretaria-Geral do Ministério da Justiça e os apoios à comunicação social e a coordenação das campanhas de publicidade da administração central para a Secretaria-Geral da Presidência do Conselho de Ministros.

No mesmo dia, 7 de abril, era publicado um outro Decreto-Lei (49/92), onde se estabelecia que, no âmbito da Presidência do Conselho de Ministros, era criada uma nova estrutura intitulada Gabinete de Apoio à Imprensa, a que competiria

> *Realizar as acções e dar execução às medidas respeitantes aos apoios técnicos, material e financeiro à comunicação social e à formação profissional; preparar e estruturar as acções de informações e de publicidade promovidas pela administração central e local do Estado e coordenar o lançamento das respectivas campanhas; proceder à organização, instrução, estudo e informação dos processos, bem como efectuar os estudos e trabalhos relativos aos apoios à comunicação social.*

Cerca de cinco anos depois, em janeiro de 1997, pouco mais de um ano após a mudança de ciclo político com a chegada ao poder do governo socialista de António Guterres, concretizar-se-ia uma nova mudança na estrutura da administração pública no sector da comunicação social. No preâmbulo do diploma (Decreto-Lei n.º 34/97, de 31 de janeiro) que criava o Instituto da Comunicação Social, essa modificação era justificada com o novo quadro do sector:

*O fim da hegemonia do sector público da comunicação social, através da privatização de títulos e empresas jornalísticas, do licenciamento de centenas de rádios e da abertura da televisão à iniciativa privada [...] coloca a sociedade e o Estado perante novos desafios e exigências, que determinam alterações qualitativas nas políticas a seguir nesta área. [...] Para tal contribui também o actual contexto de acelerada inovação tecnológica e consequente globalização da comunicação social, que cada vez mais imprime às políticas sectoriais, em múltiplas vertentes, uma incontornável dimensão internacional.*

O novo Instituto da Comunicação Social (ICS) tinha a natureza de uma pessoa coletiva de direito público dotada de autonomia administrativa e patrimonial, sendo as suas atribuições relevantes em áreas como a definição, execução e avaliação das políticas de comunicação social, a execução das medidas do sistema de incentivos estatais ao sector, o registo dos órgãos de comunicação social, a fiscalização do cumprimento da lei pelos mesmos órgãos, a colaboração com o Ministério dos Negócios Estrangeiros na definição e execução da política externa em matéria de comunicação social, a organização e disponibilização ao público de acervos documentais na área da comunicação social. O ICS tinha uma originalidade face às anteriores estruturas da administração pública dos *media*: era criado um Conselho Consultivo, *«órgão de participação, consulta e informação que promove a articulação do Instituto com as entidades públicas e privadas representativas de interesses relevantes no âmbito da comunicação social e domínios conexos»*[297].

O ICS teria cerca de uma década de existência. A transferência para a ERC de um conjunto de competências até então atribuídas ao ICS — os registos dos órgãos de comunicação social e a fiscalização do cumprimento das obrigações legalmente impostas, e *«o esforço de racionalização estrutural»* que era ambicionado pelo Programa de Restruturação da Administração Central do Estado (PRACE), encetado em 2006 — conduziu o Governo de

[297] Compunham o Conselho, que reuniria semestralmente, além do presidente do ICS, representantes da AACS, do Instituto do Consumidor, da Inspeção-Geral das Atividades Económicas (depois da publicação do DL n.º 65/99, de 11 de março, substituída pelo Instituto do Cinema, Audiovisual e Multimédia), do Instituto Português da Arte Cinematográfica e Audiovisual (que também deixaria então de estar representado), do Instituto das Comunicações de Portugal, do CENJOR e ainda representantes das associações sindicais dos jornalistas, das associações de imprensa e de rádio, dos operadores de televisão, dos consumidores, das agências de publicidade e dos anunciantes, num total de 14 membros (13, depois de 1999).

José Sócrates, em maio de 2007, a aprovar a substituição do ICS por uma nova estrutura, o Gabinete de Meios de Comunicação Social (GMCS), definido como um serviço central da administração direta do Estado, dotado de autonomia administrativa. De acordo com o diploma que procedeu a essa modificação,[298] o GMCS tinha por missão apoiar o Governo na conceção, execução e avaliação das políticas públicas para a comunicação social, designadamente propondo medidas normativas consideradas *«necessárias ou convenientes à simplificação do quadro legislativo e ou regulamentar, designadamente por recurso a mecanismos de co-regulação e auto-regulação»*; participar, em articulação com os serviços e organismos do Ministério dos Negócios Estrangeiros, na representação externa do Estado, nos planos multilateral e bilateral, no que se refere ao sector dos meios de comunicação social, incluindo a definição e execução da política externa nacional em matéria de meios de comunicação social, designadamente no que respeita à cooperação com os países lusófonos; executar as medidas respeitantes à aplicação dos sistemas de incentivos do Estado à comunicação social, bem como assegurar a fiscalização do respetivo cumprimento; estabelecer os protocolos de associação e de cooperação com entidades públicas ou privadas que se revelem adequados à prossecução das suas atribuições, organizar acervos documentais no âmbito dos meios de comunicação social, zelar pelo respeito das regras aplicáveis à distribuição das ações informativas e de publicidade do Estado[299], nos termos definidos pelo respetivo regime jurídico e avaliar a implementação das políticas públicas para os meios de comunicação social.

Uma nova mudança no regime de incentivos — desta vez na entidade responsável pela sua atribuição — levaria à extinção do GMCS em 2015, atra-

[298] Decreto-Lei n.º 165/2007, de 3 de maio.

[299] Em 2010, o Decreto-Lei n.º 97/2010, de 4 de agosto, procederia a uma alteração pontual à orgânica do GMCS, cometendo-lhe competência para criar e manter uma base de dados relativa aos mais relevantes contratos de publicidade institucional do Estado e outras entidades públicas da administração central, permitindo uma maior transparência desta atividade e o reforço da capacidade de acompanhamento do cumprimento das obrigações legais que impendiam sobre essas entidades em matéria de publicidade do Estado. Em agosto de 2012, já durante o Governo liderado por Passos Coelho, seria publicado o Decreto Regulamentar n.º 49/2012, de 31 de agosto, cujo alcance se resumiria praticamente à extinção do cargo de subdiretor do GMCS, no âmbito das alterações introduzidas pelo Plano de Redução e Melhoria da Administração Central (PREMAC), aprovado em julho de 2011.

vés do Decreto-Lei n.º 24/2015, de 6 de fevereiro, que procedia à fusão e à transferência das suas atribuições para a Secretaria-Geral da Presidência do Conselho de Ministros e para a Agência para o Desenvolvimento e Coesão. Na mesma data, eram igualmente publicados dois diplomas (Decreto-Lei n.ºs 22/2015 e 23/2015), que atribuíam a gestão dos incentivos e apoios à comunicação social de âmbito regional e local, no essencial, às comissões de coordenação e desenvolvimento regional (CCDR)[300].

No mês seguinte, março de 2015, através da Portaria n.º 79/2012, seria criada na Secretaria-Geral da Presidência do Conselho de Ministros uma Direção de Serviços de Política Legislativa para os Media, a quem eram atribuídas competências na definição das políticas públicas, na elaboração de estudos e de propostas legislativas e regulamentares e na participação em grupos de trabalho nacionais e internacionais na área da comunicação social e da sociedade da informação[301]. Entretanto, apesar de, com a entrada em funções em novembro de 2015 do XXI Governo Constitucional, a condução da política de comunicação social ter passado para a competência do ministro da Cultura, isso não se traduziu na transferência dessa pequena unidade administrativa para a sua tutela, permanecendo na Presidência do Conselho de Ministros, mesmo depois de, já com o XXII Governo Constitucional, em outubro de 2019, existir um secretário de Estado do Cinema, Audiovisual e Media. Entretanto, em novembro de 2019, seria publicada a Portaria n.º 395/2019, substituindo a Direção de Serviços de Política Legislativa para os Media por uma Direção de Serviços de Relações Internacionais e Comuni-

---

[300] Portaria n.º 79/2012, de 27 de março, alterada pelas portarias n.º 323/2013, de 31 de outubro e 159/2015, de 1 de junho. No preâmbulo do diploma, argumentava-se então que a atribuição de apoios à comunicação social local e regional deveria ser levada a efeito num contexto efetivamente regional, em termos que permitissem aproximar os centros de decisão dos beneficiários desses apoios e que garantissem uma avaliação mais rigorosa, porque feita com maior proximidade, das necessidades e desafios que se colocavam aos órgãos de comunicação social regionais e locais e respetivas comunidades.

[301] Os quadros desta Direção de Serviços teriam ainda competência para emitir as autorizações para reembolso dos encargos de expedição de publicações periódicas de informação geral e para fiscalizar e proceder à instrução e decisão de processos de contraordenação relativamente a publicações periódicas de informação geral. Sobre esta matéria, ver ainda os Decretos-Leis n.ºs 228/2012, de 25 de outubro, relativamente às competências das CCDR neste domínio, e 140/2013, de 18 de outubro, sobre as atribuídas à Agência para o Desenvolvimento e Coesão.

cação, que continuaria a ser, com um limitado número de funcionários para o âmbito de atuação na área das políticas públicas para os *media*, uma das seis unidades orgânicas nucleares da Secretaria-Geral da Presidência do Conselho de Ministros.

Pode assim concluir-se que não existiu uma articulação devidamente ponderada entre as sucessivas modificações na estrutura da administração pública adstrita às políticas de comunicação social e às mudanças na instância de regulação dos *media*. No entanto, em 2005/2006, como atrás se referiu, a transferência de atribuições e competências, nomeadamente os registos e a fiscalização, do ICS para a ERC, que então iniciaria a sua atividade, legitimaria a sua substituição por um novo departamento com um menor número de funcionários (pouco mais de três dezenas).

A progressiva diminuição da dimensão dessas estruturas que se foram sucedendo ao longo do regime democrático tem quatro principais motivos: a mudança nas prioridades das políticas de comunicação social, que deixam de contemplar a promoção da informação oficial, sobretudo a partir de 1992; a redução do regime de incentivos à comunicação social, não apenas em volume financeiro, mas igualmente na sua limitação à comunicação social regional e local, bem como a atribuição às CCDR da competência pela sua aplicação; a reestruturação da Administração Pública, incluindo a adstrita à política para a comunicação social, visando a redução dos seus custos; e o alargamento das competências do regulador, que substituiria nalgumas funções a estrutura da administração pública incumbida das políticas públicas para o sector.

## 4.3 A regulação e a autorregulação

### 4.3.1 O conceito e as experiências de autorregulação

São os próprios Estatutos do regulador, no seu artigo 9.º, que assinalam que *«A ERC deve promover a co-regulação e incentivar a adopção de mecanismos de auto-regulação pelas entidades que prosseguem actividades de comunicação social e pelos sindicatos, associações e outras entidades do sector»*.

No sector da comunicação social, as experiências de autorregulação — entendida como *«contrato entre jornalistas e público»* que se concretiza *«mediante um quadro de deveres deontológicos livremente aceite pelo grupo profissional*»[302], ganharam maior relevância quando, a seguir à 2.ª Guerra Mundial, sobretudo através do Relatório Hutchins, em 1947, e, mais tarde, com o estudo de Siebert, Schramm e Peterson, *Four Theories of the Press*, se consensualiza a ideia de que os jornalistas não se devem responsabilizar apenas perante os empregadores e os poderes político e económico, mas sobretudo perante o público. A *Declaração de Bordéus*, da Federação Internacional do Jornalistas (FIJ), de 1954, e a *Declaração de Munique*, subscrita em 1971 pelos sindicatos dos seis países que então constituíam a CEE, representam passos decisivos na consolidação da deontologia jornalística, que tivera as suas primeiras expressões com o código deontológico adotado em 1910 no estado norte-americano do Kansas, com a proposta emanada da Conferência Internacional da Imprensa, em 1915, para que em cada país fosse criado um código deontológico, e com o Código de Ética da Associação Interamericana de Imprensa, primeiro de âmbito supranacional, aprovado em 1926[303].

No âmbito dos documentos internacionais sobre jornalismo e os *media*, o entendimento de que a autorregulação é um dever dos jornalistas é claramente valorizado na Resolução 1003, aprovada pela Assembleia Geral do Conselho da Europa em julho de 1993, ao referir-se que os meios de comunicação, no respeito pelos princípios deontológicos de rigor que «*garantam a liberdade de expressão e o direito dos cidadãos a receber informações verídicas e honestas*», devem criar organismos ou mecanismos de autocontrolo destinados a garantir a vigilância e o cumprimento dos princípios deontológicos[304].

---

[302] Paulo Martins, *O Privado em Público*, p. 23. Ana Barbosa Gavela, em *Autorregulação dos Media em Portugal e estudo de casos*, p. 30, na esteira de Carmen Palmer em *Conditions de mis en oeuvre de cadres régulateurs en Europe* (IRIS Spécial, 2003), define-a como «*sistemas de regulação voluntária da iniciativa de grupos privados que estabelecem as regras que deverão reger o seu próprio comportamento e, ao mesmo tempo, se responsabilizam pelos mecanismos visando a sua aplicação, respeito e sancionamento*». A mesma autora, citando Carmen Palmer, considera a corregulação como «*formas de cooperação entre, por um lado, elementos de autorregulação e autocontrolo (...) e, por outro lado, a regulação tradicional realizada pelos poderes públicos, que se juntam num sistema regulatório autónomo*».

[303] Paulo Martins, *O Privado em Público*, págs. 23 e 119. Sobre a história dos códigos deontológicos dos jornalistas, ver igualmente Carlos Camponez, *Deontologia do Jornalismo*, págs. 54 e seguintes.

[304] Carlos Camponez, *Deontologia do Jornalismo*, p. 111.

É verdade, como também sublinha Carlos Camponez[305], que a autorregulação não tem *«a força da lei»* e está *«em grande parte, marcada pelos interesses corporativos da indústria dos media e dos profissionais»*. Acrescente-se que a autorregulação exercida autonomamente por grupos profissionais, mesmo quando abrange regras que deverão reger o seu próprio comportamento, incluindo as formas de assegurar a sua aplicação e, no caso de incumprimento, o respetivo sancionamento, é frequentemente associada à mera intenção de limitar a intensidade e a *severidade* — ou até a existência — de uma heterorregulação.

O relevante papel dos *media*, bem como o reconhecimento da sua responsabilidade social, obriga, no entanto, a que se atribua uma redobrada importância aos modelos, processos de atuação e eficácia da autorregulação.

No campo dos *media*, são diversos os exemplos de formas de autorregulação. Com base na análise de Claude-Jean Bertrand, que enumerou os *MARS, Moyens d'Assurer la Responsabilité Sociale des médias* ou, na versão portuguesa, *Meios para Assegurar a Responsabilidade Social dos Media*, e de Hugo Aznar, Carlos Camponez agrupou os mecanismos de regulação dos *media* e do jornalismo em grupos

> *consoante se trate de iniciativas do Estado (entidades reguladoras), das empresas de media (estatutos editoriais, estatutos de redação, códigos de empresa, livros de estilo) dos jornalistas (códigos deontológicos, estatutos profissionais, cláusula de consciência, associações profissionais, jornalismo crítico, centros de formação), do público (correio dos leitores, organizações não governamentais ligadas aos media, pesquisa científica) e de formas partilhadas de diálogo entre estas três partes (provedores dos leitores, alguns modelos de conselhos de imprensa)*[306].

---

[305] Carlos Camponez, *Deontologia do Jornalismo,* p. 151.

[306] Carlos Camponez, *Deontologia do Jornalismo,* p. 122. Sara Pina, em *A Deontologia dos Jornalistas Portugueses,* ed. MinervaCoimbra, 1997, p. 83, refere igualmente o direito de resposta. É verdade que a generalidade dos códigos deontológicos inclui o dever de retificação dos erros cometidos pelos jornalistas e que, como sublinha Vital Moreira (*O Direito de Resposta na Comunicação Social,* Coimbra Editora, 1994, p. 181), o direito de resposta, ao limitar a liberdade editorial e ao *denunciar* falhas jornalísticas, fomenta o autocontrolo. No entanto, o direito de resposta é um mecanismo jurídico que visa essencialmente assegurar a igualdade de armas dos cidadãos (e das pessoas coletivas) face aos *media*. Sobre os instrumentos e mecanismos autorreguladores, ver igualmente o livro de Joaquim Fidalgo, *O lugar da ética e da auto-regulação na identidade profissional dos jornalistas,* p. 383.

A referência a apenas *alguns modelos de conselhos de imprensa* resulta da diversidade de experiências deste tipo de organismos.

O exemplo britânico do Press Council, criado em 1953, por iniciativa dos grupos empresariais da imprensa, que teria, aliás, uma significativa influência em organismos semelhantes em muitos outros países, nomeadamente de língua ou influência inglesa, assume um evidente figurino de autorregulação. Em Portugal, todavia, como se pôde constatar no cap. 2.º, o Conselho de Imprensa (1975–1990) está longe de poder ser considerado um genuíno exemplo de autorregulação, devendo antes ser colocado entre os exemplos de regulação repartida, que terminaria com a sua substituição pela Alta Autoridade para a Comunicação Social[307].

A experiência portuguesa da autorregulação no campo mediático começou bem antes da consagração da heterorregulação, embora a tardia democratização do regime tivesse atrasado, mais do que em outros países, a construção do *edifício deontológico português da comunicação social*[308].

É verdade que a mais antiga referência a um Código Deontológico dos jornalistas surge em 1934 nos primeiros Estatutos do Sindicato Nacional dos Jornalistas. Entre os objetivos deste Sindicato, incluía-se o de *«fazer observar as regras deontológicas da profissão, definidas num Código, que será aprovado pela Assembleia Geral e posto em vigor, após a sanção pelo Governo, ficando a fazer parte integrante destes Estatutos»*[309]. No entanto, a adoção de mecanismos de autorregulação dos jornalistas seria consecutivamente adiada, incluindo, já em 1973, a aprovação de um projeto de código deontológico elaborado por uma comissão designada pelo Sindicato Nacional dos Jornalistas. O projeto ainda seria ratificado pela Direção, mas não chegaria a ser aprovado pela Assembleia Geral[310]. Entenderam então os jornalistas que *«a Deontologia profissional pressupõe a responsabilidade do jornalista, a qual só existe quando e onde existir liber-*

---

[307] Sobre a história, os exemplos, os aspetos organizativos e os modelos na Europa de Conselhos de Imprensa, ver Carlos Camponez, *Deontologia do Jornalismo*, págs. 130 a 153.

[308] Paulo Martins, *O Privado em Público*, p. 137.

[309] Alínea n) do artigo 4.º dos estatutos (Helena Veríssimo, *Os jornalistas nos anos 30/40*, ed. MinervaCoimbra, 2003, p. 47 e Fernando Correia e Carla Baptista, *Jornalistas do Ofício à Profissão*, ed. Caminho, p. 359).

[310] A Comissão era constituída por Manuel Silva Costa, que presidia, Afonso Praça, Alfredo Barroso, Fernando Assis Pacheco e Luís Salgado Matos (Carlos Camponez, *Deontologia do Jornalismo*, p. 294).

*dade»*, pelo que, sem liberdade de imprensa, incompatível com a continuação da censura, então designada como *exame prévio*, não seria possível aprovar um texto de responsabilização da sua conduta profissional[311].

O primeiro Código Deontológico surgiria, assim, apenas depois da Revolução de Abril, em setembro de 1976.

Este Código, que vigoraria durante 16 anos e meio, até maio de 1993, continha normas que, apesar de o texto ter sido aprovado mais de dois anos depois do início do regime democrático, espelhavam ainda as preocupações com o regime anterior: na primeira norma estipulava-se que o jornalista deveria *«respeitar e lutar pelo direito do Povo ser informado»*; noutra, relativa às obrigações éticas, a *«Respeitar os princípios fundamentais dos Direitos do Homem e contribuir para melhor conhecimento e maior compreensão entre os povos, na base dos princípios do direito das nações à autodeterminação e independência, da não ingerência nos assuntos internos, da igualdade e vantagens mútuas e da coexistência pacífica, jamais favorecendo a ideologia fascista, ódios raciais, étnicos, nacionais ou religiosos»*; e, entre os deveres dos jornalistas elencados no capítulo 1 do Código, incluía-se os de *«Combater toda e qualquer forma de censura externa ou interna»*, bem como o de *«Defender a organização democrática dos jornalistas nas redacções, em particular os Conselhos de Redacção»*[312].

O segundo Código Deontológico dos Jornalistas seria aprovado pela Assembleia Geral do Sindicato dos Jornalistas em 22 de março de 1993 e *referendado* por larga maioria em 4 de maio do mesmo ano[313]. Numa versão mais contida, sem qualquer *carga ideológica*, dividido em 10 temas, o que

---

[311] Fernando Correia e Carla Baptista, *Jornalistas do Ofício à Profissão*, ed. Caminho, p. 360 e Paulo Martins, *O Privado em Público*, Almedina, p. 138.

[312] O projeto de Código elaborado em 1972, que chegou a ser concluído, mas não seria votado, tinha já algumas das normas que viriam a constar no Código de 1976. No entanto, em vez da palavra *Povo*, surgia então *público*. Sobre esta matéria, ver Carlos Camponez, *Deontologia do Jornalismo*, p. 301.

[313] O Código de 1993 teve como base o texto de 1975, um anteprojeto de Código Deontológico apresentado por uma comissão nomeada em maio de 1985 pelo Sindicato dos Jornalistas e duas outras propostas apresentadas no 2.º Congresso dos Jornalistas Portugueses realizado em novembro de 1986. Neste Congresso, os jornalistas consideraram *«imprescindível rever profundamente o actual quadro deontológico»*, mas essa revisão apenas seria concretizada cerca de sete anos depois. Carlos Camponez, *Deontologia do Jornalismo*, p. 305.

permitiu que fosse frequentemente classificado como *decálogo*[314], o Código sofreria, todavia, pequenas alterações, entre as quais o desdobramento de uma das normas, no 4.º Congresso dos Jornalistas, em janeiro de 2017, modificações que seriam ratificadas num referendo realizado entre os dias 26 e 28 de outubro do mesmo ano, criando desta forma um terceiro código, em vigor desde essa data[315].

A apreciação da conduta deontológica dos jornalistas, no âmbito do Sindicato dos Jornalistas, fora iniciada, muito antes da aprovação de um código deontológico, em 1934, através da criação de um Conselho Disciplinar, cuja designação sofreria alterações em 1967, para Conselho Técnico e de Disciplina, em 1975, Conselho Técnico, em 1981, Conselho Técnico e de Deontologia, e, a partir de 1987, Conselho Deontológico.

Além das matérias da deontologia profissional, cabia a este Conselho a atribuição da carteira profissional dos jornalistas, embora, depois de 1974,

---

314 Em rigor, como refere Carlos Camponez (in *Deontologia do Jornalismo*, ed. Almedina, p. 305), «*o documento não chega a ser um verdadeiro decálogo, na medida em que alguns pontos incluem, de facto, mais do que um dever*». Acrescenta este autor que «*pode-se ainda questionar o seu ordenamento e coerência interna*».

315 Embora abordem temas relevantes, as diferenças entre os textos dos códigos de 1993 e 2017 não são, de facto, substanciais. No ponto 4, relativamente à norma que impõe ao jornalista a sua identificação quando visa obter informações, excecionada quando estiverem em causa «*razões de incontestável interesse público*», acrescentou-se a frase « *e depois de verificada a impossibilidade de obtenção de informação relevante pelos processos normais*». A parte final do ponto 5 da versão de 1993, que incluía uma norma que incitava o jornalista a « *recusar as práticas jornalísticas que violentem a sua consciência*», passou a figurar num novo ponto 6, autónomo da norma que obriga o jornalista a assumir a responsabilidade por todos os seus trabalhos e atos profissionais, bem como a promover a retificação das informações que se revelem inexatas ou falsas. No ponto 8 (anterior ponto 7) foi retirada uma referência a «*delinquentes menores de idade*» numa frase que referia o dever dos jornalistas de não identificar as vítimas de crimes sexuais, sendo, em contrapartida, acrescentada a frase «*O jornalista não deve identificar, direta ou indiretamente, menores, sejam fontes, sejam testemunhas de factos noticiosos, sejam vítimas ou autores de atos que a lei qualifica como crime*». No ponto 9 (antigo ponto 8), onde antes se referia que «*o jornalista deve rejeitar o tratamento discriminatório das pessoas em função da cor, raça, credos, nacionalidade ou sexo*», surgem agora « *ascendência, cor, etnia, língua, território de origem, religião, convicções políticas ou ideológicas, instrução, situação económica, condição social, idade, sexo, género ou orientação sexual*». Finalmente, no ponto 10 (antigo ponto 9), nas condições estabelecidas para a recolha de declarações ou imagens pelos jornalistas (*serenidade, liberdade e responsabilidade das pessoas envolvidas*), junta-se agora a *dignidade*.

essa emissão não pudesse depender da qualidade de sindicalizado do requerente, dado que tinham sido extintos os antigos sindicatos nacionais corporativos de inscrição obrigatória[316].

No entanto, em julho de 1993, um Acórdão do Tribunal Constitucional[317] viria a declarar a inconstitucionalidade de algumas disposições do Regulamento da Carteira Profissional de 1979, que atribuíam competência às associações sindicais para a regularização dos títulos de acreditação dos jornalistas e equiparados, com o fundamento de que tal violava a liberdade sindical. Em consequência, seria criada, em 1994, por iniciativa governamental, a Comissão da Carteira Profissional de Jornalista (CCPJ), *«um organismo independente de direito público»*, que todavia apenas iniciaria a sua atividade em 1996[318]. Esta Comissão teria numa fase inicial como missão essencial o funcionamento do sistema de acreditação profissional e, depois de 2007, também o cumprimento de deveres fundamentais que impendem sobre os jornalistas, previstos no n.º 2 do artigo 14.º do Estatuto do Jornalista.

Além do Conselho Deontológico e da Comissão da Carteira Profissional de Jornalista, também os conselhos de redação podem ser considerados expressão da autorregulação dos jornalistas. É verdade que as empresas de comunicação social podem definir, no âmbito da legislação aplicável — mais restrita na rádio e na televisão, onde os operadores são obrigados a uma informação pluralista e a um conjunto de obrigações de programação, do que na imprensa ou nos novos *media* —, as linhas de orientação editorial, que depois serão concretizadas pela direção de conteúdos. Os jornalistas deverão respeitar essas linhas de orientação geral, mas dispõem de uma *liberdade interna* e de um direito de participação previstos na Constituição e na lei, nomeadamente através do direito a constituir conselhos de redação, cujo elenco de competências, embora predominantemente vocacionado para a participação na orientação editorial do órgão de comunicação, abrange tam-

---

316 A *carteira profissional dos jornalistas* foi criada em janeiro de 1941, pelo Decreto-Lei n.º 31119, substituindo a anterior *carteira de identidade dos jornalistas,* instituída em 1934. Antes, existira a *carteira de identidade dos profissionais da imprensa,* criada em 1924.

317 Acórdão n.º 445/93, de 14 de julho.

318 A CCPJ foi criada pelo Decreto-Lei n.º 291/94, de 16 de novembro.

bém a avaliação e o cumprimento dos princípios deontológicos dos jornalistas e a ética profissional[319].

O provedor do leitor, do ouvinte ou do telespectador ou, na versão de origem sueca, *ombudsman*, representa igualmente uma expressão comum da autorregulação. A sua função de mediação entre o órgão de comunicação social e os seus seguidores constitui o centro da sua atividade, embora, como refere Mário Mesquita[320], primeiro provedor do leitor no *Diário de Notícias*, lhe caiba um diversificado e relevante leque de funções: uma *função crítica e simbólica*, porque discute o órgão de comunicação no seu próprio espaço; uma *função mediadora*, porque atende às reclamações dos leitores (e, no caso dos outros *media*, dos seus consumidores) e responde a essas críticas; uma *função corretiva*, porque promove a retificação de matérias tratadas de forma inverídica, inexata ou incompleta; uma *função persuasiva*, porque recomenda às hierarquias do órgão de comunicação a adoção de medidas destinadas a reparar os erros cometidos; uma *função pedagógica*, porque explica aos seus seguidores os mecanismos de produção jornalística; uma *função dissuasiva*, porque, através da crítica, influenciará eventuais comportamentos futuros dos jornalistas; e uma *função cívica*, porque pode contribuir para promover o debate de temas políticos, económicos e sociais[321].

Iniciadas no jornal desportivo *Record*, em 1992, com o jornalista David Borges, continuadas em 1997, primeiro no *Diário de Notícias* com Mário Mesquita, cerca de um mês depois no *Público* com Jorge Wemans e em 2001 no *Jornal de Notícias*, com Fernando Martins, as experiências deste género de autorregulação não sobreviveriam, todavia, à crise que assolou a imprensa e a generalidade dos *media* na última década, pelo que, no início de 2021, apenas no *Público*, depois de um intervalo de alguns anos, existiria a figura do

---

[319] nomeadamente os artigos 38.º, n.º 2, alíneas a) e b) da Constituição, 23.º da Lei de Imprensa, 33.º e 34.º, n.º 2 da Lei da Rádio, 35.º, n.ºs 4 e 5 da Lei da Televisão e dos Serviços Audiovisuais a Pedido e 13.º do Estatuto do Jornalista. Sobre o papel e a história dos Conselhos de Redação em Portugal, ver Paulo Martins, *O privado em público*, págs. 139 e seguintes.

[320] *O Jornalismo em Análise — A Coluna do Provedor dos Leitores*, ed. MinervaCoimbra, 1998, p. 16 e seguintes.

[321] Sobre a figura do Provedor do Leitor, ver igualmente o livro de Joaquim Fidalgo, *O lugar da ética e da auto-regulação na identidade profissional dos jornalistas*, p. 413 e seguintes.

Provedor do Leitor, ao ser designado para esse cargo, em novembro de 2020, o jornalista José Manuel Barata Feyo.

A figura do Provedor não ficaria limitada à imprensa escrita. Todavia, a existência de um Provedor do Ouvinte e de um Provedor do Telespectador na RTP decorreria não de uma genuína autorregulação, mas de um diploma legal — a Lei n.º 2/2006, de 14 de fevereiro, aprovada pela Assembleia da República, alterando os Estatutos da RTP, em vigor desde 2003[322].

De acordo com esses Estatutos, os provedores são indigitados pelo Conselho de Administração, *«de entre personalidades de reconhecido mérito profissional, credibilidade e integridade pessoal, cuja actividade nos últimos cinco anos tenha sido exercida na área da comunicação»*, ficando, todavia, sujeitas a parecer vinculativo do Conselho de Opinião[323]. Os seus mandatos têm a duração de dois anos, renováveis por uma vez. Os estatutos da RTP (artigo 37.º) enumeram as competências atribuídas aos provedores, entre as quais estão as de *«receber e avaliar a pertinência de queixas e sugestões dos ouvintes e telespectadores sobre os conteúdos difundidos e a respetiva forma de apresentação pelos serviços públicos de rádio e de televisão»*; *«produzir pareceres sobre as queixas e sugestões recebidas, dirigindo-as aos órgãos de administração e aos demais responsáveis visados»*; e *«assegurar a edição de um programa semanal sobre a matéria tratada»*.

As publicações periódicas informativas e os serviços de programas de rádio e de televisão são obrigados a adotar um estatuto editorial, igualmente uma expressão da autorregulação[324].

---

[322] Lei n.º 33/2003, de 22 de agosto. Os primeiros Provedores do Ouvinte e do Telespectador da RTP seriam respetivamente José Nuno Martins e Paquete de Oliveira.

[323] Exerceram até hoje o cargo de Provedores do Ouvinte José Nuno Martins (2006–2008), Adelino Gomes (2008–2010), Mário Figueiredo (2010–2012), Paula Cordeiro (2012–2017), João Paulo Guerra (2017–2021) e Graça Franco (desde 2021) e de provedores do telespectador José Manuel Paquete do Oliveira (2006–2010), José Carlos Abrantes (2011–2013), Jaime Fernandes (2013–2016), Jorge Wemans (2016–2021) e Ana Sousa Dias (desde 2021). O Conselho de Opinião reprovou, todavia, os nomes de Francisco José Oliveira (em 2008), para Provedor do Ouvinte, e de Felisbela Lopes (2010), Joaquim Vieira (2016) e José Alberto Lemos (2021), para Provedor do Telespectador. Em 2017, o nome de João Paulo Guerra seria reprovado para Provedor do Ouvinte, mas a falta de fundamentação do parecer negativo levaria o Conselho de Administração a confirmar a sua escolha.

[324] artigos 17.º da Lei de Imprensa, 34.º da Lei da Rádio e 36.º da Lei da Televisão e dos Serviços Audiovisuais a Pedido.

Este estatuto, um texto elaborado pelo diretor de conteúdos, que, após parecer do Conselho de Redação, caso exista, é submetido à ratificação da entidade proprietária, deverá definir claramente a sua orientação e os seus objetivos e incluir o compromisso de assegurar o respeito pelos princípios deontológicos, pela ética profissional e pelos direitos dos leitores, ouvintes ou espectadores. A conformidade da orientação do órgão de comunicação social com o estatuto editorial ou a própria mudança de estatuto editorial ou da sua natureza constituem importantes elementos de apreciação sobre a evolução desse órgão com vista a um eventual reconhecimento, pelo regulador, da invocação da cláusula de consciência por jornalistas, que constitui um dos seus direitos[325].

Além disso, a avaliação do estatuto editorial proposto poderá igualmente constituir um fator relevante quando estiver em causa, no quadro regulatório, o licenciamento mediante concurso de um novo operador de rádio ou de televisão.

O Livro de Estilo pode ser considerado outro meio de autorregulação dos órgãos de comunicação social.

Inicialmente vocacionados para afinar ou homogeneizar procedimentos e normas gramaticais e estilísticas, e utilizados nomeadamente por agências noticiosas, os Livros de Estilo foram, em muitos casos, alargando o âmbito das suas regras e estendendo-as às questões éticas e deontológicas, frequentemente de forma mais exigente e detalhada do que a que se poderá encontrar nos códigos deontológicos dos jornalistas[326].

A exemplo de experiências semelhantes noutros países — como a Espanha, com os livros de estilo dos jornais *El País*, *ABC* e *El* Mundo[327] —, o Livro de Estilo do *Público* revelou-se um relevante instrumento não apenas para os profissionais deste diário, como sobretudo uma inultrapassável fonte de ensinamento para jornalistas de outros órgãos de informação, bem como

---

[325] Nomeadamente, o artigo 12.º, n.ºs 4 e 5 do Estatuto do Jornalista (Lei n.º 1/99, de 13 de janeiro).

[326] Joaquim Fidalgo, *O lugar da ética e da auto-regulação na identidade profissional dos jornalistas*, págs. 387 e segs.

[327] *New York Times, Washington Post, Le Monde, The Independent* ou *La Reppublica* constituem outros exemplos de jornais de referência que elaboraram livros de estilo.

para estudantes e investigadores de jornalismo ou inclusivamente para meros leitores interessados neste tema[328].

Com uma primeira versão em 1997 e uma segunda em 2005, ambas editadas em livro e disponibilizadas no mercado, o Livro de Estilo do *Público* adotou uma relevante diversidade de temas. Em primeiro lugar, nos domínios da ética e da deontologia, desenvolvendo um capítulo sobre os *Princípios e normas de conduta profissional*, que inclui regras de procedimentos jornalísticos, entre outras, sobre o direito ao bom nome, os direitos dos acusados, o exercício do jornalismo (incluindo regras de conduta sobre a *responsabilidade, honestidade, lealdade, recusa de favores, conflitos de interesse, relações com as fontes, anonimato e off-the-record, escrita e edição de textos, correções, direito de resposta, fotografia e publicidade*, regras sobre as fronteiras entre informação, interpretação e opinião e sobre a construção de um texto jornalístico, o rigor da escrita, o estilo gráfico do jornal), bem como um extenso e pormenorizado *dicionário* sobre palavras, expressões e conceitos, regras sobre acentuação, entre outros temas. A conjugação deste Livro de Estilo com a atuação dos Provedores do Leitor, cujo estatuto, aprovado em 1997, depois de obtido o parecer favorável do Conselho de Redação do jornal, passou a fazer parte desse Livro, constituiu um assinalável modelo autorregulatório sem paralelo na imprensa portuguesa[329].

Os códigos éticos ou códigos de conduta elaborados por órgãos de comunicação social e com um âmbito a ele limitado constituem uma outra faceta da autorregulação.

Em Portugal, o único exemplo relevante é o da RTP.

No entanto, este exemplo de autorregulação assume duas características assinaláveis. A primeira decorre de essa iniciativa escorar a sua legitimidade no contrato de concessão do serviço público de rádio e de televisão acor-

---

[328] *Idem*, p. 389.

[329] Refira-se igualmente o Livro de Estilo da Lusa, que resulta de atualizações das normas instituídas em janeiro de 2011, emanadas de uma reflexão que envolveu a redação, o Conselho de Redação e a Direção de Informação da agência e que seria homologado pelo presidente do Conselho de Administração, Nicolau Santos, em abril de 2019. O *Diário de Notícias* teria igualmente um Livro de Estilo de que o Estatuto do Provedor dos Leitores faria parte. Uma segunda versão deste livro, com cerca de meia centena de páginas, datada de 1995, refere que este livro de circulação meramente interna do jornal seria «*de uso exclusivo dos jornalistas*».

dado entre o Estado e a RTP em março de 2015, o que permite classificá-la como uma forma de autorregulação *induzida*. A segunda consiste no facto de, embora o referido contrato tenha estabelecido no n.º 4 da cláusula 4.ª que «*A concessionária aprova e divulga no seu site um código de conduta e ética que reflita as especiais orientações de serviço público para os serviços de programas fornecidos pela Concessionária, a respeitar na organização interna da empresa e na produção e exibição dos seus programas e conteúdos e que preveja o modo de avaliação do respetivo cumprimento*», a RTP optaria por concretizar esta exigência contratual através de dois documentos. O primeiro, *o Código de Ética e Conduta da RTP*, aplica-se a todos os sectores da concessionária e visa explicitar os «*princípios de atuação da empresa*». No segundo, o *Guia Ético e Editorial*, apresenta-se um conjunto de direitos, deveres e boas práticas que refletem as especiais orientações de serviço público nas áreas da programação e da informação e que devem ser respeitados na produção e disponibilização ao público de todos os conteúdos da empresa[330].

### 4.3.2 A autorregulação *induzida*

Nos múltiplos exemplos de autorregulação nos *media* em Portugal, existe uma relevante e inédita característica comum a alguns deles. De facto, há diversos casos de autorregulação imposta ou induzida pela legislação, e não apenas por livre e autónoma iniciativa do sector — empresas e/ou jornalistas.

Entre esses exemplos, encontram-se: os Provedores do Ouvinte e do Telespectador da RTP, que, como recordámos, resultaram de um imperativo legal; o Código Deontológico dos Jornalistas, previsto na Lei de Imprensa de 1975; a Comissão da Carteira Profissional de Jornalista (CCPJ), cuja existência está prevista na legislação do sector; e os atrás referidos Código de Ética e Conduta e Guia Ético e Editorial da RTP, apesar de o âmbito do pri-

[330] Guia Ético e Editorial da RTP, p. 3. Embora o seu conteúdo seja indiscutivelmente interessante e fundamentado e de ser divulgado no site da empresa, todavia de forma discreta, o Guia Ético e Editorial não terá tido, em rigor, uma influência determinante nas boas práticas dos profissionais da empresa relacionados com a informação e a programação. Por exemplo, apesar de o Guia reprovar expressamente o uso da expressão «a RTP sabe que...», esta continuaria a ser frequentemente utilizada quer na rádio quer sobretudo na televisão pública.

meiro não espelhar em rigor o que estava inscrito no contrato de concessão de 2015, definido entre o Estado e a empresa concessionária[331].

Um dos exemplos mais relevantes desta especificidade da autorregulação está no primeiro Código Deontológico dos Jornalistas, aprovado, como atrás se recordou, apenas depois da Revolução de Abril.

A sua criação revestiu-se de características singulares. De facto, a primeira menção a esse código surge na Lei de Imprensa, aprovada pelo Governo em fevereiro de 1975[332]: nela se previa não apenas que *«o exercício da actividade de jornalista profissional será regulado por um estatuto e por um código deontológico*[333]*»*, como, inclusivamente, que competiria ao Sindicato dos Jornalistas a elaboração do Código *«num prazo de noventa dias a contar da entrada em vigor do presente diploma»*[334]. Na mesma lei, atribuía-se ao Conselho de Imprensa, criado por esse diploma, a função, entre outras, de se pronunciar *«sobre matérias de deontologia e de respeito pelo segredo profissional»*[335].

Desta forma, além de o Conselho Deontológico partilhar a apreciação das questões de deontologia profissional com um Conselho de Imprensa em que, além de representantes do sector, havia também membros designados pelo poder político, esta situação, como refere Horácio Serra Pereira, *«colocou a autorregulação dos jornalistas portugueses numa situação sui generis, uma vez que os jornalistas são, por força de lei, obrigados a adotar um Código Deontológico, apesar de conservarem a liberdade de definir o seu âmbito»*[336].

No entanto, o Código apenas seria aprovado pela Assembleia Geral do Sindicato dos Jornalistas em 13 de setembro de 1976, cerca de um ano e meio

---

[331] Um outro exemplo, analisado noutro capítulo, é o do Conselho de Imprensa, que na generalidade dos países em que foi criado, desde logo no exemplo britânico do Press Council, constituiu um claro modelo de autorregulação.

[332] Decreto-Lei n.º 85-C/75, de 26 de fevereiro.

[333] Artigo 10.º, n.º 3, do Decreto-Lei.

[334] Da mesma forma, o Estatuto do Jornalista, aprovado pela Lei n.º 62/79, de 20 de setembro, atribuiria aos jornalistas a elaboração de um Código Deontológico.

[335] Artigo 17.º, n.º 5, alínea c).

[336] Horácio Serra Pereira, *Deontologia dos jornalistas — Breve incursão histórica*, monografia disponível no Sindicato dos Jornalistas, p. 10. Recorde-se, igualmente, que a substituição do Conselho de Imprensa (e do Conselho de Comunicação Social) pela Alta Autoridade para a Comunicação Social, em 1990, deixaria de lado a avaliação do comportamento deontológico dos jornalistas, competência que este novo regulador não *herdaria*.

depois da entrada em vigor da lei de imprensa que lhe conferira para essa aprovação um prazo de 90 dias.

Ainda seguindo o critério da maior relevância, outro exemplo de autorregulação induzida consistiu na criação da Comissão da Carteira Profissional de Jornalista (CCPJ), cuja origem, em 1994, está sobretudo associada à contestação ao papel do Sindicato dos Jornalistas na atribuição das carteiras profissionais. Mais tarde, em 2007, como adiante se analisará, seria alargado o âmbito das suas competências para o domínio da avaliação do cumprimento pelos jornalistas das regras deontológicas.

Em 1975, os estatutos do Sindicato dos Jornalistas condicionavam a atribuição da carteira profissional a um jornalista à sua filiação no Sindicato. Esta limitação à liberdade sindical seria, porém, revogada pelo Regulamento da Carteira Profissional aprovado em 1979, que estipulava que *«a carteira profissional e o título de estagiário são emitidos pela organização sindical dos jornalistas, independentemente da qualidade de sindicalizado do requerente»*[337].

Esta norma não impediria, todavia, que, no final dos anos 80 do século passado, alguns jornalistas manifestassem a sua oposição ao papel do Sindicato dos Jornalistas na atribuição dos títulos profissionais, argumentando que ele poderia discriminar jornalistas nele não inscritos.

Ao mesmo tempo, contestava-se o facto de coexistirem, na mesma organização sindical, uma vertente de defesa dos jornalistas e uma intervenção de autorregulação deontológica. Esta questão preocupava igualmente a própria Direção do Sindicato, que promoveria, em 1990, uma revisão dos Estatutos, concedendo uma maior autonomia ao Conselho Deontológico. Desde então, este Conselho passou a ser eleito em lista separada dos restantes corpos gerentes do Sindicato[338].

Esse distanciamento face ao Sindicato, bem como a ideia de que seria necessária uma nova forma de representação profissional dos jornalistas, conduziram alguns deles, em 1991, à criação de uma Associação dos Jornalistas Portugueses, cujo assumido propósito era a existência de uma Ordem dos Jornalistas, uma associação pública que deveria ser criada mediante uma iniciativa legislativa do Governo.

---

[337] Artigo 3.º do Decreto-Lei n.º 513/79, de 24 de dezembro. Este diploma revogava o anterior Regulamento da Carteira Profissional do Jornalista, aprovado em 1941.

[338] Paulo Martins, *O privado em público*, p. 148, e Carlos Camponez, *Deontologia do Jornalismo*, p. 244.

Respondendo a esta proposta, a que se opunha frontalmente, o Sindicato dos Jornalistas convocaria um referendo, realizado em 26 e 27 de maio de 1992, em que 80,22% dos votos expressos recusariam a criação da Ordem, o que inviabilizaria a sua constituição[339].

No entanto, o amplo e participado debate no espaço público em torno da criação da Ordem retomou a reflexão, não apenas entre os jornalistas, mas igualmente no *campo político* sobre a autonomia do Conselho Deontológico face ao Sindicato. A referida separação das eleições dos membros do Conselho Deontológico face à dos corpos sociais do Sindicato dos Jornalistas, a emissão e a revalidação da carteira profissional pelo Sindicato, inclusive dos jornalistas nele não inscritos, bem como a competência para analisar a conduta profissional e as eventuais infrações às regras deontológicas desses jornalistas não sindicalizados, permaneceriam temas controvertidos.

A intervenção da Associação dos Jornalistas Portugueses junto da Provedoria de Justiça e da Procuradoria-Geral da República, suscitando a inconstitucionalidade de artigos da Lei de Imprensa, do Estatuto do Jornalista e do Regulamento da Carteira Profissional, viria a tornar-se relevante, uma vez que, solicitado pelo procurador-geral da República, em 1993, o Tribunal Constitucional, como atrás se referiu, declararia a inconstitucionalidade das normas que atribuíam ao Sindicato dos Jornalistas a competência para a emissão e a revalidação da carteira profissional, com o fundamento de que tal violava a liberdade sindical[340].

Esta decisão levaria o Governo a criar, em 1994, uma Comissão da Carteira Profissional de Jornalista (CCPJ)[341].

Inspirada no modelo francês da *Comission de la Charte d'Identité des Journalistes Professionels (CCIJP)*, esta Comissão, que apenas iniciaria os trabalhos dois anos depois, em 1996, teria, numa primeira fase, como função essencial, o sistema de acreditação profissional e a salvaguarda do regime de incompatibilidades profissionais dos jornalistas. Era então composta por sete membros, dos quais três eram jornalistas com um mínimo de cinco anos de exer-

---

[339] *«Sou jornalista, não me metam na ordem»* foi então o principal *slogan* da campanha contra a Ordem. Sobre este referendo, ver nomeadamente Carlos Camponez, *Deontologia do Jornalismo,* págs. 247 e seguintes e Paulo Martins, *O privado em público,* p. 148 e seguintes.

[340] Acórdão 445/93 do Tribunal Constitucional.

[341] Decreto-Lei n.º 291/94, de 16 de novembro.

cício da profissão, eleitos pelo universo de jornalistas profissionais, outros três, não necessariamente jornalistas, indicados pelos órgãos de comunicação social da imprensa, radiodifusão sonora e televisão, e ainda por um magistrado judicial, designado pelo Conselho Superior da Magistratura, que presidia.

A criação desta Comissão afirmava então o carácter imprescindível de um título profissional para o exercício da profissão. O título era sobretudo relevante para permitir o acesso e a permanência em lugares públicos, bem como, nos dias de hoje, para distinguir — e valorizar — essa atividade jornalística face à que é desenvolvida por pessoas sem essa habilitação, o chamado *jornalismo do cidadão* ou *jornalismo participativo*.

Em 2007, todavia, com as alterações ao Estatuto do Jornalista introduzidas pela Lei n.º 64/2007, de 6 de novembro, em vigor até hoje, a CCPJ sofreria diversas modificações, nomeadamente em dois aspectos[342]. Em primeiro lugar, como atrás se referiu, alargando as suas atribuições e competências à verificação e eventual sancionamento do incumprimento de alguns deveres legais que impendem sobre os jornalistas, previstos no n.º 2 do artigo 14.º do Estatuto do Jornalista. Em segundo lugar, na sua composição: dos nove membros, oito seriam jornalistas ou detentores de título equiparado válido, com um mínimo de dez anos de profissão, designados, metade pelos jornalistas, mediante uma eleição que abrange todos os detentores de carteira profissional, e os outros quatro pelos operadores do sector (confederação de associações dos meios de comunicação social ou, na sua ausência, pelas associações do sector, devendo incluir os meios imprensa, rádio e televisão), e o nono membro teria de ser um jurista de reconhecido mérito e experiência na área da comunicação social, cooptado pelos oito jornalistas, que presidiria ao órgão[343]. Poderiam apresentar candidaturas para a eleição dos quatro membros pelo conjunto dos jornalistas *«as associações sindicais e profissionais de*

---

[342] Estas alterações decorreriam igualmente do Decreto-Lei n.º 70/2008, de 15 de abril, que regulamentaria o novo regime da CCPJ e as suas novas competências legais.

[343] Desde a sua criação, exerceram o cargo de presidente da CCPJ os juízes Eduardo Lobo (1995–2001), Eurico Reis (2001–2005) e Pedro Mourão (2005–2014), o advogado Henrique Pires Teixeira (2015–2018) e a jornalista (com formação em Direito) Leonete Botelho (2018–2022). A eleição de Leonete Botelho para a presidência da CCPJ representou a primeira vez que um jornalista dirige esta Comissão. O anterior presidente, Henrique Pires Teixeira, tinha um título de equiparado a jornalista.

*jornalistas de âmbito nacional»* e *«um mínimo de 100 jornalistas inscritos nos cadernos eleitorais»*[344].

A atribuição à CCPJ de competência para aplicar sanções disciplinares profissionais permitiu ultrapassar as dificuldades decorrentes não apenas da inexistência de uma ordem profissional com a natureza de *associação pública* ou de *organismo independente de direito público*, que pudesse aplicar aquele tipo de sanções, mas igualmente do facto de o Conselho Deontológico não dispor de *poder disciplinar*, para além da função de alertar os jornalistas para o imperativo ético de cumprirem as regras deontológicas da profissão. Acresce que esta alteração no quadro legislativo que abrange os jornalistas reconheceu a justeza da opinião daqueles que defendiam a imperiosa necessidade de separar as funções de regulação ética da profissão das que incidem sobre a defesa dos direitos laborais[345].

Convicto de que a autodisciplina deveria impor a capacidade de aplicar sanções, o que exigiria a sua previsão legal e a existência de órgãos responsáveis pela sua aplicação, Vital Moreira, que teve um papel relevante na reflexão pública em torno do alargamento das competências da CCPJ, explicaria a sua opinião:

> *A lógica da autodisciplina está em supor que é do interesse da profissão punir os que prevariquem porque aumenta o crédito público da profissão e a confiança dos clientes nos serviços profissionais. A autodisciplina é o principal ativo do capital social da profissão. Uma profissão liberal sem disciplina profissional degrada o seu crédito social e prejudica grave-*

---

[344] Artigo 22.º, n.º 3, do Decreto-Lei n.º 70/2008, de 15 de abril (Regime da organização e funcionamento da Comissão da Carteira Profissional de Jornalista (CCPJ). Nas eleições para a direção da CCPJ, quer em 2015, como em 2018, um grupo de jornalistas da Cofina apresentou uma lista alternativa à apresentada pela direção do Sindicato, tendo assegurado, em ambos os sufrágios, a eleição de um dos quatro membros. No entanto, nas eleições de 2022, uma lista idêntica não conseguiria eleger qualquer membro.

[345] Isso não invalida o papel do Conselho Deontológico na defesa do cumprimento das regras éticas da profissão pelos jornalistas, estejam ou não inscritos no Sindicato. De facto, o Conselho Deontológico não se tem coibido de avaliar esse cumprimento, mesmo quando o jornalista visado invoca a sua não filiação nesta organização sindical (ver, entre vários outros exemplos possíveis, a deliberação sobre a queixa n.º 23/Q/2017, apresentada pelo presidente da Câmara Municipal de Santo Tirso contra o diretor do *Notícias de Santo Tirso*).

*mente o valor dos seus serviços. A autodisciplina profissional assenta, portanto, no interesse próprio*[346].

No mesmo sentido, em 2005, o então responsável pela tutela do sector da Comunicação Social, que teve um papel decisivo na mudanças operadas na CCPJ, o ministro Augusto Santos Silva, num artigo no jornal *Público*, intitulado *«Um roteiro para debater o Estatuto do Jornalista»*, sublinhava então que, entre a censura moral, proferida pelo Conselho Deontológico do Sindicato dos Jornalistas e a responsabilidade civil ou criminal, julgada em sede judicial, havia um hiato no que se refere à vigilância do respeito pelos deveres deontológicos, concluindo com a proposta de atribuir à CCPJ *«também competências de disciplina profissional, mudando na sua natureza e composição o que for preciso mudar, para que se cumpra o critério básico da autorregulação profissional»*[347].

Recorde-se, por outro lado, que na resolução aprovada no final do 2.º Congresso dos Jornalistas, em 1986, se afirmava que o Código Deontológico deveria ser aprovado por todos os jornalistas detentores de carteira profissional — e não apenas pelos sindicalizados — e que a sua aplicação deveria estar a cargo de *«um Conselho Deontológico eleito por todos os jornalistas»* com poderes de sanção reduzidos aos aspectos morais[348]. Todavia, a possibilidade de jornalistas que não fossem sócios do Sindicato participarem, como eleitores ou mesmo como candidatos, nas eleições para o Conselho Deontológico, tema que foi debatido no 2.º e no 3.º Congressos dos Jornalistas Portugueses, em 1986 e 1998, não se concretizaria[349]. De acordo com Carlos Camponez,

---

[346] Vital Moreira, *A disciplina das profissões*, artigo do *Público* de 16 de novembro de 2004, citado por Carlos Camponez, *Deontologia do Jornalismo*, p. 313.

[347] João Miranda, *Novas prioridades, novas fronteiras*, revista *Jornalismo & Jornalistas*, n.º 73, maio/outubro de 2020, págs. 29.

[348] Carlos Camponez, *Deontologia do Jornalismo*, p. 243.

[349] De acordo com os dados citados por Carlos Camponez (*Deontologia do Jornalismo*, p. 260 e 261), a taxa de sindicalização dos jornalistas, que, em 1980, ultrapassaria os 95%, baixaria para 50,4% em maio de 2009. O mesmo autor sublinha, porém, que se fossem apenas contabilizados os 2529 associados que o Sindicato considerou estarem em condições de participar na votação dos seus novos estatutos, em 29 de abril de 2009, a taxa de sindicalização baixaria para 39,6%. No início de fevereiro de 2021, de acordo com dados recolhidos junto do Sindicato dos Jornalistas e os disponibilizados no sítio da CCPJ, o número de jornalistas sindicalizados (2346) correspondia a 46,5% do total de jornalistas com carteira profissional, que era então de 5047.

*«o Sindicato considerou que as suas funções na defesa dos direitos dos jornalistas eram o corolário lógico dos deveres deontológicos, dando-lhe uma legitimidade reforçada em eventuais negociações com o Governo e com as associações patronais, pelo que não quis deixar de manter sob a sua esfera as competências nessa matéria»*[350].

A atribuição, em 2007, de poderes disciplinares à Comissão da Carteira Profissional de Jornalista (CCPJ) viria a criar outro tipo de questões, relacionadas com a já então assinalada sobreposição de competências não apenas entre a CCPJ e o Conselho Deontológico, mas também entre estes órgãos e a ERC, cuja intervenção regulatória na área dos *media* começara em 2006, quando o atual regulador substituiu a Alta Autoridade para a Comunicação Social.

Como refere Carla Martins, *«ERC, CCPJ e Conselho Deontológico distinguem-se em múltiplas vertentes — figurino institucional, âmbito de intervenção, missão e competências, documentos de referência e modelo sancionatório»*[351].

De facto, o Conselho Deontológico pode ser considerado um *tribunal moral* que afere o cumprimento do Código Deontológico. A CCPJ é uma instância de apreciação e sanção de determinados deveres dos jornalistas que, por serem mais objetivos, não são passíveis de grande controvérsia se à sua violação lhe for aplicada uma sanção profissional. A ERC é uma entidade reguladora à qual compete salvaguardar os direitos, liberdades e garantias dos cidadãos perante os *media*, avaliando reflexamente a violação dos deveres jornalísticos que contendem com estes direitos, por exemplo, o direito ao bom nome e reputação face a acusações sem provas, o direito à imagem, num caso em que o jornalista colha imagens de pessoas sem o seu consentimento, etc. À ERC compete também verificar o cumprimento das obrigações que impendem sobre os órgãos de comunicação social, por exemplo, o artigo 34.º da Lei da Televisão e dos Serviços Audiovisuais a Pedido, onde se incluem o rigor e a isenção, os quais são muitas vezes postos em causa pelos jornalistas, em simultânea violação do seu Código Deontológico e do próprio Estatuto do Jornalista.

No entanto, esta diversidade não anula a sobreposição, mesmo que parcial, de competências entre estas três instâncias, nem impede que elas apreciem e deliberem sobre os mesmos temas, quer por iniciativa própria e

---

[350] Carlos Camponez, *Deontologia do Jornalismo*, p. 247.

[351] *«ERC e deveres dos jornalistas: a outra regulação»*, revista *Jornalismo & Jornalistas*, n.º 73, maio/outubro de 2020, p. 35.

autónoma, quer mediante solicitação externa. Desta forma, torna-se assim possível que um mesmo *caso* relacionado com deveres dos jornalistas possa, simultaneamente, ser objeto de análise por aqueles três órgãos — e, inclusivamente por um tribunal —, num aparente *conflito de jurisdições*, que, aliás, suscitou reservas por parte da ERC, quando, em 2006, se pronunciou sobre o anteprojeto de proposta de lei que atribuía competências disciplinares à CCPJ[352].

Aliás, sensível a esta questão, na sua deliberação ERC/2019/25 (pontos 49 e 50), relativa a uma queixa da Santa Casa da Misericórdia de Angra do Heroísmo contra a TVI, a ERC consideraria que a análise de textos jornalísticos em resposta a queixas ou participações *«em matéria de rigor informativo prende-se com a verificação, no caso, do cumprimento, por parte do órgão de comunicação social, de todos procedimentos necessários à sua concretização»*. *«Essa verificação»*, continua o texto do regulador, *«é aferida à luz de um conjunto de indicadores relevantes para o efeito, tais como a verificação dos factos, a audição das partes conflituais e com interesses atendíveis, conferindo-lhes igual relevância, a identificação das fontes. Neste sentido, o dever de verificação do que é noticiado não corresponde à sua comprovação judicial, mas apenas ao respeito pelas legis artis aplicáveis à comunicação social.»*

Por outro lado, a integração de alguns pontos do Código Deontológico no artigo 14.º do Estatuto do Jornalista, quer na sua versão inicial em 1999, quer na alterada em 2007, *«exemplo acabado do processo de vazamento de normas éticas e deontológicas do jornalismo no Direito»*, ou de *«jurisdificação da deontologia dos jornalistas»*, como sublinha Carlos Camponez[353], contribuiu ainda mais para a miscigenação entre mecanismos de auto e heterorregulação, bem como para uma crescente intervenção da ERC nesses domínios. Como refere Ana Gavela[354], esta complexa situação convida a uma *«atuação concertada e em rede entre os três organismos que regulam o sector»*, o que conduziu mesmo a ERC a tomar a iniciativa, em 2020, de promover reuniões com a CCPJ e o Conselho Deontológico.

---

[352] João Miranda, *«Novas prioridades, novas fronteiras»*, revista *Jornalismo & Jornalistas*, n.º 73, maio/outubro de 2020, págs. 29 e 32. João Miranda recorda mesmo um caso que assumiu algum mediatismo em 2009, quando a CCPJ e o Conselho Deontológico assumiram posições diferentes relativamente a uma queixa da jornalista Fernanda Câncio.

[353] *Deontologia do Jornalismo*, p. 307 e 313.

[354] *Autorregulação dos media em Portugal e estudo de casos*, p.184.

De qualquer forma, essa sobreposição parcial não apaga a especificidade de cada um destes três órgãos, nem as fronteiras da sua atividade e a sua autonomia. Recorde-se, por exemplo, que são os órgãos de comunicação social e não os jornalistas, que estão abrangidos pela regulação da ERC, pelo que não são raras as queixas apresentadas ao regulador que este remete para a CCPJ — 10 em 2019, por exemplo —, por não lhe competir a avaliação da conduta no plano deontológico de cada um daqueles profissionais.

Todavia, como refere Carla Martins[355], *«a esta delimitação subjaz o entendimento de que o poder editorial constitui um exercício coletivo e implica uma cadeia hierarquizada de decisões, não surgindo desligado do enquadramento da redação numa estrutura proprietária que, a montante, define posicionamentos e objetivos não indiferentes ao trabalho dos jornalistas individuais»*. Aliás, Paulo Martins[356] recorda que a própria ERC admitiu, na Deliberação 15/2009, ao apreciar uma queixa que remeteria para a CCPJ que *«a questão de saber se houve ou não um comportamento digno de censura do jornalista é, com frequência, incontornável no item que conduz às devidas conclusões acerca da conduta do órgão de comunicação social»*, salvaguardando, porém, que *«quando tal apreciação é feita, visa apenas fixar uma premissa, não competindo à ERC responsabilizar o jornalista pelos seus atos ou omissões ilícitas»*.

Acresce que o artigo 20.º do Estatuto do Jornalista delimita as competências da ERC e da CCPJ no que respeita às sanções aos jornalistas por violação das suas normas. À ERC compete a instrução dos processos e a aplicação das coimas por infração às normas relativas ao direito de acesso a fontes oficiais de informação e à independência dos jornalistas e cláusula de consciência[357]. Já a instrução dos processos e a aplicação de coimas por parte da CCPJ decorrem de infração dos artigos relativos a incompatibilidades no exercício da profissão, exercício da profissão sem título profissional, que abrange jornalistas, equiparados a jornalistas e correspondentes estrangeiros, acesso à profissão e liberdade de criação e direito de autor[358]. Por sua vez, quando

[355] *«ERC e deveres dos jornalistas: a outra regulação»*, revista *Jornalismo & Jornalistas*, n.º 73, maio/outubro de 2020, p. 37.

[356] *O privado em público*, p. 157.

[357] Artigos 8.º e 12.º do Estatuto do Jornalista.

[358] Artigos 3.º, 4.º, 5.º, 7.º-A, 7.º-B, 15.º e 17.º do Estatuto do Jornalista. De acordo com João Miranda, *Novas prioridades, novas fronteiras*, Revista *Jornalismo & Jornalistas*, n.º 73, outubro 2020, p. 30, entre 2010 e 2018, 92% dos motivos de abertura de processos

estiverem em causa violações do n.º 2 do artigo 14.º do Estatuto do Jornalista, que elenca o conjunto de alguns deveres, essas infrações disciplinares profissionais são punidas com penas que, tendo em conta a gravidade da infração, a culpa e os antecedentes disciplinares do agente, podem variar entre a advertência registada, a repreensão escrita e a suspensão do exercício da atividade profissional até 12 meses, competindo a condução do procedimento disciplinar, bem como a eventual aplicação de sanções, à CCPJ[359].

Aberto o procedimento disciplinar, a apreciação, julgamento e sanção pela violação dos deveres profissionais enumerados no n.º 2 do artigo 14.º do Estatuto do Jornalista competem à sua secção disciplinar, composta por três jornalistas eleitos pelos membros da CCPJ de entre os jornalistas que a compõem[360]. De acordo com o artigo 4.º do Regulamento da CCPJ, *«a apreciação, julgamento e sancionamento da violação dos deveres profissionais rege-se por regulamento próprio, aprovado pelo CCPJ, após consulta pública aos jornalistas»*[361]. Estão em causa deveres, de uma forma geral previstos no Código Deontológico do Jornalista, como, entre outros, *proteger a confidencialidade das fontes na medida do exigível em cada situação*; *proceder à retificação das incorreções ou imprecisões que lhe sejam imputáveis*; *abster-se de formular acusações sem provas*; *respeitar a presunção de inocência*; *abster-se de recolher declarações ou imagens que atinjam a dignidade das pessoas*; e *preservar, salvo razões de incontestável interesse público, a reserva da intimidade*[362].

---

de contraordenação pela CCPJ, num total global de 614, estiveram relacionados com o exercício do jornalismo sem título profissional, com a manutenção ao seu serviço de jornalista sem título profissional e, em menor número, do exercício do cargo de diretor sem título profissional. Desses 614 casos, 192 resultaram em sanção.

[359] Artigo 21.º, n.º 2, do Estatuto do Jornalista (Lei n.º 1/99, de 13 de janeiro).

[360] Artigo 25.º do Decreto-Lei n.º 70/2008, de 15 de abril, que define o Regime da organização e funcionamento da CCPJ. Sublinhe-se que a secção disciplinar poderá ser composta quer por jornalistas eleitos pelos seus pares, quer por jornalistas indicados pelos operadores do sector. No mandato iniciado em 2018, um dos três jornalistas foi indicado pelos operadores.

[361] O Estatuto Disciplinar dos Jornalistas foi publicado em anexo ao Aviso n.º 23 504/2008, no Diário da República, 2.ª Série, n.º 180, de 17 de setembro de 2008.

[362] De acordo com o artigo 21.º, n.º 2, do Estatuto do Jornalista e com as alíneas a) a c) do artigo 8.º do Estatuto Disciplinar dos jornalistas, constante de anexo ao Aviso n.º 23504/2008, publicado no Diário da República, 2.ª série, de 17 de setembro de 2008, as penas aplicáveis são a advertência registada, a repreensão escrita e a suspensão do exercício da atividade profissional até 12 meses. Como refere Pedro Mourão, presidente da

Em contrapartida, os deveres dos jornalistas previstos no n.º1 do artigo 14.º, igualmente influenciados pelas normas deontológicas — *informar com rigor e isenção, repudiar a censura, rejeitar funções que possam comprometer a sua independência, respeitar o estatuto profissional do seu órgão de comunicação* e *diversificar e identificar, como regra, as suas fontes de informação* —, estão subtraídos à tutela disciplinar, porque se trata de regras gerais de ética profissional, insuscetíveis de descrição típica e de apreciação necessariamente mais subjetiva, como, entre outras, as que enunciavam como deveres dos jornalistas *«repudiar a censura»*, *«respeitar o estatuto editorial do órgão de comunicação social»* ou *«procurar a diversificação das suas fontes de informação e identifica-las como regra»*.

Já o poder disciplinar do Conselho Deontológico por violação das normas do Código Deontológico não conduz a mais do que uma *condenação de ordem moral*

Outra questão relevante neste âmbito da fronteira entre hétero e autorregulação consiste na imprescindível contextualização da atividade, mesmo no quadro ético, de um jornalista.

Se avaliarmos as atribuições e competências do Conselho Deontológico ou da Comissão da Carteira Profissional de Jornalista no domínio do cumprimento das regras éticas da profissão, importará ter em consideração que o desempenho redatorial de cada jornalista estará certamente condicionado pelas opções editoriais do seu órgão de informação, não apenas as estratégicas, que constam do estatuto editorial, mas aquelas que resultam de decisões diárias dos diretores e das chefias editoriais. A esta realidade acresce ainda a crescente fragilidade da autonomia dos jornalistas e do seu direito de par-

---

Comissão da Carteira Profissional de Jornalista entre 2005 e 2014 (in *A Tutela Disciplinar dos Jornalistas*, revista *Trajectos*, n.º 17, outubro de 2010, p. 83 e seguintes), comparando o regulamento profissional dos jornalistas com o de outras profissões — advogados, enfermeiros, médicos e médicos dentistas e também economistas, arquitetos, veterinários, biólogos e engenheiros, verifica-se que em todos aqueles estatutos disciplinares *«a pena mais grave é substancialmente mais pesada do que a que se encontra tipificada para os jornalistas»*. Nas primeiras quatro profissões, a pena mais pesada é a expulsão. Nas restantes é a suspensão, mas durante um tempo muito superior ao estabelecido para os jornalistas (um ano), atingindo os 10 anos (casos, por exemplo, dos arquitetos, biólogos e economistas) ou mesmo 15 anos (engenheiros). Acrescente-se que, de acordo com o artigo 21.º, n.º 4, do Estatuto do Jornalista, *«a pena de suspensão do exercício de actividade só pode ser aplicada quando o agente, nos três anos precedentes, tenha sido sancionado pelo menos duas vezes com a pena de repreensão escrita, ou uma vez com idêntica pena de suspensão»*.

ticipação através de órgãos internos, como o Conselho de Redação, inexistentes em muitos órgãos de comunicação por inação dos seus profissionais, provavelmente resultante de um contexto empresarial que não os incita a reivindicarem uma maior intervenção no plano editorial. Como sublinha Paulo Martins[363], referindo extratos do parecer 2/2006 da ERC sobre o anteprojeto de proposta de lei que altera o Estatuto do Jornalista, o regulador assinalava *«o desequilíbrio entre jornalistas e empresas»*. *«Valores como o repúdio do sensacionalismo, a independência da informação perante os poderes político e económico, a proteção da imagem e da privacidade e o respeito pela propriedade intelectual»* deveriam, como propunha o regulador, *«vincular igualmente os sectores profissional e empresarial, numa simetria de posições que está longe, entre nós, da indispensável consagração»*.

No âmbito da análise dos modelos e experiências de auto e heterorregulação, importa ainda analisar os mecanismos de regulação partilhada.

Cingindo a reflexão à experiência portuguesa no sector da comunicação social, merece destaque o modelo criado para o Conselho de Imprensa. Como atrás se referiu, além de não ter sido criado pelo sector dos *media*, como aconteceu, entre outros exemplos possíveis, na emblemática experiência do Press Council britânico, este Conselho, além de gerado por um decreto-lei governamental, dispunha de uma composição em que, ainda que dominada por membros designados pelo sector (jornalistas, diretores, associações empresariais e mesmo trabalhadores não jornalistas), havia uma significativa presença de representantes do poder político, entre 1975 e 1978, Movimento das Forças Armadas e coligação governamental e, depois de 1978, Assembleia da República. Acresce que este Conselho dispunha ainda, pelas suas atribuições, da competência e da obrigação de se pronunciar sobre matérias de deontologia profissional.

Embora o incentivo à autorregulação ou à corregulação não figurasse entre os objetivos dos conselhos de informação ou do Conselho de Comunicação Social, na legislação que regularia, depois de 1998, as atribuições, competências, organização e funcionamento da Alta Autoridade para a Comunicação Social, organismo que lhes sucedeu, havia uma norma com semelhante propósito. Na alínea h) do artigo 3.º, fruto das alterações à lei de 1990 introduzidas pela Lei n.º 43/98, de 6 de agosto, estipulava-se que

[363] *O privado em público*, p. 151.

incumbia à Alta Autoridade «*Incentivar a aplicação, pelos órgãos de comunicação social, de critérios jornalísticos ou de programação que respeitem os direitos individuais e os padrões éticos exigíveis*».

Com a participação ativa da AACS, foi elaborada a *Declaração de Princípios e Acordo de órgãos de comunicação social relativo à cobertura de processos judiciais*, aprovada em 27 de novembro de 2003 e subscrita no início do ano seguinte por 20 dos principais órgãos de comunicação social; e o *Acordo de Auto-Regulação sobre a classificação de programas de televisão*, firmado pela RTP, SIC e TVI em 13 de setembro de 2006.

Seria, no entanto, o modelo — bem como a prática — da ERC que valorizariam a relevância da regulação partilhada.

Em primeiro lugar, no próprio facto de se prever nos Estatutos do regulador a existência de um Conselho Consultivo, definido como «*o órgão de consulta e de participação na definição das linhas gerais de actuação da ERC, contribuindo para a articulação com as entidades públicas e privadas representativas de interesses relevantes no âmbito da comunicação social e de sectores com ela conexos*»[364]. Todavia, com uma vasta representação de diversas associações e instituições do sector, mas uma reduzida influência no desempenho do regulador, como no Capítulo 3 se procurou demonstrar, o Conselho nunca usou da sua competência estatutária para «*emitir pareceres não vinculativos sobre as linhas gerais de actuação da ERC ou sobre quaisquer assuntos que o Conselho Regulador decida submeter à sua apreciação*»[365].

Em segundo lugar, através de um conjunto de acordos ou de protocolos estabelecidos ou mesmo realizados por iniciativa ou com a participação da ERC, nomeadamente nos domínios da programação e da publicidade televisiva:

— acordo de autorregulação em matéria de «Menções de Patrocínio», subscrito em 1 de fevereiro de 2008 pelo então denominado ICAP (Instituto Civil da Autodisciplina da Autorregulação Publicitária) e os operadores de televisão;

[364] Artigo 38.º dos Estatutos da ERC (Lei n.º 53/2005, de 8 de novembro).

[365] Artigo 40.º, n.º 1, dos Estatutos da ERC (Lei n.º 53/2005, de 8 de novembro).

— protocolo firmado em 13 de outubro de 2008 entre a ERC e o ICAP que estabelecia procedimentos e determinava responsabilidades em caso de contraordenação relativa a publicidade;
— acordo entre a Confederação dos Meios de Comunicação Social, o ICAP e a RTP, a SIC e a TVI, celebrado em 6 de fevereiro de 2009, que estabelece regras e princípios gerais sobre a colocação de produto, a ajuda à produção e prémios;
— novo acordo entre os mesmos parceiros, em 22 de dezembro de 2010, determinando como seria entendido o *Valor Comercial Significativo*;
— protocolo de cooperação entre a Confederação dos Meios de Comunicação Social e o ICAP, em fevereiro de 2011, que visava promover, incentivar e implementar o sistema de autorregulação preconizado pelo ICAP;
— acordo de corregulação entre a ERC, a Associação Portuguesa de Imprensa e o Sindicato dos Jornalistas, em maio de 2011, em matéria de classificação de publicações periódicas;
— acordo sobre a *«sinalização de emissão»* — relativo à classificação etária da programação, aos tipos de comunicação comercial e à natureza dos espaços comerciais, em aplicação desde abril de 2013, pela RTP, SIC e TVI;
— acordo estabelecido ente RTP, SIC e TVI, sob a égide da ERC, sobre os princípios de promoção e os procedimentos a observar nos concursos com participação telefónica dos espectadores, concluído em 1 de julho de 2014;
— acordo de autorregulação, subscrito por 14 operadores de televisão e de serviços audiovisuais a pedido sujeitos à ordem jurídica portuguesa e ratificado pela ERC, depois de um longo trabalho conjunto, em 6 de setembro de 2016, sobre a definição de valor comercial significativo para efeitos de distinção entre ajuda à produção e colocação de produto.

### 4.4 A atividade sancionatória da ERC: uma regulação intrusiva ou um mero tribunal moral?

Augusto Santos Silva, ministro com a tutela da política para a comunicação social em 2005, quando foi aprovada pelo Parlamento, sob proposta do Governo, a lei que criava o atual regulador e estabelecia o seu quadro estatutário, recorda que a regulação dos *media* é fundamentada numa *tripla ancoragem*[366]: no direito do público à informação, na liberdade de imprensa, nela incluindo a liberdade de empresa, e no direito de todas as pessoas (singulares e coletivas) face aos meios de comunicação social.

Esta preocupação com os direitos dos cidadãos face aos *media*, reforçada na própria forma de designação do regulador e na sua composição, ou seja, a garantia da independência perante os regulados, traduzir-se-ia não apenas na definição das atribuições e competências do regulador, mas igualmente na sua própria atividade, quer por iniciativa própria, quer sobretudo por impulso externo.

É verdade que, como atrás se referiu, uma análise do elenco de atribuições e competências do regulador permite concluir que este foi sendo modificado e aumentado não apenas com as várias alterações ao modelo institucional da regulação (1983, 1990 e 2005), mas também ao quadro legal de cada um dos sucessivos reguladores.

No entanto, não foi apenas o elenco de atribuições e competências que foi mudando. A análise da atividade dos sucessivos reguladores permite concluir que também se foram modificando os impulsos externos à sua atividade — o conteúdo das queixas e participações de cidadãos ou dos próprios órgãos de comunicação social, suscitando a intervenção do regulador, bem como os seus poderes de investigação, de busca, de obtenção de informações e sancionatórios.

De facto, a influência das primeiras experiências de regulação da comunicação social (a preocupação com o pluralismo político e a independência do vasto sector público da comunicação social face ao poder político e com as garantias da liberdade da imprensa), que estiveram na origem, respetivamente, dos conselhos de informação e do Conselho de Imprensa, já não se reflete nas prioridades do atual regulador, quer na definição do seu quadro legal, quer na sua principal atividade, mau grado a relevância que continua a ter a análise do cumprimento das obrigações de pluralismo informativo impostas aos operadores de televisão.

---

366 Augusto Santos Silva in «*A hetero-regulação dos meios de comunicação social*», revista *Comunicação e Sociedade*, vol. 11, 2007, págs. 15–27.

Mesmo tendo em conta que a atividade do regulador não se limita às respostas a queixas e participações dos cidadãos, um estudo sobre as deliberações do Conselho Regulador, tomadas desde o início da atividade da ERC, permite extrair um conjunto de conclusões relevantes para uma melhor ponderação do papel e do percurso do regulador, não apenas sobre o exercício dos seus poderes sancionatórios, mas igualmente sobre o mercado dos *media*.

Refira-se, desde logo, que a atividade sancionatória da ERC tem como um dos principais meios o processamento e a punição da prática de ilícitos contraordenacionais, de acordo com os seus Estatutos e com os poderes que lhe são atribuídos por outros diplomas em matéria de comunicação social. Ainda no âmbito dos procedimentos de regulação e supervisão que lhe estão cometidos, de acordo com o artigo 53.º dos Estatutos, *«a ERC pode proceder a averiguações e exames em qualquer entidade ou local [...] cabendo aos operadores de comunicação social alvo de supervisão facultar o acesso a todos os meios necessários para o efeito»*. Os funcionários e agentes da ERC são equiparados, quando, no exercício de funções, a *agentes de autoridade* e gozam de prerrogativas como *«aceder às instalações, equipamentos e serviços das entidades sujeitas à supervisão e regulação da ERC»*, *«requisitar documentos para análise e requerer informações escritas»*, entre outras[367].

Incumbe-lhe igualmente participar às autoridades competentes a prática de ilícitos penais de que tome conhecimento no desempenho das suas funções[368].

No entanto, a atividade sancionatória do regulador da comunicação social está longe de se cingir à abertura de processos de contraordenação e à eventual aplicação de coimas.

### 4.4.1 O âmbito da atividade sancionatória da ERC

A regulação dos *media* pressupõe uma intervenção eficaz e influente. A legislação da atividade regulatória, nomeadamente os estatutos da ERC, prevê várias formas possíveis de exercício do seu poder. Além, por exem-

[367] Artigo 45.º, n.º 1, dos Estatutos.

[368] Artigo 67.º, n.º 3, dos Estatutos da ERC.

plo, da aplicação de coimas, como adiante se analisará, de garantir o cumprimento das normas sobre o direito de resposta e as relativas à liberdade de empresa (registos e classificações dos órgãos de comunicação social, atribuição de licenças e de autorizações para operadores de rádio e de televisão), em que a ERC emite deliberações vinculativas, o regulador pode adotar diretivas genéricas *«destinadas a incentivar padrões de boas práticas no sector da comunicação social»*[369].

Pode igualmente *«dirigir recomendações concretas a um meio de comunicação social individualizado»*[370], mas, tal como as diretivas genéricas, também as recomendações não têm carácter vinculativo, embora devam ser *«obrigatória e gratuitamente divulgadas nos órgãos de comunicação social a que digam respeito, com expressa identificação da sua origem.»*[371] Os estatutos do regulador preveem a adoção pelo conselho regulador, oficiosamente ou mediante queixa de um interessado, de decisões em relação a uma entidade individualizada que prossiga atividades de comunicação social[372]. A obrigatoriedade da sua divulgação vem expressa, ou no corpo da deliberação que antecede a recomendação/decisão (com a remissão para o artigo 65.ª dos Estatutos da ERC referente à publicidade desse ato regulatório), ou no próprio texto da recomendação/decisão.

Aparentemente, o legislador entendeu que seriam estas *decisões* o cerne da atividade regulatória, dado o volume de queixas e participações que normalmente chegam ao regulador sobre a atividade dos órgãos de comunicação social[373]. E terá pretendido que a sua eficácia tornaria imprescindível a

[369] Artigo 63.º, n.º 1, dos Estatutos da ERC (Lei n.º 53/2005, de 8 de novembro).

[370] Artigo 63.º, n.º 2, do mesmo diploma.

[371] Artigo 65.º, n.º 2, do mesmo diploma.

[372] Artigo 64.º, n.º 1, do mesmo diploma.

[373] Sublinhe-se que a esmagadora maioria das deliberações tem como origem uma queixa, nomeadamente quando estão em causa direitos disponíveis e individuais, ou uma participação, quando se visa a salvaguarda de um interesse ou direito geral. Em ambos os casos, estamos perante iniciativas provenientes de cidadãos ou entidades que se considerem prejudicados, direta ou indiretamente, por conteúdos divulgados por órgãos de comunicação social. Tomando como exemplo o ano de 2021, se considerarmos apenas as queixas e participações relacionadas com conteúdos jornalísticos e rigor informativo, o número de participações foi cerca de cinco vezes maior do que o número de queixas. Todavia, há ainda diversos casos, especialmente quando existe em torno deles, desde logo, um maior *clamor social* e um visível interesse noticioso dos *media*, em que o regula-

divulgação da deliberação do regulador nos próprios órgãos de comunicação social a que dissessem respeito. Essa divulgação permitiria não apenas, no caso de isso se justificar, sancionar o órgão de informação, expondo publicamente a sua falha, como teria igualmente a vantagem de funcionar como uma forma eficaz de reparação pública para quem, eventualmente, fosse alvo dos conteúdos publicados ou emitidos.

Em consequência, os estatutos da ERC[374] impõem que *«as recomendações e decisões da ERC são obrigatória e gratuitamente divulgadas nos órgãos de comunicação social a que digam respeito»*[375]. E estabelecem mesmo os limites de palavras (500 para a informação escrita e 300 para a informação sonora e televisiva), o *local* da sua divulgação (numa das cinco primeiras páginas dos jornais a que se reportem *«se a própria recomendação não dispuser diferentemente, em corpo de fácil leitura e normalmente utilizado para textos de informação»* ou, na rádio e na televisão, *«no serviço noticioso de maior audiência do operador, sendo, na televisão, o respetivo texto simultaneamente exibido e lido»*) e os respetivos prazos (nas 48 horas seguintes à sua receção ou, no caso da imprensa não diária, na primeira edição ultimada após a respetiva notificação).

No entanto, não terá havido sintonia entre a intenção do legislador e a avaliação por parte do regulador, desde o início da sua atividade em 2006, das consequências para a liberdade editorial dos órgãos de comunicação

---

dor toma a iniciativa de abrir um *procedimento oficioso* antes de, eventualmente, receber esses impulsos externos. Essa decisão testemunha a atenção e a sensibilidade do regulador face a esses protestos, mas pode ter a desvantagem de ser interpretado como um sinal de reprovação perante o ocorrido, antes mesmo de iniciado o processo, apurados os factos e ouvidas as partes envolvidas. Como se refere no ponto 46 da deliberação 27/CONT-I/2009, *«a ERC não está dependente de um impulso procedimental exterior, uma vez que, enquanto entidade pública integrada na função administrativa do Estado, encontra-se sujeita, em tudo aquilo que não se encontra regulado pelos seus estatutos, ao regime geral constante do Código de Procedimento Administrativo (CPA), que admite, genericamente, a possibilidade de o procedimento administrativo se iniciar oficiosamente (v. o artigo 54.º do CPA)»*.

[374] Artigo 65.º dos Estatutos da ERC.

[375] A entidade reguladora que antecedeu a ERC, a Alta Autoridade para a Comunicação Social, separava o regime aplicável às diretivas genéricas e às recomendações, que *«deveriam ser obrigatoriamente difundidas nos órgãos de comunicação social a que digam directamente respeito, nos termos das notas oficiosas»* ( artigo 23.º, n.º 1, da Lei n.º 15/90 de 30 de junho), e as deliberações que tinham como origem as queixas em que fosse alegada a violação das normas legais aplicáveis aos órgãos de comunicação social (artigo 4.º, n.º 1 k) da mesma lei).

social decorrentes da difusão obrigatória e com indiscutível destaque dos *veredictos* emanados do Conselho Regulador da ERC.

Desta forma, o Conselho Regulador, ou melhor, os três conselhos reguladores que assumiram funções desde 2006 têm reservado apenas para os casos mais graves ou mediáticos a utilização da figura da *decisão* ou da *recomendação*[376], ambas de divulgação obrigatória, optando na generalidade dos casos por uma atitude mais discreta, mas menos intrusiva ou alegadamente lesiva da credibilidade e do prestígio do órgão de comunicação social *condenado*. A esmagadora maioria das *respostas* do regulador a queixas e participações de cidadãos ou pessoas coletivas relativamente a órgãos de comunicação social não foi classificada como *«recomendação»* ou *«decisão»*, o que implicaria a sua divulgação obrigatória, preferindo-se adotar na sua parte conclusiva final expressões como, por exemplo, *«...o Conselho Regulador insta a que...»*, ou *«sensibiliza»* ou *«exorta a...»*. Desta forma, a ERC limita-se a enviar para o queixoso e para o órgão de comunicação social em causa uma cópia da deliberação e a sua divulgação pública fica confinada ao sítio eletrónico da ERC[377], o que lhe confere claramente uma menor relevância. Não são, de facto, muito frequentes as notícias divulgadas pelos órgãos de comunicação social sobre deliberações tomadas pelo Conselho Regulador da ERC, sendo certo que, nas suas reuniões semanais, são aprovadas, em média, mais de cinco, se contabilizarmos apenas as que têm como origem uma queixa ou uma participação sobre conteúdos divulgados por um órgão de comunicação social[378].

---

[376] De acordo com os artigos 63.º e 64.º dos Estatutos da ERC, as decisões individualizadas têm carácter vinculativo, o mesmo não acontecendo com as recomendações. Mas o facto de estas serem também obrigatoriamente divulgadas pelo órgão de comunicação social em causa confere-lhes, ainda assim, uma relevante função de crítica ou reparo público.

[377] Artigo 65.º, n.º 6, dos Estatutos da ERC, que estabelece que «*Os regulamentos, as directivas, as recomendações e as decisões da ERC são obrigatoriamente divulgados no seu sítio electrónico*». De notar que, também nesta norma, cujo propósito parece ser o de enumerar o leque possível de expressões da vontade do regulador, não figura a deliberação.

[378] Esta discrição sobre as deliberações tomadas pelo regulador estende-se inclusivamente aos dados estatísticos sobre o número de *condenações* aprovadas por órgão de comunicação ou mesmo sobre programas emitidos por operadores de televisão ou de rádio. Apenas isso explicará que nunca tenha sido referido em nenhum órgão de comunicação social que o programa da RTP1 *Sexta às 9* foi objeto, de janeiro de 2015 a dezem-

Várias razões podem justificar este *silêncio*, desde o escasso *valor noticioso* de muitas delas, agravado pela distância temporal, frequentemente excessiva, como adiante se analisará, entre o momento da ocorrência que justificou a queixa ou participação e a decisão do regulador, até uma certa *cumplicidade corporativa* de órgãos de comunicação social, que tendem a silenciar muitas vezes as deliberações sobre órgãos concorrentes, esperando uma futura reciprocidade.

É verdade que o regulador exerce ainda poderes sancionatórios que podem abranger, entre outros exemplos, a suspensão ou mesmo a revogação de títulos habilitadores para o exercício das atividades de rádio e de televisão e a aplicação de coimas[379]. No entanto, a resposta do regulador a queixas ou participações sobre conteúdos publicados ou emitidos constitui a sua principal atividade, não apenas se analisarmos os dados sobre o número de deliberações, como pela perceção social sobre a sua função.

O papel do regulador deverá ser analisado em função da influência e da eficácia das deliberações aprovadas no âmbito dos seus poderes sancionatórios, que podem ser classificados como parajurisdicionais, com vista à repressão da violação da legalidade[380]. A atribuição de poderes parajurisdicionais às entidades reguladoras tem como vantagem a maior celeridade das suas decisões, face às decisões judiciais, mas, conforme refere Miguel Prata

---

bro de 2021, de 21 deliberações, todas por unanimidade, exceto uma, que teve um voto contra e quatro a favor, *condenando* o programa por incumprimento de normas relativas, nomeadamente, ao rigor informativo ou ao direito de resposta. Aliás, em 2021, das 9 queixas contra conteúdos dos serviços televisivos da RTP deferidas pelo Conselho Regulador, 6, isto é, dois terços, condenavam o programa *Sexta às 9*. Sublinhe-se igualmente que esse pesado *cadastro* nunca foi invocado ou mesmo simplesmente referido pelo próprio regulador.

[379] Artigo 24.º, n.º 3, alíneas f) e ac) dos Estatutos da ERC. A suspensão ou revogação dos títulos está igualmente prevista nas leis da rádio e da televisão e dos serviços audiovisuais a pedido.

[380] Miguel Prata Roque, *Os poderes sancionatórios da ERC,* in *Direito Sancionatório das Autoridades Reguladoras,* ed. Coimbra Editora, 2009, p. 390. No mesmo sentido, Vital Moreira e Fernanda Maçãs, *in Autoridades Reguladoras Independentes,* Coimbra Editora, 2003, p. 14, classifica-a como *poder parajudicial* e José Lucas Cardoso, *Autoridades Administrativas Independentes e Constituição,* Coimbra Editora, 2002, p. 51, reconhece os reguladores como sendo titulares de poderes *quase jurisdicionais.*

Roque[381], terá o risco de *«implicar uma diminuição dos graus de independência e de imparcialidade que são garantidos pelos "tribunais" tradicionais»*. Esse risco é, todavia, atenuado graças ao *«estatuto de independência e imparcialidade dos membros de órgãos de entidades administrativas independentes»*, à vinculação à Constituição e à lei e *«ao direito de acesso aos tribunais para efeitos de impugnação das decisões administrativas sancionatórias»*.

De uma forma mais esquemática, a resposta do regulador no âmbito dos seus poderes parajurisdicionais pode ser classificada em três categorias:

— o processamento e a sanção das práticas das contraordenações previstas, não apenas nos Estatutos da ERC, mas igualmente em outros diplomas como, nomeadamente, as leis da imprensa, da rádio e da televisão;
— as recomendações e decisões individualizadas que, nos termos do artigo 65.º dos Estatutos da ERC, são *«obrigatória e gratuitamente divulgadas no órgão de comunicação social a que digam respeito»*, nas 48 horas seguintes à sua receção; e
— as deliberações que, visando um objetivo essencialmente pedagógico, são apenas remetidas para o queixoso e para o visado pela queixa ou participação, normalmente um órgão de comunicação social, e publicadas no sítio da ERC.

Pode assim concluir-se que os poderes sancionatórios da ERC não podem ser limitados a ilícitos considerados contraordenações ou ilícitos de mera ordenação social. Além de pouco rigorosa do ponto de vista estritamente jurídico, essa opção desvalorizaria erradamente todas as deliberações do regulador que assentam numa mera função pedagógica ou *influenciadora*, mesmo que concretizada apenas através de um juízo censório sem qualquer obrigação de divulgação pública pelo próprio órgão de comunicação alvo da decisão[382].

Aliás, importará ainda ponderar o que pode ser considerado, pelo órgão de comunicação social alvo de uma deliberação regulatória, como castigo mais severo e punitivo: uma admoestação ou mesmo uma coima de reduzido valor como desfecho de um processo contraordenacional, sanção que, excetuando o sítio do regulador, não será certamente publicitada e, como

---

381 Miguel Prata Roque, *Os poderes sancionatórios da ERC*, in *Direito Sancionatório das Autoridades Reguladoras*, ed. Coimbra Editora, 2009, págs. 392 e 393.

382 Sobre esta matéria, ver Relatório de Regulação de 2018, páginas 125 e 126.

tal, conhecida de um número significativo de consumidores desse órgão de comunicação social ou a imposição de divulgar no próprio órgão o conteúdo decisório de uma deliberação condenatória, que inevitavelmente expõe publicamente os erros e/ou as imprecisões cometidas?

### 4.4.2 Os processos contraordenacionais

Uma análise dos processos contraordenacionais instaurados pela ERC pode ser realizada enumerando as matérias em que existe uma previsão legal nesse sentido nos diversos diplomas reguladores do sector da comunicação social, avaliando o seu número global, comparando-o com os dados relativos ao conjunto das deliberações e igualmente com aquelas em que o regulador impôs ao órgão de comunicação social a sua divulgação, examinando o objeto desses processos, bem como as sanções aplicadas e os órgãos de comunicação social que foram sujeitos a esse procedimento.

São diversos os diplomas legais que atribuem competências à ERC para o processamento de contraordenações e aplicação das respetivas coimas (ver Fig. 22).

| Diploma legal | Normas que atribuem competências sancionatórias à ERC e que estabelecem as coimas a aplicar |
|---|---|
| Estatutos da ERC (Lei n.º 53/ 2005, de 8 de novembro) | Art. 67.º (atribui à ERC competência para processar e punir a prática de contraordenações previstas nos Estatutos da ERC ou que lhe forem atribuídas por qualquer outro diploma em matéria de comunicação social)<br>Art. 12.º c) (incumprimento das obrigações de serviço público no sector da comunicação social)<br>Art. 24.º, n.º 3 f) (suspensão ou revogação dos títulos habilitadores do exercício da atividade de rádio e de televisão e outras sanções previstas nas Leis n.ºs 4/2001 e 32/2003)<br>Art. 24.º, n.º 3 ac) (conduzir o processamento das contraordenações cometidas através de meio de comunicação social, cuja competência lhe seja atribuída pelos Estatutos da ERC ou por outro diploma legal, bem como aplicar as respetivas coimas e sanções acessórias)<br>Art. 68.º (sanções a aplicar por recusa de colaboração com a ERC)<br>Art. 69.º (sanções a aplicar por recusa de acesso ao regulador para averiguações e exames)<br>Art. 70.º (sanções a aplicar por não preservação do registo)<br>Art. 71.º (sanções a aplicar por recusa de acatamento e cumprimento deficiente de decisão da ERC) |

| Diploma legal | Normas que atribuem competências sancionatórias à ERC e que estabelecem as coimas a aplicar |
|---|---|
| Estatutos da ERC (Lei n.º 53/2005, de 8 de novembro) | Art. 72.º (sanção pecuniária compulsória por atraso no cumprimento pelos destinatários de decisão individualizada aprovada pela ERC) |
| Lei de Imprensa (Lei n.º 2/99, de 13 de janeiro) | Art. 36.º (processamento das contraordenações e aplicação das coimas)<br>Art. 27.º (efetivação coerciva do direito de resposta e de retificação)<br>Art. 34.º (publicação das sentenças condenatórias) |
| Lei da Rádio (Lei n.º 54/2010, de 24 de dezembro) | Art. 77.º (competência para a instrução dos processos de contraordenação e para a aplicação das coimas)<br>Art. 69.º (contraordenações)<br>Art. 70.º (sanções acessórias)<br>Art. 62.º (efetivação coerciva do direito de resposta e de retificação)<br>Art. 73.º (revogação das licenças ou das autorizações) |
| Lei da Televisão e dos Serviços Audiovisuais a Pedido (Lei n.º 27/2007, de 30 de julho) | Art. 93.º (fiscalização do cumprimento da Lei da Televisão e dos Serviços Audiovisuais a Pedido)<br>Art. 86.º, n.º 1 (suspensão da retransmissão de serviços de programas televisivos ou dos respetivos programas)<br>Art. 68.º (efetivação coerciva do direito de resposta e de retificação)<br>Art. 82.º (revogação da licença ou da autorização)<br>Art. 86.º-A (medidas para a cessação de infrações cometidas por serviços de programas sob jurisdição de outro estado-membro)<br>Art. 86.º-B (medidas para impedir a oferta de programas de catálogos de serviços audiovisuais a pedido que violem o disposto nos n.ºs 2 e 10 do artigo 27.º) |
| Estatuto do Jornalista (Lei n.º 1/99, de 13 de janeiro) | Art. 20.º, n.º 6 (instrução dos processos das contraordenações e aplicação das coimas por infração dos direitos dos jornalistas de acesso às fontes de informação e da garantia da independência e da cláusula de consciência) |
| Sistema de Registos da Comunicação Social (Decreto Regulamentar n.º 8/99, de 9 de junho | Art. 39.º, n.º 2 (aplicação das coimas e sanções previstas no diploma) |
| Regime de instalação e operação do sistema de transmissão de dados em radiodifusão (RDS) pelos operadores de radiodifusão sonora (DL n.º 272/98 de 2 de setembro) | Art. 9.º (fiscalização do conteúdo das mensagens difundidas em radiotexto)<br>Art 11.º (competência para a aplicação de coimas pela prática de ilícitos pela transmissão de mensagens contra a dignidade da pessoa humana ou contrárias à lei e para a instrução dos respetivos processos) |
| Lei das Sondagens (Lei n.º 10/2000, de 21 de junho) | Art. 15.º (aplicar as coimas previstas no art. 17.º do mesmo diploma) |

| Diploma legal | Normas que atribuem competências sancionatórias à ERC e que estabelecem as coimas a aplicar |
|---|---|
| Transparência da Propriedade dos órgãos de comunicação social (Lei n.º 78/2015, de 29 de julho) | Art. 17.º (competência para processar e punir a práticas das contraordenações previstas no diploma) |

FIG. 22

Quadro elaborado pelo autor com base na legislação aplicável
e no Relatório de Regulação de 2018, págs. 120 e seguintes.

Analisando o quadro legal aplicável aos procedimentos sancionatórios previstos nos diplomas legais enumerados na Fig. 22, é possível enumerar os principais temas que são objeto de contraordenação:[383]

— recusa de colaboração com a ERC, nomeadamente o não fornecimento de informações e documentos solicitados às entidades que prosseguem atividades de comunicação social, a não comparência de administradores, diretores e demais responsáveis perante o Conselho Regulador quando isso lhes tenha sido solicitado, a recusa de acesso a averiguações e exames por parte dos operadores de comunicação social, a não preservação de registo dos materiais que estiveram na origem de um pedido de direito de resposta, a recusa de acatamento ou o cumprimento deficiente de um decisão do regulador que ordene a publicação de resposta, retificação, direito de antena ou de réplica política;

— inobservância de normas relativas à liberdade de criação de empresas, nomeadamente do dever de registo prévio ou da habilitação necessária para o exercício de atividade, das obrigações de transparência da propriedade, da existência e forma de designação e demissão dos diretores, bem como das normas relativas às operações de concentração entre operadores de televisão, das que limitam a concentração da propriedade ou a alteração de domínio e relativas à existência de um estatuto editorial;

[383] Esta lista foi elaborada tendo como fontes a legislação aplicável e o Relatório de Regulação de 2018, páginas 129 e seguintes.

— inobservância de normas relativas às obrigações de programação pelos operadores de rádio e de televisão, nomeadamente os horários mínimos de programação, o seu anúncio público, a identificação dos programas televisivos e das suas fichas artísticas e técnicas, as obrigações de serviços noticiosos, as obrigações específicas para o serviço público, as obrigações relativas às quotas de música portuguesa dos operadores de radiodifusão e as obrigações relativas à difusão de obras audiovisuais (quotas relativas à emissão televisiva em língua portuguesa, ou à produção europeia ou ainda à produção independente), bem como das normas aplicáveis aos serviços audiovisuais a pedido e aos operadores de distribuição;
— inobservância de normas relativas aos limites à liberdade de programação pelos operadores de rádio e de televisão, nomeadamente sobre a observância do projeto aprovado, dos limites à liberdade de programação e das condições de emissão de conteúdos proibidos em contexto jornalístico;
— incumprimento de normas relativas ao direito de resposta, nomeadamente a recusa de acatamento ou cumprimento deficiente de decisão da ERC, a não satisfação ou a recusa infundada desse direito, o incumprimento do prazo de publicação ou emissão ou das normas relativas à localização ou horário do texto, conexão do texto da resposta ou retificação à 1.ª página, limites a comentários ou notas da direção associadas à publicação ou emissão do texto, publicação de texto que excede limites, inobservância de normas de publicação do direito de resposta ou de retificação por procedência de recurso, omissão da menção a decisão judicial ou da ERC sobre a transmissão de resposta ou retificação, respeito pelo prazo para facultar visionamento a titulares do direito, prazo e menção da emissão da resposta ou retificação em caso de procedência de recurso, direito ao visionamento por titulares do direito de resposta ou de retificação;
— incumprimento de normas relativas ao direito de antena e de réplica política, nomeadamente sobre serviços de programas em causa, horário de emissão, exercício nas regiões autónomas e garantia de igualdade de acesso e de meios para a realização dos programas, incumprimento de limitações ao direito de antena, suspensão do seu exercício no mês anterior ao início de campanha eleitoral ou referendária, proibição de propaganda política televisiva, negação do direito de antena

aos seus titulares, intransmissibilidade do direito de antena, direito de réplica política;

— incumprimento de normas sobre publicidade comercial (identificação, proibições, limites temporais e em programas, volume sonoro, colocação de produto, ajuda à produção, patrocínio, televenda, interatividade, proibição de interrupção de difusão de serviços religiosos com publicidade ou televenda, dever de informação sobre inserção de comunicações comerciais audiovisuais virtuais em cada programa televisivo;

— incumprimento de normas relativas à realização e difusão de sondagens, nomeadamente a falta de credenciação, a publicação ou difusão de inquéritos de opinião ou de televotos como se de sondagem de opinião se tratasse, a ausência de depósito com ficha técnica, a realização de sondagens em violação das normas legais e a sua publicação ou difusão, incluindo comentários, interpretação ou análise dos seus dados em violação das regras de divulgação e interpretação, das normas aplicáveis ao período eleitoral e entre o encerramento da campanha e o encerramento das urnas e dos deveres de retificação ou de publicação ou difusão de decisões administrativas ou judiciais;

— incumprimento de normas do Estatuto do Jornalista relativas ao direito de acesso a fontes oficiais de informação e da independência e à cláusula de consciência dos jornalistas[384].

A instrução dos processos contraordenacionais instaurados pela ERC rege-se pelas normas do Regime Geral das Contraordenações e Coimas (Decreto-Lei n.º 433/82, de 23 de outubro).

No entanto, os diplomas legais que preveem as coimas a aplicar pelo regulador não obedecem a critérios uniformes. Entre outros exemplos possíveis, as coimas a aplicar por denegação do direito de resposta previstas nas leis de imprensa, rádio e televisão variam em função do meio em causa: a sanção mais elevada está prevista na Lei da Televisão e dos Serviços Audiovisuais a

[384] Além destas, poderão ainda ser enumeradas as normas relativas às acessibilidades às emissões televisivas, ao início das emissões, às áreas de cobertura dos emissores de radiodifusão, dos deveres de identificação em antena dos serviços de programas, dos direitos de acesso a extratos informativos e das obrigações de emissão de programação própria dos operadores de rádio.

Pedido (art. 76.º, n.º 1), com uma coima entre os 20 mil e os 150 mil euros. Na Lei da Rádio (art. 69.º, n.º 1), prevê-se uma coima entre os 1250 e os 100 mil euros e na Lei de Imprensa (art. 35.º, n.º 1, alínea d) uma coima entre os 2493,989 e os 14 963,937 euros.

Além desta diversidade de valores, que está claramente relacionada com o impacto mediático do meio de comunicação em causa, os diplomas legais apresentam outras diferenças entre si:

— a Lei da Televisão e dos Serviços Audiovisuais a Pedido prevê a existência de: 1) contraordenações leves (coimas entre 7500 e 37 500 euros, em casos como, entre outros exemplos, o incumprimento de identificação e de registo dos operadores ou de incumprimento das quotas de produção europeia e independente); 2) contraordenações graves (entre 20 mil e 150 mil euros, por exemplo, nos casos de difusão de programas suscetíveis de influírem de modo negativo na formação de crianças e adolescentes fora do horário entre as 22 horas e 30 minutos e as 6 horas; ou difusão deste tipo de conteúdos em serviços noticiosos caso não se revistam de importância jornalística ou sejam apresentados sem respeito pelas normas éticas da profissão ou sem serem antecedidos de uma advertência sobre a sua natureza; ou de violação das normas sobre os tempos reservados à publicidade, patrocínio, colocação de produto e ajuda à produção, bem como à identificação e separação da publicidade e do patrocínio da restante programação); e 3) de contraordenações muito graves (coimas de 75 mil a 375 mil euros e suspensão da licença ou autorização do serviço de programas ou da transmissão do programa em que for cometida, bem como da disponibilização de todo o catálogo ou do programa do serviço audiovisual a pedido, por um período de 1 a 10 dias, nomeadamente, entre outros exemplos, a exploração de serviços de programas televisivos por entidade diversa do titular da licença ou da autorização ou a emissão de programas suscetíveis de prejudicar manifesta, séria e gravemente a livre formação da personalidade de crianças e adolescentes, designadamente os que contenham pornografia, no serviço de programas de acesso não condicionado, ou violência gratuita, quando os direitos sobre os conteúdos em causa forem adquiridos com conhecimento da sua natureza).

A Lei da Rádio prevê quatro tipos de coimas, sem as classificar como o faz o diploma aplicável ao meio televisivo: 1) de 1250 a 12 500 euros, por exemplo, quando os operadores do sector não cumprem as normas relativas ao seu registo junto do regulador, não identificam em antena os respetivos serviços de programas ou não acatam, no prazo indicado, uma deliberação da ERC ou uma decisão judicial relativa à difusão de um direito de resposta; 2) de 3 mil a 30 mil euros, nos casos, entre outros, de incumprimento das normas relativas às quotas de difusão de música portuguesa; 3) de 3750 a 25 mil euros, em casos como os de um serviço de programas não ter um responsável pela informação, ou não adotar um estatuto editorial ou ainda se não emitir 24 horas por dia; e 4) de 10 mil a 100 mil, quando se verificar a inobservância de normas sobre as operações de concentração entre operadores de rádio, por não serem submetidas a parecer prévio da ERC ou não cumprirem os limites de total de licenças atribuídas nas normas sobre concentração e pluralismo; ou as condições e termos do serviço de programas licenciado ou autorizado, ou ainda, nos casos serviços de programas generalistas ou temáticos informativos, a obrigação de produzir e difundir, de forma regular e diária, pelo menos três serviços noticiosos, entre as 7h e as 24h.

A Lei da Rádio prevê ainda, no artigo 70.º, que as contraordenações decorrentes do incumprimento das normas relativas às quotas de difusão de música portuguesa, bem como aquelas sobre as quais incide uma coima entre 10 mil a 100 mil euros, podem dar lugar *«atenta a gravidade do ilícito e a culpa do agente»*, à sanção acessória de suspensão das emissões por período de não superior a 30 dias, o que, todavia, nunca aconteceria[385].

A Lei de Imprensa prevê quatro montantes de coimas, globalmente de valor mais reduzido do que as aplicáveis aos operadores de televisão ou de rádio: 1) de 498 a 2493 euros[386], nomeadamente, quando houver incumpri-

[385] O mesmo diploma, além de outras coimas, prevê ainda a sanção acessória de publicitação da decisão condenatória do regulador, nomeadamente em casos de incumprimento das condições e termos do serviço de programas licenciado ou autorizado, de modificação do projeto sem aprovação da ERC, de violação dos limites à liberdade de programação e de incumprimento da norma que obriga os operadores a difundirem pelo menos 3 serviços noticiosos por dia.

[386] A Lei de Imprensa (Lei n.º 2/99, de 13 de janeiro) estabelece ainda os montantes em escudos, pelo que optámos por convertê-los em euros, mas sem referência aos cêntimos e de forma aproximada.

mento dos requisitos das publicações; 2) de 996 a 4986 euros, na generalidade dos incumprimentos relativos ao direito de resposta, dos requisitos das publicações periódicas e na violação da norma que obriga à identificação da publicidade; 3) de 2493 a 4986 euros, quando for violada a norma que impõe a adoção de um estatuto editorial; e 4) de 2493 a 14 970 euros, nos casos de não satisfação ou de recusa infundada do direito de resposta e da não publicação das sentenças condenatórias por crimes cometidos através da imprensa, quando o ofendido o requeira.

A instrução dos processos de contraordenação e a aplicação de coimas por violação de normas do Estatuto do Jornalista compete, na maioria dos casos, à Comissão da Carteira Profissional de Jornalista, mas este diploma atribui à ERC essa competência quando estiver em causa a infração aos artigos relativos ao acesso a fontes oficiais de informação, não estando, todavia, previsto no diploma (Lei n.º 1/99, de 13 de janeiro) qual a coima aplicável, bem como à garantia da independência dos jornalistas, cuja coima prevista é de 2500 a 15 mil euros.

O Decreto Regulamentar que organiza o sistema de registos da comunicação social[387] atribui à ERC a competência para aplicar as coimas previstas no diploma, que prevê três escalões, variando entre os 249,39 e os 498,79 euros, entre outros, nos casos de incumprimento das normas sobre comunicação à ERC da suspensão ou reinício da edição das publicações periódicas, de 498,79 a 2493,98 euros, se não forem respeitadas as normas sobre periodicidade e períodos de tempo de suspensão das publicações e de 24923,98 a 4987,97 euros, nomeadamente nos casos de inobservância das normas que impõem um registo antes do início de atividade das publicações periódicas ou de agências noticiosas.

A ERC é a entidade competente para verificar as condições de realização de sondagens e o rigor e objetividade da divulgação dos seus resultados, pelo que também lhe é atribuída a aplicação de coimas devidas pelo incumprimento das normas relativas à realização de sondagens divulgadas na comunicação social sem a prévia credenciação ou, entre outras obrigações, a realização e difusão de uma sondagem sem o seu prévio depósito ou sem respeitar as regras previstas no diploma que define o regime jurídico da publicação ou difusão de sondagens e inquéritos de opinião (Lei n.º 10/2000, de 21

---

[387] Decreto Regulamentar n.º 8/99, de 9 de junho.

de junho). O mesmo diploma prevê coimas no montante de 4987 a 49 879 euros se o infrator for uma pessoa singular e de 24 939 a 249 398 euros para pessoas coletivas.

Igualmente, a Lei n.º 78/2015, de 29 de julho, que regula a transparência da titularidade, da gestão e dos meios de financiamento das entidades que prosseguem atividades de comunicação social, atribui à ERC a competência para processar e punir a prática das contraordenações. O diploma divide-as em muito graves, puníveis com coima de 5 000 a 25 mil euros, quando praticadas por pessoa singular, ou de 50 mil a 250 mil por pessoa coletiva, e graves, com coima de 2500 a 12 500 euros, quando se trata de pessoa singular e de 25 mil a 125 mil euros, no caso de pessoas coletivas. Constituem contraordenações muito graves, nomeadamente, a falta de comunicação ou a comunicação defeituosa à ERC de informações relativas aos principais meios de financiamento, a não sujeição à forma nominativa das ações das entidades que prosseguem atividades de comunicação social e a ocultação da detenção de participações qualificadas nessas entidades. Graves serão, por exemplo, a falta de comunicação ou a comunicação defeituosa da obtenção, ultrapassagem ou redução de uma participação qualificada ou ainda da identificação das fontes de financiamento.

A utilização do sistema RDS para a difusão de mensagens que atentem contra a dignidade da pessoa humana ou sejam contrárias à lei constitui uma contraordenação considerada muito grave e sancionável pela ERC com uma coima que varia, de acordo com a dimensão da empresa, entre os 500 a 5000 euros, no caso das microempresas, de 1250 a 7500, para as pequenas empresas, 2500 a 12 500, para as médias empresas e 5000 a 25 mil para as grandes empresas[388].

Enunciados os principais diplomas e as respetivas normas que preveem a aplicação de coimas, importa analisar quantitativamente os processos contraordenacionais instaurados pelo regulador.

Em primeiro lugar, importa realçar que, das 4558 deliberações adotadas pelo Conselho Regulador desde o início da atividade da ERC em 2006, até

[388] Decreto-Lei n.º 272/98, de 2 de setembro, artigos 11.º, n.º 2, 7.º e 10.º, n.º 1 alínea f).

ao final de 2021, apenas 9,3% deram lugar a um processo contraordenacional (ver Fig. 23)[389].

| | 2006 | 2007 | 2008 | 2009 | 2010 | 2011 | 2012 | 2013 | 2014 | 2015 | 2016 | 2017 | 2018 | 2019 | 2020 | 2021 |
|---|---|---|---|---|---|---|---|---|---|---|---|---|---|---|---|---|
| Deliberações | 97 | 195 | 342 | 465 | 361 | 327 | 257 | 276 | 180 | 246 | 281 | 262 | 264 | 350 | 261 | 394 |
| Processos contraordenacionais | 10 | 19 | 31 | 49 | 53 | 38 | 16 | 31 | 14 | 36 | 21 | 14 | 12 | 22 | 22 | 34 |

FIG. 23

Tabela realizada pelo autor com base nos relatórios de regulação de 2018, 2019 e 2020 e em informação no sítio da ERC sobre o número de processos contraordenacionais instaurados.

Analisando ano a ano, não se pode concluir ter existido uma evolução assinalável no número de processos contraordenacionais. Aliás, se verificarmos os anos em que foi maior o número de deliberações tomadas pelo Conselho Regulador, nomeadamente 2010 e 2009, concluiremos igualmente que esses anos foram aqueles em que foi maior o número de processos contraordenacionais. Apenas em seis anos (2006, 2009, 2010, 2011, 2013 e 2015), o número de processos contraordenacionais foi superior a 10% do total de deliberações[390].

Sob o prisma do tipo de ilícitos detetados que deram lugar a processos contraordenacionais, poderá concluir-se que o incumprimento de normas relativas a sondagens constituiu o motivo para o maior número, seguindo-se as matérias relativas à difusão de publicidade pelos órgãos de comunicação social e o direito de resposta (ver Fig. 24)[391].

---

[389] Neste quadro estatístico, não são considerados os 14 processos de contraordenação que transitaram de outras entidades, no início da atividade da ERC, e cuja competência lhe foi atribuída: Alta Autoridade para a Comunicação Social (15), Instituto da Comunicação Social (3), Instituto do Consumidor (4) Relatório de Actividades e Contas — Ano 2006, p. 101. Por outro lado, sublinhe-se que o número de processos de contraordenação em cada ano é diverso do número de deliberações tomadas pelo regulador em consequência desses processos, tanto mais que, em muitos deles, medeia um intervalo de vários meses entre a instauração do processo e a sua conclusão e deliberação.

[390] O ano em que a percentagem de processos foi mais alta foi 2010, atingindo os 14,68%. Em contrapartida, o ano em que a percentagem foi mais baixa, foi 2018, com apenas 4,5%.

[391] Esta tabela foi elaborada pelo autor com base nos relatórios anuais de regulação e no sítio da ERC. No entanto, constatámos que diversas deliberações relativas a processos

| |
|---|
| Sondagens 50 |
| Publicidade 37 |
| Conteúdos televisivos 28 |
| Direito de resposta 26 |
| Registo de publicações periódicas 17 |
| Incumprimento horários televisivos anunciados 15 |
| Alteração de domínio de rádio local sem autorização 9 |
| Não colaboração com a ERC (envio de gravações, etc.) 8 |
| Alteração do projeto de rádio local sem autorização 7 |

FIG. 24 — Principais temas das sanções contraordenacionais:

De acordo com a análise divulgada no Relatório de Regulação de 2018 (página 122), *«é possível identificar e distinguir os períodos quanto ao tipo de ilícito detetado. Assim, em 2006, 2008 e 2009 destacam-se os processos em que existem indícios de violação do artigo 7.º da Lei das Sondagens, e que é relativo às regras a observar na divulgação e interpretação de sondagens»*, bem como dos artigos da Lei de Imprensa relativos ao direito de resposta.

A partir de 2010, de acordo com o mesmo texto, assistiu-se a uma tendência para o aumento dos processos relacionados com as questões do anúncio da programação e do tempo reservado à publicidade televisiva e à televenda. Ainda de acordo com o Relatório de Regulação de 2018, em 2014 e 2015 registou-se uma maior diversidade de ilícitos, predominando as contraordenações relativas ao direito de resposta, ao direito a extratos informativos e à alteração de domínio dos operadores de rádio. Entre 2016 e 2018, além do direito de resposta, os processos incidiram sobretudo no incumprimento das normas sobre o tempo reservado à publicidade televisiva e à televenda, bem como à colocação de produto e ajuda à produção.

Uma terceira questão relevante relacionada com os processos contraordenacionais respeita às sanções aplicadas.

---

contraordenacionais, particularmente nos primeiros anos de atividade do regulador, não figuram na enumeração existente em todos os relatórios. Desta forma, os dados aqui enunciados não podem ser considerados absolutamente rigorosos, embora permitam retirar algumas conclusões interessantes, pelo que optámos, apesar desta limitação, por publicá-los.

De acordo com os dados publicados nos relatórios de regulação de 2018 e 2019, apenas cerca de um quarto dos processos contraordenacionais deu lugar à aplicação de uma coima (ver Fig. 25).

| | 2006 | 2007 | 2008 | 2009 | 2010 | 2011 | 2012 | 2013 | 2014 | 2015 | 2016 | 2017 | 2018 | 2019 | 2020 | 2021 | Total |
|---|---|---|---|---|---|---|---|---|---|---|---|---|---|---|---|---|---|
| Arqu. | 16 | 15 | 16 | 24 | 14 | 8 | 5 | 5 | 1 | 4 | 2 | 2 | 2 | 1 | 6 | 17 | 138 |
| Admst. | 0 | 1 | 6 | 9 | 22 | 18 | 14 | 22 | 9 | 4 | 2 | 2 | 4 | 6 | 4 | 4 | 127 |
| Coima | 0 | 1 | 4 | 8 | 6 | 11 | 7 | 6 | 9 | 5 | 1 | 3 | 6 | 15 | 12 | 13 | 107 |

FIG. 25

Números relativos a decisões de arquivamento, admoestação ou aplicação de uma coima em processos de contraordenação instaurados em cada ano. Elaborado pelo autor com base nos relatórios de regulação de 2018 e 2019 e no sítio da ERC.

Por outro lado, além de mais de um terço dos processos ter sido arquivado (138 em 372), a maior parte das sanções resumiu-se a uma mera admoestação. Acresce que apenas uma parte destas sanções, menos de metade das coimas, se concretizou através de um montante superior a 20 mil euros[392]. De acordo com os Relatórios de Regulação de 2018 e de 2019, apenas cerca de 15% das decisões de condenação em processos de contraordenação — 49 entre 2006 e 2019 — seriam objeto de impugnação judicial, verificando-se ainda que 19 desses casos ocorreram em 2011, 2012 e 2013[393].

[392] Assinale-se, todavia, que a percentagem de processos em que o Conselho Regulador opta pela aplicação de coimas, e não pelo arquivamento ou pela admoestação, subiu claramente no atual mandato. Em 2020, por exemplo, dos 22 processos, 12 resultaram numa coima, 7 das quais num montante superior a 20 mil euros e 3 acima dos 35 mil euros. Em 2021, dos 34 processos, 13 resultaram numa coima, das quais 7 num montante superior a 30 mil euros. Sublinhe-se, no entanto, que não parece curial concluir destes dados uma maior severidade do regulador neste período, tanto mais que, como se verá, o número de deliberações que culminaram na imposição de divulgação obrigatória pelo órgão de comunicação social em causa foi particularmente reduzido neste mesmo mandato.

[393] Ainda de acordo com o Relatório de Regulação de 2018 (p. 124), o montante de coima mais elevado (75 mil euros) foi aplicado em 2012 (Decisão 8/PC/2012, de 18-04-2012) à TVI por violação do artigo 27.º, n.º 3, da Lei da Televisão (programas televisivos suscetíveis de prejudicar manifesta, séria e gravemente a livre formação da personalidade de crianças e adolescentes, designadamente os que contenham pornografia, em serviços de programas de acesso não condicionado, ou violência gratuita). O segundo montante mais elevado (60 mil euros) foi aplicado à Sojormedia Capital, SA, em 2014,

Se analisarmos o número de coimas e o seu montante global anual, verifica-se uma subida assinalável a partir de 2012 e particularmente em 2020 e 2021. (ver fig. 26)[394].

| Ano | Coimas aplicadas | Montante total (em milhares de euros) |
|---|---|---|
| 2006 | 10 | 34,0 |
| 2007 | 1 | 19,2 |
| 2008 | 4 | 18,0 |
| 2009 | 3 | 76,4 |
| 2010 | 0 | 0 |
| 2011 | 8 | 79,5 |
| 2012 | 9 | 173,2 |
| 2013 | 9 | 115,4 |
| 2014 | 5 | 137,3 |
| 2015 | 10 | 120,8 |
| 2016 | 8 | 133,4 |
| 2017 | 8 | 160,1 |
| 2018 | 6 | 87,4 |
| 2019 | 15 | 141,7 |
| 2020 | 12 | 263,2 |
| 2021 | 12 | 417,9 |

FIG. 26

(Quadro elaborado pelo autor com base nos dados fornecidos pelos relatórios anuais de atividade e contas e no sítio da ERC. Refira-se que os relatórios de regulação e de atividades e contas relativos a 2010 não identificam qualquer deliberação final sobre processos contraordenacionais. Sublinhe-se de novo que tal não invalida que nesse mesmo ano tenham sido recebidas verbas relativas a coimas de anos anteriores e que tenham sido instaurados processos contraordenacionais, cuja deliberação final seria apenas tomada em anos posteriores. Os montantes relativos a 2006 decorrem de processos transitados da Alta Autoridade, do Instituto da Comunicação Social e do Instituto do Consumidor.)

---

por violação da lei das sondagens. As decisões relativas a processos contraordenacionais são impugnadas junto do Tribunal da Concorrência, Regulação e Supervisão. De acordo com o Relatório de Regulação de 2020, entre 2018 e 2020, tal sucedeu com 20 decisões.

[394] Sublinhe-se de novo que o montante anual das coimas deliberadas não corresponde na generalidade ao montante recebido no mesmo ano pelo regulador, uma vez

Os três principais operadores de televisão (TVI, RTP e SIC) foram os órgãos de informação que mais vezes foram objeto de processos de contraordenação, seguindo-se o *Diário de Notícias*, o *Correio da Manhã* e o *Jornal da Madeira*[395].

### 4.4.3 As recomendações e as decisões individualizadas de divulgação obrigatória

Apesar de, como atrás se referiu, os estatutos do regulador induzirem como regra a publicação ou emissão obrigatória das suas recomendações e decisões, a prática dos seus dirigentes, desde o primeiro mandato, tem sido a de contornar essa aparente intenção do legislador através da figura, bem menos intrusiva, da deliberação, que será apenas obrigatoriamente publicada pelo próprio regulador no seu sítio na Internet. Aliás, se quantificarmos as recomendações e decisões individualizadas de divulgação obrigatória — 42 desde 2006 até ao final de 2021, bem como os processos de contraordenação instaurados e concluídos, 423, no mesmo período —, concluir-se-á que o regulador optou por uma atitude bem mais *pedagógica* do que *sancionatória*.

O número de decisões individualizadas ou de recomendações de publicação obrigatória tem sido assim extremamente reduzido, representando apenas 0,92% do total de deliberações, ou, se considerarmos apenas as queixas relacionadas com conteúdos informativos ou de programação (incluindo, entre outros, o pluralismo e o direito de resposta), 2,34%.

Acrescente-se ainda que, como atrás se referiu, enquanto no mandato do primeiro Conselho Regulador (2006–2011) o número total de deliberações de publicação obrigatória foi de 30, no segundo (2011–2017), esse número

---

que, em muitas situações, é necessário aguardar pelo seu pagamento ou, caso tenha sido apresentado recurso da deliberação, pela pronúncia definitiva e pelo trânsito em julgado. Aliás, não existe na ERC ou nos relatórios de regulação qualquer estudo ou informação sobre a relação entre as coimas aplicadas pelo regulador e os pagamentos recebidos, quer do ponto de vista do espaço de tempo entre esses dois *momentos*, quer do seu cumprimento efetivo.

[395] De acordo com uma análise realizada tendo como base os relatórios de regulação e no sítio da ERC na Internet, a TVI foi alvo de 38 processos, a RTP de 23 e a SIC de 18. Em 2021, a TVI sofreu pesadas penalizações: 4 coimas num total de 192 500 euros, em processos relativos a infrações nos domínios da publicidade e do direito de resposta.

baixou para apenas 10 E nos três primeiros anos de mandato do terceiro apenas houve dois casos (ver Fig. 27).

| 2006 | 2007 | 2008 | 2009 | 2010 | 2011 | 2012 | 2013 | 2014 | 2015 | 2016 | 2017 | 2018 | 2019 | 2020 | 2021 |
|---|---|---|---|---|---|---|---|---|---|---|---|---|---|---|---|
| 6 | 3 | 7 | 7 | 6 | 1 | 2 | 0 | 2 | 4 | 1 | 1 | 0 | 0 | 1 | 1 |

FIG. 27

Número de deliberações anuais de publicação obrigatória. Quadro elaborado pelo autor.

A análise das deliberações de publicação obrigatória (ver Figs. 27 e 28) permite ainda extrair outras conclusões, relativamente aos órgãos de comunicação social alvos dessa *sanção*, às principais normas legais invocadas nas deliberações, à consensualidade das deliberações e às principais matérias jurídicas apreciadas nos processos em causa[396]:

Ano 2006

Recomendação 1/2006

Na sequência da deliberação 2-D/2006, relativa à primeira página do jornal *24 Horas* de 27 de abril de 2006, o Conselho Regulador recomendou a este jornal o cumprimento das normas e princípios éticos e deontológicos, depois de analisar a primeira página do jornal, onde era publicada a fotografia do Cardeal-Patriarca de Lisboa, associada a títulos sobre o «caso Casa Pia», em que se referia uma alegada violação por um padre. Aprovada por unanimidade.

[396] A obrigatoriedade da sua divulgação vem expressa ou no corpo da deliberação que antecede a recomendação/decisão (com a remissão para o artigo 65.ª dos Estatutos da ERC referente à publicidade) ou no próprio texto da recomendação/decisão. Só a recomendação 2/2008 não menciona qualquer determinação de divulgação/publicitação. Importa, por outro lado, referir que não foram consideradas para esta lista as deliberações do regulador que impõem a republicação de um direito de resposta anteriormente divulgado de forma incorreta, exceto nos casos das recomendações 2/2007 e 3/2007, uma vez que essa republicação foi acompanhada de um outro texto que fundamenta a deliberação do regulador, que o órgão de comunicação social em causa foi também obrigado a divulgar.

Recomendação 2/2006

Na sequência da deliberação 4-Q/2006, após queixa do Partido Socialista da Madeira contra o semanário *Notícias da Madeira,* referente a um título («Corrupção instalada na direcção do PS/Madeira») de uma entrevista com um antigo dirigente daquele partido o Conselho Regulador, entende que o título lesava os direitos da personalidade. Aprovada por unanimidade.

Recomendação 3/2006

Na sequência da deliberação 6-Q/2006, após queixa da Direção Regional de Educação de Lisboa por motivo da transmissão na RTP1 de uma reportagem intitulada «Quando a violência vai à Escola», o Conselho Regulador entendeu, nomeadamente, que o recurso a uma câmara oculta violava direitos fundamentais dos alunos e instou a RTP ao cumprimento dos deveres que lhe incumbem em matéria de rigor informativo. Aprovada por unanimidade.

Recomendação 4/2006

Na sequência da deliberação 4-D/2006, relativa às imagens promocionais exibidas pela SIC da telenovela *Jura,* o Conselho Regulador considerou que elas tinham *«objetivos exclusivamente comerciais, com a exploração do sexo como simples produto vendável para a captação de audiências, com ostensivo desrespeito pela lei».* Aprovada por unanimidade.

Recomendação 5/2006

Na sequência da deliberação 20-Q/2006, após queixa do Partido Socialista da Madeira, o Conselho Regulador entendeu que uma peça publicada no *Notícias da Madeira* não cumpria alguns deveres deontológicos no que concerne à identificação das fontes e à atribuição das opiniões citadas, o respeito pelo rigor quanto à construção dos títulos, o respeito pelo direito ao bom nome, honra e dignidade das pessoas e a garantia da veracidade dos factos, nomeadamente respeitando a audição dos visados. Aprovada por unanimidade.

Recomendação 6/2006

Na sequência da deliberação 22-Q/2006, após queixa do Grupo Pestana contra a RTP Madeira, por aquele grupo empresarial não ter sido ouvido numa reportagem sobre uma manifestação sindical junto à sua sede, o Conselho Regulador entendeu que não cumprida a norma que impõe que sejam ouvidas as partes com interesses atendíveis no caso. Aprovada por unanimidade.

Ano 2007

Recomendação 1/2007

Na sequência da deliberação 1/LLC-TV/2007, após queixa de diversos cidadãos contra a forma como diversos operadores de televisão transmitiram imagens sobre a execução por enforcamento de Saddam Hussein, o Conselho Regulador considerou que a TVI não cumprira a obrigação de difundir aquelas imagens com respeito pelas normas éticas da profissão e antecedidas de uma advertência sobre a sua natureza. Na mesma deliberação, a SIC é advertida e a RTP elogiada por não ter transmitido imagens desse acontecimento. Aprovada por unanimidade.

Recomendação 2/2007

Na sequência da deliberação 22/DR-I/2007, após queixa de António Brás Marques contra o *Jornal de Vila do Conde*, por violação de várias normas relativas ao direito de resposta, o Conselho Regulador reconheceu o incumprimento de diversos preceitos da lei de imprensa, designadamente sobre a identificação do exercício do direito e a proibição de publicação de uma nota da redação com ele relacionada. Aprovada por unanimidade.

Recomendação 3/2007

Na sequência da deliberação 29/DR-I/2009, relativa a um recurso de dois autarcas da Câmara Municipal do Porto por incumprimento de uma deliberação da ERC relativa ao exercício do direito de resposta pelo jornal *Público* (4/DR-I/2007), o Conselho Regulador determinou a republicação desse texto de direito de resposta e sublinhou com preocupação a tendência manifestada de forma sistemática por este jornal no sentido da inobservância da legislação sobre direito de resposta. Aprovada por unanimidade.

Ano 2008

Decisão individualizada 1/2008

Na sequência da deliberação 22/CONT-TV/2008, relativa a uma queixa da Sociedade Externato Rumo ao Sucesso contra a TVI e o programa *Você na TV*, o Conselho Regulador determinou que este programa deve observar uma ética de antena que salvaguarde o respeito pelos direitos fundamentais, quer do público, quer dos visados pelos conteúdos transmitidos, dando cumprimento ao princípio do contraditório, e efetuar um tratamento jornalístico adequado de matérias que, pela sua natureza, se afigurem sensíveis, nomeadamente aquelas que envolvam a divulgação de alegados crimes em que as vítimas sejam crianças ou adolescentes. Aprovada por unanimidade.

Recomendação 2/2008

Na sequência da deliberação 4/CONT-I/2008, relativa a uma queixa de Olívia Fonseca contra o jornal *O Mirante*, devida à publicação não autorizada da fotografia de uma idosa em situação de especial debilidade e sem o seu consentimento, o Conselho Regulador recomendou que o referido jornal cumprisse os seus deveres legais e deontológicos. Aprovada por unanimidade.

Recomendação 3/2008

A difusão na primeira página do semanário *Sol* de imagens de cadáveres de militares falecidos depois de incidentes político-militares ocorridos em Timor-Leste levou o Conselho Regulador, na sequência da deliberação n.º 7/CONT-I/2008, a recomendar a este jornal o respeito escrupuloso dos deveres legais e deontológicos que visam a salvaguarda da dignidade da pessoa humana e a proteção dos públicos sensíveis. Aprovada por unanimidade.

Recomendação 4/2008 e Recomendação 5/2008

A cobertura jornalística realizada por diversos órgãos de comunicação social do vídeo divulgado no YouTube sobre um episódio de indisciplina ocorrido na Escola Secundária Carolina de Michaëlis foi considerada pelo Conselho Regulador lesiva dos direitos da personalidade dos visados. Na sequência da deliberação 1/CONT/2008, o Conselho aprovaria duas recomendações, a primeira dirigida ao *Correio da Manhã* e a segunda ao *Expresso*, instando-os a uma atitude mais zelosa no que respeita ao tratamento editorial de imagens potencialmente violadoras dos direitos da personalidade. A decisão teria a abstenção de Luís Gonçalves da Silva.

Recomendação 6/2008

Na sequência da deliberação n.º 16/CONT-I/2008, o Conselho Regulador aprovou uma recomendação relativa à forma como a revista *Focus* divulgou uma alegada sondagem sobre a opinião dos portugueses e dos ingleses quanto ao «caso Maddie», recomendando nomeadamente a observância do respeito pelo rigor informativo e a rejeição do sensacionalismo e a formulação de acusações infundadas. Deliberação aprovada por unanimidade.

Recomendação 7/2008

Uma queixa da Casa Pia de Lisboa contra o jornal *Sol,* motivada pela exposição da esfera íntima de um menor, em particular da sua qualidade de vítima de crimes sexuais, sendo a sua identidade reconhecível nas peças jornalísticas e em fotos divulgadas pelo jornal, levou o Conselho Regulador a considerar terem sido violados os direitos à imagem e à intimidade da vida privada desse jovem e a recomendar uma atitude mais responsável no que toca aos direitos da personalidade. Deliberação aprovada por unanimidade.

Ano 2009

Recomendação 1/2009

Na sequência da deliberação n.º 8/CONT-I/2009, sobre uma queixa da Victoria Seguros, SA contra o semanário *Mirante,* o Conselho Regulador deliberou recomendar um dever de abstenção no que respeita à publicação de notícias em interesse próprio, uma vez que as notícias em causa relatavam factos ocorridos em que o referido jornal era parte interessada. A deliberação foi aprovada por unanimidade.

Recomendação 2/2009

Uma peça jornalística emitida pelo *Jornal da Uma* da TVI sobre o desmantelamento de uma rede internacional de pornografia infantil, que deu azo à deliberação n.º 15/CONT-TV/2009 do Conselho Regulador, levou-o também a recomendar ao operador televisivo o respeito pelas normas ético-legais da prática jornalística e dos limites legais à programação, que impõem o dever de respeitar a dignidade da pessoa humana e os direitos, liberdades e garantias fundamentais. A decisão mereceu o voto contra de Elísio de Oliveira.

Recomendação 3/2009 e Recomendação 4/2009

Notícias publicadas nos *websites* do *Correio da Manhã* e do *Reconquista* sobre uma alegada violação de uma mulher idosa na sua casa, dando origem à deliberação n.º 15/CONT-I/2009, levaram o Conselho Regulador a recomendar a estes órgãos de informação que se abstenham de identificar direta ou indiretamente as vítimas de crimes contra a liberdade e a autodeterminação sexual e que adotem uma conduta mais respeitosa do direito à reserva da intimidade da vida privada. Aprovadas por unanimidade.

Recomendação 5/2009

Na sequência da Deliberação n.º 2/PLU-I/2009, relativamente a uma queixa apresentada pelo Partido Socialista da Madeira contra o *Jornal da Madeira*, o Conselho Regulador recomendou a este órgão de comunicação social que adotasse no seu suplemento jm.autárquicas 2009 critérios editoriais que contribuíssem para uma informação orientada pela não-discriminação das diferentes forças político-partidárias e que adotassem o princípio da imparcialidade. Aprovada por unanimidade.

Recomendação 6/2009 e Recomendação 7/2009

Uma queixa da APCD (Associação Portuguesa das Crianças Desaparecidas) contra as revistas *TV Guia Novelas* e *TV 7 Dias* deu origem à Deliberação n.º 27/CONT-I/2009, em que se analisa as reportagens publicadas naquelas revistas sobre aspectos da vida privada e familiar de duas crianças concorrentes a um concurso da TVI. O Conselho Regulador recomenda o escrupuloso cumprimento das normas ético-legais que impõem o dever de respeitar a privacidade dos cidadãos. Aprovada por unanimidade

Ano 2010

Recomendação 1/2010

Na sequência da deliberação n 5/CONT-TV/2010, relativa a uma queixa sobre uma conversa privada entre dois comentadores da SIC Internacional que foi emitida em direto sem conhecimento dos intervenientes durante a transmissão de um jogo de futebol, o Conselho Regulador recomendou àquele operador que garantisse uma adequada supervisão da programação daquele serviço de programas. Voto contra do membro do Conselho Regulador Luís Gonçalves da Silva.

Recomendação 2/2010

Uma queixa de um cidadão, considerado, numa notícia do jornal *24 Horas*, alegadamente negligente na prestação de cuidados de enfermagem, não evitando a morte de uma adolescente num Hospital em Almada, levou o Conselho Regulador a recomendar ao jornal a adoção de uma conduta mais responsável e conforme à deontologia jornalística, nomeadamente no que respeita aos princípios do contraditório e do rigor jornalístico. Abstenção de Luís Gonçalves da Silva.

Recomendação 3/2010

Uma peça jornalística emitida no *Jornal das 19h* da Rádio Jornal da Madeira, sobre uma discussão entre dois deputados (um do PSD e presidente da Assembleia

Regional e o outro do Partido da Nova Democracia), justificou a deliberação n.º 1/CONT-R/2010, na sequência da qual o Conselho Regulador recomendou à referida rádio que observasse os princípios da isenção jornalística e da separação clara entre informação e opinião. Aprovada por unanimidade.

Recomendação 4/2010
Na sequência da deliberação n.º 5/CONT-I/2010, relativa a uma queixa de Rui Paulo Figueiredo, assessor do primeiro-ministro José Sócrates contra o jornal *Público*, o Conselho Regulador recomendou a este jornal o cumprimento do dever de isenção e rigor, nomeadamente a observância do princípio do contraditório e o respeito pelos direitos dos visados nas peças jornalísticas. Abstenção de Elísio de Oliveira.

Recomendação 5/2010
Uma queixa de uma atriz contra a revista *VIP*, alegando violação do direito à intimidade da vida privada, levou o Conselho Regulador, através da deliberação 29/CONT-I/2010, a recomendar àquela publicação periódica o escrupuloso cumprimento das regras ético-legais da prática jornalística que impõem o dever de respeitar a reserva de privacidade dos cidadãos. Aprovada por unanimidade.

Recomendação 6/2010
A notícia divulgada na Benfica TV sobre a alegada morte, que não viria a confirmar-se, de um adepto do Benfica em confrontos na cidade de Braga aquando dos festejos do título de campeão nacional de futebol motivou uma queixa junto da ERC, que aprovaria a deliberação 39/CONT-TV/2010 e uma recomendação para que o referido operador não permitisse a difusão de rumores suscetíveis de causar alarme entre os telespectadores, sempre que não obtivesse a confirmação dos factos relatados. Aprovada por unanimidade.

Ano 2011
Recomendação 1/2011
Na sequência da deliberação 9/CONT-I/2011, relativa à publicação da edição impressa do *Correio da Manhã* e no respetivo *site* de imagens de um homicídio de um homem que foi repetidamente baleado na presença da sua filha, uma criança de 4 anos, o Conselho Regulador reprovou veementemente a atuação do referido jornal e recomendou o dever de respeitar a dignidade humana e a intimidade dos cidadãos, nomeadamente das vítimas de crimes, bem como o dever de rejeitar o sensacionalismo. Aprovada por unanimidade.

Ano 2012

Recomendação 1/2012

A publicação no sítio da Internet do *Diário de Notícias* de conteúdos com linguagem insultuosa e ofensiva, com incentivo à violência, ao ódio e de natureza homofóbica, e o facto de o sistema de validação de comentários utilizado pelo jornal ser claramente insuficiente levaram o Conselho Regulador a recomendar a adoção de um sistema eficaz. Aprovado por unanimidade.

Recomendação 2/2012

A queixa de um cidadão, acusado no programa da TVI *A Tarde é sua* de manter cativas há 3 meses duas filhas menores, levou o Conselho Regulador a recomendar à TVI, na sequência da deliberação n.º 13/CONT-TV/2012, o respeito pelo princípio do contraditório e dos direitos de personalidade dos visados. Aprovado por unanimidade.

Ano 2014

Recomendação 1/2014

Na sequencia da deliberação n.º 17/2014 (CONTJOR-I), relativa a uma queixa de José Sócrates contra o *Correio da Manhã*, o Conselho Regulador entendeu reprovar a conduta do jornal e recomendar-lhe o escrupuloso cumprimento das normas ético-legais da prática jornalística, que impõem o dever de informar com rigor e isenção, bem como o de sustentar nas respetivas fontes a informação publicada. Aprovada com a abstenção de Carlos Magno.

Recomendação 2/2014

Vinte e seis participações de cidadãos relativas a conteúdos do programa da TVI *Casa dos Segredos 4* motivaram a deliberação do Conselho Regulador n.º 66/2014 e a recomendação dirigida àquele operador para que tivesse um especial cuidado na seleção das cenas exibidas fora do horário reservado — entre as 22h30 e as 6h — e sem a sinalética adequada, o que poderia prejudicar o desenvolvimento de crianças e adolescentes. Aprovada por unanimidade.

Ano 2015

Recomendação 1/2015

Na sequência da deliberação n.º 209/2015 (CONTJOR-I) relativa a uma queixa de Luís Montenegro contra a revista *Nova Gente*, o Conselho Regulador recomendou àquele órgão de comunicação social, verificando que tinham sido violados os limites da liberdade de imprensa, o escrupuloso cumprimento dos deveres ético-legais que condicionam o exercício do jornalismo. Aprovado por unanimidade.

Decisão individualizada 1/2015
Uma reportagem emitida pela TVI sobre a morte de 6 estudantes na Praia do Meco, que motivou várias participações, levou o Conselho Regulador a aprovar a deliberação n.º 47/2015 (CONTJOR-TV), que reprovava a atuação da TVI e lhe recomendava o escrupuloso cumprimento das normas ético-legais da prática jornalística, que impõem o dever de informar com rigor e isenção, respeitar os direitos dos visados, sustentar devidamente a informação nas respetivas fontes, rejeitar o sensacionalismo e não abusar da boa-fé do público. Aprovada com a abstenção de Carlos Magno.

Decisão individualizada 2/2015
Na sequência da deliberação n.º 127/2015 (CONTPROG-TV), relativa ao programa *Você na TV* exibido na TVI sobre a assistência a doentes na Clínica Villa Ramadas, o Conselho Regulador instou a TVI a cumprir escrupulosamente o seu dever legal de garantir na sua programação a observância de uma ética de antena, que assegure o respeito pela dignidade da pessoa humana, pela reserva da intimidade da vida privada e pelo desenvolvimento da personalidade de crianças e adolescentes, e o combate aos estereótipos associados à doença mental. Aprovada por unanimidade.

Decisão individualizada 3/2015
Na deliberação n.º 245/2015 (CONTJOR-TV), sobre uma reportagem publicada no *Correio da Manhã* sobre o alegado estado de embriaguez de um ator, o Conselho Regulador reprovou veementemente a conduta do jornal, pela inobservância de elementares critérios de exigência jornalística, na sua relação com os limites oponíveis à liberdade de imprensa, e, bem ainda, pela ofensa dos direitos fundamentais à imagem, à reserva da intimidade da vida privada do visado e ao seu bom nome e reputação, e recomendou o respeito pelos direitos fundamentais dos visados nas notícias por si publicadas e instar ao cumprimento escrupuloso dos deveres ético-legais do jornalismo. Aprovada por unanimidade.

Ano 2016
Decisão individualizada
Na sequência da deliberação n.º ERC/2016/202 (CONTJOR-TV), sobre informações veiculadas pela TVI24 sobre o banco BANIF, o Conselho Regulador concluiu que as informações então divulgadas por aquele operador traduziram uma prá-

tica jornalística desconforme aos ditames que integram o exercício desta profissão numa matéria com relevante interesse público e passível de provocar considerável impacto na vida de muitas pessoas e nos destinos da própria sociedade portuguesa. Aprovada por unanimidade.

Ano 2017
Recomendação 1/2017
Na sequência de um procedimento oficioso (ERC/2017/147 (CONTJOR) relativo à transmissão de um alegado abuso sexual cometido num autocarro, sendo a identidade da jovem disponibilizada, numa primeira fase, na página da Internet do *Correio da Manhã* e nos serviços noticiosos da CMTV, bem como da publicação de notícias sobre o tema em edições impressas do *Correio da Manhã*, o Conselho Regulador aprovou uma recomendação reconhecendo que tinham sido violados os limites à liberdade de imprensa e à liberdade de programação e postos em causa a dignidade e os direitos da personalidade das pessoas envolvidas, exortando nomeadamente ao cumprimento dos deveres legais e deontológicos da profissão. Aprovada por unanimidade.

Ano 2020
Deliberação 2020/58 (CONTJOR)
Na sequência de queixa de Ana Luís, presidente da Assembleia Legislativa da Região Autónoma dos Açores, contra o jornal *Incentivo* e contra a Antena 1 Açores, por terem difundido informação considerada como tendo infringido as regras do rigor informativo com potencial prejuízo para o bom nome e reputação da queixosa, o Conselho Regulador determinou a divulgação por estes órgãos de comunicação social da parte decisória da deliberação relacionada com cada um deles. Aprovada por unanimidade.

Ano 2021
Deliberação 2021/240 (CONTPROG-TV)
Na sequência de uma queixa de José Galvão contra a TVI, graças aos conteúdos sobre a vida pessoal de uma jovem, emitidos no programa *A Tarde é sua* de 13 de janeiro de 2020, o Conselho Regulador considerou ter sido violado o direito ao bom nome do queixoso, desrespeitado os limites à liberdade de programação e abordado o tema em questão, e também o suicídio, «*de forma sensacionalista e leviana*», considerações agravadas por se tratar de uma conduta reincidente. Aprovada por unanimidade.

Fig. 28 — Deliberações de publicação obrigatória 2006 a 2021

| | Rec./ Dec. Ind. | Delib. | Órgão de com soc. | Principais normas legais invocadas | Tema principal |
|---|---|---|---|---|---|
| 1 | 1/2006 | 2-D/2006 | *24 Horas* | 14.º a) g) h) EJ | Dir. ao bom nome, rigor |
| 2 | 2/2006 | 4-Q/2006 | *Notícias da Madeira* | 3.º LI; 70.º n.º 1 CC | Dir. ao bom nome, rigor |
| 3 | 3/2006 | 6-Q/2006 | RTP1 | 14.º i) EJ; 1.º 4.º CDe; 70, 79 e 80 CC | Direitos da personalidade; direito à imagem |
| 4 | 4/2006 | 4-D/2006 | SIC | 24.º n 2 LTV (atual 27.º n.º 4) | Limites à liberdade de programação crianças e adolescentes |
| 5 | 5/2006 | 20-Q/2006 | *Notícias da Madeira* | 6.º CD, 14.º a) h) EJ; 3 LI | Rigor; não audição das partes |
| 6 | 6/2006 | 22-Q/2006 | RTP Madeira | 14.º a) e h) EJ; 10, n.º 1 b), 23.º, 46.º e 47.º LTV (atuais arts. 26,50 e 51) | Rigor e pluralismo |
| 7 | 1/2007 | 1/LLC-TV/2007 | TVI | 24.º n.os 1, 2 e 6 LTV (atual art.º 27.º) | Difusão imagens violentas |
| 8 | 2/2007 | 22/DR-I/2007 | *Jornal de Vila do Conde* | 26.º LI | Direito de resposta |
| 9 | 3/2007 | 29/DR-I/2007 | *Público* | 26.º LI | Direito de resposta |
| 10 | 1/2008 | 22/CONT-TV/2008 | TVI | 34.º LTV | Rigor e pluralismo |
| 11 | 2/2008 | 4/CONT-I/2008 | *Mirante* | 3.º LI, 14.º, n.º 2 EJ | Direito à imagem, direito à intimidade vida privada |
| 12 | 3/2008 | 7/CONT-I/2008 | *Sol* | 3.ª LI, 14.º, n.º 2 EJ | Direito à imagem, dignidade da pessoa humana |
| 13 | 4/2008 | 1/CONT/2008 | *Correio Manhã* | 79.º CC | Direitos à honra e à imagem |
| 14 | 5/2008 | 1/CONT/2008 | *Expresso* | 79.º CC | Direitos da personalidade |
| 15 | 6/2008 | 16/CONT-I/2008 | *Focus* | 14.º, n.º 2 EJ | Direito ao bom nome e à presunção da inocência |
| 16 | 7/2008 | 20/CONT-I/2008 | *Sol* | 14.º n.º 2 EJ, 79.º e 80.º CC | Direitos da personalidade |
| 17 | 1/2009 | 8/CONT-I/2009 | *Mirante* | 10.º CD, 14.º n.º 2 EJ | Deveres dos jornalistas, direito ao bom nome e rigor |
| 18 | 2/2009 | 15/CONT-TV/2009 | TVI | 14.º n.º 2 EJ, 7.ª CD, 27 n.º 1 e 8 LTV | Limites à liberdade de programação |
| 19 | 3/2009 | 15/CONT-I/2009 | *Correio da Manhã (site)* | 80.º CC, 14.º n.º 2 EJ | Direito à intimidade da vida privada |
| 20 | 4/2009 | 15/CONT-I/2009 | *Reconquista (site)* | 80.ª CC, 14.º n.º 2 EJ | Direito à intimidade da vida privada |
| 21 | 5/2009 | 2/PLU-I/2009 | *Jornal da Madeira* | 7.º Est ERC | Pluralismo político |
| 22 | 6/2009 | 27/CONT-I/2009 | *TV Guia* | 14.º n.º 2 EJ, 80.º CC | Direito à intimidade da vida privada |
| 23 | 7/2009 | 27/CONT-I/2009 | *TV 7 Dias* | 14.º n.º 2 EJ, 80.º CC | Direito à intimidade da vida privada |
| 24 | 1/2010 | 5/CONT-TV/2010 | SIC Internacional | 6.º, alínea c) Est ERC | Difusão de conversa privada de comentadores |
| 25 | 2/2010 | 4/CONT-I/2010 | *24 Horas* | 14.º n.º 1 EJ | Rigor e direito ao bom nome |
| 26 | 3/2010 | 1/CONT-R/2010 | Rádio Jornal da Madeira | 14.º n.º 1 EJ | Isenção jornalística e separação entre factos e opiniões |
| 27 | 4/2010 | 5/CONT-I/2010 | *Público* | 2.º e 3.º LI, 14.º EJ | Rigor e pluralismo |
| 28 | 5/2010 | 29/CONT-I/2010 | *VIP* | 14.º EJ, 80.º CC, 9.º CD | Direito à intimidade da vida privada |
| 29 | 6/2010 | 39/CONT-TV/2010 | *BTV* | 14.º EJ, 34.º LTV | Rigor informativo |

| | Rec./ Dec. Ind. | Delib. | Órgão de com soc. | Principais normas legais invocadas | Tema principal |
|---|---|---|---|---|---|
| 30 | 1/2011 | 9/CONT-I/2011 | *Correio da Manhã* e site CM | 3.º LI e 14 n.º 2 EJ | Direito à intimidade da vida privada, sensacionalismo |
| 31 | 1/2012 | 2/CONT-NET/2012 | *Diário de Notícias (site)* | 3.º LI | Conteúdos homofóbicos, incentivos ao ódio |
| 32 | 2/2012 | 13/CONT-TV/2012 | *TVI* | 27.º e 34.º LTV | Princípio do contraditório |
| 33 | 1/2014 | 17/2014 | *Correio da Manhã* | 14 n.º 1 EJ — enviado CCPJ | Rigor e isenção jornalísticos |
| 34 | 2/2014 | 66/2014 | TVI | 27.º LTV | Limites à liberdade de programação |
| 35 | 1/2015 | 209/2015 | *Nova Gente* | 3.º LI — enviado CCPJ | Rigor jornalístico; Direitos à imagem, bom nome e à vida privada; |
| 36 | DI 1/2015 | 47/2015 | TVI | 14.º n.os 1 e 2 EJ | Rigor jornalístico; sensacionalismo |
| 37 | DI 2/2015 | 127/2015 | TVI | 27.º n.os 1 e 4 LTV | Dignidade humana; reserva da vida privada |
| 38 | DI 3/2015 | 245/2015 | *Correio da Manhã* | 79.º e 80.º CC, 14 n.º 2 EJ, 3.º LI — enviado CCPJ | Direito à imagem, bom nome e reserva da vida privada |
| 39 | DI 1/2016 | 2016/202 | TVI | 14.º 1 e 2 EJ; 1 e 6 CD — enviado CCPJ | Rigor jornalístico, princípio do contraditório |
| 40 | 1/2017 | 2017/147 | *Correio da Manhã, CMTV* | 27.º LTV, 14.º EJ, 3.º LI | Limites à liberdade de programação, direito à imagem e vida privada, sensacionalismo |
| 41 | 1/2020 | ERC/2020/58 | *Antena 1 Açores e Incentivo* | 7.º d), 8.º j) e 24.º, n.º 3 a) dos Estatutos ERC | Rigor informativo e direito ao bom nome |
| 42 | | ERC/2021/240 | TVI | 26.º CRP; 27.º LTV | Direito ao bom nome; limites à liberdade de programação |

FIG. 29

Tabela elaborada pelo autor

*Nota:* CRP (Constituição da República), EJ (Estatuto do Jornalista), CC (Código Civil), CDe (Código Deontológico), LTV (Lei da Televisão), LI (Lei de Imprensa) Est ERC (Estatutos da ERC) CCPJ (Comissão da Carteira Profissional de Jornalista).

— o meio imprensa predomina, sobretudo a imprensa de cobertura nacional (ver Fig. 29). Em contrapartida, apenas se verificaram dois casos envolvendo a rádio, aliás, uma estação de cobertura regional da Região Autónoma da Madeira e a Antena 1 Açores. Já o meio televisão tem exatamente metade das deliberações envolvendo a imprensa (nacional, regional, *cor-de-rosa* e online). Não se verificaram casos envolvendo os jornais desportivos;

| Meio de comunicação | Número de deliberações de publicação obrigatória |
|---|---|
| Imprensa nacional | 12 |
| Imprensa regional | 7 |
| Imprensa *cor-de-rosa* | 4 |
| Imprensa online | 5 |
| Rádio | 2 |
| Televisão | 15 |

FIG. 30

Quadro das deliberações de publicação obrigatória por meio de comunicação. Quadro elaborado pelo autor.

*Nota:* em alguns casos, a deliberação abrangia simultaneamente mais do que um órgão de comunicação social ou a versão impressa e online do mesmo órgão.

— observando a lista dos órgãos de comunicação social envolvidos, predominam um operador de televisão, a *TVI*, 9 vezes sujeita à obrigação de emitir uma recomendação ou uma decisão individualizada, e uma publicação periódica, o *Correio da Manhã*, que sofreu essa *punição* 6 vezes. Dois jornais regionais (*Mirante* e *Notícias da Madeira*), três outros de cobertura nacional (*Público, Sol* e o já *desaparecido 24 Horas),* e dois operadores de televisão (*RTP* e *SIC*) foram objeto dessa sanção por duas vezes. Os operadores de televisão BTV e CMTV, as publicações de âmbito nacional *Focus* e *Diário de Notícias,* as revistas *cor-de-rosa TV Guia, TV 7 Dias, VIP* e *Nova Gente,* e as publicações regionais *Jornal de Vila do Conde, Jornal da Madeira, Reconquista* e *Incentivo* e a Rádio Jornal da Madeira e a Antena 1 Açores foram sancionados uma vez;

— apenas 7 das 42 deliberações não obtiveram uma votação unânime dos membros do Conselho Regulador. Por outro lado, nessas 7 deliberações, apenas um dos cinco membros não votou favoravelmente, abstendo-se ou votando contra[397].

[397] No primeiro conselho, Luís Gonçalves da Silva absteve-se em duas deliberações e votou contra uma outra e Elísio de Oliveira absteve-se numa deliberação e votou contra outra. No segundo conselho, apenas o presidente do Conselho Regulador, Carlos Magno, não aprovaria duas das deliberações, optando pela abstenção. No terceiro Conselho, as duas deliberações até ao final do quarto ano de mandato foram aprovadas por unanimidade.

— na fundamentação incluída neste tipo de deliberações do regulador, foi o artigo 14.º do Estatuto do Jornalista, que inclui uma extensa lista de deveres dos jornalistas, a norma legal mais frequentemente invocada, em 24 deliberações. Os artigos 79.º e 80.º do Código Civil, relativos ao direito à imagem e ao direito à intimidade da vida privada, constituem as normas fundamentais em 11 deliberações. Os limites à liberdade de imprensa, referidos no artigo 3.º da Lei de Imprensa, foram considerados incumpridos em 9 deliberações. A violação do artigo 27.º da Lei da Televisão, relativo aos limites à liberdade de programação, foi referida como aspecto essencial em 5 deliberações. Entre outras normas legais igualmente assinaladas nas deliberações do regulador, deve igualmente assinalar-se que em 4 deliberações foi igualmente referido um incumprimento de normas do Código Deontológico dos Jornalistas, o que o levaria a remetê-las também para a Comissão da Carteira Profissional de Jornalista, órgão competente para a apreciação de eventuais responsabilidades disciplinares dos jornalistas, matéria que não figura nas competências da ERC;
— Analisando os principais temas objeto das queixas e das consequentes deliberações do regulador com publicação obrigatória, pode concluir-se que o *rigor informativo* constitui, em cerca de um terço, a questão predominante. Em 11 dessas deliberações, o tema fundamental foi o direito à intimidade da vida privada e, em 7, o direito à imagem. O direito ao bom nome e o direito à honra surgem em 9 deliberações como o tema fundamental, enquanto com menor número de casos aparecem os limites à liberdade de programação (5), o sensacionalismo (3), o direito de resposta (2) e o pluralismo político (1).

Esta enumeração dos temas que fundamentam as deliberações de publicação obrigatória permite ainda extrair duas conclusões interessantes:

— a primeira diz respeito ao limitado número de casos relativos ao direito de resposta. Entre as principais atribuições e competências do regulador, figura, como adiante se analisará, a apreciação de queixas por eventual incumprimento deste direito por parte do órgão de comunicação social. Uma deliberação sobre o seu incumprimento constitui assim, desde logo, uma decisão vinculativa, pelo que apenas os casos em que ela não foi devidamente acatada justificam uma nova intimação do regulador, desta vez acompanhada de uma decisão individualizada, cuja publicação incluirá a menção de que decorre de decisão da ERC;

— a segunda tem que ver com o escasso número — apenas um caso! — de deliberações concernentes ao tema do pluralismo político, o que confirma a clara mudança das preocupações do regulador face às primeiras experiências portuguesas de regulação da comunicação social.

Finalmente, importa analisar a motivação do regulador para obrigar os órgãos de comunicação social a divulgarem as deliberações que os *condenam*. Não existe sobre esta questão uma fundamentação escrita nas próprias deliberações ou noutro documento do regulador.

Poderá, todavia, concluir-se que esta sanção se justificará pela gravidade da ação do órgão de comunicação social visado, pelo mediatismo do caso em causa e, sobretudo, pelo entendimento de que a publicidade assim conferida à deliberação do regulador funcionará como uma forma eficaz de reparação pública à pessoa ou entidade lesada, tendo igualmente uma função preventiva.

A circunstância de muitas das deliberações de publicação obrigatória se relacionarem, como atrás se referiu, com casos de violação dos direitos ao bom nome e reputação, à honra e à intimidade da vida privada, confirma aparentemente esta conclusão.

No entanto, em contrapartida, o reduzido número de deliberações obrigatoriamente divulgadas e a clara diferença temporal — excessiva, em muitos casos, como adiante se analisará — entre o acontecimento que dá origem a uma queixa, com o seu impacto na opinião pública, e a conclusão da intervenção regulatória, acrescido do pouco destaque que a generalidade dos *media* confere às deliberações do regulador diminuem a eficácia da sua intervenção, além de contribuírem para gerar na opinião pública a convicção de que o regulador é inativo ou excessivamente contemporizador face ao *ilimitado poder dos media*.

Por outro lado, no legítimo exercício da sua liberdade editorial, um órgão de informação pode facilmente criticar ou contrapor a sua argumentação face a uma deliberação do regulador que o tenha *condenado*, enquanto o mesmo não acontecerá com um cidadão comum face a uma deliberação que tenha absolvido o órgão de comunicação social que alegadamente o atingira, por exemplo, no seu direito ao bom nome e reputação.

Poderá assim concluir-se que a intervenção do regulador não tem conseguido impedir, nesta matéria, a clara desigualdade entre o poder dos *media* e o poder dos cidadãos face aos *media*.

### 4.4.4 As deliberações *pedagógicas*

Uma análise quantitativa das deliberações da ERC desde 2006, comparando-as com os dados relativos às deliberações que consistiram em recomendações e decisões individualizadas e condenatórias de divulgação obrigatória pelo órgão de comunicação sancionado e às coimas aplicadas em consequência de processos contraordenacionais, permite concluir pela clara hegemonia, nas opções do regulador, por deliberações que emitem apenas um juízo *pedagogicamente* condenatório sem qualquer sanção pecuniária associada nem a obrigação de o órgão visado a divulgar (ver Fig. 31).

Uma primeira análise do conjunto de dados anuais sobre as deliberações aprovadas pelo Conselho Regulador desde o início da atividade da ERC permite, desde logo, concluir que perto de 96,5% implicam: 1) apenas um juízo de censura ou de reprovação da prática de um órgão de comunicação social, divulgado pelo regulador junto do queixoso e do visado e publicado no sítio da ERC na Internet, sem qualquer outra consequência, como a difusão obrigatória pelo órgão em causa; ou 2) abertura de um processo contraordenacional que terminará com o respetivo arquivamento ou uma admoestação, e não com a aplicação de uma coima.

Por sua vez, a abertura de um processo de contraordenação verificou-se apenas em 9,3% das deliberações, sendo de realçar que, entre 2009 e 2011, inclusive, se verificaram os três anos com maior número de processos instaurados.

Uma análise quantitativa ao vasto conjunto de deliberações aprovadas pelo regulador entre 2006 e 2021 permite outras conclusões, nomeadamente se tivermos em conta o meio de comunicação social e o tema que motivou essas queixas ou participações que lhe foram dirigidas.

Se analisarmos o número de deliberações em função do meio de comunicação social envolvido, constatar-se-á (ver fig. 32) que, até 2015, segundo este critério, a imprensa era o meio predominante, mas isso deixou então de se verificar, passando a televisão a ser aquele sobre o qual recaiu o maior número de deliberações, com uma diferença que se acentuou em 2019 e sobretudo em 2020, atingindo quase metade do número total.

| | Total deliberações | Decisões de publicação obrigatória | Coimas |
|---|---|---|---|
| 2006 | 97 | 6 | 10 |
| 2007 | 195 | 3 | 1 |
| 2008 | 342 | 7 | 4 |
| 2009 | 465 | 7 | 3 |
| 2010 | 361 | 6 | 0 |
| 2011 | 327 | 1 | 8 |
| 2012 | 257 | 2 | 9 |
| 2013 | 276 | 0 | 9 |
| 2014 | 180 | 2 | 5 |
| 2015 | 246 | 4 | 10 |
| 2016 | 281 | 1 | 8 |
| 2017 | 262 | 1 | 8 |
| 2018 | 264 | 0 | 6 |
| 2019 | 350 | 0 | 15 |
| 2020 | 261 | 1 | 12 |
| 2021 | 394 | 1 | 13 |
| Total | 4558 | 42 | 121 |

FIG. 31

Quadro elaborado pelo autor com base nos dados divulgados nos relatórios de regulação e no sítio da ERC.

| | 2006 | 2007 | 2008 | 2009 | 2010 | 2011 | 2012 | 2013 | 2014 | 2015 | 2016 | 2017 | 2018 | 2019 | 2020 | 2021 |
|---|---|---|---|---|---|---|---|---|---|---|---|---|---|---|---|---|
| Imprensa | 50,5 | 47,1 | 41,2 | 29,4 | 35,1 | 27,8 | 34,6 | 32,9 | 36,6 | 40,6 | 30,9 | 31,2 | 31,0 | 21,1 | 16,4 | 19,04 |
| Rádio | 8,2 | 11,2 | 27,7 | 46,0 | 24,3 | 23,8 | 19,4 | 21,3 | 17,2 | 16,6 | 17,8 | 18,7 | 13,4 | 16,0 | 12,2 | 10,66 |
| Televisão | 23,7 | 25,6 | 19,3 | 19,5 | 31,0 | 27,8 | 22,5 | 17,0 | 32,2 | 32,1 | 36,3 | 38,1 | 36,8 | 40,2 | 48,2 | 31,98 |
| Internet | 0,0 | 0,5 | 0,8 | 0,4 | 1,9 | 1,5 | 0,7 | 3,9 | 0,5 | 3,2 | 2,9 | 3,8 | 6,9 | 10,2 | 12,2 | 14,50 |
| Outros | 17,5 | 15,3 | 10,8 | 4,5 | 7,4 | 18,9 | 22,5 | 24,6 | 13,3 | 7,3 | 14,1 | 8,0 | 11,9 | 12,2 | 10,7 | 21,83 |

FIG. 32

Dados percentuais relativamente às deliberações do Conselho Regulador tendo como critério o meio de comunicação social envolvido (quadro elaborado pelo autor com base nos dados anuais publicados nos relatórios de regulação e, relativamente a 2021, no sítio da ERC).

Merecem igualmente referência a ligeira subida dos valores relativos aos meios online, nomeadamente nos últimos anos, bem como a irregularidade das deliberações que dizem respeito à radiodifusão, que, no entanto, é facilmente explicável se considerarmos que, sobretudo em 2009 (183 casos) e 2010, foram renovadas pelo regulador, de acordo com os prazos previstos na lei, os respetivos títulos habilitadores — as licenças para o exercício da sua atividade.

Uma análise ao conjunto das deliberações, tendo como critério os principais temas (ver Figs. 33 e 34), permite igualmente extrair conclusões relevantes.

| | 2006 | 2007 | 2008 | 2009 | 2010 | 2011 | 2012 | 2013 | 2014 | 2015 | 2016 | 2017 | 2018 | 2019 | 2020 | 2021 |
|---|---|---|---|---|---|---|---|---|---|---|---|---|---|---|---|---|
| Lib. de empresa[398] | 11 | 25 | 102 | 236 | 92 | 79 | 50 | 62 | 36 | 22 | 41 | 30 | 25 | 55 | 63 | 25 |
| Dir. resposta | 37 | 47 | 104 | 82 | 67 | 42 | 43 | 51 | 43 | 53 | 37 | 38 | 32 | 31 | 31 | 35 |
| Conteúdos[399] | 23 | 32 | 45 | 79 | 106 | 86 | 73 | 55 | 24 | 68 | 90 | 100 | 108 | 129 | 79 | 111 |
| Pluralismo | 4 | 15 | 4 | 10 | 13 | 17 | 8 | 8 | 7 | 13 | 11 | 9 | 24 | 19 | 9 | 17 |
| Total deliberação | 97 | 195 | 342 | 465 | 361 | 327 | 257 | 276 | 180 | 246 | 281 | 262 | 264 | 350 | 261 | 394 |

FIG. 33

Número de deliberações sobre os principais temas. Quadro elaborado pelo autor com base nos dados incluídos nos relatórios anuais de regulação e, relativamente a 2021, no sítio da ERC.

Fig. 34

| | 2006 | 2007 | 2008 | 2009 | 2010 | 2011 | 2012 | 2013 | 2014 | 2015 | 2016 | 2017 | 2018 | 2019 | 2020 | 2021 |
|---|---|---|---|---|---|---|---|---|---|---|---|---|---|---|---|---|
| Lib. de empresa | 11,9 | 12,8 | 29,8 | 50,7 | 25,4 | 24,1 | 19,4 | 22,4 | 20,0 | 8,9 | 14,5 | 11,4 | 9,5 | 15,7 | 24,1 | 6,3 |
| Dir.resposta | 38,1 | 24,1 | 30,4 | 17,6 | 18,5 | 12,8 | 13,1 | 18,4 | 23,8 | 21,5 | 13,1 | 14,5 | 12,1 | 8,8 | 11,8 | 8,8 |
| Conteúdos | 23,7 | 16,4 | 13,1 | 16,9 | 29,3 | 26,2 | 28,4 | 19,9 | 13,3 | 27,6 | 32,0 | 27,6 | 40,9 | 36,8 | 30,2 | 28,1 |
| Pluralismo | 4,1 | 7,6 | 1,1 | 2,1 | 3,6 | 5,1 | 3,1 | 2,8 | 3,8 | 4,4 | 3,9 | 3,4 | 9,0 | 5,4 | 3,4 | 4,3 |

FIG. 34

Percentagem de deliberações relativas aos principais temas em relação ao total de deliberações. Quadro elaborado pelo autor tendo por base os dados incluídos nos relatórios anuais de regulação.

[398] *Liberdade de empresa* abrange as deliberações relativas a registos, autorizações e licenças de órgãos de comunicação social

[399] *Conteúdos* abrange deliberações em que estejam em causa matérias relativas a rigor, independência, limites legais à liberdade de expressão ou de programação, etc.

Depois de um período em que o direito de resposta constituía o principal objeto de queixa junto do regulador, graças ao seu alegado incumprimento por parte de órgãos de comunicação social, como adiante se analisará com mais detalhe, desde 2010, com a exceção de 2013, a matéria relativa aos conteúdos publicados ou emitidos tem justificado o maior número de deliberações do Conselho Regulador. Aliás, essas matérias (nomeadamente, o rigor informativo) têm conquistado uma clara preponderância no recurso à intervenção regulatória, o que reflete uma evidente hegemonia da defesa do direito dos cidadãos face aos *media*. A prática regulatória tem, desta forma, consagrado mais deliberações deste teor do que visando a defesa da liberdade de expressão, da liberdade de imprensa e do direito a informar.

Decorre desta análise, igualmente, que, apesar de muitas deliberações versarem sobre temas relativos ao funcionamento do mercado dos *media*, a regulação da comunicação social não é predominantemente uma regulação de cariz económico, uma vez que assume, por impulso dos cidadãos, prioritariamente outros objetivos como o rigor informativo, o pluralismo, a qualidade informativa ou dos conteúdos emitidos ou publicados, o respeito pelos limites à liberdade de expressão ou ainda meros objetivos culturais, como o equilíbrio do mercado com a qualidade.

De resto, como referia Tânia Cardoso Simões[400].

*Os objectivos da regulação do sector correspondem a cinco princípios essenciais: (i) a garantia do pluralismo cultural e da diversidade de expressão, (ii) a defesa da liberdade de expressão e de comunicação, concretizada na livre difusão de conteúdos pelas entidades que prosseguem actividades de comunicação social, (iii) a concretização do acesso livre e universal aos conteúdos, de modo a evitar qualquer tipo de exclusão social ou económica, (iv) a prossecução de objectivos de eficiência na atribuição de recursos escassos e (v) a verificação da legalidade dos conteúdos propriamente ditos, traduzida na limitação da mensagem para garantia de outros direitos e interesses.*

[400] In «*Regular os media numa época de transição do leaning back para o leaning forward*», texto integrado no livro *Regulação em Portugal: novos tempos, novo modelo*, Eduardo Paz Ferreira, Luís Silva Morais e Gonçalo Anastácio (coordenadores), p. 577, ed. Almedina.

De acordo com uma análise dos quadros relativamente aos principais temas objeto de apreciação pelo regulador, constata-se uma clara maioria de deliberações relativas a conteúdos, mais evidente ainda se acrescentarmos os dados relativos ao direito de resposta.

Aliás, sublinhe-se ainda que, embora numericamente relevantes, os valores sobre as deliberações relativamente ao exercício da liberdade de empresa (registos, licenças e autorizações a órgãos de comunicação social) não representam, na esmagadora maioria dos casos, uma intervenção regulatória mais complexa ou polémica, uma vez que se concretizam de forma linear e muitas vezes meramente burocrática.

A análise da regulação da comunicação social pelo prisma das suas funções e atividades prioritárias não pode, todavia, cingir-se a uma apreciação sobre esta aparente rivalidade ou potencial conflitualidade entre o direito a informar dos órgãos de comunicação social e dos jornalistas e o direito dos cidadãos face aos *media*. Como refere Estrela Serrano, vice-presidente do Conselho Regulador, durante o primeiro mandato (2006–2011),[401] *«A regulação dos media pressupõe uma análise rigorosa de todo o processo produtivo da informação desde a sua criação ao seu processamento, distribuição e uso, que deve ser baseada em quadros teóricos sustentados e metodologias operacionais para o estudo quer dos conteúdos, quer da sua recepção»*. E acrescenta que *«os* media *não são apenas um conjunto de instituições — imprensa, rádio, televisão. São, também e sobretudo, um conjunto de práticas institucionalizadas que estruturam as formas de fazer política, a articulação da opinião pública, a natureza da participação e das escolhas individuais.»*

### 4.4.5 O *tempo de resposta* do regulador

O *tempo de resposta* do regulador, nomeadamente quando estão em causa queixas ou participações relativas a conteúdos jornalísticos ou de programas emitidos por operadores de rádio ou de televisão, tem constituído uma questão que suscita, desde há anos, uma preocupação dos sucessivos conselhos reguladores.

---

[401] *«Pensar a regulação dos media numa sociedade em mudança»*, in revista *Comunicação e Sociedade*, vol. 11, 2007, p. 130.

Sublinhe-se, desde logo, que entre as múltiplas deliberações do regulador, muitas vezes atingindo um número total superior a duas dezenas por semana, estão diversas matérias em que não se verificam atrasos, como a atribuição de títulos habilitadores para o exercício de rádio e de televisão para novos operadores, os registos dos órgãos de comunicação social, as queixas sobre direito de resposta, a emissão de pareceres sobre a nomeação e destituição de diretores dos meios de comunicação social pertencentes ao Estado, entre outras.

No entanto, uma das mais relevantes competências do regulador — a primeira na extensa lista enunciada no artigo 24.º, n.º 3, dos Estatutos da ERC — é a de *«fazer respeitar os princípios e limites legais aos conteúdos difundidos pelas entidades que prosseguem actividades de comunicação social, designadamente em matéria de rigor informativo e de protecção dos direitos, liberdades e garantias pessoais»*.

Ora, é precisamente tendo em conta esse relevante âmbito de deliberações, que, analisando o tempo que mediou entre a data em que os serviços da ERC registam a entrada de uma queixa ou de uma participação ou em que existe uma deliberação no sentido de abrir um procedimento oficioso e a data da deliberação do Conselho Regulador, pondo fim a esse processo, se constatará que esse intervalo temporal não apenas cresceu entre 2007 e 2016, com a exceção de 2011, como atingiu proporções pouco consentâneas com *uma eficaz justiça regulatória* (ver Fig. 35)[402].

[402] Neste quadro estatístico que realizámos com base nas deliberações publicadas no sítio da ERC, foram apenas considerados as queixas, participações ou procedimentos oficiosos relacionados com conteúdos jornalísticos ou programáticos. Entendemos que esse critério de escolha permitiu uma leitura objetiva e suficientemente representativa, além de incidir sobre deliberações de indiscutível importância na atividade do regulador. Não foram tidos em conta os processos contraordenacionais relacionados com essas queixas e participações. Nos processos em que existem várias participações relacionadas com o mesmo tema, foi considerada apenas a data da primeira, que deu azo à abertura do processo.

| Ano | Queixas e participações avaliadas | Média de dias entre queixa/participação e deliberação | Queixa/participação com maior intervalo (número de dias) | Queixa/participação com menor intervalo (idem) |
|---|---|---|---|---|
| 2007 | 47 | 154,1 | 572<br>6/LLC-TV/2007 | 36<br>4/LLC-TV/2007 |
| 2008 | 43 | 171,0 | 391<br>11/CONT-I/2008 | 41<br>20/CONT-TV/2008 |
| 2009 | 63 | 173,0 | 437<br>33/CONT-TV/2009 | 35<br>40/CONT-TV/2009 |
| 2010 | 93 | 190,2 | 590<br>6-CONT-I/2010 | 41<br>32/CONT-I/2010 |
| 2011 | 73 | 122,0 | 407<br>34/CONT-I/2010 | 34<br>2/CONT/2011 |
| 2012 | 61 | 149,7 | 986<br>12/PC/2012 | 23<br>11/CONT-TV/2012 |
| 2013 | 46 | 205,3 | 1099<br>177/2013 CONTJOR-TV | 64<br>7/2013<br>CONTJOR-I |
| 2014 | 18 | 403,2 | 755<br>78/2014 CONTJOR-TV | 192<br>68/2014 CONTJOR-I |
| 2015 | 42 | 474,3 | 969<br>72/2015 CONTJOR-I | 79<br>142/2015 CONTJOR-I |
| 2016 | 76 | 445,1 | 1301<br>28/2016 CONTJOR-I | 34<br>43/2016 CONTJOR-TV |
| 2017 | 89 | 395,7 | 1366<br>ERC/2017/147<br>CONTJOR-NET | 49<br>ERC/2017/147<br>CONTJOR |
| 2018 | 89 | 362,6 | 1734<br>ERC/2018/131<br>CONTJOR-TV | 30<br>ERC/2018/61<br>CONTJOR-I |
| 2019 | 106 | 314,9 | 1831<br>ERC/2019/114<br>CONTPROG-TV | 40<br>ERC/2019/186<br>CONTJOR-NET |
| 2020 | 71 | 257,5 | 1162<br>ERC/2020/142<br>CONTJOR-TV | 16<br>ERC/2020/168<br>CONTPROG-TV |
| 2021 | 90 | 278,8 | 1015<br>ERC/2021/238<br>CONTJOR-I | 48<br>ERC/2021/347<br>CONTJOR-I |

FIG. 35 — quadro elaborado pelo autor

Mas há outras conclusões a realçar:

— Embora o artigo 58.º, n.º 1, dos Estatutos da ERC estipule que *«O Conselho Regulador profere uma decisão fundamentada, ainda que por mera reprodução da proposta de decisão apresentada pelos serviços competentes, no prazo máximo de 30 dias a contar da entrega da oposição ou, na sua falta, do último dia do respectivo prazo»*, a generalidade das deliberações do regulador não o cumpriu. Tem sido entendido que o prazo estipulado nesta norma é meramente indicativo, tanto mais que uma eventual prescrição do procedimento de queixa por essa razão seria gravemente lesiva para o queixoso, sem que se lhe pudesse atribuir qualquer responsabilidade por esse facto;
— O pior ano foi o de 2015: a média do tempo gasto entre a abertura do processo e a deliberação foi de 474 dias, ou seja, perto de 1 ano e 4 meses;
— Depois de 2015, houve uma progressiva redução do tempo em causa, sobretudo entre 2018 e 2020, devendo ser realçado que, em 2019, o número de deliberações (106) neste âmbito — conteúdos publicados ou emitidos — foi o mais elevado desde o início da ERC;
— A queixa que esteve mais tempo retida sem deliberação do regulador, mais de 5 anos entre abril de 2014 e abril de 2019, foi apresentada pela ATV (Associação de Telespectadores) contra a RTP, alegando-se que o jornalista José Rodrigues dos Santos tinha transformado aquilo que deveria ser *«um programa de comentário político à atualidade da semana»* pelo então comentador daquele operador José Sócrates, num *«programa de entrevista»* sem conhecimento prévio do entrevistado. O regulador, numa deliberação de 6 páginas (ERC/2019/114 CONT-PROG-TV), consideraria a queixa improcedente, *«por não se verificar a ultrapassagem de limites à liberdade de programação»*, mas sensibilizaria o operador *«no sentido de não introduzir alterações de formato televisivo de programas em curso, sem esclarecimento ou advertência prévia dos seus públicos»*;
— Em 2017, ano em que a média dos tempos de deliberação esteve próxima de 1 ano e um mês, houve 54 queixas que ultrapassaram 1 ano, dos quais 14 *esperaram* mais de 2 anos e 5, mais de 3;
— A demora na aprovação das deliberações, pondo fim aos processos, torna-se ainda mais relevante se tivermos em conta que algumas — em geral, todos os anos, pelo menos uma ou duas — têm um desfecho

ao fim de pouco mais de apenas um mês ou, por vezes mesmo, menos de um mês[403].

São diversas as razões que podem ser invocadas para este invulgar — e dificilmente aceitável — intervalo entre o início e o encerramento dos processos relativos a queixas ou participações.

Em primeiro lugar, o conjunto de procedimentos internos no tratamento das queixas e participações ou denúncias[404].

Importa, desde logo, distinguir, como atrás se referiu, entre os procedimentos de queixa, em que estão em causa direitos disponíveis e individuais, aplicando-se as normas previstas nos artigos 55.º e seguintes dos Estatutos da ERC, e os procedimentos de participação e procedimentos oficiosos, que deverão ser apreciados ao abrigo do Código do Procedimento Administrativo. Nos casos de participação, quem a apresenta ao regulador não pretende defender um interesse particular, mas antes a salvaguarda ou tutela de um interesse ou direito geral, ou seja, quando está em causa um valor que afeta

---

[403] As queixas mais rapidamente encerradas ocorreram em 2012 (11/CONT-TV/2012) e em 2020 (ERC/2020/168 CONTPROG-TV). No primeiro caso, apenas 23 dias depois de a Associação de Oficiais das Forças Armadas ter apresentado queixa contra a TVI por causa do conteúdo de um comentário na análise dominical de Marcelo Rebelo de Sousa, o Conselho Regulador deliberaria por unanimidade arquivá-la, sem mesmo ouvir a TVI, por considerar que a opinião emitida sobre uma alegada influência «de uma minoria político-partidária» naquela associação deveria ter sido eventualmente contraditada através do direito de resposta, que não foi solicitado, e não através de uma deliberação do regulador impondo ao comentador que corrigisse essa afirmação. No segundo caso, em que o intervalo entre a entrada na ERC das participações e a deliberação foi apenas de 16 dias, o Conselho Regulador entenderia arquivar duas participações contra uma edição do programa da RTP2, *A Fé dos Homens*.

[404] Na análise dos procedimentos internos do regulador, além dos Estatutos e do Regulamento Interno e Orgânico da ERC, baseamo-nos sobretudo nos seguintes documentos: Informação n.º 1/Departamento Jurídico/2017, subscrita pela então diretora deste Departamento, Marta Carvalho, e aprovada pela Direção Executiva da ERC em 1 de fevereiro de 2017; texto sobre Procedimentos de Regulação e Supervisão, elaborado pela jurista da ERC, Carina Antunes, de 13 de dezembro de 2016; Informação n.º 18/RM/2015 sobre requisitos dos requerimentos iniciais nos procedimentos de queixa, elaborado pelo jurista e diretor do Departamento Jurídico da ERC à data desta publicação, Rui Mouta; e Relatório de Regulação de 2018, capítulo «Procedimentos de Regulação e Supervisão», páginas 151 e seguintes.

a generalidade dos leitores, ouvintes ou espectadores do órgão de comunicação social em causa. Os procedimentos oficiosos decorrem da iniciativa do próprio Conselho Regulador, por vezes antecipando-se a participações de cidadãos, face à relevância ou ao impacto mediático de um conteúdo ou de uma conduta de um órgão de comunicação social.

A possibilidade de qualquer cidadão, mesmo quem não pretenda a defesa de um direito particular, poder solicitar a intervenção da ERC, está prevista no artigo 55.º dos seus Estatutos, ao estipular-se que «*Qualquer interessado pode apresentar queixa relativa a comportamento susceptível de configurar violação de direitos, liberdades e garantias ou de quaisquer normas legais ou regulamentares aplicáveis às actividades de comunicação social*». Ela constituiu um claro incentivo a uma maior participação dos cidadãos na defesa desses valores[405].

Existem ainda outras diferenças entre os procedimentos de queixa, por um lado, e, por outro, os procedimentos de participação e os procedimentos oficiosos[406].

Nos procedimentos de queixa, os factos são genericamente apontados pelo queixoso, enquanto nas participações e nos procedimentos oficiosos, o regulador pode inclusivamente abranger outros factos e outros órgãos de comunicação social.

Os procedimentos de queixa iniciam-se formalmente com a receção da queixa, enquanto nos procedimentos por participação, a abertura do processo decorre de um ato formal do presidente do Conselho Regulador ou de um membro do Conselho com competência delegada para esse efeito, na sequência de um requerimento de um particular[407].

---

[405] Numa fase inicial da atividade da ERC, todos os procedimentos de queixa ou participação eram apreciados nos termos dos artigos 55.º e seguintes dos Estatutos, mas, nomeadamente graças à incongruência que constituía a realização, nos termos do artigo 57.º, de uma audiência de conciliação entre o participante e o órgão de comunicação social, mesmo que aquele fosse, por exemplo, um mero espectador incomodado com a excessiva violência de um qualquer filme, começou a aplicar-se o disposto no Código do Procedimento Administrativo às iniciativas de quem, nessas condições, solicitava a intervenção da ERC, sem ter um interesse específico ou direto no caso.

[406] Em 2020, se considerarmos apenas os 71 procedimentos relativos a conteúdos jornalísticos e de programação, 53 constituíram participações e 18 queixas.

[407] Na receção da queixa ou da participação, compete ao regulador verificar se estão preenchidos os requisitos do requerimento inicial, nomeadamente a adequada exposição dos factos e dos fundamentos de direito do pedido, a sua indicação clara e a data,

Quer no caso das queixas, em que se aplicará o regime estabelecido nos artigos 55.º e seguintes dos Estatutos da ERC, quer quando se trata de uma participação, que segue os trâmites do Código do Processo Administrativo, o passo seguinte será o despacho de abertura do processo.

De acordo com o Regulamento Interno e Orgânico da ERC (artigo 24.º), o processo de deliberação pelo regulador tem 15 fases: entrada da queixa ou denúncia; inserção da queixa ou denúncia no sistema informático de gestão de queixas (*workflow*); triagem das entradas através de despacho do diretor executivo; despacho do presidente do Conselho Regulador; decisão de abertura ou não do processo e escolha, pelo presidente ou por outro membro do Conselho com competência delegada para esse efeito, dos departamentos e/ou unidades incumbidas do seu acompanhamento; instrução do processo e notificação das entidades envolvidas; orientação e acompanhamento pelas chefias dos departamentos ou unidades responsáveis pelo processo; análise do processo e, quando necessário, recurso a pesquisas (jurídicas, audições e outras), de modo a fundamentar a decisão; receção e encaminhamento da resposta da entidade visada; audiência de conciliação entre o denunciado e o queixoso, no praxo máximo de 10 dias a contar da apresentação da oposição, sempre que a entidade regulada apresente oposição, e desde que o objeto e natureza da queixa o justifique; elaboração da proposta de deliberação pela equipa técnica do projeto (na maior parte dos casos, composta por um quadro do Departamento de Análise de Media e por um jurista); análise da proposta de deliberação pelo Conselho Regulador; adoção da deliberação pelo Conselho Regulador; notificação da deliberação aos interessados; subprocesso de cumprimentos da deliberação (artigo 26.º do mesmo Regulamento).

Em segundo lugar, no elenco de razões que explicarão o atraso na conclusão dos processos, estará a insuficiência de quadros do regulador face ao vasto conjunto de atribuições e competências que lhe são cometidas, muito além da mera formulação de propostas de deliberação a submeter ao Conselho Regulador sobre queixas ou participações relativas a conteúdos publicados ou emitidos. É verdade que, nos últimos anos, a ERC viu reforçado o seu

---

assinatura e indicação do domicílio do requerente. Caso algum destes requisitos não esteja cumprido, o queixoso ou participante deverá ser notificado para aperfeiçoar esse requerimento. Se não o fizer ou caso o queixoso ou participante não se encontre identificado, o pedido seja ininteligível ou não integre as competências da ERC, poderá ser decidida uma rejeição liminar seguida do arquivamento.

quadro de pessoal — recorde-se, por exemplo, que em 2006, no início da sua atividade, tinha 47 funcionários e que, em 2021, esse número já quase duplicara: a ERC tinha no final desse ano 89 funcionários, dos quais 87 no ativo. Mas essa avaliação comparativa não pode ignorar o substancial aumento de atribuições e competências ao longo dos últimos anos, bem como todo o trabalho do regulador em áreas diversas das políticas para a comunicação social — desde logo, as dezenas de estudos, pareceres, conferências e outras iniciativas que promoveu ou acompanhou.

Em terceiro lugar, a complexidade de muitos casos, obrigando os quadros envolvidos na preparação das propostas de deliberação a procurarem soluções consensuais, quer entre si e entre os departamentos que integram, quer, a seguir, entre os membros do Conselho Regulador, procurando desejavelmente uma resposta unânime ou, em alternativa, uma maioria claramente favorável. Aliás, a partilha da responsabilidade, quer na redação das propostas, quer por os quadros responsáveis por essa redação pertencerem a departamentos diferentes, conduziu muitas vezes ao adiamento da sua formulação e apresentação ao Conselho Regulador.

Acresce que, quando o problema do excessivo tempo de resposta do regulador face a queixas ou participações se tornou mais evidente e considerado inaceitável — no decurso do segundo mandato, em 2014 e 2015 —, o Conselho Regulador não tinha, por ausência de um consenso entre os seus membros, pelouros atribuídos, pelo que não foi então possível tornar mais eficaz a tarefa de acompanhamento e supervisão da condução dos processos e de preparação das propostas de deliberação.

Como atrás se referiu, em 2019 e em 2020 — mas com uma ligeira inversão em 2021 —, na continuação de uma tendência iniciada em 2016, diminuiu claramente o intervalo entre as datas de início dos processos e de aprovação das deliberações pelo Conselho Regulador. Será eventualmente prematuro concluir sobre qual a razão ou razões que conduziram a essa melhoria, mas ela poderá decorrer de algumas alterações introduzidas em 2018 e 2019: uma seleção mais exigente dos processos abertos, aumentando o número daqueles que são, pelo presidente do Conselho Regulador, liminarmente rejeitados[408]; a condução dos processos relativos a conteúdos apenas pelo

[408] Esta seleção, necessariamente com alguma subjetividade, mesmo que seja, como se impõe, escrutinada pelos outros membros do Conselho Regulador, poderá ter, em

Departamento de Análise de Media, onde foram integrados alguns juristas; e simplificação da fundamentação incorporada nas deliberações menos complexas e relevantes, o que permitiu uma elaboração mais rápida.

### 4.4.6 O exemplo do direito de resposta e de retificação

A apreciação e a deliberação sobre queixas relativas ao alegado incumprimento do direito de resposta e de retificação incluem-se entre as mais relevantes competências da ERC. O *contencioso* em torno deste instrumento de proteção dos cidadãos, nomeadamente do direito ao bom nome e reputação face aos *media* tem sido significativo: desde o início da atividade do regulador, e embora em decréscimo nos últimos anos, perto de um quinto das queixas apreciadas pelo Conselho Regulador, em média uma em cada semana (ver Fig. 36), diz respeito ao direito de resposta e de retificação, designadamente ao seu alegado incumprimento ou ao seu cumprimento deficiente.

| 2006 | 2007 | 2008 | 2009 | 2010 | 2011 | 2012 | 2013 | 2014 | 2015 | 2016 | 2017 | 2018 | 2019 | 2020 | 2021 |
|---|---|---|---|---|---|---|---|---|---|---|---|---|---|---|---|
| 37 | 47 | 105 | 84 | 67 | 40 | 42 | 51 | 38 | 34 | 37 | 38 | 31 | 31 | 31 | 31 |
| 38,1 | 24,1 | 30,4 | 17,6 | 18,5 | 12,8 | 16,7 | 18,4 | 23,8 | 13,8 | 13,1 | 14,5 | 12,1 | 8,8 | 11,8 | 7,8 |

FIG. 36

Número de deliberações do Conselho Regulador da ERC relativamente a queixas sobre direito de resposta e de retificação e percentagem em relação ao número total de deliberações

Aliás, o papel do regulador nesta matéria tem sido relevante desde a experiência do Conselho de Imprensa. Apesar de não figurar expressamente nas competências atribuídas a este primeiro organismo de regulação (1976–1990) — a legislação limitava-se a referir as queixas apresentadas por pessoas singulares ou coletivas cujos direitos tivessem sido ofendidos através da imprensa —, cerca de metade das queixas colocadas à apreciação do Conselho tiveram como tema o alegado não cumprimento do direito de resposta

contrapartida, a desvantagem de poder eliminar *a priori* procedimentos suscetíveis de justificarem uma deliberação do regulador.

e de retificação. Mais tarde, com a Alta Autoridade para a Comunicação Social, manter-se-ia a relevância do papel do regulador neste instituto, uma vez que foram apresentadas 798 queixas ao longo dos 16 anos de atividade deste órgão, ou seja, uma média de perto de 50 por ano.

A importância do papel do regulador neste instituto, criado em Portugal na Lei de Imprensa de 1837 e inscrito nos próprios textos constitucionais de 1933 e 1976, é ainda mais assinalável se se considerar que qualquer pessoa singular ou coletiva ou organismo público que se considerem prejudicados pela publicação ou emissão por um órgão de comunicação social de ofensas diretas ou de referências de facto inverídico ou erróneo que possam afetar a sua reputação e boa fama tem em geral à sua escolha três formas diversas de proceder: poderá recorrer aos tribunais, optar por se queixar ao organismo regulador ou utilizar o mecanismo do direito de resposta e de retificação. E caso, escolhendo este direito, não o veja reconhecido pelo órgão de comunicação social em causa ou ele seja infundadamente recusado, poderá recorrer para o tribunal judicial do seu domicílio ou para a entidade reguladora.

O habitual recurso à ERC e não aos tribunais não decorre apenas da generalizada convicção de que o exercício do direito de resposta e de retificação exige uma celeridade nos seus procedimentos que aqueles estão longe de assegurar. De facto, o legislador procurou assegurar a efetividade deste direito através da intervenção do regulador ao impor um prazo de três dias para entrega dos documentos solicitados pelo regulador (artigo 59.º, n.º 2, dos Estatutos) e um dever de preservação dos registos dos materiais que estiveram na origem do pedido (artigo 59, n.º 3) e ao atribuir *força executiva autónoma* à deliberação da ERC que ordenar a publicação da resposta ou retificação, cujo incumprimento implicará, por parte dos membros de órgãos executivos das empresas que prosseguem atividades de comunicação social, a prática de um crime de desobediência qualificada (artigo 66.º, n.º 1, alínea a))[409].

Sublinhe-se que a consagração legal do direito de resposta e de retificação decorre da constatação de que não basta assegurar a liberdade de criação de empresas de *media* e a sua liberdade editorial, impondo-se garantir igualmente a existência de meios de proteção dos cidadãos face à comunicação

[409] Miguel Prata Roque, «Os poderes sancionatórios da ERC», in *Direito Sancionatório das Autoridades Reguladoras*, Coimbra Editora, 2009, p. 394.

social. Nesta medida, o direito de resposta, em especial, tem sido considerado, sobretudo, um eficaz instrumento de defesa dos direitos da personalidade, nomeadamente do direito ao bom nome e reputação, mas igualmente um direito individual de acesso aos meios de informação e de consequente participação na formação da opinião pública. No entanto, com o direito de resposta, tal como com o de retificação, não beneficiam apenas aqueles que os invocam, uma vez que o seu exercício constitui um instrumento de pluralismo e uma garantia da veracidade informativa, não só porque oferece ao respondente a possibilidade de apresentar a sua versão sobre os factos (direito de resposta) ou de corrigir uma informação inverídica (direito de retificação), contribuindo para o esclarecimento do público em geral, mas também porque incentiva o autocontrolo dos jornalistas, que receiam aquilo que pode ser considerado uma desautorização pública no seu próprio órgão de comunicação social.

A sua relevância no quadro do Direito da Comunicação Social, bem como a complexidade da sua concretização, justificou já a aprovação de documentos de instâncias internacionais em que são teorizados os seus aspectos mais importantes[410].

No entanto, nem estes documentos europeus nem as diversas normas constitucionais e legais que regulamentam este direito em Portugal — recorde-se que as leis de imprensa, da rádio e da televisão e dos serviços audiovisuais a pedido consagram algumas normas a este instituto, bem como os próprios Estatutos da ERC[411] — limitaram, em muitos casos, a complexidade da sua concretização, de resto ampliada pela sua relevância, nomeadamente na defesa do bom nome e da reputação dos cidadãos. Aliás, apesar da frequentemente extensa fundamentação das deliberações do Conselho Regulador e da sua divulgação, continuaram a surgir casos exemplares, cujo carácter inédito, trazendo a lume novas questões práticas e jurídicas reveladoras da riqueza deste instituto, obrigariam a uma cons-

---

[410] Ver, designadamente, a Diretiva dos Serviços de Comunicação Social Audiovisual e, de forma mais aprofundada, a Recomendação Rec(2004)16 do Comité de Ministros do Conselho da Europa e a Recomendação do Parlamento Europeu e do Conselho (2006/952/CE).

[411] Ver, designadamente, o artigo 37.º, n.º 4, da Constituição, os artigos 24.º a 27.º da Lei de Imprensa, 59.º a 63.º da Lei da Rádio e 65.º a 69.º da Lei da Televisão e dos Serviços Audiovisuais a Pedido, bem como os artigos 24.º, 59.º e 60.º dos Estatutos da ERC.

tante inovação na sua *doutrina* e na sua *jurisprudência*[412]. Parece evidente que a especialização do regulador neste domínio, bem como a sua celeridade na tomada de deliberações, bem superior à dos tribunais, e a inexistência de qualquer encargo para apresentar queixa, ao contrário do que acontece nos pleitos judiciais, explicam porque são raras (ou mesmo inexistentes ) as queixas sobre direito de resposta e de retificação diretamente submetidas na justiça.

De qualquer forma, a fundamentação das deliberações aprovadas em que são frequentemente invocados precedentes relativos a deliberações anteriores, bem como a sua difusão, terão contribuído para diminuir a litigância em torno deste direito: enquanto, entre 2008 e 2010, a ERC aprovou 256 deliberações tendo como fundamento o direito de resposta e de retificação, entre 2016 e 2018, também durante três anos, esse número baixou para menos de metade (37 em 2016, 38 em 2017 e 31 em 2018). Em média, o número de deliberações aprovadas em 2018, 2019, 2020 e 2021 (curiosamente, 31 em cada ano) foi mesmo o mais baixo desde o início da ERC, sensivelmente um terço do verificado em 2008 e sensivelmente metade das aprovadas nos últimos anos da AACS. Sublinhe-se, no entanto, que, se analisarmos as deliberações do Conselho Regulador sobre queixas relativas a um alegado incumprimento das normas sobre direito de resposta por órgãos de comunicação social, apenas uma percentagem relativamente reduzida — cerca de 25%, por exemplo, em 2019, 2020 e 2021 — tem sido indeferida pelo regulador.

Importa, por outro lado, referir que a clara maioria das queixas em torno deste instituto decorre de alegados incumprimentos por parte de publicações periódicas, sendo, por outro lado, muito diminutos os casos relativos à agência Lusa (em cerca de 14 anos, apenas uma queixa e indeferida), a órgãos online e também a operadores de rádio (ver Fig. 37).

---

412 Um dos exemplos possíveis é o do recente expediente, utilizado por operadores de televisão (pelo menos, a TVI e a RTP), de transmitir o texto do direito de resposta mediante uma leitura artificialmente acelerada Num dos casos em que isso ocorreu com a TVI, o regulador (Deliberação ERC/2019/326 (DR/TV)) reprovaria esse facto, bem como a exibição do texto da resposta com gralhas que não constavam no documento enviado pelo queixoso, e imporia ao operador uma nova transmissão do referido texto.

| | Total | Imprensa | Rádio | Televisão | Lusa | Online |
|---|---|---|---|---|---|---|
| AACS | 798 | 679 | 35 | 83 | | 1 |
| 2006 | 37 | 33 | | 4 | | |
| 2007 | 47 | 44 | | 3 | | |
| 2008 | 105 | 102 | | 2 | | 1 |
| 2009 | 84 | 81 | 1 | 2 | | |
| 2010 | 67 | 63 | | 4 | | |
| 2011 | 40 | 37 | | 3 | | 1 |
| 2012 | 42 | 41 | | 1 | | |
| 2013 | 51 | 48 | | 3 | | |
| 2014 | 38 | 35 | 1 | 1 | 1 | |
| 2015 | 34 | 24 | 1 | 7 | | 2 |
| 2016 | 37 | 33 | 1 | 1 | | 2 |
| 2017 | 38 | 29 | | 7 | | 2 |
| 2018 | 31 | 20 | 2 | 9 | | 1 |
| 2019 | 31 | 16 | | 15 | | |
| 2020 | 31 | 16 | 1 | 10 | | 4 |
| 2021 | 31 | 17 | 2 | 6 | | 6 |

FIG. 37

Sublinhe-se ainda que, avaliadas anualmente, a maior parte das queixas relativas ao meio imprensa envolve publicações periódicas regionais, exceto em 2006, 2007, 2010, 2015, 2019 e 2021, facto que se poderá explicar pela clara predominância, entre os queixosos, de autarcas e de estruturas regionais, distritais ou locais de partidos políticos[413]. No total das deliberações, 42% estão relacionadas com um alegado incumprimento por parte de publicações de âmbito regional, enquanto as publicações periódicas nacionais atingem 38%. A imprensa desportiva, bem como as revistas *cor-de-rosa*, as rádios nacionais e regionais e a agência Lusa representam valores bem mais reduzidos. Nos últimos anos, tem aumentado significativamente o número

[413] Refira-se igualmente que mais de metade dessas queixas envolviam um diminuto número de jornais: *Jornal da Madeira*, *Barcelos Popular*, *O Coura*, *Diário de Notícias* da Madeira, *Jornal de Santo Tirso*, *Jornal de Vila do Conde* e *Mirante*.

de queixas relativamente aos operadores de televisão — um terço das deliberações do regulador nos últimos 3 anos — e também, embora em menor número, aos meios online.

A frequência das queixas sobre o direito de resposta e de retificação, a sua complexidade dada a singularidade de muitas situações, a relevância da matéria em causa e os ensinamentos que um tão vasto e diversificado conjunto de queixas proporcionou aos dirigentes e quadros técnicos dos reguladores conduziriam, quer a AACS, quer mais tarde a ERC, a elaborarem documentos específicos sobre este tema.

Em 14 de junho de 1991, a AACS aprovaria uma diretiva sobre esta temática com o objetivo de produzir doutrina ou, pelo menos, de esclarecer pontos menos claros na interpretação das normas jurídicas relacionadas com a sua aplicação prática. No mesmo texto, reconhecia-se que, apesar de o artigo 16.º da Lei de Imprensa então em vigor procurar estabelecer o modo de exercer o direito de resposta, *«a prática jornalística não tem correspondido, com rigor, à prescrição legal, sobretudo dela fazendo um entendimento restritivo»* e acrescentava-se que *«o reconhecimento e apreciação da efectivação do direito de resposta tem natureza casuística, tendo em conta o relevo gráfico e de paginação assumido em cada contexto.»*[414] Mais tarde, em 28 de junho de 1995 e 15 de fevereiro de 2001, a AACS aprovaria novas diretivas.

O mesmo aconteceria com a ERC, que, em 12 de novembro de 2008, aprovaria uma diretiva — a Diretiva 2/2008, *«visando clarificar alguns pontos em torno dos quais se têm detectado interpretações discrepantes»*. O texto do Conselho Regulador visava clarificar aspectos como, entre outros, a legitimidade dos respondentes, nomeadamente em casos em que havia uma pluralidade de pessoas que pretendiam exercer o direito de resposta, as exigências formais relativas à publicação dos textos de resposta e de retificação, os requisitos legais de admissibilidade da resposta e da retificação, a comunicação da recusa de publicação da resposta ou retificação pelo diretor do periódico e a execução das deliberações do Conselho Regulador da ERC relativas a estes direitos.

A continuação de um número elevado de queixas por incumprimento deste direito, bem como, embora com menor frequência, do direito de reti-

---

[414] Ana Roque, *Contributo para a história da Alta Autoridade para a Comunicação Social: o 1.º Mandato,* UAL, 2003.

ficação, conduziriam o Conselho Regulador da ERC a elaborar um documento pedagógico de 63 páginas, aprovado em 14 de setembro de 2017, intitulado «Direitos de Resposta e de Retificação — Perguntas Frequentes», cujo objetivo essencial seria o de apresentar, de forma simples, as principais regras aplicáveis aos direitos de resposta e de retificação, desta forma procurando antecipar, para eventuais queixosos e para os órgãos de comunicação social, qual seria o teor e o fundamento das deliberações do regulador[415].

---

[415] Refiram-se, entre outros, pela frequência com que foram tema de controvérsia neste domínio, os critérios do regulador nos casos de direito de resposta quando são vários os visados num mesmo texto ou imagem; a definição de *«referências, ainda que indiretas, que podem afetar a reputação e boa fama (ou bom nome)»* e quem as avalia; a questão de saber se quando o visado foi ouvido e é citado na peça original ainda pode exercer o direito de resposta; o direito de resposta contra textos ou imagens online*;* o que se entende por *relação direta e útil;* o que são e como se aferem as *«expressões desproporcionadamente desprimorosas»*; como e onde deve ser publicado o texto de resposta na imprensa; podem ou não ser feitos comentários ao texto da resposta; que se entende por *«breve anotação»* do diretor com o estrito fim de apontar qualquer inexatidão ou erro de facto contidos na resposta. A generalidade destes critérios foi sempre aplicada sem qualquer controvérsia pelo regulador. Registe-se, todavia, a Deliberação ERC/2018/75 (DR-TV), de 24 de abril de 2018, em que o Conselho Regulador, por 3 votos contra 2 (Mário Mesquita e João Pedro Figueiredo), deliberaria recusar o recurso por denegação do direito de resposta interposto pela IURD contra a TVI e a TVI24, argumentando, entre outros exemplos, que esse direito fica prejudicado se o operador de televisão tiver permitido que o visado expressasse os seus pontos de vista na peça jornalística em causa, opinião que contraria todas as anteriores deliberações do regulador sobre esta matéria, bem como o referido documento divulgado em 2017. Aliás, em 23 de outubro de 2018, o Tribunal Administrativo do Círculo de Lisboa julgaria procedente uma ação contra a ERC, intimando-a a reconhecer o direito de resposta da IURD. Objeto de sucessivos recursos, a sentença reconhecendo o direito de resposta da IURD seria confirmada, em 2019, por acórdãos de 21 de fevereiro e de 26 de setembro, respetivamente pelo Tribunal Central Administrativo do Sul e pelo Supremo Tribunal Administrativo, o que obrigaria a ERC, agora por unanimidade, a reconhecer o direito da IURD e a intimar a TVI a emitir o texto da resposta. Mantendo a recusa em emitir a resposta, a TVI foi objeto de um processo contraordenacional aprovado pelo regulador em 22 de abril de 2020, sobre o qual, todavia, até ao final de janeiro de 2022, não havia ainda qualquer decisão, uma vez que o processo aguardava o pronunciamento do Ministério Público, quanto à queixa apresentada pela ERC contra a TVI por aquela recusa, que constitui crime de desobediência qualificada.

## 4.5 A ERC e as políticas públicas para a comunicação social — os pareceres, os relatórios, os estudos, os protocolos e a participação internacional

Os estatutos da ERC, designadamente as normas que elencam as atribuições e competências do regulador, são particularmente exigentes relativamente à sua reflexão e investigação sobre as políticas públicas para a comunicação social.

O regulador é obrigado a pronunciar-se, desde logo, sobre todas as iniciativas legislativas relativas à sua esfera de atribuições, que lhe são obrigatoriamente submetidas pela Assembleia da República ou pelo Governo[416].

Pode, além disso, por sua iniciativa, sugerir ou propor medidas de natureza política ou legislativa nas matérias atinentes às suas atribuições[417]. As deliberações tomadas mediante queixa ou participação implicam uma análise das temáticas em causa. Os relatórios anuais sobre *«a situação das actividades de comunicação social»*[418] obrigam o regulador a uma leitura alargada sobre o sector dos *media*. Os estatutos da ERC atribuem ao Conselho Regulador a missão de *«assegurar a realização de estudos e outras iniciativas de investigação e divulgação nas áreas da comunicação social e dos conteúdos, no âmbito da promoção do livre exercício da liberdade de expressão e de imprensa e da utilização crítica dos meios de comunicação social»*[419].

De facto, é extremamente diversificada a atividade do regulador, que está bem longe de se limitar às deliberações tomadas após queixa ou participação

---

[416] Artigo 25.º dos Estatutos da ERC. Parece claro que a referência ao facto de tanto a Assembleia da República como o Governo poderem tomar a iniciativa de consultar a ERC terá que ver apenas com o autor da iniciativa legislativa e não com a possibilidade de o regulador ser apenas consultado sobre uma proposta de lei do Governo quando ela já esteja a ser apreciada no quadro parlamentar. Esta questão colocou-se em 2020 quando o Governo, sem previamente solicitar o parecer da ERC, submeteu à Assembleia da República a proposta de lei n.º 44/XIV/1.ª — Transpõe a Diretiva (UE) 2018/1808, do Parlamento Europeu e do Conselho, de 14 de novembro de 2018, respeitante à oferta de serviços de comunicação social audiovisual. Essa consulta ao regulador seria realizada pela Comissão Parlamentar de Cultura e Comunicação e não na fase prévia de formulação da proposta, o que mereceria um reparo do regulador (Deliberação ERC/2020/143).

[417] *Idem.*

[418] Artigo 24.º, n.º 2, d), dos Estatutos.

[419] Artigo 24.º, n.º 3, ab), dos Estatutos.

por alegado incumprimento de normas legais, que representam a atividade regulatória mais conhecida e, igualmente, mais sujeita a escrutínio.

A análise dos relatórios anuais produzidos pelo Conselho Regulador da ERC, que constituem o espelho dessa atividade e são debatidos, na Assembleia da República, na Comissão parlamentar adstrita às políticas para a comunicação social[420], permite elencar o vasto e diversificado conjunto de iniciativas da ERC, desde o seu início em 2006 (ver Fig. 38).

2006

— Estudo sobre o perfil dos principais grupos de comunicação portugueses

2007

— Organização de uma Conferência Internacional subordinada ao tema «Por uma Cultura de Regulação»
— Realização de uma conferência subordinada ao tema «Sondagens: desafios e problemas de regulação»
— Participação na elaboração do inquérito «Caracterização do sector da rádio em Portugal», em colaboração com a Escola Superior de Comunicação Social

2008

— Realização de reuniões com direções de publicações periódicas nacionais e com a direção do Sindicato dos Jornalistas, tendo como objetivo a mediação no processo de eventual criação de uma estrutura de autorregulação da imprensa
— Realização do I Encontro de Reguladores Ibéricos da Comunicação Social
— Celebração de um protocolo entre a ERC e o Centro Regional do Porto da Universidade Católica Portuguesa com vista à realização de estudos, análises e investigações no domínio da comunicação social
— Realização de uma conferência dedicada ao tema «A Regulação como valor num mundo em mudança»
— Apresentação do Estudo de Receção dos Meios de Comunicação Social, elaborado pelo ISCTE.

[420] Artigo 73.º dos Estatutos. De acordo com o n.º 1 deste artigo, a ERC deverá igualmente enviar uma coletânea mensal das suas deliberações e atividades. Por outro lado, os membros do Conselho Regulador podem ainda prestar informações ou esclarecimentos perante aquela comissão «*sempre que tal lhes for solicitado*» (artigo 73.º, n.º 4, dos Estatutos).

2009
— Adoção de um projeto de Diretiva sobre Publicidade em Publicações Periódicas
— Apresentação de um estudo sobre a caracterização do sector da radiodifusão local
— Realização da conferência «A Televisão e as Crianças»
— Realização de uma conferência dedicada ao tema «A Comunicação Social num Contexto de Crise e de Mudança de Paradigma»
— Constituição em Lisboa da Plataforma das Entidades Reguladoras da Comunicação Social dos Países e Territórios de Língua Portuguesa (PER)
— Realização da Conferência «Imigração e diversidade étnica, linguística, religiosa e cultural na imprensa e na televisão»

2010
— Organização do III Encontro de Reguladores Ibéricos de Comunicação Social subordinado ao tema «Serviço Público de Televisão»
— Estudo «A Imprensa local e regional em Portugal»
— Participação na criação da Plataforma de reguladores Ibero-americanos do Setor Audiovisual (PRAI)
— Conferência anual dedicada ao tema «Media e Cidadania: velhas e novas questões»

2011
— Estudo «Educação para os Media em Portugal: experiências, actores e contextos», produzido pelo Centro de Estudos de Comunicação e Sociedade da Universidade do Minho
— Estudo sobre publicidade do Estado
— Celebração de um protocolo com o Instituto Gulbenkian da Ciência com vista à realização de um estudo sobre a cobertura televisiva da atividade científica desenvolvida em Portugal («Ciência no Ecrã»)
— Estudo sobre o Mercado Audiovisual português

2012
— Realização da conferência «Ciência no Ecrã», promovida com o Instituto Gulbenkian de Ciência
— Celebração de um protocolo de colaboração entre a ERC e a Procuradoria-Geral da República

— Organização em Lisboa de uma reunião da Rede das Entidades Reguladoras dos Media do Mediterrâneo

2013

— Proposta de medida legislativa sobre debates eleitorais (art 25.º, n.º 1, dos Estatutos)
— Projeto Media e Saúde Mental
— Participação no Grupo de Reflexão Media e Deficiência, que promoveu um colóquio sobre «Acessibilidade aos Meios Audiovisuais — da Cidadania ao Modelo de Negócio»
— Participação em ações de formação junto de escolas para jovens entre os 11 e os 13 anos para compreenderem e utilizarem criticamente a informação televisiva («7 dias com os *media*»)
— Conferência anual da ERC dedicada ao tema «Regular e Gerir a Mudança em contexto mediático»
— Promoção, com outras entidades, do 2.º Congresso Literacia, Media e Cidadania
— Realização de dois colóquios em cooperação com a Procuradoria-Geral da República sobre os comentários do público em órgãos de comunicação online
— Relatório de Regulação inclui dados sobre a oferta e consumos de *media*, a evolução do investimento publicitário nos últimos 10 anos, a caracterização do panorama da produção e a publicação de sondagens submetidas à ERC)

2014

— Aprovação do Plano Plurianual de obrigações para acompanhamento das emissões televisivas por pessoas com necessidades especiais
— Participação em ações de formação junto de escolas para jovens entre os 11 e os 13 anos para compreenderem e utilizarem criticamente a informação televisiva («7 dias com os *media*»)
— Memorando de entendimento entre a ERC e a Autoridade para a Rádio e a Televisão do Chipre
— Assinatura de um protocolo com a Direção-Geral de Saúde relativamente ao Projeto Media e Saúde Mental
— Integração na Plataforma para a Promoção da Igualdade entre Homens e Mulheres e a Luta contra os Estereótipos Baseados no Sexo, desenvolvida no seio da Rede de Autoridades Reguladoras do Mediterrâneo (RIRM)
— Organização da VI Conferência Ibérica de Conselhos Audiovisuais

— Realização conjunta coma ANACOM de uma consulta pública sobre o futuro da Televisão Digital Terrestre
— Participação em Díli no III Encontro da Plataforma de Entidades Reguladoras de Comunicação Social dos Países e Territórios de Língua Portuguesa (PER)
— Protocolo de Cooperação com a Ordem dos Psicólogos Portugueses
— 6.ª Conferência anual dedicada ao tema «Novas fronteiras da regulação — os *media* na Era Digital»
— Consulta pública sobre o estudo «Novos Media — Sobre a redefinição da noção de órgão de comunicação social», que culminaria com a aprovação da Diretiva 2/2014

2015
— Publicação do estudo «Novos Media — sobre a redefinição da noção de órgão de comunicação social»
— Publicação do estudo sobre «Modelos de Negócio e Comunicação Social — "Telcos", Legacy Media, Novos Media e Start-ups jornalísticas em navegação digital»
— Apresentação dos resultados do inquérito «Públicos e Consumos de Media»
— Consulta pública sobre a revisão da Diretiva «Serviços de Comunicação Social Audiovisual»

2016
— Aprovação de Diretiva sobre a variação do volume de som nos intervalos publicitários das televisões
— Aprovação de novo Plano plurianual que define as obrigações televisivas para acompanhamento por pessoas com necessidades especiais
— Ratificação do acordo de autorregulação respeitante à definição de valor comercial significativo para efeitos da distinção entre ajuda à produção e colocação de produto
— Lançamento da Plataforma Digital da Transparência
— Lançamento da Plataforma Digital da Publicidade do Estado
— Ação de formação na Autoridade Reguladora da Comunicação de Cabo Verde
— Organização da Conferência Ibérica de Conselhos Audiovisuais
— Assinatura de um protocolo de colaboração com a Associação EPIS — Empresários pela Inclusão Social
— Produção do estudo «As novas dinâmicas do consumo audiovisual em Portugal»

2017

— Realização em parceria com o Instituto Jurídico da Comunicação da Universidade de Coimbra de uma ação de formação em regulação da comunicação social
— Celebração de um Protocolo de Cooperação Técnica e Científica com a Universidade do Porto para a realização de projetos de investigação e de eventos científicos nos domínios dos Media e da Comunicação Social
— Divulgação do estudo «Crescendo entre ecrãs — Uso de meios eletrónicos por crianças (3–8 anos)», desenvolvido em parceria com investigadores da Faculdade de Ciências Sociais e Humanas da Universidade Nova de Lisboa
— Assinatura de um protocolo de cooperação com o regulador sul-coreano Korea Communications Standards Commission
— Assinatura de um Protocolo de Cooperação com o Instituto de Cinema e do Audiovisual
— Consulta pública sobre alteração do regulamento relativo às quotas de música portuguesa
— Publicação de uma brochura com esclarecimentos sobre o direito de resposta e de retificação

2018

— Elaboração de um «Guia de Boas Práticas — legendagem para surdos em programas gravados»
— Realização de ações de promoção da literacia mediática em diferentes estabelecimentos de ensino de Lisboa
— Publicação do e-book *Boom digital? Crianças (3–8 anos) e Ecrãs*
— ERC é anfitriã do Grupo de Trabalho *Género e Media* da Rede de Reguladores do Audiovisual do Mediterrâneo (RIRM)
— Conselho Regulador aprova um conjunto de normas incentivadoras de padrões de boas práticas por parte dos órgãos de comunicação social na cobertura de incêndios florestais e outras calamidades
— ERC publica um Relatório sobre a representação de homens e mulheres nos noticiários televisivos de horário nobre em sinal aberto
— Conferência «Regulação, Media e Igualdade»

2019

— Publicada a Diretiva 2019/1 «Sobre a cobertura informativa de situações de violência doméstica dirigida aos órgãos de comunicação social sob sua supervisão»

— Divulgado um relatório sobre a «Qualidade da legendagem para surdos» nos serviços de programas generalistas de acesso não condicionado livre (RTP1, RTP2, SIC e TVI)
— Elaboração do estudo «A Desinformação — Contexto Europeu e Nacional»
— Promoção, em parceria com o ISCTE, o Sindicato dos Jornalistas e a Comissão da Carteira Profissional de Jornalista de um Curso de Especialização em Regulação e Deontologia dos Media
— Lançamento do Portal da Transparência com informação sobre a titularidade, gestão e meios de financiamento das entidades que prosseguem atividades de comunicação social sob jurisdição do Estado português
— Publicado o relatório sobre «Acessibilidade dos Serviços de Programas Televisivos em 2018»
— Publicado relatório de uma consulta pública sobre o Regulamento das Quotas de Música Portuguesa
— A ERC é anfitriã do VIII Encontro Anual da Plataforma das Entidades Reguladoras da Comunicação Social dos Países e Territórios de Língua Portuguesa (PER)

2020
Publicados os seguintes relatórios e estudos:
— Relatório sobre *Acessibilidade dos Serviços de Programas Televisivos em 2019*
— Estudo intitulado *Cobertura Jornalística das Eleições Legislativas Regionais da Madeira — Espaços de debate, entrevista, opinião — Televisão, Rádio e Imprensa*
— Estudo *Análise Económico-Financeira do Setor de Media em Portugal, 2019*
— *Relatório de avaliação dos deveres de rigor, isenção e proteção de públicos vulneráveis na informação diária de horário nobre, exibida em 2019, pelos serviços de programas televisivos RTP1, RTP2, SIC, TVI e CMTV*
— *Análise ao cumprimento das obrigações constantes da Lei da Televisão e dos Serviços Audiovisuais a Pedido nos serviços de programas RTP1, RTP2, SIC, TVI, CMTV e Porto Canal entre março e junho de 2020*
— *Relatório de Avaliação do impacto da pandemia de Covid-19 sobre o sector da comunicação social em Portugal*
— Estudo intitulado *Crianças e Adolescentes na Informação Televisiva — 2008–2017*
— *Guia de Boas Práticas na cobertura informativa de doenças e situações epidémicas*
— *Os Menores e a Rádio de Serviço Público*
— *Relatório sobre a Publicidade Institucional do Estado — Impacto em contextos Pré-COVID — 19 e COVID-19*

— *Relatório de avaliação da Observância do Princípio do Pluralismo Político em 2019*
— Início do desenvolvimento do estudo «*A Rádio em Portugal*», focado essencialmente nas rádios locais
— Publicados os primeiros dois volumes da coleção *Regulação dos Media*, projeto editorial que visa a publicação de estudos sobre problemáticas contemporâneas do universo dos *media*.
— Colocado em consulta pública o projeto de revisão do Regulamento n.º 348/2016, que estabelece as regras sobre a transparência dos meios de financiamento dos *media*

2021
Publicados os seguintes relatórios:
— Relatório sobre a Cobertura Jornalística das Eleições Presidenciais de 2021
— Análise económico-financeira do sector de *media* em Portugal 2020
— Implicações da Crise de Covid-19 nas condições económicas do Setor de *media* em Portugal 2020/1.º trimestre de 2021
— Produção Audiovisual nos Serviços de Programas televisivos em 2020
— Relatório Nacional sobre a cobertura jornalística da violência de género no Mediterrâneo
— Relatório de avaliação da observância do Princípio do Pluralismo Político em 2020
— Sondagens e Inquéritos de Opinião em 2019
— Relatório sobre Violência de Género na RTP1 e na TVI
— ERC integra o LEME (Literacia e Educação para os Media em Linha)
— ERC promove a 9.ª edição da operação «7 dias com os Media»

Fig. 38 — Estudos, Conferências e Atividades Internacionais da ERC

Quadro elaborado pelo autor com base nos relatórios anuais de regulação e no sítio da ERC

Acresce que as atribuições do regulador, definidas no artigo 8.º dos Estatutos da ERC, são particularmente amplas.

Em primeiro lugar, porque estão sujeitas à supervisão e intervenção do regulador todas as entidades que prossigam atividades de comunicação social sob jurisdição do Estado português, designadamente: as agências noticiosas; as pessoas singulares ou coletivas que editem publicações periódicas, independentemente do suporte de distribuição que utilizem;

os operadores de rádio e de televisão, relativamente aos serviços de programas que difundam ou aos conteúdos complementares que forneçam, sob sua responsabilidade editorial, por qualquer meio, incluindo por via eletrónica; as pessoas singulares ou coletivas que disponibilizem ao público, através de redes de comunicações eletrónicas, serviços de programas de rádio ou de televisão, na medida em que lhes caiba decidir sobre a sua seleção e agregação; e as pessoas singulares ou coletivas que disponibilizem regularmente ao público, através de redes de comunicações eletrónicas, conteúdos submetidos a tratamento editorial e organizados como um todo coerente[421]. Desta forma, o campo de intervenção do regulador não se confina, como acontece em muitos congéneres europeus, aos meios audiovisuais, mas abrange não apenas a imprensa tradicional, como igualmente os conteúdos classificáveis como órgão de comunicação social difundidos através de redes de comunicações eletrónicas e ainda as agências noticiosas.

Em segundo lugar, como atrás se referiu, o próprio elenco de atribuições abrange um vasto e diversificado conjunto de matérias[422]: o livre exercício do direito à informação e à liberdade de imprensa; a não concentração da titularidade das entidades que prosseguem atividades de comunicação social com vista à salvaguarda do pluralismo e da diversidade, a independência dessas entidades, o respeito pelos direitos, liberdades e garantias, a efetiva expressão e confronto das diversas correntes de opinião, respeitando o princípio do pluralismo e a linha editorial de cada órgão de comunicação social, os direitos de antena, de resposta e de réplica política, o funcionamento dos mercados da imprensa escrita e do audiovisual em condições de transparência e equidade, a colaboração com a ANACOM na definição das políticas e estratégias sectoriais que fundamentam a planificação do espectro radioelétrico e a fiscalização da conformidade das campanhas de publicidade do Estado, das Regiões Autónomas e das autarquias locais com os princípios constitucionais da imparcialidade e isenção da Administração Pública, entre outras.

Como atrás se referiu, a ERC está igualmente incumbida de elaborar anualmente um relatório *«sobre a situação das actividades de comunicação social e*

---

[421] Artigo 6.º dos Estatutos.

[422] Artigo 8.º dos Estatutos.

*sobre a sua actividade de regulação e supervisão e proceder à sua divulgação pública»*[423]. Normalmente divididos em três volumes, e com centenas de páginas (o relatório de 2016, por exemplo, tinha 648 páginas), incluem não só as sínteses das deliberações tomadas pelo Conselho Regulador em resposta a queixas apresentadas à ERC ou por iniciativa própria, como estudos e análises sobre diversos temas, realizados em cumprimento da legislação aplicável, nomeadamente, entre outros:

— pluralismo e diversidade da programação televisiva dos serviços de programas de acesso livre;
— anúncio da programação televisiva;
— publicidade televisiva, nomeadamente sobre a duração dos intervalos publicitários;
— acessibilidade dos serviços de programas televisivos por pessoas com necessidades especiais;
— níveis do volume sonoro nas emissões dos serviços de programas televisivos, nomeadamente através de uma comparação entre a programação e a emissão de anúncios publicitários;
— difusão de obras audiovisuais (língua portuguesa, produção europeia, produção independente);
— deveres de comunicação e transparência sobre as campanhas de publicidade institucional do Estado, bem como as regras aplicáveis à sua distribuição em território nacional, através dos órgãos de comunicação social locais e regionais;

A relevância dos temas em questão e a experiência adquirida pelo regulador nas matérias em causa conduziu inclusivamente o Conselho Regulador a adotar diretivas genéricas sobre diversas matérias:

— publicações periódicas autárquicas (Diretiva 1/2008);
— publicação de textos de resposta e de retificação na imprensa (Diretiva 2/2008);
— publicidade em publicações periódicas (Diretiva 1/2009);

[423] Artigo 24.º, n.º 2, d), dos Estatutos.

— participação de candidatos a eleições em debates, entrevistas, comentários e outros espaços de opinião nos órgãos de comunicação social (Diretiva 2/2009);
— exercício do direito a extratos informativos e a utilização de imagens sujeitas a direitos exclusivos de transmissão televisiva (Diretiva 1/2014)[424];
— utilização jornalística de conteúdo gerado pelo utilizador (Diretiva 2/2014);
— parâmetros técnicos de avaliação da variação do volume sonoro durante a difusão de publicidade nas emissões televisivas (Diretiva 1/2016);
— cobertura informativa de situações de violência doméstica (Diretiva 1/2019);
— cobertura informativa de incêndios rurais e outras catástrofes (Diretiva 1/2020)

Por outro lado, a amplitude e a exigência das atribuições e competências do regulador induziram-no a procurar a colaboração de entidades, normalmente associadas direta ou indiretamente ao sector dos *media*. Isso explicará o número de protocolos subscritos pela ERC, nomeadamente no seu segundo mandato: num total de 28 protocolos, 22 foram assinados entre 2012 e 2017 (ver Fig. 39).

É verdade que 10 desses 28 protocolos, estabelecidos com instituições do ensino superior, visavam especialmente a concessão de estágios nas instalações da ERC. No entanto, um número significativo, também 10, desses protocolos conduziu à realização de projetos de investigação, de eventos ou outras atividades realizadas em parceria. Outros 5 protocolos foram estabelecidos com reguladores ou departamentos da administração pública de paí-

[424] Esta Diretiva seria revogada em 3 de fevereiro de 2021 através de uma deliberação do Conselho Regulador, que, entre outros motivos, considerou que no período de sete anos em que a Diretiva esteve em vigor se tinha produzido *«um conjunto de decisões jurisprudenciais que, de forma crítica e refletida, vieram acrescentar densidade aos conceitos e regras que enformam toda a matéria objeto da Diretiva 1/2014»*, pelo que esta «deixou de pesar como contributo essencial para o tratamento da matéria *relativa ao exercício do direito a extratos informativos e a utilização de imagens sujeitas a direitos exclusivos de transmissão televisiva, sendo ultrapassada pela atualidade da jurisprudência mais recente»*.

ses estrangeiros (Timor-Leste, Chipre, Coreia do Sul, Moldova e São Tomé), tendo como objetivos mais relevantes a partilha de experiências. Sublinhe-se ainda que a ERC concluiu igualmente protocolos com diversas entidades portuguesas (Instituto Civil de Autodisciplina da Publicidade, Alto Comissariado para a Imigração e Diálogo Intercultural, Associação Portuguesa de Imprensa, Sindicato dos Jornalistas, Instituto Gulbenkian da Ciência, Direção-Geral de Saúde, Ordem dos Psicólogos Portugueses, Associação EPIS e Instituto do Cinema e do Audiovisual) sobre temas relativos às suas atribuições.

— Escola Superior de Comunicação Social (25.10.2006, nomeadamente sobre desenvolvimento de projetos de investigação, seminários, conferência e cursos de formação de iniciativa conjunta);
— Universidade Católica Portuguesa — Centro Regional do Porto (19.05.2008, com teor idêntico ao estabelecido em 2006 com a Escola Superior de Comunicação Social);
— Instituto Civil da Autodisciplina da Publicidade (13.10.2008, nomeadamente sobre promoção conjunta de eventos e estabelecendo que, na determinação da responsabilidade pela prática de contraordenação relativa à publicidade, a ERC terá em conta a circunstância de o agente da infração ter solicitado parecer junto do Instituto e de o ter imediatamente acatado);
— Alto Comissariado para a Imigração e Diálogo Intercultural (ACIDI) e Universidade de Coimbra (22.12.2008, nomeadamente sobre estudos, investigações, conferências e formação sobre imigração e minorias étnicas)
— Associação Portuguesa de Imprensa e Sindicato dos Jornalistas (11.05.2011, acordo de corregulação sobre classificação das publicações periódicas);
— Instituto Gulbenkian da Ciência (31.10.2011, realização de um estudo sobre a divulgação televisiva da atividade científica desenvolvida em Portugal);
— Instituto de Ciências Jurídico-Políticas da Faculdade de Direito da Universidade de Lisboa (26.04.2012, nomeadamente sobre cursos, conferência e ações de formação sobre temas do Direito da Comunicação Social);
— Universidade Católica Portuguesa — Centro Regional do Porto (08.05.2012, sobre a participação de quadros da ERC num programa de formação daquela universidade);

— Gabinete de Meios de Comunicação Social (GMCS) (09.05.2012, sobre a execução das atividades integradas no Programa dos Media da União Europeia em Timor-Leste);
— Procuradoria-Geral da República (25.05.2012, nomeadamente sobre a articulação entre os serviços no âmbito dos processos de natureza contraordenacional, a realização de reuniões de trabalho e de estudo e de ações de formação e o intercâmbio documental e bibliográfico);
— Associação de Estudantes da Faculdade de Direito da Universidade Nova de Lisboa (26.04.2013, sobre a realização de estágios de estudantes desta Faculdade na ERC);
— ISCTE-IUL (26.04.2013, sobre a realização de estágios de estudantes deste Instituto na ERC);
— Conselho Superior de Imprensa de São Tomé (06.06. 2013, sobre cooperação, estágios e partilha documental);
— Instituto Superior de Comunicação Empresarial — ISCEM (22.11.2013, sobre a realização de estágios de estudantes deste Instituto na ERC);
— Instituto Camões, Gabinete de Meios de Comunicação Social e a Secretaria de Estado da Comunicação Social de Timor-Leste (07.03.2014 sobre assistência técnica ao Governo de Timor-Leste e na organização do encontro da Plataforma de Entidades Reguladoras dos Países e Territórios Lusófonos);
— Cyprus Radio Television Authority (18.06.2014, sobre cooperação e troca de informações);
— Programa Nacional para a Saúde Mental da Direção-Geral de Saúde (25.06.2014, nomeadamente sobre a realização de iniciativas conjuntas e a cooperação técnica sobre temas de saúde mental);
— Centro Europeu de Estudos Superiores em Comunicação Empresarial do Instituto Superior de Comunicação Empresarial (31.10.2014, sobre a realização de estágios de formação prática na ERC);
— Ordem dos Psicólogos Portugueses (06.11.2014 nomeadamente sobre o incentivo à representação adequada da ciência e prática da psicologia nos *media* e a realização de iniciativas conjuntas e outras ações de cooperação);
— Faculdade de Ciências Sociais e Humanas da Universidade Nova de Lisboa (2016, sobre o acolhimento de estagiários na ERC);
— Faculdade de Direito da Universidade de Lisboa (21.01.2016, sobre estágios de formação na ERC)

— Instituto Jurídico da Comunicação da Faculdade de Direito da Universidade de Coimbra (26.02.2016, sobre a realização de estágios académicos e de formação na ERC);
— Associação EPIS — Empresários pela Inclusão Social (18.05.2016, sobre cooperação na área da literacia mediática e na realização de estágios profissionais)
— Coordinating Council of the Audiovisual from the Republic of Moldova (07.09.2016, sobre cooperação e troca de experiências entre os dois reguladores);
— Conselho de Imprensa de Timor-Leste (25.01.2017, sobre a realização de formação e de estágios na ERC para quadros do Conselho de Imprensa);
— Universidade do Porto (13.02.2017, nomeadamente sobre a realização conjunta de iniciativas e de estudos na área dos *media*);
— Korea Communications Standards Commission (03.03.2017, nomeadamente sobre cooperação e troca de informações entre os dois reguladores);
— Instituto do Cinema e do Audiovisual (ICA) — (04.10.2017, nomeadamente sobre troca de informações sobre dados relativos a produtores independentes e a operadores de televisão e de serviços audiovisuais a pedido).

FIG. 39 — Protocolos da ERC

Quadro elaborado pelo autor com base nos dados incluídos no sitio da ERC

— a participação da ERC no quadro internacional da regulação

No quadro de atividades do regulador, os contactos internacionais e a participação em grupos internacionais que reúnem entidades de diversos países têm conquistado progressivamente maior relevância, tanto mais que, desde os anos 90, existem importantes associações internacionais de reguladores dos *media*.

A ERC está integrada em duas associações europeias — a EPRA, que reúne a generalidade dos reguladores europeus, e a ERGA, que integra as entidades da União Europeia, e também em outras associações, respetivamente, de reguladores do Mediterrâneo (RIRM), do espaço ibero-americano (PRAI), da Península Ibérica (CICA) e dos países de língua portuguesa (PER).

Nos últimos anos, a ERGA (European Regulators Group for Audiovisual Media Services) será mesmo a organização internacional de maior importância no âmbito da regulação dos *media*.

Criada pela Comissão Europeia em 2014 para ajudar a Comissão no seu trabalho de implementar a Diretiva dos Serviços de Comunicação Social Audiovisual, a ERGA viu a sua legitimidade e a sua missão reforçadas com a revisão da Diretiva em 2018. É-lhe agora atribuída como função essencial *«dotar a Comissão de competências técnicas para assegurar a aplicação coerente da Diretiva 2010/13/EU em todos os Estados»*. No texto preambular da Diretiva, reconhece-se ainda *«o papel das entidades reguladoras, bem como as recomendações visando a sua adequação face aos poderes políticos e económicos»* e a sua aptidão *«para garantir o respeito dos objetivos dos meios de comunicação social em matéria de pluralismo, diversidade cultural, defesa dos consumidores, bom funcionamento do mercado interno e promoção de uma concorrência leal»*. Além disso, refere o considerando n.º 58

> *A Comissão deverá poder consultar o ERGA sobre questões relativas aos serviços de comunicação social audiovisual e às plataformas de partilha de vídeos. O ERGA deverá prestar assistência à Comissão disponibilizando conhecimentos especializados e aconselhamento de natureza técnica e facilitando o intercâmbio de melhores práticas, nomeadamente sobre códigos de conduta em matéria de autorregulação e de corregulação. Em especial, a Comissão deverá consultar o ERGA quanto à aplicação da Diretiva 2010/13/UE, a fim de facilitar a sua execução convergente. A pedido da Comissão, o ERGA deverá emitir pareceres não vinculativos em matéria de jurisdição, de medidas derrogatórias do princípio da liberdade de receção e de medidas que visem contornar a jurisdição. O ERGA deverá também estar habilitado a prestar aconselhamento técnico sobre todas as questões regulamentares relativas ao regime aplicável aos serviços de comunicação social audiovisual, nomeadamente em matéria de incitamento ao ódio e de proteção dos menores, e de conteúdos de comunicações audiovisuais comerciais relativas a alimentos com elevado teor de gordura, sal ou sódio e açúcares.*

Por outro lado, a ERGA tem estimulado a cooperação entre os reguladores da União Europeia, definindo através de relatórios algumas orientações para os seus membros, nomeadamente sobre independência dos reguladores, proteção de menores no ambiente de convergência, implementação da nova diretiva, combate à desinformação, etc.

A outra organização europeia de reguladores da comunicação social é a EPRA — European Platform of Regulatory Authorities, criada em 1995. A EPRA é mesmo a mais antiga e mais vasta das organizações internacionais de reguladores de *media*. Tem 52 membros de 46 países, sendo a sua sede em Estrasburgo. A Comissão Europeia, o Conselho da Europa, o Observatório Europeu do Audiovisual e o secretariado da OSCE são observadores. A EPRA tem centrado as suas atividades no debate sobre os principais desafios da regulação, nomeadamente no quadro europeu e internacional.

Como atrás se referiu, a ERC participa ainda noutros organismos internacionais de reguladores. Um deles é a PER — Plataforma das Entidades Reguladoras da Comunicação Social dos Países e Territórios de Língua Portuguesa —, criada em Lisboa em 2009, que integra reguladores de Cabo Verde (Autoridade Reguladora da Comunicação Social, ARC), Angola (Entidade Reguladora da Comunicação Social Angolana, ERCA, antes o Conselho Nacional de Comunicação Social de Angola, CNCS), Guiné-Bissau (Conselho Nacional de Comunicação Social da Guiné-Bissau, CNCS), Moçambique (Conselho Superior da Comunicação Social, CSCS), São Tomé e Príncipe (Conselho Superior de Imprensa, CSI), Portugal (Entidade Reguladora para a Comunicação Social, ERC) e Timor-Leste (Conselho de Imprensa). Dela também fazem parte os Ministérios da Comunicação Social de Angola e São Tomé e Príncipe e a Secretaria de Estado da Comunicação Social de Timor-Leste[425].

A PER tem centrado a sua atividade sobretudo na troca de experiências entre os reguladores da comunicação social dos países de língua portuguesa. As reuniões, em regra anuais, são preparadas pela ERC, que assegura o secretariado permanente da organização.

- Autoridade Reguladora da Comunicação Social de Cabo Verde (ARC)
- Conselho Nacional de Comunicação Social de Angola (CNCS)
- Conselho Nacional de Comunicação Social da Guiné-Bissau (CNCS)
- Conselho Superior da Comunicação Social de Moçambique (CSCS)
- Conselho Superior de Imprensa de São Tomé e Príncipe (CSI)
- Direcção-Geral da Comunicação Social de Cabo Verde (DFCS)

---

[425] A entrada de uma representação da Guiné-Equatorial chegou a ser equacionada em 2013, mas não seria formalizada.

- Entidade Reguladora para a Comunicação Social (ERC)
- Ministério da Comunicação Social de Angola (MCS)
- Ministério da Comunicação Social de São Tomé e Príncipe (MCS)
- Conselho de Imprensa de Timor-Leste
- Secretaria de Estado da Comunicação Social de Timor-Leste (SECS)

A ERC pertence também à RIRM — Réseau des Instances de Régulation Méditerranéennes —, que tem 23 membros e foi fundada em 1997 pelos reguladores francês (CSA) e catalão (CAC). A ERC assumiu a vice-presidência em 2011/2012 e a presidência em 2012/2013, num quadro de rotatividade entre todos os membros da organização. A RIRM reúne anualmente, tendo como principais objetivos a troca de informações e a elaboração de estudos sobre a regulação do sector audiovisual nos países do Mediterrâneo.

No quadro ibero-americano, existe a PRAI — Plataforma de Reguladores del Sector Audiovisual de Iberoamerica —, criada em 2010, que inclui entidades do Chile, México, Colômbia, Portugal, Argentina, Espanha (não apenas o regulador espanhol CNMC, como igualmente o catalão (CAC) e o andaluz (CAA)), Peru, Uruguai (2 membros) e Brasil. Costa Rica e Marrocos são observadores.

No âmbito ibérico, há a CICA — Conferência Ibérica de Conselhos Audiovisuais —, agregando os reguladores ibéricos. Fundada em 2009, incluía então, além da ERC, os Conselhos Audiovisuais da Catalunha (CAC), Navarra (CoAN) (que, todavia, está agora inativo), Andaluzia (CAA) e a entidade reguladora do Estado espanhol, o CNMC, que inclui, além da regulação de diversos outros sectores de atividade, o audiovisual. O CICA é uma rede informal, que reúne anualmente, alternadamente em Portugal ou em Espanha. O regulador de Marrocos (Haute Autorité de la Communication Audiovisuelle, HACA) tem o estatuto de observador.

# Capítulo 5
# As especificidades e as principais características da regulação portuguesa dos *media*

Na Europa, a criação de órgãos de heterorregulação da comunicação social surge, na generalidade dos países, sobretudo na década de 1980, integrada numa tendência comum a vários sectores da atividade económica, e, no caso dos *media*, especificamente associada ao fim do monopólio dos operadores públicos de televisão. Como atrás se referiu, a necessidade de proceder de forma independente à escolha e ao licenciamento de operadores privados comerciais e de arbitrar a concorrência entre estes e o operador público, bem como a defesa da liberdade de expressão e dos direitos das pessoas face aos *media*, estão na origem da institucionalização de organismos independentes de regulação da comunicação social.

Em contrapartida, a regulação portuguesa dos *media* tem uma origem diversa, o que representa uma primeira especificidade assinalável.

Ao invés das experiências congéneres, e desde logo do Press Council britânico, cujo modelo se repercutiria em muitos países, nomeadamente de influência inglesa, o Conselho de Imprensa, a primeira experiência portuguesa de regulação, não surge em Portugal como uma expressão da autorregulação da imprensa ou sequer como uma iniciativa do sector da comunicação social, mas sim do Governo, concretizada num dos artigos da primeira lei de imprensa aprovada a seguir ao 25 de Abril, o Decreto-Lei n.º 85-C/75, de 26 de fevereiro.

A singularidade do Conselho de Imprensa face às experiências dos seus congéneres de outros países não reside apenas na sua origem e no facto de constituir uma iniciativa heterorregulatória, estendendo-se igualmente à sua composição e atribuições, bem como de ter tido um esquema de financiamento e de funcionamento na órbita da Assembleia da República. Assim, como se referiu em capítulo anterior, nunca deixariam de figurar, entre os membros deste órgão, representantes do poder político, o que o afastava ainda mais de uma expressão da autorregulação da imprensa. Aliás, na composição inicial deste órgão estavam representantes dos partidos políticos da coligação governamental e mesmo representantes do Movimento das Forças Armadas. Apenas a partir de 1978, os representantes do poder político seriam circunscritos a quatro membros eleitos pela Assembleia da República.

Assumindo como principais atribuições a garantia da liberdade de imprensa, bem como dos direitos dos cidadãos face às publicações periódicas (privadas e do sector público), e embora classificado na doutrina como um *tribunal moral*, o Conselho teria, entre 1975, ano do início da sua atividade, e 1990, quando foi extinto, funções mais vastas do que a generalidade dos seus congéneres de outros países, designadamente por lhe terem sido atribuídos poderes para se pronunciar também sobre assuntos relativos à comunicação social acerca dos quais tivesse sido solicitado o seu parecer pela Assembleia da República ou pelo Governo, para participar, embora sob forma consultiva, na elaboração de legislação antimonopolista, para emitir pareceres sobre questões que se relacionassem com o estatuto da imprensa, a liberdade de imprensa e os seus limites, e mesmo para se pronunciar sobre aspectos relativos ao exercício profissional dos jornalistas não apenas na imprensa, mas igualmente na rádio e na televisão.

A outra experiência de regulação da comunicação social igualmente iniciada nos anos imediatamente posteriores ao 25 de Abril foi a dos conselhos de informação para a Imprensa, RDP, RTP e ANOP. Previstos na Constituição de 1976, estes quatro conselhos de informação visavam essencialmente assegurar o pluralismo e a independência da (então vasta) comunicação social *estatizada* face ao poder político e constituíam uma tentativa de resposta de uma maioria parlamentar do PS, PSD e CDS à hegemonia nesses órgãos de informação do ativismo do PCP e da extrema-esquerda. Recorde-se que, entre 1975 e o final dos anos 80/início da década seguinte, grande parte da imprensa de cobertura nacional era estatizada, a rádio era hegemonizada por duas estações, uma das quais do Estado e a outra ligada à Igreja Católica, e a RTP mantinha o monopólio do meio televisivo.

É verdade que, no decorrer do seu percurso, os conselhos de informação apreciaram queixas de órgãos de informação e, sobretudo, de cidadãos nomeadamente sobre o rigor informativo, que claramente ultrapassavam a motivação inicial que levou os deputados constituintes à sua criação. Mas isso não invalida que a origem desta experiência de regulação tenha sido claramente a então bem relevante questão da independência e do pluralismo da comunicação social do Estado, o que representa a segunda especificidade assinalável da regulação portuguesa da comunicação social.

Essa legítima preocupação com o pluralismo e a independência do sector público da comunicação social face ao poder político perduraria como uma das funções mais relevantes dos sucessivos reguladores, tanto mais que, mesmo depois do 25 de Abril, durante largos anos, se manteria uma evidente tendência para a governamentalização do sector público da comunicação social, especialmente da RTP. É claro que, com o progressivo alargamento das suas atribuições e competências e com a redução desse sector público a duas empresas — RTP, que a partir de 2003 integraria também a rádio pública, e Lusa —, e apesar da relevância de ambas e do *escrutínio popular* de que é alvo a primeira, a sua regulação deixou de ser encarada como o *centro* da atividade da AACS e sobretudo da ERC, mesmo tendo em consideração as suas competências específicas relativamente àquelas empresas: avaliação do cumprimento dos objetivos e obrigações do serviço público de *media* e participação no modelo de governação da RTP, o que inclui igualmente a emissão de parecer sobre o contrato de concessão do serviço público, a emissão de pareceres sobre o cumprimento dos requisitos pessoais dos membros indigitados para o Conselho Geral Independente da RTP, a nomeação e exoneração dos diretores da RTP e da Lusa e a análise dos relatórios dos provedores do ouvinte e do espectador da RTP[426]. Em conclusão, de uma forma esquemática, as atribuições e competências específicas do regulador face ao serviço público de *media* concretizam-se essencialmente em três vertentes: a análise das queixas relativas ao pluralismo e à independência do operador público face ao poder político, a participação no modelo de governação e a fiscalização do cumprimento das obrigações do operador público.

Sublinhe-se aliás que, no quadro europeu, a generalidade dos reguladores dispõe de diversas atribuições e competências relativamente aos operadores públicos de rádio e de televisão[427].

---

[426] Nos estatutos da ERC e da agência Lusa não figura qualquer norma que atribua ao regulador a competência para emitir parecer sobre o contrato de concessão entre o Estado e a agência, o que se afigura como ilógico face à obrigação *que incumbe ao regulador no que respeita ao contrato de concessão entre o Estado e a RTP*.

[427] No caso do regulador francês, a Autorité de Régulation de la Communication Audiovisuelle et Numérique (ARCOM), que substituiu o Conseil Supérieur de l'Audiovisuel (CSA) no início de 2022, compete-lhe mesmo a designação dos presiden-

A terceira especificidade é a constitucionalização do modelo de regulação, inédita a dois títulos. Em primeiro lugar, porque o regulador dos *media* em Portugal tem sido a única entidade administrativa independente cujo estatuto decorre diretamente de normas constitucionais. Em segundo lugar, porque essa constitucionalização não tem paralelo noutros países, mesmo no quadro europeu.

Esta terceira especificidade decorre do contexto político e da própria existência de um vasto sector público da comunicação social. No verão de 1975, quando se acentuava a luta pela hegemonia da comunicação social estatizada com uma evidente influência das forças político-partidárias à esquerda do PS, os partidos então em oposição ao V Governo Provisório, liderado por Vasco Gonçalves — PS, PSD e CDS — concluíram que apenas através da Constituição poderiam impor as regras legais sobre o pluralismo e a independência face ao poder político, que não seriam então suscetíveis de merecer a aprovação do executivo. A constitucionalização dos conselhos de informação, incluindo com algum detalhe a sua composição e as suas principais atribuições e competências, decorre claramente desse singular contexto político. Aliás, o próprio inusitado desenvolvimento, sem paralelo noutros países, do quadro constitucional relativo à comunicação social, que, desde a primeira versão da Constituição de 1976, envolve os artigos 37.º a 40.º, tem origem nessa então existente desconformidade entre as orientações político-ideológicas do V Governo Provisório e a da maioria existente na Assembleia Constituinte, onde PS e PSD tinham um papel decisivo. Esta politização da regulação dos *media*, inicialmente centrada na defesa do pluralismo e da independência face ao poder político, explicará igualmente por que razão o legislador constituinte nunca incorporou, no texto da Constitui-

---

tes e de alguns membros dos conselhos de administração da France Télévision, da Radio France e da France Médias Monde. A exceção a este quadro generalizado de atribuição de competências aos reguladores relativamente aos operadores públicos de rádio e de televisão é o modelo alemão. A descentralizada estrutura dos operadores públicos inclui a existência de órgãos internos (*Rundfunkrat* e *Fernsehrat*), com características semelhantes ao Conselho de Opinião da RTP, que substituem, nesta matéria, o papel do regulador. Sobre as competências dos reguladores face aos operadores de serviço público de rádio e de televisão, ver, nomeadamente, o documento da EPRA, publicado em julho de 2018, *Survey results: Public service and public interest content in the digital age: The role of Regulators.*

ção, o Conselho de Imprensa, que teve uma atividade menos relevante em termos estritamente políticos.

Aliás, nomeadamente a seguir aos acontecimentos do 25 de Novembro, que estabilizaram o modelo democrático, a urgência em colocar em ação os conselhos de informação tornou-se bem menos premente, mas os sucessivos modelos de regulação dos *media*, apesar das suas diversas modificações — Conselhos de informação (1976–1983), Conselho de Comunicação Social (1983–1990), Alta Autoridade para a Comunicação Social (1990–2006) e Entidade Reguladora para a Comunicação Social (a partir de 2006), permaneceriam sempre consagrados, com algum detalhe, no artigo 39.º da Constituição. Isso implicaria a existência de consensos alargados, expressos no imprescindível apoio de pelo menos dois terços dos deputados, para todas as modificações do quadro legal e, consequentemente, do modelo de regulação. Esses consensos, que permitiram a existência, até agora e se excluirmos o Conselho de Imprensa, de quatro diferentes modelos regulatórios da comunicação social, foram obtidos na aprovação do texto inicial da Constituição de 1976, bem como nas revisões constitucionais de 1982 (1.ª revisão), 1989 (2.ª) e 2004 (6.ª) que os viabilizaram. Acresce que também na revisão constitucional de 1997 (a 4.ª revisão) se alteraria o quadro constitucional relativo à regulação da comunicação social, uma vez que não apenas se reduziria o número de membros do regulador (então a Alta Autoridade para a Comunicação Social) de 13 para 11 membros, como essa modificação se centraria nos membros indicados pelo Governo, que poderia apenas escolher um deles e não três como anteriormente, e no fim da cooptação como meio de escolha de quatro dos membros do regulador — passou a ser apenas um —, o que, até essa modificação, favorecia claramente a hegemonia da maioria política governamental.

As sucessivas formulações do artigo 39.º mereceriam sempre no quadro parlamentar o voto favorável de PS e PSD, imprescindível para alcançar os dois terços dos votos dos deputados, necessários para alterar o quadro constitucional. Relativamente aos outros partidos políticos parlamentares que estiveram representados na Assembleia da República desde as eleições de 1975, o quadro de votações é diverso: o CDS votaria favoravelmente os modelos dos conselhos de informação, do Conselho de Comunicação Social e da ERC, mas contra o modelo da AACS; o PCP votou sempre contra os artigos que definiam os sucessivos modelos regulatórios, exceto relativamente à ERC, uma vez que votou favoravelmente as atribuições e competências do regulador, mas absteve-se na votação sobre a composição e a forma de eleição dos seus membros.

A constitucionalização do regulador dos *media*, obrigando a uma maioria qualificada de votos favoráveis de dois terços dos deputados em qualquer votação, desde a sua aprovação até à validação de qualquer alteração às normas desse artigo 39.º, impõe desta forma um alargado consenso político. Essa exigência foi ainda posteriormente reforçada com a consagração, na revisão constitucional de 2004 (Lei n.º1/2004, de 24 de julho), de uma norma (artigo 168.º, n.º 6 a)), segundo a qual também carece de maioria de dois terços dos deputados a aprovação da lei respeitante à entidade de regulação da comunicação social[428]. Esta imposição de uma alargada maioria política — recorde-se que apenas entre 1983 e 1985 existiu um Governo (coligação entre PS e PSD) com um apoio parlamentar superior a dois terços dos deputados — dificulta qualquer eventual tentativa de instrumentalização política do regulador. Em contrapartida, sem prejuízo de a legislação de carácter ordinário poder complementar estas disposições constitucionais, isso dificulta também qualquer tipo de modificação substancial no quadro regulatório dos *media*, não obstante a sua dependência da evolução dos mercados, das tecnologias e das formas de acesso e de consumo, que poderia justificar uma *agilização* da possibilidade de o alterar[429].

No entanto, em cerca de 45 anos de regulação da comunicação social, isso não impediu que, como atrás se assinalou, sem contar com a experiência do Conselho de Imprensa, já se tenham sucedido quatro diferentes modelos, com significativas alterações, nomeadamente, na composição, na forma de designação dos seus membros e nas suas atribuições e competências.

---

[428] Refira-se ainda que a possibilidade de criação de entidades administrativas independentes encontra-se expressamente prevista no artigo 267.º, n.º 3, da Constituição, depois da 4.ª revisão constitucional, concretizada em 1997 pela Lei n.º 1/97, de 20 de setembro.

[429] Recorde-se, no entanto, que, em novembro de 2011, o Grupo de Trabalho para a definição do serviço público de comunicação social, liderado pelo economista João Duque e nomeado pelo então ministro Miguel Relvas, proporia a extinção da ERC, que deveria ser substituída por mecanismos de autorregulação, pelos tribunais, bem como pela transferência *«para outras entidades do Estado com competências semelhantes»* das *«tarefas administrativas e burocráticas»* atribuídas à ERC. (Relatório do Grupo de Trabalho, p. 30). A proposta mereceria imediatamente a crítica de diversos partidos, entre os quais o CDS, que integrava a coligação governamental, e não teria qualquer sequência.

Uma análise dos debates parlamentares sobre a regulação da comunicação social e das votações das modificações do artigo 39.º da Constituição e da legislação dos reguladores permite extrair diversas conclusões:

— Se analisarmos o sentido de voto dos quatro principais partidos da história da democracia portuguesa no período posterior a 1974 — os outros (MDP/CDE, UDP, PPM, ASDI, UEDS e, atualmente, BE) não participaram na grande maioria das votações aqui analisadas — pode concluir-se que PS e PSD asseguraram a maioria qualificada de dois terços indispensável para aprovar as revisões do texto constitucional e votaram quase sempre favoravelmente os estatutos dos reguladores (ver quadro seguinte)[430]. No entanto, enquanto o PSD votou sempre favoravelmente os sucessivos textos do artigo 39.º da Constituição, bem como todos os estatutos e leis-quadro dos reguladores, o PS votaria contra a lei da Alta Autoridade para a Comunicação Social;

| | CI | CI | CCS | CCS | AACS | AACS | ERC | ERC | ERC |
|---|---|---|---|---|---|---|---|---|---|
| | Const | Lei | Cons | Lei | Cons | Lei | Cons (1) | Cons (2) | Lei |
| *PS* | F | F | F | F | F | C | F | F | F |
| *PSD* | F | F | F | F | F | F | F | F | F |
| *CDS* | F | F | F | A | C | C | F | F | F |
| *PCP* | C | F | C | C | C | C | F | A | C |

FIG. 40

(1) Votação do n.º 1 do artigo 39.º da Constituição relativa às atribuições e competências da ERC
(2) Votação do n.º 2 do artigo 39.º relativa ao modelo de eleição e à composição do Conselho Regulador da ERC
F (votos a favor); A (abstenção); C (contra); CI (Conselhos de Informação); Cons (Constituição)

— a seguir ao PS e ao PSD, foi o CDS o partido que mais vezes votou favoravelmente as sucessivas versões do artigo 39.º e os diplomas que

[430] Consideram-se apenas para esta análise comparativa as alterações do texto constitucional e as votações relativas à legislação que criou os reguladores, não se analisando as votações que modificaram esses diplomas em aspetos parcelares.

criaram os reguladores. O CDS apenas votaria contra a Alta Autoridade para a Comunicação Social, quer na revisão do artigo 39.º, quer na legislação que o concretizou;

— dos quatro principais partidos, apenas o PCP esteve quase sempre contra o modelo de regulação previsto no texto constitucional, com uma singular exceção relativamente à ERC: votou a favor relativamente às suas atribuições e competências, absteve-se no que toca à sua composição, mas esteve contra quando a lei que aprovou os seus estatutos foi votada na Assembleia da República;

— relativamente ao desenvolvimento legal do modelo, apenas a lei que aprovou os conselhos de informação obteve um consenso unânime dos deputados;

— a forma de eleição dos dirigentes dos reguladores tem constituído um dos pomos de discórdia, acrescendo que a eleição por método proporcional, acolhida nas experiências dos conselhos de informação, do Conselho de Comunicação Social e, parcialmente, da Alta Autoridade para a Comunicação Social, viria a ser substituída pela exigência de uma maioria qualificada de dois terços dos deputados para a aprovação da lista candidata, o que afastaria os partidos de menor peso eleitoral[431]. Refira-se, no entanto, que a eleição através de uma lista, que será aprovada se obtiver pelo menos dois terços dos votos, afasta mais os eleitos dos partidos que os propuseram a sufrágio e de uma eventual *disciplina partidária*.

Sem esquecer algumas similitudes, por exemplo, com a experiência francesa, esta diversidade de modelos, de âmbitos de atuação dos sucessivos reguladores — recorde-se que a regulação dos meios privados de rádio e de televisão se iniciou apenas nos anos 90 — e a consequente inconstância do quadro da regulação da comunicação social constituem, assim, uma quarta característica assinalável da experiência portuguesa.

[431] Como se referiu em capítulo anterior, os conselhos de informação não eram, todavia, eleitos diretamente pela Assembleia da República, como o seriam, total ou parcialmente, os reguladores seguintes, mas tinham uma composição que espelhava a representatividade de cada grupo parlamentar, a quem então competia indicar os seus representantes.

Uma quinta característica do modelo português reside na *parlamentarização* da regulação da comunicação social.

Não se trata apenas de sublinhar que, no quadro constitucional, compete à Assembleia da República a eleição de quatro dos cinco membros do Conselho Regulador da ERC, tal como aconteceu com a totalidade dos membros dos conselhos de informação e do Conselho de Comunicação Social e com 5 dos 13 membros (11, depois de 1998) da Alta Autoridade para a Comunicação Social. Ou de recordar que compete igualmente ao parlamento legislar sobre direitos, liberdades e garantias fundamentais, logo, igualmente, aprovar o seu quadro estatutário. Ou ainda de assinalar que, ao invés do que sucede nas entidades reguladoras de outros sectores de atividade, abrangidas pela lei-quadro das entidades administrativas independentes com funções de regulação das atividades económicas dos sectores privado, público e cooperativo (Lei n.º 67/2013, de 28 de agosto), não compete ao Governo a designação dos seus membros ou o acompanhamento da sua atividade. De facto, como em capítulo anterior se referiu, nos termos da legislação da regulação da comunicação social, é perante a Assembleia da República que o regulador da comunicação social responde pela sua atividade, enviando-lhe uma coletânea mensal das suas deliberações, bem como um relatório anual sobre as suas atividades de regulação e o relatório anual de atividades e contas, que deverão ser debatidos numa comissão parlamentar nos 30 dias posteriores ao seu recebimento.

Uma sexta característica da experiência portuguesa de regulação da comunicação social reside na sua extensão à imprensa. A circunstância de, na generalidade dos países europeus, a regulação dos *media* ter origem na abertura da televisão à iniciativa privada conduziu a que apenas esse meio de comunicação, bem como a radiodifusão, estivessem sob a alçada dos reguladores dos *media*. De facto, no conjunto dos reguladores europeus, apenas Hungria, Itália e Portugal têm o seu âmbito de atribuições e competências extensivo à imprensa[432].

---

[432] Sousa, H., Trützschler, W., Fidalgo, J., Lameiras, M. (eds.), *Media Regulators in Europe, A Cross Country Comparative Analysis,* CECS, University of Minho, Braga, 2013 e Helena Sousa e outros, *A regulação dos media na Europa dos 27,* CECS, Universidade do Minho, Braga, 2012. Refira-se igualmente o regulador da Áustria, que tem como uma das suas competências a atribuição de incentivos à imprensa.

Esta singularidade da regulação portuguesa terá a sua origem na experiência do Conselho de Imprensa, criado, como atrás se referiu, através da Lei de Imprensa de 1975, e não, como nas outras experiências estrangeiras congéneres, por impulso autorregulatório da indústria do sector. Ora, quando, na sequência da revisão constitucional de 1989, foi concretizada uma profunda modificação na regulação da comunicação social, traduzida no alargamento do seu âmbito de competências, antes limitado, excetuando o Conselho de Imprensa, à questão do pluralismo político e da independência do sector público da comunicação social face ao poder político, o novo modelo (o da Alta Autoridade para a Comunicação Social) agregou as matérias da competência do Conselho de Comunicação Social, limitado a esse sector público, e do Conselho de Imprensa, e alargou-as aos operadores de rádio e televisão de ambos os sectores. Nessa altura — final da década de 1980 e início dos anos 90 —, já se concretizava a legalização das rádios locais e preparava a abertura da televisão à iniciativa privada, embora o novo regulador viesse a participar apenas no licenciamento dos novos operadores de televisão e de forma meramente consultiva.

O consenso estabelecido em torno do relevante desempenho do Conselho de Imprensa, bem como a importância da sua atividade em matérias como o direito de resposta ou o rigor informativo, tornaram inultrapassável a continuidade de uma heterorregulação na imprensa. E, mesmo que a extinção do Conselho de Imprensa não tenha sido consensual, o alargamento das atribuições da Alta Autoridade à imprensa acabaria por ser pacífico, tanto mais que grande parte das queixas dos cidadãos face ao comportamento dos órgãos de comunicação social tinha então que ver com esse meio de comunicação, tendência que ainda perduraria durante muitos anos.

A criação da Alta Autoridade para a Comunicação Social, substituindo o Conselho de Imprensa e o Conselho de Comunicação Social, representaria igualmente uma clara extensão das atribuições e competências do regulador. Embora sem poderes no domínio da deontologia profissional dos jornalistas, que o Conselho de Imprensa tinha tido, ao novo regulador seriam atribuídas as já assinaladas funções no âmbito do licenciamento de novos operadores privados de televisão e igualmente de radiodifusão local, bem como novas atribuições — a proteção de crianças e adolescentes, velar pela não concentração e pela transparência da propriedade, colaborar com a ANACOM na planificação do espectro radioelétrico, entre outras. Além disso, absorveria tarefas antes desempenhadas pelos departamentos da administração pública adstritos ao sector dos *media*, como o registo e a classificação dos órgãos de comunicação social.

Aliás, como procurámos comprovar em capítulo anterior, houve uma evidente relação entre o aumento das atribuições, competências e, como seria inevitável, da estrutura organizativa dos sucessivos reguladores e a clara e progressiva diminuição da relevância e do quadro de recursos humanos dos departamentos da administração pública incumbidos da definição e concretização das políticas públicas para a comunicação social. Esta progressiva absorção de competências da administração pública deve ser considerada uma sexta característica da regulação portuguesa dos *media*.

Apesar de abranger a generalidade dos *media*, grande parte da atividade reguladora foi ditada por queixas ou participações de cidadãos contra conteúdos divulgados na imprensa, o que constitui a sétima especificidade da regulação portuguesa.

De facto, no início dos anos 90, quando um único organismo, a Alta Autoridade para a Comunicação Social, substituiu os então existentes dois reguladores (Conselho de Comunicação Social e Conselho de Imprensa), predominaria a regulação da imprensa na sua atividade. Durante o primeiro mandato da Alta Autoridade, de acordo com os dados recolhidos por Ana Roque[433], *«não deixa de ser significativa a diferença entre o número de deliberações relativas à imprensa (251) e as que se referiam à rádio e à televisão (177), em particular se pensarmos que a televisão tem um número de destinatários bem maior do que o da imprensa»*. A mesma autora conclui que *«a AACS foi muito procurada como sucessora do extinto Conselho de Imprensa, e ocupou-se menos do que seria desejável da regulação do audiovisual»*.

Entretanto, apenas a partir de 2016, inclusive, o número de deliberações do Conselho Regulador da ERC sobre a televisão foi superior ao das aprovadas sobre o meio imprensa, que, em 2006, primeiro ano de atividade desse regulador, representou mesmo mais de metade do total. A hegemonia da imprensa ao longo da maior parte do período de atividade do atual regulador pode igualmente ser confirmada se considerarmos o critério das deliberações de publicação obrigatória, normalmente ditadas pela relevância ou pela gravidade da atuação do órgão de comunicação social em causa: das 42

---

[433] *Comunicação Social — Uma Experiência de Regulação*, edição da Universidade Autónoma de Lisboa, 2002, p. 219.

deliberações aprovadas entre 2006 e 2021 — apenas pouco mais de 2,3% do total das deliberações relativas a conteúdos —, 28 representavam uma forma de sancionar publicações periódicas, 15 destinavam-se a operadores de televisão e apenas 2 a operadores de rádio[434].

Aliás, o pequeno número de deliberações de publicação obrigatória, sobretudo se o aferirmos em função do volume total de deliberações tomadas pelo regulador, constitui uma outra característica, a oitava, da regulação portuguesa da comunicação social.

É verdade que uma significativa parte das deliberações aprovadas pelo Conselho Regulador se traduz em atos essencialmente burocráticos como, por exemplo, a renovação de licenças ou a autorização de novos operadores de rádio e de televisão. No entanto, mesmo considerando apenas as deliberações sobre queixas contra conteúdos divulgados por órgãos de comunicação social, o reduzido número daquelas cuja publicação ou emissão obrigatória é exigida pelo Conselho Regulador face à gravidade da atuação do órgão de comunicação social em causa, normalmente conjugada com a sua relevância pública e com os danos causados às pessoas singulares ou coletivas visadas, demonstra que foi prevalecendo ao longo dos diferentes mandatos do atual regulador, mais do que uma vertente punitiva, a assunção de uma intenção sobretudo pedagógica e discreta. Aliás, por via dessa opção, a esmagadora maioria dos reparos emitidos não teve qualquer efetiva difusão pública para além do seu envio ao queixoso e ao órgão de comunicação social em causa e da sua publicação no sítio da ERC.

Ao preferir essa moderação, visível igualmente no relativamente reduzido número de processos contraordenacionais que resultaram na aplicação de coimas, como se procurou demonstrar igualmente em capítulo anterior, a ERC aproximou-se claramente do papel de *tribunal moral*, antes atribuído ao Conselho de Imprensa[435]. E terá contribuído para acentuar a convicção de

---

[434] Como se referiu no capítulo anterior, três destas deliberações abrangiam simultaneamente dois órgãos de comunicação social.

[435] Registe-se, no entanto, que no atual mandato, iniciado no final de 2017, em que tem havido, como se assinalou em capítulo anterior, uma clara diminuição do número de deliberações do regulador de publicação obrigatória, registou-se, em contrapartida, como também se referiu no mesmo capítulo, um claro aumento no número, bem como no montante das coimas aplicadas aos órgãos de comunicação social

que continua a existir uma clara desigualdade entre o poder dos *media* e os direitos dos cidadãos face aos órgãos de comunicação social.

O exemplo do Conselho de Imprensa terá sido o primeiro sinal da fragilidade da autorregulação da comunicação social em Portugal.

Esta nona especificidade da regulação portuguesa da comunicação social, analisada com maior detalhe em capítulo anterior, teve, de facto, esse primeiro exemplo em que a ausência de um impulso do sector *induz* ou *convida* o poder político a criar um órgão autorregulador, delegando nele atribuições e competências próprias dessa forma de autodeterminação, mas colocando-o no plano organizativo e de financiamento na órbita da Assembleia da República. E se é verdade que na composição do Conselho de Imprensa havia elementos, embora em minoria, designados pelo poder político, o que permite classificar também este modelo como de *regulação partilhada*, a verdade é que esse não seria o único sintoma da referida fragilidade da autorregulação dos *media*.

O segundo exemplo figuraria na mesma Lei de Imprensa de 1975, que criava o Conselho de Imprensa. O artigo 61.º deste diploma (Decreto-Lei n.º 85-C/75, de 26 de fevereiro) atribuía ao Sindicato dos Jornalistas a competência para a elaboração e aprovação de um Código Deontológico, estabelecendo para a sua concretização um prazo de 90 dias. O terceiro exemplo de *autorregulação induzida* ocorreria em 2007, quando a Comissão da Carteira Profissional de Jornalista (CCPJ), criada em 1994 e ativa a partir de 1996, adquire competências disciplinares no quadro da revisão do Estatuto do Jornalista.

A fragilidade da autorregulação dos *media* pode ser ainda evidenciada com outros dados, alguns deles já enunciados em capítulo anterior: várias vezes objeto de anúncios de iniciativas por parte das associações patronais dos *media* com vista à sua revitalização, um novo *Conselho de Imprensa*, ou um organismo congénere, nunca seria criado; o número de órgãos de comunicação social que criaram a figura do *Provedor do Leitor* foi sempre diminuto, mas mesmo os escassos exemplos bem-sucedidos acabariam por soçobrar face à crise nas empresas de *media*, com exceção do jornal *Público*, que recuperaria, em 2020, a figura do Provedor. Além deste, restaria apenas um novo exemplo de *autorregulação induzida*, protagonizado pelos provedores do ouvinte e do telespectador da RTP, criados por lei em 2006; apesar da sua longevidade, bem como da experiência e prestígio da generalidade dos jornalistas que os têm integrado, nem o Conselho Deontológico nem a Comissão da Carteira

Profissional de Jornalista, no que tange à sua atividade disciplinar, se destacaram pela assertividade, eco no espaço público e, consequentemente, pela influência das suas deliberações[436]; embora consagrado como um dos direito dos jornalistas, nomeadamente pelo Estatuto do Jornalista, que prevê a sua existência em todos os órgãos de comunicação social com cinco ou mais jornalistas, o número de conselhos de redação é extremamente reduzido.

[436] Sublinhe-se ainda, atestando a fragilidade da autorregulação, o exemplo da participação dos jornalistas na eleição dos seus representantes na Comissão da Carteira Profissional de Jornalista, realizada em janeiro de 2022: apesar de concorrerem duas listas, votaram apenas 768 dos 5410 jornalistas com carteira profissional, o que representou uma abstenção de 85,8 %...

# Capítulo 6
# Os novos desafios da regulação

## 6.1 O novo contexto tecnológico, económico e de acesso e consumo dos *media*

Há algumas décadas, os cidadãos acediam à informação lendo um jornal, ouvindo a rádio ou vendo televisão. No final dos anos 90 do século passado, surgiram as edições digitais dos jornais e, pouco depois, a difusão online dos serviços dos operadores televisivos e também radiofónicos. Já neste século, além de as novas tecnologias proporcionarem formas e tempos de consumo dos *media* inovadores — *anytime, anywhere, any device...* —[437], foram criados novos órgãos de comunicação social exclusivamente online, blogues e, na última década, a oferta de conteúdos inclui também, entre outros meios, influentes redes sociais. Desta forma, não só cresceu exponencialmente o número de órgãos de comunicação social, como estes já não dispõem do monopólio na elaboração e na distribuição de conteúdos informativos — que não são necessariamente jornalísticos, partilhando-as com redes sociais, blogues etc.

A supremacia dos órgãos de comunicação social na produção e difusão de conteúdos foi inclusivamente posta em causa pelo surgimento de novos participantes no mercado, desde os gigantes da Internet, como a rede social Facebook, a Google ou a Netflix, até aos próprios consumidores, que podem agora também produzir e distribuir conteúdos.

De facto, as mudanças no panorama mediático não resultam apenas das referidas transformações na oferta informativa, mas igualmente das consequências que elas tiveram sobre os processos de consumo: alterações dos hábitos e preferências dos leitores, pelo aparecimento de novos dispositivos que facilitam um acesso generalizado e com menores custos à Internet

[437] O acrónimo ATAWAD — *anytime, anywhere, any device* — representa as novas formas de consumo dos *media*, em qualquer momento, em qualquer lugar, através de qualquer aparelho tecnológico.

para todos os segmentos da população e menor fidelização do consumidor a um órgão de informação ou a uma oferta informativa concreta; maior proatividade do consumidor de informação na gestão das suas necessidades de acesso e de transmissão da sua informação, seja como leitor, ouvinte, *espectador, utilizador da Internet, etc.*[438].

As redes sociais constituem uma nova forma de expressão direta, sem prévia seleção dos conteúdos nem intermediação jornalística, e podem ser definidas como serviços online que permitem aos utilizadores publicar conteúdos à sua escolha e torná-los acessíveis a todos ou a uma parte dos outros utilizadores desse serviço[439]. Constituem hoje uma das principais fontes de informação dos cidadãos, sobretudo das gerações mais novas. Em Portugal, de acordo com o *Reuters Digital News Report* de 2020, as redes sociais representam a terceira das principais fontes de informação dos portugueses (17%), apenas suplantadas pela televisão (43,9%) e pela Internet, excluindo redes sociais (18%)[440].

No entanto, esta profunda mudança na oferta informativa, fruto da evolução tecnológica, vai muito além deste alargamento do espaço comunicativo, bem como dos tempos, locais, formas e aparelhos utilizados no seu consumo.

---

[438] Eduardo Gabilondo in Bernardo Diaz Nosty (Coord.), *Diez años que cambiaron los médios*, p. 140, ed. Ariel e Telefonica Fundación, 2017.

[439] Relatório do Grupo de Trabalho «*Régulation des réseaux sociaux — Expérimentation Facebook*», criado pelo Governo francês, maio de 2019, p. 8. De acordo com a lei alemã — *NetzDG*, aprovada em 2017 —, as redes sociais são plataformas da Internet, com fins lucrativos, destinadas a permitir aos seus utilizadores a partilha de todos os conteúdos com outros utilizadores ou de tornar esse conteúdo acessível ao público.

[440] Neste inquérito, publicado na página 58 do referido relatório, a imprensa e a rádio surgem apenas com 4,9% e 4,4%, respetivamente. Relativamente às redes sociais (p. 72), o Facebook é referido como a fonte utilizada na última semana antes do inquérito por 50,2%, face a 22,8% do YouTube. Em França, de acordo com o Relatório do Grupo de Trabalho referido na nota 1, p. 9, um terço dos franceses e metade dos jovens entre os 18 e os 24 anos informam-se através das redes sociais. Já o relatório do Reuters Institute Digital sobre França, de 2018, refere que a percentagem dos que se informam através da televisão e dos jornais passou respetivamente, entre 2013 e 2018, de 84 para 71% e de 46 para 20%. Em contrapartida, o consumo das redes sociais duplicou no mesmo período (18 para 36%), embora 71% dos jovens com menos de 25 anos assumam informar-se através das redes sociais. No entanto, a confiança nas fontes de informação é reduzida: 41% nos *media* tradicionais e apenas 19% nas redes sociais. Antoine de Tarlé, *La fin du journalisme?*, Les editions de l'atelier, 2019, p. 71.

Está posto em causa o conceito de *meios de comunicação social de massa*, que partilham agora o mercado com *media* direcionados para públicos específicos.

Por outro lado, com a Internet, diluem-se as fronteiras entre emissor e recetor, bem como entre os *media* e as audiências. Os utilizadores da Internet são consumidores, mas podem ser igualmente criadores de mensagens e de conteúdos informativos ou, pelo menos, partilhá-los ou comentá-los. As formas de participação no espaço público dos antigos leitores, ouvintes ou espectadores já não estão cingidas às cartas ao diretor das publicações periódicas ou à admitida intervenção em programas radiofónicos ou televisivos, uma vez que podem agora fazê-lo a partir das redes sociais e sempre que o queiram.

As limitações de espaço, no caso dos jornais, ou de tempo, para os operadores de rádio e de televisão, tendem a desaparecer, uma vez que a Internet permite espaços informativos ilimitados. Os *media*, nomeadamente a versão *online* das publicações periódicas, podem agora ter atualizações constantes, 24 horas por dia, e são também, cada vez mais, um produto multimédia e apto a responder às expectativas das audiências, tanto locais como globais. Sobretudo para os mais jovens, o dispositivo mais utilizado para consumir notícias é agora o *smartphone*, o que convida os *media* a adaptarem os conteúdos divulgados a um suporte com funcionalidades e características próprias[441].

Apesar dessa aparente rivalidade entre órgãos de comunicação *tradicionais* e redes sociais, as vantagens para os *media* ao utilizarem as redes sociais são múltiplas: estas favorecem a participação dos consumidores, alargam o perímetro de difusão dos conteúdos informativos e permitem a obtenção de mais dados sobre a sua audiência.

Os *media* têm agora um novo modelo de negócio. Por um lado, a *economia da atenção*[442], que se baseia, desde logo, na tentativa de multiplicar as visitas, o que os induz a alterar a apresentação dos conteúdos. Nas versões online, os títulos, por exemplo, não são já, frequentemente, a síntese do mais relevante que a notícia oferece, mas antes um mero incentivo a que se procure satisfazer a curiosidade especulativa despertada pelas suas palavras, muitas vezes propositadamente enigmáticas. Consequentemente, o estímulo a um novo *clickbait*, aumentando o número de *visitas*, contribui para aumentar as

---

[441] *Reuters Digital News Report 2020*, p. 26.

[442] Susana Perez-Soler, *Periodismo y redes sociales claves para la gestión de contenidos digitales,* Editorial UOC, p. 51.

receitas publicitárias. Por outro, esse aumento do número de visitas fornece também novos dados sobre os utilizadores — a economia dos chamados *big data*, como os seus dados pessoais, as suas preferências e a frequência e o tempo gasto nas *visitas*, indicadores que se tornaram fundamentais não apenas para a indústria dos *media* e para os anunciantes, mas, no caso da propaganda política, para as correntes ideológicas que dela pretendem beneficiar.

Esses dados sobre o perfil, os gostos e os hábitos de cada utilizador da Internet constituem uma preciosa informação para os anunciantes, a quem desta forma se assegura que a publicidade que é dirigida aos consumidores atingirá a pessoa certa e não apenas, como a que era difundida nos *media* tradicionais, um universo bem mais indiferenciado.

Está igualmente em causa o esquema tradicional de comunicação de Lasswell, segundo o qual um emissor, único ator ativo do processo comunicativo, produz e distribui informação a recetores passivos[443]. As habituais fontes dos órgãos de informação podem agora dirigir-se diretamente, por exemplo através do Twitter ou do Facebook, aos públicos consumidores de informação.

Além disso, as mudanças ocorridas nos meios de comunicação permitem o acesso, instantâneo e através de novas vias, a múltiplas fontes de informação à escala mundial e a participação de mais pessoas no processo informativo. Tal como os sítios dos órgãos de comunicação social, também através do Facebook ou do Twitter ou de motores de busca como o Google ou o Yahoo, é possível obter informação atualizada durante as 24 horas de cada dia.

O aparecimento dos *novos media*, cuja definição não abrange já apenas as publicações online de conteúdos jornalísticos com esse contínuo processo de atualização informativa, e o exponencial alargamento da oferta informativa não acarretaram apenas vantagens para as sociedades hodiernas e para o direito à informação de cada cidadão. De facto, criaram igualmente novos e complexos desafios.

Em primeiro lugar, o enfraquecimento e a perda de influência dos *media tradicionais*, sobretudo da imprensa. Face ao mesmo universo de consumidores de órgãos de informação, há uma oferta muito mais alargada e diversificada, com consequências também nas receitas publicitárias, na viabilidade

---

[443] Susana Perez-Soler, *Periodismo y redes sociales claves para la gestión de contenidos digitales*, Editorial UOC, p. 30.

económica das empresas e, consequentemente, no número de jornalistas em cada órgão de comunicação social, sobretudo na imprensa[444]. No caso de Portugal, acrescente-se, aliás, que a imprensa tem, sobretudo se analisarmos o quadro europeu, fraquíssimos índices de leitura

Em segundo lugar, estão a mudar algumas das características básicas do jornalismo, agora fortemente condicionado pela necessidade da rápida difusão dos conteúdos, pela exigência da polivalência de funções, pela diminuição das redações, apesar de condicionadas pela necessidade de produção para diversos suportes de difusão e pela pressão para uma diluição das fronteiras entre jornalismo, por um lado, e publicidade e marketing, por outro. Acrescente-se que, como refere Paulo Pena[445], *«A imagem dominante nas redações, e nos computadores de administradores, gestores de redes sociais, directores, editores-executivos e até de jornalistas, é a constante "métrica de tráfego online».*

Em terceiro lugar, porque se é verdade que os *media* tradicionais estão sujeitos a um continuado escrutínio judicial, regulatório, deontológico ou autorregulatório, os novos *media*, bem como os *prosumers* (cidadãos simultaneamente produtores e consumidores de informação) escapam bem mais facilmente a essa *vigilância*. Aliás, muitos desses novos *media*, embora visem sobretudo um público-alvo e o mercado publicitário de um determinado país, não estão nele registados, o que torna esse escrutínio bem mais complexo. Este é, de resto, um desafio também em Portugal.

Em quarto lugar, porque parte dessa nova oferta informativa provém de veículos, cujo enquadramento no âmbito da comunicação social, com a con-

---

[444] Bernardo Díaz Nosty (*Diez años que cambiaron los médios,* p. 85, ed. Ariel e Telefonica Fundación, 2017) procede a uma interessante análise da evolução das receitas do *New York Times* entre 2000 e 2016, assinalando que nesse período o jornal conseguiu manter número de jornalistas. De acordo com a análise, enquanto em 2000 as receitas do periódico provinham sobretudo da versão impressa (publicidade 70% e circulação 23%), em 2016, a publicidade na versão impressa atingia apenas 24% das receitas, contra 43% da circulação impressa, 14% das assinaturas digitais e 13% da publicidade digital. A quebra das receitas publicitárias no conjunto da imprensa norte-americana é igualmente visível nos dados divulgados pela Newspaper Association of America: 16 mil milhões de dólares em 2016 contra 50 mil milhões em 2006 (Divina Frau-Meigs, *Faut-il avoir peur des fake news?,* La documentation française, 2019, p. 91).

[445] «*Os media dependem de "métricas" que os políticos populistas manipulam — e isso não devia ser um círculo vicioso*», in *Os Três D dos Media — Desigualdade, Desprofissionalização e Desinformação*", ed. Outro Modo, 2021, p. 182

sequente sujeição às normas legais aplicáveis ao sector, não é incontestável e impõe uma atualização do conceito de *media*, cuja concretização não está isenta de uma relevante complexidade.

Em quinto lugar, porque no novo universo mediático grande parte do poder informativo está agora concentrado em poderosos intermediários como Facebook, Google, YouTube, etc. Em 2016, os dois primeiros — Google e Facebook — alcançaram cerca de 60% do mercado publicitário online no mundo[446]. Em 2019, 90% da informação procurada na Internet nos Estados Unidos *passava* por um dos cinco intermediários dominantes (os GAFAM, Google, Apple, Facebook, Amazon ou Microsoft), que, em conjunto, tinham 80% das receitas publicitárias online[447]. Estes dados tornam-se ainda mais relevantes se considerarmos que grande parte dos conteúdos divulgados pelas principais redes sociais têm origem nos *media* clássicos, sobretudo a imprensa, constituindo a principal razão para a redução das receitas publicitárias neste meio[448]. Como refere Elsa Costa e Silva,[449] *«os grandes atores da cena mediática de hoje não são os que produzem e distribuem conteúdos, mas os que geram tráfego canalizando o seu acesso — agregam os conteúdos, como é o caso dos motores de busca, como a Google — ou usam os conteúdos produzidos pelos seus consumidores — como é o caso das redes sociais»*. A pirataria online, incluindo a *canibalização* de conteúdos jornalísticos elaborados por órgãos de comunicação social, reduzindo drasticamente as suas receitas, estaria na origem da aprovação, da Diretiva (EU) 2019/790 do Parlamento Europeu e do Conselho relativa aos direitos de autor e direitos conexos no mercado único digital[450].

---

[446] Reig, Ramón e Labio, Aurora (Eds.), *El Laberinto Mundial de la Información — Estructura mediática y poder*, p. 238, Antrophos Ed., 2017.

[447] Joux, Alexandre, *DMA, DAS: l'Europe va réguler les plateformes*, La revue européenne des médias et du numérique, n.º 56, 2021, p. 5.

[448] De acordo com a Newspapers Association of America, entre 2006 e 2016, as receitas publicitárias na imprensa norte-americana caíram de 50 para 16 mil milhões de dólares (Divina Frau-Meigs, *Faut-il avoir peur des fake news*, La Documentation Française ed., 2019, p. 91).

[449] *«Propriedade dos Media em Portugal»* in *Os Três D dos Media — Desigualdade, Desprofissionalização e Desinformação*, ed. Outro Modo, 2021, p. 24.

[450] Integrada num pacote legislativo em concretização da Estratégia para o Mercado Único Digital, adotada em 2015, esta Diretiva, de acordo com a exposição de motivos da proposta de lei (n.º 114/XIV/3.ª, de setembro de 2021), que propunha a sua transposição

Em sexto lugar, porque esse novo espaço mediático constitui um terreno propício, não apenas ao discurso do ódio ou, entre outros exemplos, à propagação de opiniões xenófobas ou racistas, mas igualmente ao fenómeno da desinformação, muitas vezes ditada por motivações político-ideológicas e (ou) comerciais e económicas, induzida pelo facto de a divulgação dos conteúdos ser individualizada e apresentada de acordo com motivações não transparentes como o presumido interesse do utilizador, a identidade do autor dos conteúdos, uma potencial contrapartida económica, etc

Em sétimo lugar, porque grande parte dos conteúdos a que os cidadãos têm acesso é divulgada através da Internet e proveniente de outros países, o que limita a intervenção dos instrumentos jurídicos tradicionais de cada Estado, nos casos em que esteja em causa uma eventual violação da legislação em vigor. De facto, ainda que o advento, a partir da década de 1990, da Internet — que pode ser considerada uma infraestrutura técnica que liga computadores à escala mundial, incorporando implicitamente os conteúdos que disponibiliza[451] —, tenha incitado a generalidade dos países a um mais

para a ordem jurídica portuguesa, alterando o Código do Direito de Autor e dos Direitos Conexos, tinha como pressuposto fundamental o facto de «*a distribuição em linha de conteúdos protegidos por direito de autor ser, por natureza, transnacional, pelo que apenas os mecanismos adotados à escala europeia podem assegurar o correto funcionamento do mercado de distribuição de obras e outro material protegido*», bem como «*a sustentabilidade do sector da edição face aos desafios do meio digital*», bem como «*garantir aos titulares de direitos de autor e conexos, no seio da União, um elevado nível de proteção numa perspetiva de harmonização, a fim de se evitarem discrepâncias entre as realidades nacionais de cada Estado-Membro*«. No entanto, a dissolução da Assembleia da República e a marcação de eleições legislativas atrasaria a transposição, pelo menos, para meados de 2022.

[451] Svantesson, Dan, *Internet & Jurisdição: Relatório de status global 2019*, 2021, p. 312. No mesmo relatório sobre os desafios transfronteiriços da Internet (página 138), preconiza-se uma redobrada e urgente atenção a cinco «*questões-chave*»: «*a necessidade de minimizar ou, preferivelmente eliminar, situações em que os intermediários da Internet correm o risco de violar a lei de um Estado ao cumprir a lei de outro Estado; a necessidade de esclarecer em que medida os intermediários da Internet — enquanto atores privados — podem desempenhar funções quase-judiciais (seja voluntária ou involuntariamente; a necessidade de ter um arcabouço jurídico sobre a forma como os intermediários da Internet devem determinar o âmbito geográfico da jurisdição* (...) *quando bloqueiam ou eliminam conteúdos; a necessidade de assegurar que a lei forneça as orientações mais claras quanto ao que se espera dos intermediários da Internet; e a necessidade de distinguir claramente as situações em que os intermediários da Internet são vistos como editores e nas quais são vistos como plataformas neutras.*»

atento olhar para a legislação dos outros Estados, a verdade é que a diversidade das respostas jurídicas cria uma acrescida complexidade, mesmo no combate a matérias em relação às quais existe um mais alargado consenso, como o discurso do ódio.

Em oitavo lugar, porque a disponibilização da informação baseia-se muitas vezes em algoritmos que direcionam os conteúdos de acordo com o perfil dos utilizadores, conduzindo a uma informação mais personalizada, que faz com que as pessoas reforcem as suas convicções, influenciando as suas opções políticas, ideológicas e também eleitorais. Acrescem a facilidade de utilização e o enorme alcance das redes sociais e a velocidade de circulação da informação.

Finalmente, em nono lugar, porque a facilidade de acesso à informação, que os novos *media* e as redes sociais proporcionaram, não garante, em contrapartida, a fidedignidade e a qualidade da informação: como sublinha Daniel Innerarity, *«separar o essencial do anedótico, analisar e contextualizar os dados de forma adequada exigem mediadores que disponham de tempo e competências cognitivas. Nesse trabalho de interpretação da realidade são imprescindíveis os jornalistas, cujo trabalho na era da Internet não vai ser supérfluo, antes pelo contrário»*[452].

As redes sociais modificaram profundamente as formas de comunicação, não apenas através do espaço oferecido aos cidadãos para que possam comunicar de forma direta e irrestrita, partilhando os conteúdos que produzem com outros utilizadores e, desta forma, ampliando os direitos à liberdade de expressão e à informação, como servindo de plataforma para novos órgãos de comunicação. Estes veem assim alargado o universo dos seus consumidores e, com eles, pelo menos teoricamente, dos anunciantes que neles apostam e das suas receitas.

Consideradas meios ou serviços com capacidade para difundir conteúdos produzidos pelos seus utilizadores de forma a serem consumidos por todos ou por parte dos outros utilizadores, as redes sociais são normalmente generalistas (exemplos do Facebook ou do Twitter), mas podem ser estruturadas em torno de um *suporte de visualização específico* (como o YouTube, centrado

[452] Daniel Innerarity in Bernardo Díaz Nosty (Coord.), *Diez años que cambiarón los médios: 2007–2017,* Ariel e Fundación Telefonica ed., 2017, p. 95.

no vídeo). Representam uma nova forma de *media* de expressão direta, originariamente sem qualquer pré-seleção de conteúdos nem intermediação jornalística, e criam novas formas de relações sociais, ultrapassando os limites geográficos e, graças aos modernos instrumentos de tradução, também linguísticos. Criam novas formas de associação entre cidadãos, ultrapassando as antigas estruturas sociais muito centradas na organização territorial dos Estados. Prevalecem agora os temas de interesse comum dos cidadãos e as causas que defendem, potenciadas pela elevada percentagem daqueles que se informam predominantemente através das redes sociais e das plataformas de partilha de vídeos[453].

É verdade que as motivações dos cidadãos para *aderirem* e *frequentarem* as redes sociais estão longe de se cingirem à vontade de obter informação atualizada. Entre essas motivações, estão o contacto com os amigos, a partilha com eles de fotos, vídeos ou outra informação pessoal, a criação de uma rede de contactos e a vontade de conhecer outras pessoas[454].

No entanto, um número elevado e crescente de cidadãos encontra nas redes sociais o que entende ser uma boa fonte de informação e, igualmente, um espaço onde pode livremente expor a sua opinião sobre um qualquer tema da sua iniciativa ou que outros já tenham comentado.

Por outro lado, o elevadíssimo número de conteúdos disponíveis para serem publicados implica que a plataforma proceda a uma seleção, sem prejuízo de o utilizador, por sua iniciativa, poder procurar um conteúdo específico. E os conteúdos que serão visionados por cada utilizador são normalmente ordenados pela plataforma de acordo com algoritmos pouco transparentes, normalmente dependentes do seu suposto interesse por esse conteúdo ou pelo seu autor, medido em função dos seus hábitos e alegadas preferências, mas igualmente da sua relevância para o financiamento da plataforma.

---

[453] Rapport de la Mission «Régulation des réseaux sociaux — Expérimentation Facebook», França, 2019, p. 9.

[454] Ramón Reig e Aurora Labio (Eds.), *El Laberinto Mundial de la Información*, Huellas e Anthropos ed., 2017, p. 262.

## 6.2 A regulação dos novos *media* e das plataformas digitais

### 6.2.1 O fenómeno da desinformação, do discurso do ódio e de outros conteúdos ilícitos

O exponencial alargamento da oferta informativa proporcionada pelos novos meios de comunicação, conjugada com o seu impacto, a velocidade de circulação da informação e a facilidade de utilização das novas plataformas, bem como a ausência de qualquer tipo de controlo judicial ou regulatório de muitos dos seus conteúdos, colocaram novos desafios às políticas públicas. De facto, graças ao largo alcance e influência dos conteúdos difundidos, bem como ao sentimento de impunidade relativamente a eventuais erros e incorreções, nomeadamente em redes sociais, tornaram-se frequentes os casos de desinformação, manipulação da opinião pública com objetivos políticos ou económicos, incitamento ao ódio, xenofobia, racismo, etc Por outro lado, a estrutura da rede social facilita a criação direta de conteúdos e não tem qualquer forma de mediação ou controlo editorial.

Acresce que a generalidade dos consumidores das redes sociais, nomeadamente do Facebook, não se apercebe que a informação é apresentada de acordo com os algoritmos da plataforma e seguindo as escolhas e os interesses que o utilizador demonstrou ter anteriormente nos seus consumos online. Pior do que isso, muitos consumidores das redes sociais, bem como dos conteúdos dos novos *media* e dos sites de desinformação que aquelas redes divulgam amplamente, não se apercebem do modelo de negócio em causa e acreditarão mesmo que esses novos *players*, ao contrário da comunicação social tradicional, não escondem a realidade nem estão submetidos a qualquer poder que limite a sua liberdade

O combate contra a difusão deste tipo de conteúdos tornou-se, desta forma, nos últimos anos, um dos eixos das políticas públicas para os *media*. A sua complexidade decorre de isso implicar não apenas uma análise dos mecanismos de moderação *a posteriori* das redes sociais, mas igualmente dos mecanismos relativos às regras de utilização, bem como das formas de ordenação dos seus conteúdos[455].

[455] Rapport de la Mission «Régulation des réseaux sociaux — Expérimentation Facebook», França, 2019, p. 10.

As provas do emprego de notícias falsas, detetadas em 2016, tanto na campanha do referendo britânico do *Brexit* como, sobretudo, nas eleições presidenciais nos Estados Unidos que conduziram Donald Trump à presidência e os métodos utilizados pela empresa Cambridge Analytica[456] para manipular os eleitores, bem como, mais tarde, os sinais de interferência da Rússia e da China na difusão de notícias falsas sobre a Covid-19,[457] levaram não apenas as instâncias políticas, mas igualmente o mundo académico, a refletir sobre a origem, os métodos e as formas de combater esse novo fenómeno classificado então como *desinformação,* expressão que rapidamente foi selecionada em detrimento de *fake news*[458]. Aliás, a desinformação não abrange apenas a informação falsa, mas igualmente a produção de informação manipulada, misturada com factos ou práticas que vão muito além de qualquer coisa que se assemelhe a notícias, utilizando *bots* (programas informáticos que executam tarefas automatizadas que simulam reações de pessoas nas redes sociais), vídeos modificados ou publicidade dissimulada e dirigida[459].

Apesar de as preocupações em torno dos efeitos da desinformação terem tido a sua origem no receio existente em muitos países sobre a regularidade dos atos eleitorais — uma das iniciativas mais relevantes a nível europeu foi a

---

[456] Criada em 2013, a empresa Cambridge Analytica conseguiu obter, de forma ilegal, dados de milhões de utilizadores armazenados nas redes sociais, o que lhe possibilitou identificar eleitores que mais facilmente poderiam ser influenciados, dirigindo-lhes então mensagens de acordo com o estabelecido com a candidatura ou o movimento que contratara a empresa. Sobre a história e os meios de atuação desta empresa, ver, entre outros, Bernardo Diaz Nosty (Coord), *Diez años que cambiaron los médios: 2007-2017,* Ariel e Telefonica Fundación ed., 2017, p. 83.

[457] Comunicação da Comissão Europeia COM (2020) 790, p. 23.

[458] Sobre os motivos que levaram à generalizada preferência da palavra *desinformação* (e não de *fake news),* ver, entre vários outros textos, a explicação reportada no documento aprovado pela ERC em abril de 2019, *A desinformação — contexto europeu e nacional,* página 1: «*A expressão amplamente difundida de "fake news" é enganadora, tendo aliás sido inicialmente utlizada para denegrir o trabalho dos meios de comunicação social. Uma notícia, por definição, não é falsa. Falsas são as narrativas que, embora anunciadas como notícias e contendo partes de textos copiados de jornais ou de sites do mesmo género, integram conteúdos ou informações falsas, imprecisas, enganadoras, concebidas, apresentadas e promovidas para intencionalmente causar dano público ou obter lucro*».

[459] Simona Levi (coord.), «*Fake You — Fake news y desinformación*», Ciclogénesis 10 e Rayo Verde, 2019, p. 23.

criação, em janeiro de 2018, sob a égide da Comissão Europeia, de um *grupo de peritos de alto nível*, cujo propósito principal era então o de assegurar que as suspeitas sobre as interferências na legitimidade das eleições norte-americanas de 2016 não tivessem novos episódios nas eleições para o Parlamento Europeu de maio de 2019... —, a reflexão sobre o tema da desinformação ultrapassaria esse tema essencialmente político.

A desinformação para obter vantagens económicas — recorde-se que a Internet, através da publicidade ou da simples coleta de dados, tem uma indiscutível dimensão económica — ou para disseminar notícias enganosas que põem em causa a segurança ou a saúde dos cidadãos representa igualmente uma fonte de preocupação.

Por outro lado, no âmbito da reflexão sobre o alcance do fenómeno da desinformação, importaria igualmente proceder a análises sobre mecanismos a ele associados, como as escolhas mediante algoritmos não transparentes dos conteúdos oferecidos pelas redes sociais, os grupos de falsos seguidores, as contas automáticas para esconder a proveniência de mensagens, as comunicações comerciais ou políticas dirigidas, entre outras práticas, onde caberia ainda a relação de dependência entre o número de *clickbaits* e as receitas comerciais, incitando assim a frases mais controversas e enigmáticas.

Parece, pois, evidente que na origem da desinformação estão motivações não apenas políticas e ideológicas, mas igualmente económicas. E se é verdade que não foi a Internet o primeiro veículo difusor de desinformação, parece evidente que com ela a sua disseminação é agora, como nunca o fora, não só de distribuição em massa, transnacional, não mediada e, além disso, não apenas automatizada, como mais eficaz, nomeadamente num contexto em que existe uma evidente crise no jornalismo e nos *media* clássicos, sujeitos à concorrência de novos *media* e das redes sociais.

Acresce que a informação veiculada pelas redes sociais não é, generalizadamente, sujeita a qualquer escrutínio jornalístico, o que implicaria o respeito por regras legais e/ou deontológicas que impõem, por exemplo, o pluralismo, a verificação das fontes e a audição de pessoas com interesses atendíveis no caso. Recorde-se ainda que em Portugal, de acordo com dados do *Reuters Digital News Report 2020*, o Facebook é utilizado por 76,9% da população para aceder a todo o tipo de conteúdos e por 50,2% para receber notícias[460].

[460] Reuters Digital News Report, p. 72.

### 6.2.2 A insuficiência da autorregulação, do *fact-checking* e da literacia mediática e digital

A relevância do fenómeno da desinformação, bem como de outros conteúdos ilícitos, e, simultaneamente, a complexidade de eventuais mecanismos jurídicos para limitar os seus danos conduziram o poder político e as diversas entidades envolvidas a conceber ou a trilhar outros caminhos, além da extensão da regulação, como a autorregulação, o *fact-checking* e o incremento da literacia mediática e digital.

Apesar de Mark Zuckerberg, um dos fundadores do Facebook, ter sublinhado que a rede social não era *«uma empresa de media»*, mas apenas *«uma empresa de tecnologia»*, argumento que visaria recusar-se a assumir qualquer responsabilidade pelos conteúdos que distribuía, tanto o Facebook, como o YouTube, encetou a criação de alguns mecanismos de autorregulação.

Aliás, na sequência da constituição de um *Fórum Multilateral de Operadores contra a Desinformação,* abrangendo plataformas em linha, redes sociais, publicitários e indústria publicitária, no outono de 2018, as plataformas de Internet e redes sociais, instadas pela Comissão Europeia, nomeadamente Google, Facebook, Twitter, Microsoft e Mozilla, aceitariam implementar um *Código de Conduta contra a Desinformação.* Neste Código, os operadores comprometiam-se, nomeadamente, a melhorar o controlo da colocação de anúncios; a garantir a transparência em relação a conteúdos patrocinados, através da identidade do patrocinador, dos montantes despendidos e dos critérios de direcionamento utilizados; a intensificar os esforços para bloquear contas falsas; facilitar a avaliação de conteúdos por parte dos utilizadores; diminuir a visibilidade da desinformação; estabelecer sistemas de marcação e regras claras para os *bots*; capacitar os utilizadores com ferramentas que os habilitem a descobrir conteúdos, o acesso a diferentes pontos de vista e a denunciar casos de desinformação; garantir que os serviços digitais incluam salvaguardas contra a desinformação, incluindo informações sobre o comportamento de algoritmos que estabelecem a prioridade de apresentação de conteúdos; e fornecer às organizações de verificação de factos o acesso aos dados da plataforma, respeitando a privacidade dos utilizadores, os segredos comerciais e a propriedade intelectual[461].

---

[461] *«A Desinformação — contexto europeu e nacional»*, documento da ERC, abril de 2019, páginas 7 e seguintes e Paulo Pena, *Fábrica de Mentiras,* Objectiva ed. ,2019, p. 93.

No entanto, o sucesso desta experiência não terá sido exemplar. Segundo reconheceriam alguns dos seus membros, entre os quais, Monique Goyens, diretora-geral da Organização Europeia de Consumidores (OEC), que reúne 43 associações nacionais, o modelo de negócio das redes sociais dependeria do número de cliques, potenciando o alcance das *fake news*[462]. Aparentemente, a disponibilidade das grandes plataformas para a criação de mecanismos de autorregulação visaria, sobretudo, adiar ou mesmo impedir a adoção pelos diferentes estados ou pelas próprias instâncias europeias de mecanismos de regulação efetiva.

Em todo o caso, as principais redes sociais adotariam mecanismos visando o combate à desinformação e a conteúdos ilícitos. No caso do Facebook, a plataforma publicou uma versão detalhada dos *standards* da rede, aumentou os recursos humanos e de desenvolvimento dos algoritmos relativos à moderação dos conteúdos, desenvolveu instrumentos de moderação à disposição dos consumidores, publicou relatórios de transparência e realizou uma análise sobre a possibilidade de criar um *conselho de fiscalização,* cuja função seria a de analisar as decisões de moderação dos conteúdos. Entre outras funções, por sua vez, o YouTube ensaiou formas de avaliar o comportamento dos utilizadores, designadamente dos mais jovens, face aos conteúdos difundidos[463].

Especificamente em relação aos conteúdos, o Facebook comprometeu-se a eliminar três tipos de conteúdos: apelos à violência, tentativas de limitação dos direitos eleitorais e violações dos *padrões da comunidade*. Porém, outro tipo de conteúdos, como discursos racistas, mentiras proferidas por ou sobre políticos ou falsas informações sobre questões de saúde, por exemplo, não seriam apagados, mas antes submetidos, para uma análise mais cuidada, a *fact-checkers*[464], cuja avaliação determinaria a penalização em que poderiam incorrer. Por outro lado, a penalização máxima seria apenas uma desvaloriza-

---

[462] Paulo Pena, *Fábrica de Mentiras,* Objectiva ed., 2019, p. 94 e seguintes.

[463] Rapport de la mission «Régulation des réseaux sociaux — Expérimentation Facebook», p. 11. A Comissão Europeia promoveu, sob parecer do ERGA, a avaliação do acordo e concluiu que ele é insuficiente, identificando os pontos a carecer de revisão e pretendendo torná-lo, mais do que um acordo de autorregulação, um instrumento de corregulação, com a possibilidade de aferição do seu cumprimento por uma estrutura exógena.

[464] De acordo com Raúl Magallon Rosa, in *unfaking news — cómo combatir la desinformación,* Piramide ed., 2019, p. 142, em 2018, o Facebook ampliou a sua rede de *verificadores* a 35 organizações que exerciam a sua atividade em 24 países.

ção no algoritmo que escolhe a relevância dos assuntos, com consequências no destaque que lhes é dado no *newsfeed,* a página que cada consumidor tem perante si quando acede à rede social[465].

A resposta do Facebook assumiria, todavia, contornos diversos de acordo com as iniciativas de cada Estado. Em França, por exemplo, face às iniciativas do poder político sobre a regulação das redes sociais, o Facebook promoveu algumas medidas (publicação de regras de participação, reforço dos meios humanos e desenvolvimento de algoritmos dedicados à moderação dos conteúdos, publicação de relatórios, entre outros), embora se tenha concluído que a autorregulação não se poderia limitar à retirada compulsiva de conteúdos manifestamente ilícitos. E terá ficado a convicção de que as formas de autorregulação das principais redes sociais se deveriam apenas, mais do que a uma genuína assunção dos objetivos das políticas públicas nesse domínio, a tentativas de limitar o risco de uma intervenção coerciva do poder político e minorar a pressão da sociedade civil, protegendo a sua reputação[466].

Entretanto, Facebook e Google, atenuando o efeito devastador que têm tido na angariação de publicidade comercial para os *media* tradicionais, converteram-se nos maiores financiadores mundiais do jornalismo e da informação[467].

As iniciativas de *fact-checking* não surgiram, no entanto, apenas por reflexo de uma postura defensiva das redes sociais. Em muitos países, elas surgiram, autonomamente, por mera determinação da sociedade civil, e abrangeram não apenas as redes sociais, mas igualmente a generalidade dos novos *media.* De acordo com o Reuters Institute, essas iniciativas começaram há alguns anos, pelo que, em 2017, seria já 113 o número de entidades que em todo o mundo realizam o *fact-checking*[468].

A mais conhecida organização internacional neste domínio será a *International Fact-Checking Network (IFCN),* criada em 2014, com sede no Poynter Institute for Media Studies, na cidade de São Petersburgo, no Estado

---

[465] Paulo Pena, *Fábrica de Mentiras,* Objectiva ed., 2019, p. 102.

[466] Rapport, de la mission «Regulation des réseaux sociaux — Éxpérimentation Facebook», págs. 11 e 13.

[467] Sobre este tema, ver, entre outros, Raúl Magallon Rosa, in *unfaking news — cómo combatir la desinformación,* Piramide ed., 2019, p. 179.

[468] Bernardo Diaz Nosty (coord.), *Diez años que cambiaron los médios: 2007–2017,* Ariel e Telefonica Fundación, 2017, p. 102.

norte-americano da Florida. Reconhecida internacionalmente como uma entidade de referência neste domínio, a *IFCN* associou o prestigiado Poynter Institute a cerca de uma dúzia de organismos, elaborando em conjunto um *código de princípios* para a atividade de *fact-checking* ou de *verificadores de factos*[469]. Entre os princípios do código estão a independência face aos partidos políticos, a transparência do financiamento da organização, bem como a transparência da metodologia para selecionar, investigar, escrever, editar, publicar e corrigir os casos escolhidos para verificação.

A organização internacional Repórteres Sem Fronteiras lançou, em 2018, uma iniciativa pela fiabilidade da informação (Trust Initiative), em colaboração com a agência de notícias France Presse (AFP), a Global Editors Network e a União Europeia de Radiodifusão (UER), e, nos últimos anos, surgiram generalizadamente iniciativas de *fact-checking,* muitas vezes associada a órgãos de comunicação social que pretendem assim reforçar a sua credibilidade, nomeadamente face aos novos *media* e às redes sociais[470].

---

[469] Simona Levi, *Fake you — Fake news y desinformación,* Ciclogénesis 10 e Rayo Verde, ed., 2019, p. 142 e Raúl Magallón Rosa, *unfaking news — cómo combatir la desinformación,* Pirámide ed., 2019, p. 136.

[470] O *fact-checking* ganhou um relevo mundial nos Estados Unidos. Entre outras iniciativas, merece ser realçada a análise feita pelo prestigiado *Washington Post* sobre as afirmações de Donald Trump nos primeiros 100 dias do seu mandato presidencial iniciado em 20 de janeiro de 2017. Mas o *fact-checking* é hoje uma atividade generalizada. A generalidade das principais agências noticiosas dos países europeus fez um investimento considerável em estruturas de *fact-checking.* As iniciativas deste tipo existem também em outros *media.* Por exemplo, em Espanha, entre outros, surgiu o *Maldita,* elaborado por trabalhadores do canal televisivo *La Sexta,* e o *Verificat,* de âmbito catalão. Em França, a iniciativa mais prestigiada será a do Décodex, associada ao jornal *Le Monde.* Em África, o principal verificador de factos é o *Africa Check,* criado em 2012 com sedes em Joanesburgo, Nairobi, Lagos, Dacar e Londres. Em Portugal, a iniciativa mais conhecida é o Polígrafo, criado em novembro de 2018, que se define como «*um projeto jornalístico online que tem como principal objetivo apurar a verdade — e não a mentira — no espaço público*». O Polígrafo pertence à empresa Inevitável e Fundamental, que tem como acionistas o Emerald Group (30%), o B.creative Media (21%) e o jornalista e diretor editorial do Polígrafo, Fernando Esteves (49%). O Polígrafo exerce a sua atividade mais influente através de uma rubrica semanal integrada no principal bloco informativo da SIC. Sobre o *fact-checking* ver, entre outros, os estudos de Simona Levi, *Fake you — Fake news y desinformación,* Ciclogénesis 10 e Rayo Verde, ed., 2019, Raúl Magallón Rosa, U*nfaking news — cómo combatir la desinformación,* Pirámide ed., 2019, Obercom, *Agências de notícias e fact-checking,*

Além da autorregulação e do *fact-checking*, a literacia mediática e digital (ou, como surge nos documentos internacionais, nomeadamente no texto elaborado em 2018 por um grupo de especialistas a solicitação da Comissão Europeia, *MIL — Media and Information Literacy*)[471] é considerada uma das formas mais eficazes de combater a desinformação[472]. Entende-se que um mais apurado conhecimento dos cidadãos sobre o ambiente mediático digital, incluindo as práticas de produção de informação, as formas de difusão de conteúdos, o funcionamento das plataformas online, a distinção entre órgãos de comunicação social e outros veículos de informação que pretendem ser considerados como tal e o conhecimento de fontes fidedignas de notícias, constitui afinal um contributo relevante para esse objetivo[473].

Ao contrário dos mecanismos de autorregulação ou de *fact-checking*, o incremento da literacia mediática é considerado uma ação mais sólida e preventiva, mas cujos resultados apenas seriam obtidos a longo prazo, obrigando os *media*, incluindo os novos *media*, a aperfeiçoarem os seus produtos e serviços.

Para que a literacia mediática possa surtir o efeito desejado, de acordo com a opinião dos especialistas que elaboraram para a Comissão Europeia o documento acima referido, seria necessário introduzir esse tema nos *curricula* escolares e na formação contínua dos professores, o que significaria uma modificação nas políticas educativas dos diferentes países, mas igualmente a preparação e a concretização de ações de literacia mediática e digital extensivas a cidadãos dos mais diversos grupos etários.

---

*2020* e Fernando Esteves e Gustavo Sampaio, *A Epidemia de Fake News e a Guerra da Desinformação*, Desassossego ed., 2019.

[471] Relatório «*A Multi-Dimensional Approach To Desinformation — Report Of The Independent High Level Group On Fake News And Online Disinformation*».

[472] A *Media Literacy*, conceito criado nos anos 50 do século passado em Wisconsin, nos Estados Unidos da América, tornou-se um dos principais objetivos da atividade da UNESCO, sobretudo após a Declaração de Grünwald de 1982, quando 18 peritos sob os auspícios desta organização sublinharam a sua relevância. Sobre esta matéria, ver, entre outros, o estudo promovido pela ERC em 2011, da autoria dos professores da Universidade do Minho, Manuel Pinto (coordenador), Sara Pereira, Luís Pereira e Tiago Dias Ferreira, *Educação para os Media em Portugal — experiências, autores e contextos*.

[473] «A Desinformação — contexto europeu e nacional», documento da ERC de abril de 2019, p. 48.

A preocupação das instâncias europeias com a literacia mediática encontra-se expressa na própria Diretiva dos Serviços de Comunicação Social Audiovisual (DSCSA).

No texto da Diretiva que resultou das alterações realizadas em 2018, foi introduzido um novo artigo (33.º-A), de acordo com o qual «*Os Estados-Membros promovem e tomam medidas para desenvolver as competências de literacia mediática*». No mesmo artigo, nos números 2 e 3, prevê-se que «*Até 19 de dezembro de 2022 e, em seguida, de três em três anos, os Estados-Membros apresentam relatórios à Comissão sobre a execução do disposto no n.º 1*» e que «*Após consultar o Comité de Contacto, a Comissão emite orientações relativas ao âmbito desses relatórios*»[474].

Em Portugal, a ERC tem realizado, desde há cerca de uma década, diversas iniciativas neste domínio, sobretudo através da integração no Grupo Informal sobre Literacia Mediática e da realização de ações de esclarecimento para a população escolar e também de iniciativas destinadas a outros interessados em bibliotecas públicas[475].

---

[474] Nos considerandos da Diretiva, ponto 59, era abordado o tema da literacia mediática: «*A "literacia mediática" refere-se às competências, aos conhecimentos e à compreensão que permitem aos cidadãos utilizar os meios de comunicação social de forma eficaz e segura. A fim de que os cidadãos possam aceder à informação e utilizem, analisem de forma crítica e criem conteúdos mediáticos de forma responsável e segura, deverão possuir elevadas competências de literacia mediática. A literacia mediática não deverá confinar-se a uma aprendizagem centrada em ferramentas e tecnologias, deverá também procurar dotar os cidadãos das competências de pensamento crítico necessárias para emitir juízos, analisar realidades complexas e reconhecer a diferença entre factos e opiniões. Por conseguinte, é necessário que tanto os fornecedores de serviços de comunicação social como as plataformas de partilha de vídeos, em cooperação com todas as partes interessadas relevantes, promovam o desenvolvimento da literacia mediática em todos os quadrantes da sociedade, para os cidadãos de todas as faixas etárias e para todos os meios de comunicação social, e que a sua evolução seja acompanhada de perto.*» A França é um dos países onde, desde há alguns anos, o tema da literacia mediática tem merecido maior atenção. O CSA francês decidiu, em novembro de 2021, iniciar a publicação de relatórios semestrais descrevendo o conjunto de iniciativas que este regulador e os próprios órgãos de comunicação social, nomeadamente a France Télévisions e a Radio France, concretizaram neste âmbito, bem como de recomendações dirigidas a todos os *media* (*L'éducation aux médias et à l' information — Rapport sur l'exercice 2020-2021*, novembro de 2021).

[475] O Grupo Informal de Literacia Mediática é composto, além da ERC, pelo Centro de Estudos Comunicação e Sociedade da Universidade do Minho, Comissão Nacional da UNESCO, Conselho Nacional de Educação, Direção-Geral de Educação, Fundação para a Ciência e Tecnologia, Plano Nacional de Leitura 2027, RTP, Rede de Bibliotecas Escolares e Secretaria-Geral da Presidência do Conselho de Ministros («A Desinformação

### 6.2.3 As respostas regulatórias

#### 6.2.3.1 A reflexão e as iniciativas europeias

A desinformação obedece a evidentes motivações de natureza económica e política.

De natureza económica, porque as receitas dos seus protagonistas dependem diretamente do número de *clickbaits* e são potenciadas pela manifesta distorção das regras de concorrência entre os *media* tradicionais e as redes sociais. Os primeiros produzem conteúdos legal e eticamente escrutinados e com custos de produção elevados; as segundas, que também podem ser consideradas, como, entre outros, refere Paulo Pena, *«uma indústria»*[476], divulgam conteúdos de baixo custo e sem nenhum tipo de obrigação ou limite. De natureza política, porque a desinformação fomenta uma tensão entre regimes democráticos e regimes autoritários e obedece muitas vezes a claros objetivos políticos, nomeadamente quando se visa influenciar processos eleitorais[477].

A relevância dos objetivos económicos e/ou políticos da desinformação, o poder daqueles que nela encontram uma nova fonte de receita, como as empresas de comunicação ou especializadas em *bots* e algoritmos, ou as redes sociais, bem como o facto de estas não escolherem ou determinarem diretamente os seus conteúdos, tornam ainda mais remota a capacidade de combater eficazmente a desinformação através da autorregulação, do *fact-checking* ou mesmo da literacia mediática ou, se se considerarem as fases do seu percurso, quer no momento da sua conceção e produção, quer na fase do seu acesso.

No entanto, como sublinha Divina Frau-Meigs[478], não deverá ser desvalorizada a possibilidade de a desinformação ser objeto de um combate

---

— contexto europeu e nacional», documento da ERC de abril de 2019, p. 49). Recorde-se igualmente que, como atrás se referiu, em setembro de 2021, o Conselho Regulador aprovou a criação de uma Unidade para a Literacia Mediática, medida que, no entanto, não seria concretizada, pelo menos, até fevereiro de 2022.

[476] Paulo Pena, *Fábrica de Mentiras,* Objectiva ed., 2019, p. 51.

[477] Divina Frau-Meigs, *Faut-il avoir peur des fake news?,* La documentation française, 2019, p. 202.

[478] *Faut-il avoir peur des fake news?,* La documentation française, 2019, p. 195.

coordenado pelas plataformas e pelas redes sociais, reconhecendo a sua responsabilidade social e lutando por uma informação de qualidade e pela transparência e responsabilidade das suas práticas económicas; pelos Estados, que nomeariam entidades de regulação independentes, ajudariam o jornalismo de qualidade e os *media* de um serviço público independente e encorajariam dispositivos de auto e corregulação; pela sociedade civil, que defenderia os consumidores e um *fact-checking* independente realizado por meios humanos ou não humanos e que contribua para a inovação sócio tecnológica, a criatividade e a investigação; e pela colaboração entre todos para pôr em prática um ensino sobre os consumos dos *media* no quadro digital, dentro e fora do ambiente escolar.

De qualquer forma, cientes da insuficiência da autorregulação, do *fact-checking* e da literacia mediática, quer organismos internacionais quer os diferentes Estados têm respondido ao novo contexto dos *media* e ao fenómeno da desinformação com iniciativas de diversos tipos, algumas limitadas ainda aos processos eleitorais, outras mesmo extensíveis ao papel mais vasto dos Estados na garantia do rigor e da independência da informação e do direito dos cidadãos à informação.

Embora sem qualquer reflexo direto no plano legislativo, a União Europeia tomou diversas iniciativas sobre a questão da desinformação nas redes de comunicação eletrónica, nomeadamente na sequência das acusações de distribuição em massa de desinformação que teria influenciado os resultados das eleições em alguns países europeus e nos Estados Unidos, bem como no referendo do *Brexit*.

Entre essas iniciativas, pela sua relevância, merecem destaque, em 2015, a comunicação da Comissão com uma proposta de Estratégia para o Mercado Único Digital na Europa, que analisaria também a revisão então em curso da Diretiva dos Serviços de Comunicação Social Audiovisual; em 2016, uma Resolução do Parlamento Europeu sobre a Comunicação Estratégica da União Europeia para Enfrentar a Propaganda Contra Ela Dirigida Por Terceiros, que instava a Comissão e os Estados-Membros a tomarem medidas sobre a desinformação; em 2017, uma Consulta Pública Europeia sobre *Fake News* e Desinformação em Linha, que avaliava as medidas anteriormente tomadas para combater esse fenómeno, cujo relatório seria divulgado em abril de 2018; e, em 2018, a criação do Grupo Independente de Alto Nível para as *Fake News* e Desinformação Online (HLEG), que elaboraria o Relatório *A Multi-dimensional approach to disinformation*, e a Comunicação da Comissão intitulada Combater a Desinformação em Linha: uma Estratégia Europeia, que abordaria sobretudo o combate à desinformação nos processos eleitorais — refere-se que tinham sido detetadas estratégias de manipulação ou desinformação em pelo menos 18 países —, propondo-se que esse combate fosse orientado por diversos princípios, centrados, nomeadamente, na transparência da origem e produção da informação, da sua diversidade e na sua credibilidade[479].

Neste documento, a Comissão define como principais objetivos *«uma atuação rápida e eficaz das plataformas digitais para a proteção dos utilizadores face á desinformação, o reforço da verificação de factos, a capacidade de monitorização da desinformação e a promoção da responsabilidade em linha»*[480].

Ainda em 2018, a Comissão Europeia, tendo no horizonte as eleições para o Parlamento Europeu do ano seguinte, aprovou um *Plano de Ação contra a Desinformação* assente em quatro pilares: *«melhorar as capacidades das instituições da UE para detetar, analisar e denunciar casos de desinformação; reforçar as respostas coordenadas e conjuntas da UE e dos Estados-Membros; mobilizar o sector privado para o combate à desinformação; e sensibilizar a população para a desinformação, reforçando a resiliência das sociedades»*.

Entre as dez medidas estabelecidas no Plano, figuravam um *sistema de alerta rápido*, em que os Estados-Membros partilhariam, em articulação com o Parlamento Europeu, NATO, G7 e outras entidades, informações sobre campanhas de desinformação de forma a coordenarem em tempo útil as suas respostas; a promoção de campanhas de sensibilização para os efeitos nega-

---

[479] Entre outros, a *«transparência no que respeita à origem da informação e à forma como é produzida, divulgada, patrocinada e direcionada»*; *«Diversidade da informação para fomentar decisões informadas fundadas no pensamento crítico, através do apoio ao jornalismo de qualidade, à literacia mediática e ao reequilíbrio da relação entre os criadores e os distribuidores de informação»*; *«Credibilidade da informação através da utilização de indicadores ou sinalizadores de fiabilidade e confiança, assim como de métodos de rastreabilidade da informação e autenticação de fornecedores de informação influentes»*; e *«Criação de soluções inclusivas, com o envolvimento das partes interessadas, através da sensibilização do público, melhores níveis de literacia mediática e da cooperação entre as diversas autoridades, órgãos de comunicação social, redes sociais e restantes intervenientes»*.

[480] Uma lista exaustiva das iniciativas da União Europeia neste domínio do combate à desinformação pode ser consultada no documento da ERC de abril de 2019, submetido então à Assembleia da República, intitulado *A desinformação — contexto europeu e nacional*, página 4 e seguintes. Ver igualmente Simona Levi (coord.), *Fake You — Fake news y desinformación*, Ciclogénesis 10 e Rayo Verde, 2019, p. 192 e seguintes.

tivos da desinformação dirigidas ao público e de formação para os órgãos de comunicação social da União e dos países vizinhos, com a continuação dos apoios à comunicação social e ao jornalismo independente e de qualidade, bem como da investigação sobre a desinformação; o apoio à criação de medidas multidisciplinares de *fact-checkers* independentes e investigadores com conhecimento dos ambientes informativos locais para deteção e denúncia de campanhas de desinformação; e o apoio à cooperação transfronteiriça entre profissionais da área da literacia mediática[481].

Em 2020, o Grupo de Reguladores Europeus dos Serviços de Media Audiovisuais (ERGA) publicou um relatório sobre a implementação do Código de Conduta da União Europeia contra a Desinformação. A conclusão mais relevante será a de que o *Digital Services Act*, em curso de aprovação no quadro da União Europeia, que culminará a revisão do atual quadro regulatório, deverá incluir uma estrutura de combate efetivo à desinformação.

[481] ERC, *A desinformação — contexto europeu e nacional*, 2019, p. 14 e seguintes. No polémico artigo 6.º da Carta Portuguesa de Direitos Humanos na Era Digital, aprovada pela Lei n.º 27/2021, de 17 de maio, figura uma norma de acordo com a qual «*O Estado assegura o cumprimento em Portugal*» do referido Plano Europeu de Ação contra a Desinformação. No mesmo artigo, foi definido o conceito de *desinformação* — «*narrativa comprovadamente falsa ou enganadora criada, apresentada e divulgada para obter vantagens económicas ou para enganar deliberadamente o público, e que seja suscetível de causar um prejuízo público, nomeadamente ameaça aos processos políticos democráticos, aos processos de elaboração de políticas públicas e a bens públicos*», referindo-se como tal, «*designadamente, informação comprovadamente falsa ou enganadora, a utilização de textos ou vídeos manipulados ou fabricados, bem como as práticas para inundar as caixas de correio eletrónico e o uso de redes de seguidores fictícios*», mas excluindo-se «*os meros erros na comunicação de informações, bem como a sátira ou paródias*». Nos n.os 5 e 6 do mesmo artigo, atribui-se à ERC a competência para apreciar as queixas «*contra as entidades que pratiquem os atos previstos no presente artigo*» e estipula-se que «*o Estado apoia a criação de estruturas de verificação de factos por órgãos de comunicação social devidamente registados e incentiva a atribuição de selos de qualidade por entidades fidedignas dotadas do estatuto de utilidade pública*». A atribuição de competências à ERC para além dos órgãos de comunicação social, a indefinição de alguns conceitos e o previsto apoio a «*estruturas de verificação de factos*, bem como a atribuição de *selos de qualidade*» constituíram algumas das críticas que recaíram no espaço público sobre o teor deste artigo 6.º. O propósito de vários grupos parlamentares de regulamentar — e esclarecer — algumas das normas mais contestadas viria a ser comprometido pela dissolução da Assembleia da República, remetendo a conclusão deste processo legislativo, pelo menos, para 2022.

Nas restantes conclusões do relatório, que valoriza a corregulação em detrimento da autorregulação no combate aos conteúdos falsos na Internet, propõe-se que sejam asseguradas bases de dados das plataformas eletrónicas com conteúdos audiovisuais existentes para sua monitorização, de acordo com os princípios do Código; o incremento da atuação das entidades reguladoras nacionais, através de obrigações claras de reporte, procedimentos e prazos adequados; a garantia de critérios elaborados pelo ERGA para a União Europeia, com o objetivo de avaliar a relação das plataformas com os verificadores de factos, as respostas às queixas dos consumidores, a existência de campanhas de literacia mediática e de parcerias com investigadores, o aumento da eficácia das ferramentas medidoras da desinformação para uma regulação mais estruturada, pela mudança da auto para a corregulação, com a participação das empresas proprietárias das plataformas e uma maior cooperação entre o ERGA e o novo Observatório Europeu dos Media Digitais. Sugere-se ainda que aos Estados-Membros seja concedida pela União Europeia uma maior capacidade de intervenção, permitindo a criação de estruturas de corregulação que viabilizem a monitorização pelos reguladores nacionais das iniciativas de combate à desinformação adotadas, a imposição aos plataformistas de comportamentos contra os conteúdos falsos e, se necessário, a aplicação de sanções a nível nacional.

Da extensa lista de iniciativas no quadro europeu, a que se deverá acrescentar alguns documentos do Conselho da Europa[482], resulta claro o seu carácter polifacetado, mas, sobretudo, dirigido a temáticas como a corregulação, o *fact-checking* e a literacia mediática. Poder-se-á igualmente concluir

---

[482] ERC, *A desinformação — contexto europeu e nacional,* 2019, p. 18 e seguintes. Entre os documentos do Conselho da Europa, realce-se a Recomendação CM/Rec(2011)7, que exigiria um conceito de *media* adaptado a uma nova realidade fluida e multidimensional e a necessidade de que a resposta no âmbito regulamentar fosse diferenciada, tendo em conta o papel que prestava cada um dos serviços de *media*; a Recomendação (2016)5 sobre a liberdade na Internet; o Relatório *«Information Disorder: Toward on Interdisciplinary Framework for Research and Policy Making»;* e a Recomendação (2018)1 sobre o Pluralismo e a Transparência da Propriedade nos Media e o Estudo sobre o Uso da Internet nas Campanhas Eleitorais. Sublinhe-se ainda o anunciado propósito da Comissão Europeia de, em 2021, propor a inclusão do discurso do ódio, nomeadamente via Internet, na lista das infrações penais do quadro europeu, prevista no art. 83.º §1 do Tratado sobre o funcionamento da União Europeia (Comunicação da Comissão Europeia COM (2020) 790, p. 13).

que não foram postas em causa características essenciais do atual modelo regulatório.

Importa ainda realçar que em vários países europeus o combate à desinformação foi considerado como uma das prioridades das políticas públicas, nomeadamente no período que antecedeu as últimas eleições para o Parlamento Europeu, em 2019[483].

Na Alemanha, ainda em 2017, entrando em vigor no início de 2018, foi aprovada a chamada *Lei do Facebook* — a *Netzwerkdurchsetzungsgesetz, NetzDG,* «Ato para melhorar a aplicação da lei nas redes sociais», cujo principal desígnio era o de combater a propagação do discurso do ódio e a divulgação de notícias falsas suscetíveis de serem criminalmente puníveis e outros conteúdos ilegais. A lei aplica-se às redes sociais que operam plataformas na Internet destinadas à partilha de conteúdos entre os seus utilizadores e destes com o público em geral e que tenham mais de 2 milhões de utilizadores registados. Estabelece igualmente regras drásticas relativamente aos conteúdos ilícitos, de acordo com o Código Penal, como, entre outros, os que afetam a proteção do Estado Constitucional, a ordem pública, a honra pessoal e a divulgação de cenas de violência, determinando que eles deverão ser removidos das redes sociais ou ver bloqueado o respetivo acesso, imediatamente após a apresentação de uma queixa, em regra num período de 24 horas. Logo após o registo da queixa, o responsável da plataforma verifica se o conteúdo em causa é ilegal e sujeito a remoção ou se o acesso ao conteúdo deverá ser bloqueado. Caso seja manifestamente ilegal e sem necessidade de exame aprofundado, o conteúdo deverá ser removido no prazo de 24 horas, mas os restantes conteúdos ilegais deverão ser removidos ou bloqueados num prazo máximo de sete dias. Se não tratarem de forma eficaz as queixas recebidas ou não eliminarem o conteúdo ilegal, as redes sociais podem ser sancionadas com uma multa cujo montante pode chegar aos 50 milhões de euros[484].

---

[483] Sobre as diversas iniciativas legislativas registadas em diversos países europeus sobre esta matéria, ver ERC, *A desinformação — contexto europeu e nacional,* 2019, p. 19 e seguintes, e João Brant e outros, *Regulação de combate à desinformação,* 2021, Friedrich Ebert Stiftung, São Paulo.

[484] De acordo com o atrás referido «*Internet & Jurisdição, Relatório de status global 2019*», págs. 253 e 270, os Estados têm progressivamente procurado adotar mais soluções para os desafios jurídicos transfronteiriços da Internet, nomeadamente a disparidade das leis

A *Lei do Facebook* impõe ainda às redes sociais o dever de monitorizar mensalmente o procedimento estabelecido, a realização e divulgação no seu próprio sítio na Internet de relatórios semestrais, caso recebam mais de 100 reclamações por ano, e a designação de um representante na Alemanha.

Em França, foi igualmente aprovada legislação visando sancionar a manipulação da informação. A Lei n.º 2018-1202, de 22 de dezembro de 2018, relativa à luta contra a manipulação da informação, aplica-se nos três meses anteriores ao primeiro dia do mês em que se realizem eleições e estabelece que podem ser eliminadas as informações manifestamente falsas ou enganadoras, relativas a factos que possam condicionar as opções eleitorais e que sejam distribuídas de forma automática, maciça e deliberada.

A mesma lei atribui novos poderes ao regulador francês — desde o início de 2022, o *ARCOM* —, que poderá indeferir, suspender ou cancelar a autorização de serviços de televisão de um Estado estrangeiro ou sob a sua influência que participem num processo de desestabilização das instituições nacionais, incluindo a difusão de notícias falsas.

Entre as diferentes iniciativas registadas em outros países europeus relativamente ao combate à desinformação, refira-se a criação na Suécia de uma linha direta para denúncia de páginas falsas no Facebook, também denominada *Facebook Hotline*[485].

A diversidade de iniciativas, bem como de modelos de regulação existentes nos países europeus, tem dificultado uma *visão comum europeia* sobre esta matéria. De facto, uma reformulação do papel do Estado neste domínio implicaria uma reponderação não apenas do conceito de órgão de comunicação social, como do modelo, das fronteiras e da extensão da regulação.

A regulação dos *media* foi concebida numa era ainda pré-digital, para os *media* clássicos, com mercados fechados e limitados a uma dimensão nacional. Hoje, num quadro tecnológico, económico e político em grande medida transnacional, a regulação é obrigada a adequar-se a novos desafios, incorpo-

---

nacionais relativamente a conteúdos ilegais, optando pelas chamadas *«ordens de retirada» (takedown)* e *«manutenção de retirada (staydown)»* pelos tribunais. O alcance dessa jurisdição é outro tema polémico: essa sentença aplica-se apenas em relação a publicações onde o tribunal esteja localizado ou deve ser aplicado de forma mais ampla? Outro mecanismo crescentemente utilizado é a imposição legal de as empresas nomearem um seu representante legal no Estado onde atua.

[485] ERC, *A desinformação — contexto europeu e nacional,* 2019, p. 29.

rando não apenas as regras vigentes para os atores tradicionais, como assumindo alterações que visem responder às questões colocadas pelos novos *media* e pelo carácter transnacional da difusão dos conteúdos.

A nível da União Europeia, constituem hoje diplomas legais relevantes no quadro da regulação dos *media* — e dos novos *media*... — sobretudo a Diretiva sobre Comércio Eletrónico (2000/31/EC, de 8 de junho de 2000) e a Diretiva Serviços de Comunicação Social Audiovisual (2010/13/UE, alterada pela Diretiva (UE)2018/1808), mas igualmente o Regulamento Geral de Proteção de Dados de 2018, a nova Diretiva sobre os Direitos de Autor no Mercado Digital, de março de 2019[486] e a Diretiva sobre a segurança das redes e dos sistemas de informação, adotada em 2016.

A Diretiva sobre Comércio Eletrónico tem como principal desígnio criar um enquadramento legal destinado a assegurar a livre circulação dos serviços da sociedade da informação entre os Estados-Membros. De acordo com as normas mais relevantes no que respeita à eventual remoção de conteúdos ilegais, nomeadamente os artigos 12.º a 15.º, os intermediários técnicos estão isentos de responsabilidade na medida em que não tenham conhecimento da ilegalidade do conteúdo alojado ou transmitido nos serviços que proporcionam, bem como de um dever de monitorização da informação que armazenem ou transmitam[487].

---

[486] Em setembro de 2021, o Governo aprovou a proposta de lei n.º 114/XIV/3.ª, que visa transpor para a ordem jurídica nacional esta Diretiva europeia, alterando nomeadamente o Código do Direito de Autor e dos Direitos Conexos, mas a interrupção da legislatura e a marcação de eleições legislativas atrasaria a transposição, pelo menos, para meados de 2022.

[487] A Diretiva distingue entre atividades de simples transporte (serviço de acesso à rede ou de transmissão de informação, que abrange a armazenagem temporária que sirva para assegurar a transmissão), atividades de armazenagem temporária (*caching*) e atividades de armazenagem em servidor (*hosting service*).

Nas atividades de simples transporte, os respetivos operadores não são responsáveis se a) não estiverem na origem da informação transmitida, b) não selecionarem o destinatário da transmissão e c) não selecionarem ou modificarem as informações transmitidas. Nas atividades de armazenagem temporária, os operadores não são responsáveis se a) não modificarem a informação, b) respeitarem as condições de acesso à informação, c) respeitarem as regras relativas à atualização da informação, d) não interferirem com a utilização legítima da tecnologia, e e) atuarem com diligência para remover ou impossibilitar o acesso à informação que armazenou. Nas atividades de armazenagem em servidor, os respetivos operadores não são responsáveis se a) não tiverem conheci-

Este regime tem sido justificado pela intenção de favorecer a proliferação dos serviços em linha e a sua livre circulação. Responsabilizá-los por um conteúdo para cuja difusão se limitou a ter um desempenho meramente técnico seria, de acordo com os defensores deste modelo, injustificado, porque os intermediários técnicos não têm um controlo ativo sobre o conteúdo, e prejudicial, porque esses intermediários, preocupados em evitar qualquer responsabilidade pela difusão desses conteúdos, poderiam ser induzidos a suprimirem, sistematicamente e à mínima dúvida, qualquer conteúdo que lhes tivesse sido assinalado[488].

No que respeita à regulação dos conteúdos dos novos *media* ou daqueles que tenham sido emitidos através das redes sociais, as normas estabelecidas pela Diretiva suscitam duas questões que podem limitar o combate contra a desinformação ou outros conteúdos que ultrapassem os limites à liberdade de expressão: por um lado, no caso dos países europeus — a maioria — em que não exista um regulador único para a comunicação social e as comunicações eletrónicas, a atribuição a este último regulador de competências para uma eventual obrigação de remoção desses conteúdos[489]; por outro, a isenção de responsabilidade nesse domínio que prevalece em relação aos referidos intermediários técnicos. Nesta matéria, no âmbito da reflexão em torno da versão final do *Digital Services Act*, estará a ponderação sobre a definição mais precisa da eventual responsabilização dos *plataformistas*, quando

mento efetivo da atividade ou informação ilegal, e b) atuarem com diligência a partir do momento em que tenham conhecimento da ilicitude (manifesta) no sentido de retirar ou impossibilitar o acesso às informações.

488 Francis Donnat, *Droit européen de l'internet*, LGDJ, 2018, p. 188.

489 Curiosamente, conquanto não haja notícia de uma intervenção do regulador neste domínio, os Estatutos da ERC atribuem a esta entidade a competência para «*restringir a circulação de serviços da sociedade da informação que contenham conteúdos submetidos a tratamento editorial e que lesem ou ameacem gravemente qualquer dos valores previstos no n.º 1 do artigo 7.º do Decreto-Lei n.º 7/2004, de 7 de Janeiro [sem prejuízo da competência do ICP-ANACOM em matéria de comunicações electrónicas de natureza privada, comercial ou publicitária]*. Os valores referidos naquela norma são *a) A dignidade humana ou a ordem pública, incluindo a protecção de menores e a repressão do incitamento ao ódio fundado na raça, no sexo, na religião ou na nacionalidade, nomeadamente por razões de prevenção ou repressão de crimes ou de ilícitos de mera ordenação social; b) A saúde pública; c) A segurança pública, nomeadamente na vertente da segurança e defesa nacionais; d) Os consumidores, incluindo os investidores*».

estes não criem um quadro de segurança que impeça ou minimize os danos causados pelos conteúdos cuja difusão favorecem.

A Diretiva dos Serviços de Comunicação Social Audiovisual visa sobretudo coordenar as disposições legislativas, regulamentares e administrativas dos Estados-Membros respeitantes a alguns aspectos da oferta de serviços de comunicação social audiovisual e igualmente, depois da revisão de 2018, dos serviços de plataforma de partilha de vídeos e dos vídeos gerados pelos utilizadores. Também relativamente a esta diretiva mantêm-se questões polémicas relativas ao combate contra a desinformação ou os conteúdos ilegais. Por um lado, apesar da sua extensão a serviços não lineares, não se aplica aos novos *media* ou aos serviços de redes sociais que não consistam em plataformas de partilha de vídeos ou que não tenham o fornecimento de programas ou a partilha de vídeos como uma das suas funcionalidades essenciais. Além disso, o artigo 3.º da Diretiva estabelece a liberdade de receção e retransmissão, prevendo, no entanto, a derrogação deste princípio, consoante estejam em causa, respetivamente, e por um lado, condutas de incitamento à violência ou ódio, ou ofensivas da proteção devida a menores, ou atentados à saúde pública, ou, por outro lado, o incitamento a infrações terroristas ou atentados à segurança pública e, neste caso, consoante se registe ou não uma situação de urgência[490].

Um terceiro aspecto que merece destaque consiste na reafirmação do princípio do país de origem, considerado no preâmbulo da Diretiva (considerando 33) essencial para a criação de um mercado interno. Estabelece-se que este princípio deverá ser aplicado a todos os serviços de comunicação social audiovisual, *«a fim de garantir segurança jurídica aos fornecedores de serviços de comunicação social como base necessária para novos modelos de negócio e para oferta desses serviços»*, bem como para *«garantir a livre circulação da informação e de programas audiovisuais no mercado interno»*. *«A obrigação do Estado-Membro de origem de se assegurar de que as emissões são conformes com a legislação nacional»* (...), *«é suficiente, no que diz respeito ao direito da União, para garantir a livre circulação das emissões, sem que seja necessário um segundo controlo pelos mesmos motivos nos Estados-Membros receptores. No entanto, o Estado — Membro receptor pode, a título excepcional e em condições específicas, suspender provisoriamente a retransmissão de emissões televisivas»*.

[490] Artigo 3.º, n.os 2, 3 e 5, da Diretiva.

A regulação mereceu aliás particular destaque na revisão da Diretiva concluída em 2018. Depois da criação do ERGA — *European Regulators Group for Audiovisual Media Services* —, por decisão da Comissão Europeia, em fevereiro de 2014, é a própria Diretiva que estipula agora que cada Estado-Membro designará *«uma ou mais autoridades ou entidades reguladoras»*, devendo assegurar que elas *«sejam juridicamente distintas do governo e funcionalmente independentes dos respetivos governos e de outras entidades públicas ou privadas»*[491]. A mesma Diretiva abre o caminho para a diversidade de modelos, relativamente ao âmbito da sua atividade, ao referir, no mesmo artigo, que *«tal não prejudica a possibilidade de os Estados-Membros criarem reguladores responsáveis pela supervisão de diferentes sectores»*[492].

Além da relevante legitimação que representa a consagração europeia da existência de uma entidade reguladora em cada Estado-Membro, e do seu importante papel, a Diretiva estabelece ainda que elas devem exercer *«os seus poderes de forma imparcial e transparente, em conformidade com os objetivos da presente diretiva, nomeadamente em termos de pluralismo dos meios de comunicação social, diversidade cultural e linguística, defesa dos consumidores, acessibilidade, não discriminação, bom funcionamento do mercado interno e promoção de uma concorrência leal»*. Por outro lado, ao ERGA foram agora atribuídas relevantes funções, como as de assessorar a Comissão na aplicação da Diretiva em todos os Estados-Membros, assegurar uma aplicação coerente do regime regulamentar aplicável ao audiovisual em todos os Estados-Membros e facilitar a cooperação entre as autoridades ou entidades reguladoras e entre estas e a Comissão.

A relevância do papel do ERGA desde a sua criação, que conduziu ao seu *reconhecimento formal* em 2018, traduz-se também no facto de se prever que *«a pedido da Comissão, o ERGA deverá emitir pareceres não vinculativos em matéria de jurisdição, de medidas derrogatórias do princípio da liberdade de receção e de medidas que visem contornar a jurisdição»*. O ERGA, ainda de acordo com o ponto 58 do preâmbulo, *«deverá também estar habilitado a prestar aconselhamento técnico sobre todas as questões regulamentares relativas ao regime aplicável aos serviços de comunicação social audiovisual, nomeadamente em matéria de incitamento ao ódio e de proteção dos menores, e de conteúdos de comunicações audiovisuais comerciais relativas a alimentos com elevado teor de gordura, sal ou sódio e açúcares»*.

---

[491] Artigo 30.º, n.º 1, da Diretiva.

[492] Artigo 30.º, n.º 2, da Diretiva.

### 6.2.3.2 Os novos desafios institucionais e legais

A atual reflexão em torno do *Digital Services Act* ou *Regulamento Serviços Digitais*, em preparação no quadro da União Europeia, conduziu a uma inevitável reponderação do quadro institucional e jurídico a aplicar aos novos *media* e às redes sociais[493].

Estarão em causa, sobretudo, dois temas: o novo âmbito da regulação, com a consequente adequação do seu modelo institucional às suas novas fronteiras e a questão da identificação do regulador responsável pelo sancionamento dos conteúdos ilícitos, obrigando a uma ponderação sobre o atual princípio do país de origem.

Como atrás se referiu, depois da revisão de 2018, a Diretiva dos Serviços de Comunicação Social Audiovisual passou a coordenar não apenas as disposições legislativas, regulamentares e administrativas dos Estados-Membros respeitantes à oferta de serviços de comunicação social audiovisual, como igualmente dos serviços de plataforma de partilha de vídeos e dos vídeos

---

[493] Reafirmando os princípios estabelecidos na Diretiva sobre o Comércio Eletrónico, esta proposta de Regulamento do Parlamento Europeu e do Conselho relativo a um mercado único de serviços digitais (Regulamento Serviços Digitais), que também altera a Diretiva 2000/31/CE, como se refere no seu preâmbulo, *«procura assegurar as melhores condições para que a prestação de serviços digitais inovadores no mercado interno, contribuir para a segurança em linha e para a proteção dos direitos fundamentais e criar uma estrutura de governação sólida e duradoura para a supervisão dos serviços intermediários»*. A proposta, ainda de acordo com o preâmbulo, *«define claramente as responsabilidades e a responsabilização dos prestadores de serviços intermediários, em particular das plataformas em linha, como as redes sociais e os mercados. Ao estabelecer obrigações claras de devida diligência para determinados serviços intermediários, incluindo procedimentos de notificação e ação para conteúdos ilegais e a possibilidade de contestar as decisões de moderação de conteúdos das plataformas, a proposta procura melhorar a segurança dos utilizadores em linha em toda a União e melhorar a proteção dos seus direitos fundamentais»*. São abrangidas por esta proposta de regulamento, nomeadamente, os motores de busca, os serviços de redes sociais, serviços de mensagens, sistemas operativos e serviços de intermediação em linha, desde que tenham um amplo número de utilizadores em vários países da União Europeia. Para serem abrangidas, essas empresas deverão, nos últimos 3 anos, ter um volume de negócios anual igual ou superior a 6,5 mil milhões de euros, prestar um serviço de plataforma principal em pelo menos 3 Estados-membros e ter uma média mensal superior a 45 milhões de utilizadores finais e mais de 10 mil utilizadores empresariais. Competirá à Comissão Europeia a aplicação deste Regulamento.

gerados pelos utilizadores. Desta forma, apesar da sua extensão, a Diretiva em vigor não se aplica aos novos *media* que não consistam em plataformas de partilha de vídeos ou que não tenham o fornecimento de programas ou a partilha de vídeos como uma das suas funcionalidades essenciais. O facto de se cingir a conteúdos audiovisuais tem sido, assim, uma das suas características essenciais.

A evolução tecnológica e das formas de consumo, e especialmente as mudanças nos tipos de conteúdo consumido pelos utilizadores, em especial nos últimos anos, obrigam a uma nova ponderação sobre se permanece adequada a distinção entre o audiovisual e outras formas de conteúdo na regulamentação a aprovar no quadro do projetado *Digital Services Act.*

Embora algumas plataformas se especializem em divulgar tipos específicos de conteúdo, como audiovisual, texto, imagem ou conteúdos de áudio, a verdade é que, em regra, se têm esbatido as fronteiras entre esses diversos tipos. E mesmo quando as plataformas conferem prioridade, por exemplo, a conteúdos audiovisuais, como acontece, por exemplo, com o YouTube, outras formas de conteúdo ou funcionalidades que, entre outras, permitam comentários, constituem também elementos determinantes e inseparáveis da oferta dessa plataforma. Tornar-se-á assim inevitável considerar a regulamentação dos conteúdos online como neutra, em relação à forma como os conteúdos são disseminados, tanto mais que essa eventual diferenciação é pouco relevante para o público consumidor. Além disso, a generalidade desses serviços está em concorrência direta entre si e com os *media* audiovisuais pelos mesmos públicos, pelo mesmo mercado publicitário, e dispõe de idêntica possibilidade de influenciar a opinião pública.

O alargamento das atribuições e competências dos reguladores do sector audiovisual ou dos *media* de forma a abranger também a generalidade das plataformas de conteúdos teria ainda outras vantagens, como uma maior coerência na regulamentação dos *media* em todas as plataformas e serviços e em todas as áreas de regulação dos conteúdos, bem como na aplicação das normas e regras regulatórias e na forma como os utilizadores entendem essa nova realidade[494].

[494] ERGA 2020, Subgroup 1, Draft Version.

O previsível alargamento das fronteiras da regulação, de forma a abranger a generalidade das plataformas de conteúdos, acarreta outras questões de alguma complexidade.

A primeira reside no modelo de regulação para os novos *media* e para as outras plataformas como as redes sociais.

Em maio de 2019, foi entregue ao governo francês um relatório elaborado por um grupo de trabalho sobre a regulação das redes sociais, tendo em vista eventuais alterações ao seu enquadramento jurídico[495]. Na parte conclusiva desse estudo, eram apresentadas diversas propostas, entre as quais as relativas ao papel relevante que deveria ter uma *autoridade administrativa independente*, incumbida de assegurar as obrigações de transparência das funções de ordenação e de moderação dos conteúdos das redes sociais, com poderes de acesso à informação detida pelas plataformas e aos algoritmos e com competências no domínio sancionatório. Na sequência desta reflexão, foi encetado um processo legislativo conducente à fusão entre o CSA e o Hadopi (regulador francês relativo aos direitos de autor), dando lugar à criação de uma Autoridade Reguladora para a comunicação audiovisual e digital (ARCOM — *Autorité de Régulation de la Communication Audiovisuelle et Numérique)*, cuja entrada em funções se concretizaria no início de 2022.

A segunda terá que ver com o âmbito de um eventual regulador onde se integre a regulação dos novos *media* e de outras plataformas. No quadro europeu, existem atualmente três modelos: os reguladores que têm como escopo da sua atividade apenas os meios audiovisuais ou, incluindo também a imprensa, o conjunto dos *media*; aqueles que associam a regulação do sector audiovisual ou dos *media* à que abrange igualmente as comunicações eletrónicas e os serviços postais, e que podem ser classificados como *reguladores convergentes*; e, em terceiro lugar, o modelo multissectorial[496].

---

495 «*Créer un cadre français de responsabilisation des réseaux sociaux: agir en France avec une ambition européenne*» — Rapport de le mission «*Régulation des réseaux sociaux — Éxpérimentation Facebook*».

496 De acordo com Adriana Mutu, *The Formal Independence of National Media Regulatory Authorities: a Cross-Country Comparative Study*, Tesis Doctoral, Universidad Autónoma de Barcelona, 2015, p. 100, os reguladores cingidos aos *media* existem numa clara maioria de países europeus: Albânia, Alemanha, Arménia, Azerbaijão, Bielorrússia, Bélgica, Bulgária, Chipre, Croácia, Dinamarca, Eslováquia, Estónia, França, Geórgia, Grécia, Irlanda, Islândia, Kosovo, Liechtenstein, Lituânia, Letónia, Luxemburgo, Macedónia, Moldávia, Montenegro, Malta, Noruega, Países Baixos, Polónia, Portugal, República

Esta dualidade no quadro europeu entre a regulação cingida aos *media* e a regulação num quadro de convergência dos *media* com as comunicações eletrónicas — o modelo multissetorial existe apenas em dois países — impõe uma primeira opção. Deverá o alargamento do âmbito da regulação aos novos *media* e a plataformas como as redes sociais ser articulado com a mudança para uma regulação convergente? Como atrás se referiu, no atual quadro jurídico, impõe-se uma articulação entre as duas experiências regulatórias, mas isso não significará necessariamente que na generalidade dos países europeus em que existem regulações separadas para os *media* e para as comunicações eletrónicas o alargamento da regulação dos novos *media* imponha também uma fusão entre esses reguladores.

Em Portugal, a fusão entre as regulações dos *media* e das comunicações eletrónicas colocou-se em várias ocasiões, como atrás se referiu, mas nunca seria concretizada, podendo ser aduzidas diversas razões.

Uma delas é o facto de a existência e as atribuições e competências da ERC terem sido constitucionalmente consagradas, estando a norma que as reconhece — o artigo 39.º — integrada no título II relativo a direitos, liberdades e garantias.

Acresce que, se é verdade que a ERC tem algumas funções assimiláveis a um regulador económico, como as matérias relativas à liberdade de iniciativa económica privada e à concentração da propriedade, ela abrange bem mais do que isso, uma vez que *«lida diariamente com a liberdade de expressão, com o direito de informar, a liberdade de imprensa, o direito à reserva da intimidade da vida privada, ao bom nome, à imagem, à palavra, muitas vezes em situações que colocam em causa a própria dignidade da pessoas humana»*[497]. Além disso, enquanto a prática de um regulador sectorial clássico envolve uma posição de vértice num triângulo onde estão igualmente os operadores e os consumidores, a regulação dos *media* implica *«uma geometria mais complexa»*[498], que envolverá também os regulados; o público consumidor da comunicação social, e desde logo, os

Checa, Roménia, Sérvia, Suécia, Turquia e Ucrânia. Reguladores convergentes existem em Andorra, Áustria, Bósnia-Herzegovina, Gibraltar, Hungria, Finlândia, Ilha de Man, Itália, Reino Unido e Suíça. Eslovénia e Espanha são os únicos exemplos de reguladores multissectoriais.

[497] ERC, 2015 *Novos Media — Sobre a redefinição da noção de órgão de comunicação social*, ERC, 2015, p. 12.

[498] *Idem.*

públicos mais sensíveis; os visados pelos conteúdos veiculados pelos órgãos de comunicação social, cujos direitos de personalidade podem entrar em conflito com o exercício da liberdade de expressão; o Estado e as instituições públicas, numa tripla condição de produtores de conteúdos, anunciantes e potenciais fontes de condicionamento à liberdade de expressão pelos *media*; as fontes da atividade informativa e, ainda que indiretamente, os próprios jornalistas, dado que estão integrados num órgão de comunicação em cuja atividade têm uma influência evidente[499].

Regressando à questão do alargamento das fronteiras da regulação, refira-se que a terceira razão decorre do carácter eminentemente supranacional da difusão das redes sociais e de muitos dos novos *media*.

Essa característica imporia não apenas um reforço da cooperação transfronteiriça no quadro europeu, como um esforço adicional de harmonização no quadro jurídico aplicável, nomeadamente das regras de moderação nas plataformas de conteúdos nocivos ou ilegais, sem prejuízo da competência dos Estados-Membros para estabelecer limites apropriados à liberdade de expressão. De acordo com um documento preparatório do ERGA, um alinhamento gradual das práticas existentes nos diferentes países aumentaria a eficácia do combate aos conteúdos ilegais online.

A quarta questão reside, como atrás se referiu, na eventual reponderação do princípio do país de origem.

De acordo com esse princípio, uma das regras fundamentais, quer da Diretiva do Comércio Eletrónico, quer da Diretiva dos Serviços de Comunicação Social Audiovisual, os serviços digitais estão vinculados às regras do país em que estão estabelecidos. Desta forma, os Estados-Membros não poderão, em regra, restringir a liberdade dos serviços da sociedade de informação estabelecidos noutro Estado-Membro. Este princípio, considerado uma pedra angular na regulamentação dos conteúdos na União Europeia, deverá ser reavaliado face à especificidade das redes sociais e dos novos *media*. A circunstância de a sua atividade não poder ser confinada a um único Estado ou mesmo a um continente constitui desde logo a primeira dificuldade. A definição do que é ou não ilícito pode, em muitas situações, variar consoante as especificidades culturais, históricas e legislativas dos diferentes países, mesmo num quadro como o europeu.

---

[499] *Idem.*

Neste contexto, a adoção de um modelo de regulação idêntico ao atual quadro europeu regulamentar do audiovisual, edificado em torno do *princípio do país de origem*, é questionável, tanto mais que colocaria toda a responsabilidade de eventuais intervenções sancionatórias no país onde se localizasse a sede da empresa da plataforma de rede social, benefício que poderia moderar indesejavelmente o seu ímpeto regulador[500]. A responsabilização das plataformas face ao país de destino obrigá-la-ia, pelo contrário, a uma permanente e mais cuidada avaliação dos conteúdos divulgados. Porém, o abandono dessa regra limitaria a coerência e a uniformidade das medidas a aplicar no quadro europeu.

Por outro lado, ao invés dos *media* tradicionais, não são as redes sociais que formulam e selecionam cada conteúdo difundido pelos seus serviços, pelo que o seu papel poderá ser apenas o de atuar posteriormente à publicação para retirar esse conteúdo, após uma intervenção das autoridades ou mesmo um aviso ou notificação dos utilizadores.

### 6.2.3.3 A regulação dos novos *media* em Portugal

Em agosto de 2015, o Conselho Regulador da ERC, na sequência do trabalho realizado durante alguns meses por uma equipa interna do regulador, culminado com uma consulta pública, aprovou um estudo, intitulado «*Novos Media — sobre a redefinição da noção de órgão de comunicação social*»[501]. Além da intenção de redefinir o conceito de órgão de comunicação social, ultrapassando desde logo a inexistência de uma norma que o defina com precisão, pretendia-se sobretudo estabelecer quais os conteúdos que deveriam estar sujeitos a regulação e discutir não apenas em que medida o quadro legal existente permitia o apropriado enquadramento destes novos *media*, como igualmente identificar pontos carecidos de alteração legislativa.

A redefinição da noção de órgão de comunicação social implicaria necessariamente uma reformulação dos próprios estatutos da ERC. Com efeito,

---

[500] No relatório «*Créer un cadre français de reponsabilité des réseaux sociaux: agir en France avec une ambition européene*» preconiza-se a adoção do princípio do país de destino, com a revogação da regra do país de origem.

[501] Deliberação n.º 202/2015, aprovada em 12 de agosto de 2015.

na legislação portuguesa dos *media*, como se referiu no Capítulo 3, o artigo 6.º desses estatutos é a única norma que contribui para essa definição de forma mais transversal ao conjunto dos *media*[502]. De acordo com esse preceito, fazem parte desse universo, além dos órgãos e meios clássicos — agências noticiosas, publicações periódicas, operadores de rádio e de televisão —, também as pessoas singulares ou coletivas que editem publicações periódicas, *independentemente do suporte de distribuição que utilizem*, os operadores de rádio e de televisão que difundam serviços de programas por qualquer meio, *incluindo via eletrónica, as pessoas singulares ou coletivas que disponibilizem ao público, através de redes de comunicações eletrónicas, serviços de programas de rádio ou de televisão, na medida em que lhes caiba decidir sobre a sua seleção ou agregação* e *as pessoas singulares ou coletivas que disponibilizem regularmente ao público, através de redes de comunicações eletrónicas, conteúdos submetidos a tratamento editorial* e *organizados como um todo coerente.*

Apesar dos desafios colocados pela evolução tecnológica, pela crescente diversidade das plataformas disponíveis, bem como pela evolução da oferta de conteúdos e das suas formas de consumo, aparentemente, esta norma dos estatutos do regulador preenche as características essenciais: são reguláveis todos os conteúdos oferecidos com regularidade ao público e que estejam sujeitos a tratamento editorial e organizados como um todo coerente. Todavia, o alargamento do conceito de *media*, consagrado no referido artigo 6.º dos Estatutos da ERC, apenas responde parcialmente a esta atualização, dado que na generalidade da legislação da comunicação social não foram ainda previstas normas que concretizem e estabeleçam uma efetiva regulação para os conteúdos com essas características.

Na sua reflexão sobre o conceito de *novos media*, a ERC assinalava igualmente os critérios não determinantes e os critérios determinantes para estabelecer uma fronteira entre a atividade de comunicação social ou outra atividade, como os espaços pessoais de livre expressão dos seus autores.

Tendo como referência a Recomendação (2011)7 do Conselho da Europa, a ERC propunha que fossem considerados não determinantes o suporte de

---

[502] Sublinhe-se, no entanto, que o artigo 6.º dos Estatutos da ERC é transcrito no artigo 2.º da Lei n.º 78/2015, de 29 de julho, que *regula a promoção da transparência da titularidade, da gestão e dos meios de financiamento das entidades que prosseguem atividades de comunicação social*, estabelecendo que esta lei se aplica a todas as entidades identificadas na referida norma.

difusão (papel, rádio, TV, Internet ou aplicação móvel), o formato dos conteúdos (vídeo, texto com vídeo, áudio, só texto, fotografia e texto, etc.) e os meios tecnológicos utilizados na produção e distribuição dos conteúdos. Pelo contrário, eram considerados determinantes o desejo de participação no espaço público para atingir uma vasta audiência, a existência de tratamento editorial e a organização dos conteúdos produzidos como um todo coerente, a intenção de atuar como *media*, a vontade de que o conteúdo produzido tenha uma dimensão de comunicação de massa, o respeito pelos deveres ético-legais aplicáveis à atividade jornalística, bem como o facto de ser um serviço com contrapartidas económicas, de estar sob jurisdição portuguesa e de ter continuidade[503].

Além de propor, na esteira da referida recomendação do Conselho da Europa e da própria Diretiva Serviços de Comunicação Social Audiovisual (considerando 58), uma diferenciação entre a regulação clássica e uma regulação *light*, que abrangeria os órgãos de comunicação social de natureza não informativa, não lineares e em plataforma aberta, sujeitos a uma regulação de índole mais pedagógica e modeladora, a ERC apresentava um conjunto de propostas de alteração da legislação em vigor.

Em primeiro lugar, sobre os registos dos órgãos de comunicação social, cuja competência cabia desde 2009 à ERC, de forma a enquadrar o reconhecimento dos novos *media*.

[503] *Idem*, página 61 e seguintes. Não fica, todavia, claro, no elenco de características indissociáveis do conceito de órgão de comunicação social, quais são as consideradas essenciais ou imprescindíveis e quais seriam as dispensáveis ou menos relevantes nessa classificação. Aparentemente, a evidente intenção de jornalistas de participar no espaço público deveria obrigá-los ao estrito cumprimento das regras e critérios jornalísticos, que obrigatoriamente integram a atividade de um órgão de comunicação social. E inversamente, a intenção de pessoas não vinculadas aos deveres jornalísticos intervirem regularmente no espaço público através de um serviço organizado de produção ou agregação lícita de conteúdos não as poderá desobrigar de cumprir, tratando-se de matéria informativa, requisitos mínimos próprios de um órgão de comunicação social tradicional (p. ex, em matéria de registo, de transparência da propriedade, de definição de objetivos e de respeito pela boa-fé do público, de salvaguarda de princípios constitucionais elementares e de direitos fundamentais, como o direito de resposta, ou mesmo de identificar as fontes da informação veiculada, tratar a informação com honestidade ou separar os factos da opinião).

Em segundo lugar, relativamente à classificação dos órgãos de comunicação social. Propunha então o regulador que existissem os seguintes meios: imprensa; rádio, englobando a rádio clássica e a rádio exclusivamente online; audiovisual, integrando a televisão e os serviços de comunicação social a pedido; e os meios multimédia, abrangendo os sítios informativos submetidos a tratamento editorial. Estas mudanças na classificação dos órgãos de comunicação social teriam consequências no montante das taxas de regulação auferidas pela ERC.

Em terceiro lugar, a ERC propunha a criação de um *selo identificativo*, a atribuir aos novos *media* com conteúdos submetidos a tratamento editorial que não fossem publicações periódicas, de forma que o público os pudesse identificar como uma fonte de conhecimento diferenciada[504].

As propostas apresentadas pela ERC não suscitariam qualquer iniciativa, quer do Governo, quer da Assembleia da República. Face à inexistência de qualquer alteração à legislação, o regulador voltaria a pronunciar-se sobre esta temática em abril de 2019, centrando agora a sua reflexão sobre o fenómeno da desinformação.

Neste documento — *A Desinformação — Contexto Europeu e Nacional*, sublinhava-se que *«no quadro nacional, subsistem algumas dificuldades de intervenção da ERC no domínio da Internet, uma vez que os seus Estatutos não contemplam uma competência específica sobre a publicação de conteúdos em plataformas de difusão e nas redes sociais, pelo que as intervenções já existentes têm sido casuísticas e cautelosas»*[505].

---

[504] *Novos Media — Sobre a redefinição da noção de órgão de comunicação social*, ERC, 2015, p. 83.

[505] página 30. Um dos casos mais sugestivos dessa postura do regulador ocorreu em 2017 (ERC/2017/254/OUT-NET) a propósito de uma participação contra uma página de Facebook, intitulada *Notícias de Seia*, que partilhava informação publicada em vários órgãos de comunicação social, funcionando sobretudo como um agregador de notícias sobre aquela cidade do distrito da Guarda. No entanto, não se tratava formalmente de uma página oficial de um órgão de comunicação social, mas antes de uma página pessoal naquela rede social, o que poderia conduzir à conclusão de que a ERC não teria competência para se pronunciar sobre a sua atuação e os seus conteúdos.

Na extensa deliberação que elaborou sobre este caso, o regulador definia o Facebook como *«uma rede social pertencente ao leque de plataformas de contacto e de interação entre utilizadores registados disponíveis na internet»*, o que a afastava dos critérios e exigências que impendem sobre a produção e a publicação de conteúdos nas plataformas formais dos órgãos de comunicação social. Nestas, os conteúdos disponibilizados regularmente aos

Depois de refletir sobre o âmbito subjetivo de intervenção da ERC estabelecido no artigo 6.º dos seus Estatutos, ao qual estaria subjacente a intenção de alargar a intervenção da ERC a todas as novas realidades suscetíveis de configurarem um órgão de comunicação social, o regulador recordava que, não existindo legislação que regule a atividade desses novos serviços, o recurso à aplicação analógica, pela ERC, dos diplomas sectoriais tradicionais — Lei de Imprensa, Lei da Rádio e Lei da Televisão e dos Serviços Audiovisuais a Pedido — sempre se confrontaria com a ausência de *«meios adequados para uma intervenção célere na defesa do cidadão, sobretudo no que respeita aos seus poderes sancionatórios que dependem de previsão expressa»*[506].

Uma outra questão suscitada pelo regulador seria a da eventual necessidade de delimitar de forma mais precisa o conceito de órgão de comunicação social, para a qual proporia, *«a título de exemplo, a criação de uma categoria adicional para meios multimédia, que abrangeria os* media-like *ou sítios informativos submetidos a tratamento editorial, e que asseguraria a possibilidade de intervenção*

públicos são sujeitos a tratamento editorial e organizados num todo coerente, independentemente do suporte de distribuição utilizado. Não obstante, prosseguia a deliberação, *«tal não impede que um órgão de comunicação social possa manter uma página no Facebook, com vista a promover por uma via adicional os conteúdos que produz e estabelecendo um outro canal de contacto com os leitores/utilizadores»*.

Na parte conclusiva da deliberação, sublinhava-se que o *Notícias de Seia «se apresenta ao público, formal e materialmente, como um órgão de comunicação social de natureza informativa»*, resultando essa aparência *«da afirmação expressa desse propósito, dos conteúdos analisados e da perceção que um leitor médio terá dos conteúdos efetivamente publicados, todos sujeitos a tratamento editorial, quer os por republicação de conteúdos alheios quer pela publicação de conteúdos próprios»*. A deliberação considerava ainda que *«os argumentos que eventualmente afastariam a jurisdição portuguesa, ou a competência da ERC, para além de improcedentes, seriam de natureza formal, visando, na pior das hipóteses, uma fraude à Lei, nos seus propósitos de garantir e assegurar um espaço público livre de exercício da liberdade de imprensa, liberdade de expressão, confronto de opiniões e autodeterminação individual»*.

O Conselho Regulador entenderia, no entanto, que *«a novidade da plataforma utilizada recomenda uma atuação reguladora faseada, alertando de imediato para o enquadramento jurídico, conformando a atividade, para só numa fase posterior se debruçar sobre os conteúdos publicados e o respeito material destes pelos princípios e normas da atividade»*. Desta forma, a ERC limitou-se a alertar o Notícias de Seia para a necessidade de se registar como órgão de comunicação social.

[506] ERC, *A Desinformação — Contexto Europeu e Nacional*, abril de 2019, p. 31.

*do regulador em áreas que atualmente não se enquadram de forma inequívoca no seu âmbito de intervenção»*[507].

No mesmo documento, o Conselho Regulador da ERC colocava ainda a pertinente questão de saber se deve ou não competir a um regulador da comunicação social a regulação *«de conteúdos que não provêm de um órgão de comunicação social, mas antes de sítios que, sem o serem, se assemelham a órgãos de comunicação social, de redes sociais, de aplicações de comunicação para difusão de mensagens, entre outros»*[508].

*«Em algumas circunstâncias»*, ainda de acordo com o regulador, *«o tratamento destas realidades online apenas poderá ocorrer ao abrigo da Lei do Comércio Eletrónico»*[509], que estabelece o regime aplicável aos serviços da sociedade de informação. Este decreto-lei instituiu uma autoridade de supervisão central — a ANACOM — com competências, na ausência da sua atribuição a uma autoridade sectorial, para determinar a responsabilidade, para além dos intermediários, dos prestadores de serviços da sociedade da informação, considerados *«qualquer serviço prestado à distância por via eletrónica, mediante remuneração ou pelo menos no âmbito de uma atividade económica na sequência de pedido individual do destinatário»*[510].

De acordo com o artigo 13.º deste diploma, os prestadores intermediários de serviços têm não só a obrigação de *«informar de imediato quando tiverem conhecimento de atividades ilícitas que se desenvolvam por via dos serviços que prestam»*, como igualmente *«o dever de cumprir prontamente as determinações destina-*

---

[507] *Idem*, p. 31.

[508] *Idem*, p. 32. Uma das objeções levantadas pelo regulador a essa hipótese teria que ver com a (in)capacidade de resolução de situações que exigem uma intervenção rápida, visto a ERC ser uma entidade administrativa configurada para assegurar, através de procedimentos específicos e não raras vezes morosos, todas as garantias de defesa em matéria de restrições a direitos fundamentais — e que sempre dependeria de terceiras entidades para fazer executar as suas decisões. O que, de novo, exigiria uma intervenção legislativa mais focada e eficaz.

[509] Decreto-Lei n.º 7/2004, de 7 de janeiro, alterado pelo Decreto-Lei n.º 62/2009, de 10 de março, e pela Lei n.º 46/2012, de 29 de agosto.

[510] Artigo 3.º, n.º 1, do Decreto-Lei n.º 7/2004, de 7 de janeiro. De acordo com o n.º 5 do artigo 4.º do mesmo diploma, «prestadores intermediários de serviços em rede são os que prestam serviços técnicos para o acesso, disponibilização e utilização de informações ou serviços em linha independentes da geração da própria informação ou serviço».

*das a prevenir ou pôr termo a uma infração, nomeadamente no sentido de remover ou impossibilitar o acesso a uma informação».*

Poderá concluir-se que os referidos diplomas preveem já uma intervenção regulatória aparentemente expedita contra conteúdos ilegais online, embora não abranja as emissões de rádio e de televisão, expressamente excluídas do seu âmbito de aplicação, e deixe no limbo o tratamento a conceder aos restantes conteúdos veiculados por órgãos de comunicação social (incluindo a imprensa online).

Deve salientar-se que os Estatutos da ERC atribuem a este regulador, na alínea ae) do n.º 3 do artigo 24.º, a competência de *«Restringir a circulação de serviços da sociedade da informação que contenham conteúdos submetidos a tratamento editorial que lesem ou ameacem gravemente qualquer dos valores previstos no n.º1 do artigo 7.º do Decreto-Lei n.º 7/2004, de 7 de janeiro»* — entre outros, a dignidade humana ou a ordem pública, incluindo a repressão do incitamento ao ódio fundado na raça, no sexo, na religião ou na nacionalidade e a segurança pública. No entanto, de acordo com o regulador, a interpretação da norma não é isenta de dúvidas, uma vez que pode ser entendida como limitando essa atuação aos serviços da sociedade da informação que sejam provenientes de outro Estado-Membro ou de um Estado terceiro à União, pois são essas as circunstâncias da sua aplicação no decreto-lei em questão, acrescentando que, *«a reforçar essa ideia, o único processo legalmente previsto para restringir tais serviços é aquele que está contemplado no n.º 2 do mesmo artigo, que se aplica apenas aos serviços provindos do exterior»*.[511]

Mesmo que se entenda que a remissão da alínea ae) do n.º 3 do artigo 24.º dos Estatutos da ERC para os valores referidos no n.º 1 do artigo 7.º do Decreto-Lei n.º 7/2004, de 7 de janeiro, é de natureza material e não procedimental, pretendendo fazer intervir, como autoridade sectorialmente competente, o regulador com *expertise* na regulação de conteúdos submetidos a tratamento editorial, de modo a defender eficazmente a dignidade da pessoa humana ou a ordem pública, em qualquer situação, incluindo *intra muros*, de ameaças graves à sua violação, recorrendo ao processo de notificação dos intermediários previsto no artigo 13.º para a sua remoção — e não especificamente perante as ameaças externas e de acordo com o procedimento pre-

[511] ERC, *A Desinformação — Contexto Europeu e Nacional*, abril de 2019, p. 33.

visto naquele artigo 7.º —, parece evidente a necessidade urgente de uma revisão legislativa esclarecedora.

A clara inadequação da legislação portuguesa da comunicação social em vigor face ao fenómeno dos *novos media* impôs ao regulador outra questão dilemática. Mesmo tendo em conta a desatualização da legislação e reconhecendo que, em alguns casos, são ténues as linhas de fronteira sobre o que pode (ou deve ) ser enquadrado na categoria de órgão de comunicação social, seria ou não correta a tentativa de procurar uma interpretação mais alargada do conceito de *novo media*, trazendo para o espaço da regulação, através do seu registo como órgão de comunicação social os *media-like* ou sítios submetidos a tratamento editorial? [512]

Uma eventual recusa de registo destes sítios apenas poderia ser entendida como uma recusa a oferecer um atestado de confiança e de fidedignidade junto dos públicos consumidores e, indiretamente, dos anunciantes, bem como subtraí-los aos mecanismos de apoio estatal aos *media*, se essa fosse a função do registo. No entanto, o registo não tem como função garantir *a confiança* nos *media*. De acordo com o n.º 2 do artigo 1.º do Decreto Regulamentar n.º 8/99, de 9 de junho, que regula os registos da comunicação social

> *O registo tem por finalidades comprovar a situação jurídica dos órgãos de comunicação social, publicitar a sua propriedade, a sua organização, o seu funcionamento e as suas obrigações, bem como assegurar a proteção legal dos títulos de imprensa, da denominação dos operadores de rádio e serviços de programas radiofónicos, dos operadores de televisão e*

---

[512] A questão ganhou maior visibilidade e pertinência em torno da polémica criada pelo registo pela ERC de um site conotado com a extrema-direita, o *Notícias Viriato*, no início de 2020, facto que seria noticiado pela jornalista Fernanda Câncio no *Diário de Notícias de* 27 de janeiro. Mais tarde, a Comissão da Carteira Profissional de Jornalista (CCPJ) recusaria a atribuição do título de equiparado a jornalista ao responsável pelo site. De acordo com a legislação sobre a matéria (artigos 15.º, n.º 1, do Estatuto do Jornalista — Lei n.º 1/99 de 13 de janeiro e 9.º, n.º 1, do Regime da organização e funcionamento da Comissão da Carteira Profissional de Jornalista — Decreto-Lei n.º 70/2008, de 15 de abril), «*para efeitos de garantia de acesso à informação, de sujeição às normas éticas da profissão e ao regime de incompatibilidades, são equiparados a jornalistas os indivíduos que, não preenchendo os requisitos fixados no artigo 1.º, exerçam, contudo, de forma efetiva e permanente, as funções de direção do sector informativo de órgão de comunicação social*». Os requisitos do referido artigo 1.º consistem no facto de a atividade como jornalista ser considerada uma «*ocupação principal, permanente e remunerada*», o que não é exigível a um equiparado a jornalista.

*serviços de programas televisivos, dos serviços de programas de rádio e de televisão difundidos exclusivamente através da Internet, dos operadores de serviços audiovisuais a pedido e serviços audiovisuais a pedido e dos fornecedores de plataformas de partilha de vídeos e as plataformas de partilha de vídeos*[513].

Pelo contrário, a sua inscrição nos registos como órgão de comunicação social, facultando o *selo identificativo* referido no referido documento da ERC de 2015 sobre os *Novos Media,* teria como vantagens a sua sujeição à regulação e, mais facilmente, também às normas sancionatórias, nomeadamente as que preveem um agravamento da sanção penal por se tratar de um órgão de comunicação social, às obrigações de identificação da empresa e dos seus responsáveis, às regras de transparência da propriedade, bem como do direito de resposta, entre outras[514].

Independentemente da opção tomada pelo regulador, esses novos *media* continuarão a existir, pelo que o desenvolvimento tecnológico, a multiplicidade de serviços disponíveis e as alterações nas formas de consumo obrigarão o poder político a não adiar por muito mais tempo a inevitável atualização do conceito de órgão de comunicação social, com o consequente alargamento do seu universo, desafio a que se deverá acrescentar outros temas de evidente complexidade, como a definição de critérios legais para determinar a jurisdição de cada Estado, a atribuição de responsabilidade pelos conteúdos aos plataformistas, bem como a própria definição da noção de desinformação.

---

[513] A categorização dos *media-like* através da sua adequada classificação, também da competência da ERC, é que poderá servir o propósito de orientar os cidadãos quanto à sua natureza ou objeto, o que, de todo o modo, também supõe uma alteração da datada tipologia das classificações atualmente previstas na Lei de Imprensa.

[514] A Comissão da Carteira Profissional de Jornalista (CCPJ), a ERC, o Sindicato dos Jornalistas e as associações patronais da imprensa têm debatido uma proposta de alteração à legislação, nomeadamente a Lei de Imprensa, tendente à criação de uma nova classificação que separaria as publicações jornalísticas das não jornalísticas, visando a criação de vários níveis de intervenção regulatória.

# Anexos

# MEMBROS DAS ENTIDADES REGULADORAS

(Conselho de Imprensa, Conselhos de informação para a Imprensa, RDP, RTP e ANOP, Conselho de Comunicação Social, Alta Autoridade para a Comunicação Social, Entidade Reguladora para a Comunicação Social)

Conselho de Imprensa

Presidentes: Henrique Ramalho Ortigão (1975–1977), João Alcides de Almeida (1978–1980), João Dias Pereira (1982–1983), Jorge de Mendonça Torres (1980–1982 e 1983–1985 e 1986–1988) José Maria Gonçalves Pereira (1988–1990)

Vice-presidentes: Major Namorado Freire (1975–1976), Francisco Pinto Balsemão (1976–1978), Antónia de Sousa (1978–1979), António Cordeiro (1979–1980), Carlos Veiga Pereira (1980–1981), António Reis (1981–1982), Fernando Cascais (1983–1984), Mário Mesquita (1984–1985), Adelino Cardoso (1985–1986) Fernando Cascais (1987–1990)

Jornalistas: António dos Santos Ribeiro (1975), Carlos Alberto da Veiga Pereira (1975–1978, 1979–1981), João Gomes (1975–1976), Manuel António Mota de Pina (1975 e 1981–1982), Manuel Silva Costa (1975–1976), Maria Antónia Palla (1975–1978 e 1981–1983), Alberto Carvalho (1976–1981), António Germano da Silva (1976–1978), Manuel Alpedrinha (1976–1978), José da Silva Pinto (1978–1981), Joaquim Letria (1978–1979), António Cordeiro (1978–1981), Antónia de Sousa (1978–1981), Albino Ribeiro Cardoso (1978–1981), Augusto de Carvalho (1981–1982), Luís de Carvalho (1981–1983), Fernando Cascais (1981–1990), José Manuel Rodrigues da Silva (1981–1983), Edite Soeiro (1982–1988), Abílio Marques Pinto (1982–1985), Manuel Batoréo (1983), Adelino Cardoso (1983-1985 1986–1988), Óscar Mascarenhas (1983-1985), Rui Osório (1983-1985 e 1986–1988), Filomena Fontes (1984–1988), Luís Freitas da Costa (1985–1986), José Manuel Marques (1986–1988), Miguel Reis (1988–1990), António Cardoso Pinto (1988–1990) Natal Vaz (1989–1990)

Associação da Imprensa Diária: Adriano da Cunha Lucas (1975–1990)

Associação da Imprensa Não Diária: Francisco Pinto Balsemão (1975–1980), Artur Duarte Ramos (1980–1983), Jorge de Moura Neves Fernandes (1983-1985), José Luís de Almeida e Silva (1985–1990)

Diretores de Jornais Diários: Fernando Teixeira (1975), Vitorino Nemésio (1976), Proença de Carvalho (1976–1978), António Alçada Baptista (1978), Helena Roseta (1978), Francisco de Sousa Tavares (1978–1980), Torcato da Luz (1980–1982), Pacheco de Andrade (1982), Mário Mesquita (1983-1985), Margarida Borges de Carvalho (1985), Alberto de Carvalho (1985–1987), José Manuel Barroso (1988–1989), Mário Crespo (1989) José Sarabando (1989–1990)

Diretores de Jornais não Diários: Maria Adelaide Paiva (1975–1983 e 1985–1987), José Vacondeus (1983–1985), Artur Duarte Ramos (1988–1989)

Trabalhadores do sector não jornalistas: António Lopes Feijão (1978–1985), António Carlos Froufe dos Santos (1978–1985), Joaquim dos Santos Barbosa (1985–1987), Jaime Marques Machado (1985–1987), Manuel Rodrigues (1987–1990) João Vilas Boas (1987–1988), José Alberto Moreira (1988–1990)

Elementos designados pelo MFA: António Namorado Freire (1975–1976), José Nunes de Santa Clara Gomes (1975–1976), Nuno Álvaro Santos Silva (1975), João Lobo de Oliveira (1975), Aventino Teixeira (1976), Henrique Alexandre da Fonseca (1976)

Representantes dos partidos da coligação governamental: Alberto Arons de Carvalho (1975), Adolfo Norberto Lopes (1975), Armando Silva Carvalho (1975), Manuel de Azevedo (1975)

Cidadãos de reconhecido mérito eleitos pela Assembleia da República: António Reis (1979–1983), Aurélio dos Santos (1979–1983), Carlos Robalo (1979–1980), Manuel Vilhena de Carvalho (1979–1980), Pedro Roseta (1980–1981), Narana Coissoró (1980–1983), Natália Correia (1981–1983), Francisco Seruca Salgado (1983–1985), José Silva Marques (1983–1986), Vítor Dias (1983–1986), Rui Alves Luís Fernandes (1983–1986), José Manuel Pereira dos Santos (1985–1986) Alberto Arons de Carvalho (1986–1988) Mário Viçoso Neves (1986–1987) João Cordeiro Pereira (1986–1987) José Sarmento Moniz (1986–1987) Henrique Penha Coutinho (1986–1988) Lino Vinhal (1988–1990), Miguel Lobo Antunes (1988–1990), José Guerreiro Nunes (1988–1990), Luís Ochoa (1988–1990)

Elementos cooptados em representação da opinião pública: Carlos Eurico da Costa (1975–1976), Luísa Dacosta (1975–1976 e 1981–1982), João Luís Correia de Andrade e Silva (1975–1976), Maria de Lurdes Pintasilgo (1975), Henrique Santa

Clara Gomes (1976–1977), Sofia de Mello Breyner (1976–1977), Sidónio Freitas Branco Pais (1976–1977), João Morais Leitão (1976–1977), Henrique Alves Costa (1976–1977), Jaime Vilhena de Andrade (1977–1979), Bento Domingues (1977–1979), Lia Viegas (1977–1979), Maria Manuela Silva (1977–1979), Manuel Antunes (1979–1980), Isabel Belchior (1979–1980), Augusto Abelaira (1980–1981), Teresa Santa Clara Gomes (1980–1981), Ana Luísa Janeira (1981–1982), Aida Ferreira (1982–1983), Eduarda Dionísio Monteiro (1982–1983), Mário Beja Santos (1984–1985), Maria Germana Magalhães (1984–1985), Maria Rita Matias (1985–1986), José Viriato Soromenho Marques (1985–1986), Miguel Lobo Antunes (1987–1988) João Bonifácio Serra (1987–1988), Agustina Bessa Luís (1988–1989), Miguel Reis (1988–1989), Alberto Costa (1989–1990) Paulo Trindade Ferreira (1989–1990)

Conselhos de Informação para a RDP, RTP, Imprensa e ANOP

Conselho de Informação para a RDP

ASDI — Maria Adelaide Brandão, José Gomes Machado

CDS — Manuel Correia Leite, Lourenço Féria, José Luís Christo, Rita Pinto Leite, Angelo Vieira, Paulo Andrade, Nuno Andrade, José Manuel Silva, António Mendes, Luís Sampaio, Maria Leonor Cunha Reis, João Pulido Almeida, Carlos Machado, Maria João Cabral, Manuel Lopes, José Neves, Isabel Macedo, João Palha da Silva, Artur Carvalho, Isilda Barata

MDP/CDE — Augusto Ribeiro, António Viana

PCP — João Paulo Guerra, João Alferes Gonçalves, Maria Helena Gorjão, António Moreira, Ivone Dias Loureiro, Mário Carvalho, Pedro Ramos de Almeida, Rui Paixão Pedro, Eugénio Alves, José Magalhães, José Carlos Castro, Joaquim Pina Moura

PPM — Fernando Almeida, Rui Machado

PS — António Reis, António Rodrigues, Gualter Basílio, José Mendes Godinho, Jorge Balsa, Manuel Figueiredo, Mário Beja Santos, Nuno Sales Figueiredo, Salvador Figueiredo, Sebastião Garcia, Luís Filipe Madeira, António Aguiar, Jorge Galamba Marques, Luís Gonçalves, Maria Teresa Matos, Fernando Nogueira, Áurea Rego, Alberto Arons de Carvalho, José Manuel dos Santos, Rosa Pereira, Naida Freire Silva, Maria Teresa Antunes

PSD — Francisco da Costa, Henrique Rodrigues, Henrique Leça, José Gomes Ferreira, José Tavares, Luís Nandin de Carvalho, Manuel Osório, João Meira Ferreira, Mário Duarte, Virgínia Estorninho, José Fernandes, Dórdio Guimarães, Carlos Monteiro, Mário Cília, Manuel Moreira, João Almeida, Ana Piedade, Maria de São

Luís Marques, José Jesus da Silva, João Rocha, Júlio Pinheiro, Maria Manuela Barbosa, Ana Carvalho, Manuel Rodrigues, Cipriano Martins, Filomena Salvador, Maria Fernanda Branco, António Themudo Castro

UDP — João Carlos Espada, Jorge Massade, Nuno Crato, Amílcar Silva, Serafim Lobato

UEDS — Luís Serra, José Penedos

Conselho de Informação para a RTP

ASDI — António Fontes, Abílio Espadinha, Hélder Vieira santos

CDS — João Brandão, Henrique de Moraes, Cabral Fernandes, António Tanger Correia, Pedro Pedroso, Nuno Santiago, Vera Spiguel, António Ferreira, Luísa Raposo, José Cunha Simões, Paulo Ascensão, João Mattos e Silva, José Sanches Osório, Edgar Machado, João Guerra Tavares, Francisco Ferreira, António Freire, Joaquim Ponce, Leonor Fernandes, Ana Lencastre, Maria João Cabral, Nelson Bravo, Mário Rosa

MDP/CDE — José Joaquim André, Fernanda Mestrinho

PCP — Rui Paixão Pedro, Alberto Vilaverde Cabral, António Borga, Lino Carvalho, Manuel Sousa Veloso, Carlos Corvelo, António Abreu, Vítor Cabrita Neto, José Garibaldi, Luísa Quitério, José Luís Gaspar, Helena Pato, Helena Gorjão

PPM — João Saldanha, Miguel Ribeiro Teles, Fernando Quintais, Luís Cardoso Menezes

PS — António Reis, António Rodrigues, Fernando Otero, José Gomes Fernandes, José Leitão, Luís Rodrigues, Maria Teresa Antunes, Nuno Sales Figueiredo, Salvador Figueiredo, Sebastião Garcia, Rogério Ceitil, Sofia de Melo Breyner Andersen, José Niza, Teresa Azevedo Gomes, Mário Parra da Silva, Naida Freire Silva, Luís Gonçalves, José Manuel dos Santos, José Carlos Megre, José Carlos Serras Gago, Manuel Ryder Costa, Constança Nunes, Ana Paula Nápoles

PSD — António Loja, João Paiva, José Vitorino, José Galaz, Luís Nandin de Carvalho, Manuel Carvalho, João Pereira, Fernando Carvalho, António Themudo Castro, Duarte Lima, Silva Marques, Nicolau de Freitas, José Torrão, António Romano de Castro, Ana Piedade, Marília Raimundo, Álvaro Figueiredo, Maria João Sande Lemos, António Pinto Leite, Maria José Moreira Rato, Maria de São Luís Marques, Daniel Dias, Feliz Esménio, Fernanda Branco, António Pedro Ortet, Mafalda Braz Teixeira, José Fernandes, Isabel Cunha

UDP — Mariano Mira Castro, Eduardo Miragaia, Nuno Crato, José Alcobia, José Pereira, António Barata, Rui Vasconcelos, João Mascarenhas

UEDS — Hasse Ferreira, José Brás Pinto

Conselho de Informação para a Imprensa

ASDI — Guilherme Oliveira Martins e Ricardo Leite Pinto

CDS — Rui Pena, João Pulido de Almeida, Caetano Cunha Reis, Nuno Gonçalves, Narana Coissoró, Henrique Trocado, Henrique Fonseca, Norberto de Andrade, Júlio Artur Antunes, João Caetano Silva, Paulo Monteiro, Maria Tábita Soares, Nuno Andrade, Joaquim Almeida, Ana Lencastre, Afonso Mendes, Marcelino Chaves, Anabela Oliveira, Eduardo Pires, Camilo Ferreira

MDP/CDE — Manuel Azevedo, Fernanda Mestrinho

PCP — Vítor Dias, Fernando Correia, Abel Costa, Luís Barros, Carlos Pinhão, Cândido Gago, António Moreira, Alice Alvim, Orlando Gonçalves, João Amaral, Alberto Vilaverde Cabral, Natália Bento, Carlos Quintela

PPM — Carlos Santarém, Álvaro Dentinho

PS — Alberto Arons de Carvalho, António Reis, Carlos Lage, Dieter Dellinger, João Ferreira, João Soares Louro, José Ribeiro dos Santos, Raúl Rego, Rodolfo Crespo, Salvador Figueiredo, Jorge Lacão, José Niza, José António Pinto, Jorge Galamba Marques, José Manuel dos Santos, Teresa Azevedo Gomes, José Jorge Couto, Fernando Nogueira, Áurea Rego, José Lechner, Nuno Brederode Santos, Maria João Cavilhas, Sebastião Garcia, João Ferreira, Armando Bacelar, Maria Teresa Antunes, Ana Paula Nápoles, António Costa

PSD — António Themudo Castro, Armando Correia, Carlos Sousa, Luís Nandin de Carvalho, João José Rosa, José Vieira da Cunha, Adelaide Paiva, Pedro Roseta, Albino Azevedo Soares, Manuel Moreira, António Gouveia, António Romano Castro, Virgínia Estorninho, Cipriano Martins, Carlos Coelho, José Toscano Pessoa, Ana Piedade, Maria Teresa Oliveira, João Almeida, João Santos Rocha, António Freitas, Francisco da Costa, Jorge Oliveira, Maria José Moreira Rato, Maria de São Luís Marques, Paulo Valdez, Cristina Marques, Mafalda Braz Teixeira, Isabel Cunha, Maria José da Câmara, José Nunes, José Fernandes

UDP — Nuno Crato, Eduardo Miragaia, Francisco Oliveira, José Vale Duarte, Carlos Marques Silva

UEDS — Francisco Pereira Marques, Miriam Halpern Pereira

Conselho de Informação para a ANOP

ASDI — Ruben Raposo, João Godinho

CDS — Nuno Gonçalves, João Mattos e Silva, João Paulo Pinto, José Pedro Barreto, Luís Rebocho Christo, António Tanger Correia, Paulo Monteiro, João Tavares, Luís Correia, Jaime Ribeiro, João Filipe Salvado, Francisco Pereira, Henrique Trocado, Vitória de Lencastre, Fernando Encarnação, Ana Lencastre, Luís Filipe

Manso, Leonor Reis, Henrique Fonseca, Alberto Azevedo, António Cerveira, Joaquim Castro, Mário Figueiredo, Vitória Reis, Cristiano Lopes, José Luís Seixas

MDP/CDE — João Corregedor da Fonseca, António Viana

PCP — Vítor Cabrita Neto, Pedro Serra, Albano Lima, Jorge Lemos, José Garibaldi, Orlando Gonçalves, Alberto Vilaverde Cabral, Gualdino Rodrigues, Maria Luísa Quitério, Alice Alvim, Armando Romão, Ernesto Sampaio, Carlos Santos

PPM — António Moniz, António Vasconcelos, Gonçalo Reis Torgal, José Dinis Freire

PS — Áurea Rego, António Reis, António Paulouro, Eduardo Ambar, João Rainho, João Ferreira, João Soares Louro, José Gabriel Viegas, Nuno Fernandes, Salvador Figueiredo, Jorge Lacão, José Niza, Carlos Moreira, José Manuel dos Santos, José Jorge Couto, Rosa Freire Silva, Fernando Nogueira, Fernando Costa, Maria Teresa Antunes, Damil Mourato, Maria Constança Nunes, Rosa Pereira, Filipe Parelo, Naida Freire Silva

PSD — António Gouveia, António Themudo Castro, Dinah Alhandra, José Jesus da Silva, Luís Nandin de Carvalho, Manuel Menezes, Nicolau de Freitas, João Almeida, Maria Adelaide Paiva, Pedro Cunha Pinto, José Luís Fernandes, Isabel Ulrich, António Mendes, Maria de São Luís Marques, Marília Raimundo, Cândido Igrejas, João Carlos Nunes, Maria de Lurdes Breu, Rogério Matos, António Pinto Leite, Ana Paula Carvalho, João Santos Rocha, Maria Manuela Barbosa, Manuel da Costa, Manuel Fontoura, Maria Helena Simas, António Lencastre, Joaquim Monteiro, Pedro Campilho, Júlio César Pinheiro, João Meira Ferreira

UDP — Manuel Moita, Nuno Crato, Francisco Oliveira José Vale Duarte

UEDS — António Lopes Curto, Carlos Fonte

Conselho de Comunicação Social

Presidentes: Fernando Abranches Ferrão (1984–1985); Artur Portela (1985–1990)

Membros — António Pedro Themudo de Castro (1984–1990); Artur Portela (1984–1990); Augusto Abelaira (1987–1990); Francisco Sousa Tavares (1987–1989); João Gaspar Simões (1984–1987); Luís Brito Correia (1984–1986); Manuel Gusmão (1984–1990); Maria de Lurdes Breu (1984–1985); Margarida Ramos de Carvalho (1984–1990); Mário Mesquita (1986–1987); Natália Correia (1984–1987); Norberto Lopes (1984–1989); Paulo Portas (1984–1986)

Alta Autoridade para a Comunicação Social

Presidentes: Pedro Figueiredo Marçal (1990–1994), José Maria Gonçalves Pereira (1994–2001) Armando Torres Paulo (2001–2005),

Membros:

Agustina Bessa-Luís (1990); Alberto de Carvalho (1995–1999); Amândio de Oliveira (1999–2002); António Montalvão Machado (1990–1992); António Quadros (1990–1991); António Reis (1990–1994); António Tavares (1994); Artur Portela (1994–2005); Aventino Teixeira (1994–1999); Bráulio Barbosa (1990–1994); Carlos Veiga Pereira (1999–2006); Cipriano Martins (1995–1999); Cristina Figueiredo (1992–1995); Durval Beltrão de Carvalho (1990–1999); Eduardo Trigo (1990–1999); Fátima Resende (1995–2002) Fernando Seara (1990–1992) Glória de Matos (1991–1994); João Amaral (2003–2006); Joel Frederico da Silveira (2001–2003); José Manuel Mendes (2001–2006); Jorge Pegado Liz (1999–2006); José Costa Parente (1990–1992); José Estêvão Sasportes (1999–2000); José Gabriel Queiró (1993–1994); José Garibaldi (1990–2006); Lídia Jorge (1990–1994); Maria Manuela Chaves Matos (1995–1999 e 2002–2006); Maria de Lurdes Breu (1994–1999); Maria de Lurdes Monteiro (1999–2006); Mário Rui Marques Carvalho (1990–1992); Miguel Reis, (1993–1994); Rui Assis Ferreira (1994–1997 e 1999–2001); Sebastião Lima Rego (1997–2006); Torquato da Luz (1990–1999).

Entidade Reguladora para a Comunicação Social

1.º mandato (17 de fevereiro de 2006 a 9 de novembro de 2011): Azeredo Lopes (Presidente), Elísio Oliveira (vice-presidente), Estrela Serrano, Luís Gonçalves da Silva (renunciou ao mandato em 30 de setembro de 2010) e Rui Assis Ferreira.

2.º mandato (9 de novembro de 2011 a 14 de dezembro de 2017): Carlos Magno (Presidente), Alberto Arons de Carvalho (vice-presidente), Luísa Roseira, Raquel Alexandra Castro (renunciou ao cargo em 1 de dezembro de 2016) e Rui Gomes (renunciou ao cargo em 1 de março de 2017).

3.º mandato (desde 14 de dezembro de 2017): Sebastião Póvoas (Presidente), Mário Mesquita (vice-presidente), Fátima Resende, Francisco Azevedo e Silva e João Pedro Figueiredo.

# BIBLIOGRAFIA


ALTA AUTORIDADE PARA A COMUNICAÇÃO SOCIAL (2001), *Relatório de Actividade*, Lisboa

— (2002), *Relatório de Actividade*, Lisboa

— (2003), *Relatório de Actividade*, Lisboa

— (2004), *Relatório de Actividade*, Lisboa

ANACOM (2019), *30 anos — Contributos para a História da Regulação das Comunicações em Portugal*, ANACOM, Lisboa.

ANDRINGA, Diana (2000), *E não se pode regulá-la? (A Televisão e a Alta Autoridade)*, Relatório pós-graduação, Escola Superior de Comunicação Social, Lisboa.

AZNAR, Hugo (2005), *Comunicação Responsável — Deontologia e auto-regulação dos meios de comunicação*, 2.ª ed., Porto Editora, Porto.

ATKEARNEY (2012), *Relatório Independente sobre a Entidade Reguladora para a Comunicação Social*, 2012, Lisboa.

ATTALI, Jacques (2021), *Histoire de médias*, Fayard, Paris.

BADOUARD, Romain (2020), *Les nouvelles lois du web*, Seuli e La République des Idées, Paris.

BAPTISTA, Carla (2019), *A autorregulação dos jornalistas portugueses na era da desinformação*, in *Privacidad, transparencia* y éticas renovadas, Rogerio Christofoletti, Egregius ed., págs. 89 a 105, Sevilha.

BASSONI, Marc e JOUX, Alexandre (2014), *Introduction à l'économie des médias*, Cursus Armand Colin, Paris.

BERGÉ, Aurore (2018), *Rapport d'information en conclusion des travaux de la mission d'information sur une nouvelle regulation de la communication audiovisuelle à l'ère numérique*, Assemblée Nationale, Paris.

BERTRAND, Claude-Jean (1999), *L'Arsenal de la Démocratie — Médias, déontologie et MARS*, Economica, Paris.

BROYELLE, Camille e FRANSCESCHINI, Laurence (2020), *Droit de la régulation audiovisuelle*, LGDJ, Paris.

BRANT, João, SANTOS, João Bastos, DOURADO Tatiana e PITA, Marina (2021), *Regulação de combate à desinformação*, Friedrich Ebert Stiftung, São Paulo.

CAGÉ, Julia (2015), *Salvar os Media*, Círculo de Leitores, Lisboa.

CAMPONEZ, Carlos (2009), *Fundamentos de Deontologia do Jornalismo — A auto-regulação frustrada dos jornalistas portugueses (1974–2007)*, Universidade de Coimbra, Coimbra.

— (2011), *Deontologia do Jornalismo*, Almedina, Coimbra.

CANOTILHO, Gomes e MOREIRA, Vital (2007), *Constituição da República Portuguesa Anotada, Artigos 1.º a 107.º, 4.ª ed. Revista, Coimbra Ed.*, Coimbra.

CARDONA, Celeste (2016), *Contributo para o Conceito e a Natureza das Entidades Administrativas Independentes — as Autoridades Reguladoras*, Almedina, Coimbra.

CARDOSO, José Lucas (2002), *Autoridades Administrativas Independentes e Constituição*, Coimbra Editora, Coimbra.

CARVALHO, Alberto Arons de (1986), *A Liberdade de Informação e o Conselho de Imprensa — 1975–1985*, Direcção-Geral da Comunicação Social, Lisboa.

CARVALHO, Alberto Arons de, CARDOSO, António Monteiro e FIGUEIREDO; João Pedro (2005), *Legislação anotada da Comunicação Social*, Casa das Letras, Lisboa.

— (2010), *Direito da Comunicação Social*, 3.ª ed., Texto ed., Lisboa.

CARVALHO, Alberto Arons de e FIGUEIREDO, João Pedro (2018), *Legislação da Comunicação Social*, Imprensa Nacional, Lisboa.

CASTRO, Raquel Alexandra Brízida (2016), *Constituição, Lei e Regulação dos Media*, Almedina, Coimbra.

COMUNICAÇÃO E SOCIEDADE (2007), Revista 11, 2007, *A Regulação dos media em Portugal*, Lisboa.

CONDE, Nuno Almeida (2012), *O Papel do Estado no Sistema de Media*, Tese para obtenção do grau de mestre em Ciências da Comunicação, Universidade Católica, Lisboa.

CONFRARIA, João (2011), *Regulação e Concorrência — Desafios do Século XXI*, Universidade Católica Editora, 2.ª edição, Lisboa.

CONSEIL SUPÉRIEUR DE L'AUDIOVISUEL (2012), *Contribution à la réflexion sur l'évolution de la regulation de l'audiovisuel et des communications électroniques*, Paris.

— (2013), *Contribution du Conseil supérieur de l'audiovisuel sur l'adaptation de la regulation audiovisuelle*, Paris.

Conselho de Comunicação Social, *Relatório de Actividades referente ao 2.º semestre de 1984,* Diário da Assembleia da República, 2.ª Série, n.º 74, 30 de março de 1985, p. 2528 e seguintes, Lisboa.

—, *2.º Relatório (Relatório das actividades do 1.º semestre de 1985),* Diário da Assembleia da República, II Série, suplemento ao número 15, 18 de dezembro de 1985, Lisboa.

—, *3.º Relatório (Relatório das actividades do 2.º semestre de 1985),* Diário da Assembleia da República, II Série, suplemento ao número 70, 30 de maio de 1986, Lisboa.

—, *4.º Relatório (Relatório das actividades do 1.º semestre de 1986),* Diário da Assembleia da República, II Série, suplemento ao número 54, 14 de março de 1987, Lisboa.

—, *5.ª Relatório (Relatório das actividades do 2.º semestre de 1986,* Diário da Assembleia da República, II Série, suplemento ao número 7, 25 de setembro de 1987, Lisboa.

—, *Relatório das actividades do 1.º semestre de 1987,* Diário da Assembleia da República, II Série, Número 60, 26 de março de 1988, Lisboa.

—, *7.º Relatório das actividades do 2.º semestre de 1987,* Diário da Assembleia da República, II Série, Número 72, 6 de maio de 1988, Lisboa.

—, *8.º Relatório de actividades, correspondente ao 1.º semestre de 1988,* Diário da Assembleia da República, II Série — C Número 1, 19 de outubro de 1988, Lisboa.

—, *9.º Relatório de actividades, correspondendo ao 2.º semestre de 1988,* Diário da Assembleia da República, II Série — Número 19, 20 de abril de 1989, Lisboa.

—, *10.º Relatório de actividades, correspondente ao 1.º semestre de 1989,* Diário da Assembleia da República, II Série — Número 30, 25 de maio de 1990, Lisboa..

—, *11.º Relatório de actividades, correspondente ao 2.º semestre de 1989,* Diário da Assembleia da República, II Série, Número 31, 30 de maio de 1990, Lisboa.

CONSELHO DE IMPRENSA (1979), *A imprensa escrita em Portugal — Abril de 1974 a Julho de 1976,* Conselho de Imprensa, Lisboa.

— (1988), *Relatório sobre a situação na imprensa* (1979 a 1983), Suplemento ao Diário da Assembleia da República, II Série, n.º 37, 13 de janeiro de 1988.

— (1975–1990), Arquivo Nacional da Torre do Tombo, Caixa 14, Lisboa.

Conselhosde Informação para a Imprensa, RDP, RTP e ANOP (1977–1984), Arquivo Nacional da Torre do Tombo, Lisboa.

Correia, Fernando e Baptista, Carla (2007), *Jornalistas do Ofício à Profissão,* ed. Caminho, Lisboa.

CSA (2021), *L'éducation aux médias et à l' ínformation — Rapport sur l'exercice 2020–2021.*

Diberder, Alain Le (2019), *La nouvelle économie de l'audiovisuel,* La Découverte ed., Paris.

DONNAT, Francis (2018), *Droit européen de l'Internet — Réseaux, données, services,* LGDJ, Paris.

EPRA (2018), *Survey results: Public service and public interest content in the digital age: The role of Regulators,* Estrasburgo.

ERC (2006), *Relatório de Actividades e Contas,* Lisboa.

— (2007), *Relatório de Actividades e Contas,* Lisboa.

— (2008), *Relatório de Actividades e Contas,* Lisboa.

— (2009), *Relatório de Actividades e Contas,* Lisboa.

— (2010), *Relatório de Actividades e Contas,* Lisboa.

— (2011), *Relatório de Actividades e Contas,* Lisboa.

— (2012), *Relatório de Actividades e Contas,* Lisboa.

— (2013), *Relatório de Actividades e Contas,* Lisboa.

— (2014), *Relatório de Actividades e Contas,* Lisboa.

— (2015), *Relatório de Actividades e Contas,* Lisboa.

— (2015) *Novos Media — sobre a redefinição da noção de órgão de comunicação social,* Lisboa.

— (2016), *Relatório de Actividades e Contas,* Lisboa.

— (2017), *Relatório de Actividades e Contas,* Lisboa.

— (2018), *Relatório de Actividades e Contas,* Lisboa.

— (2019), *Relatório de Actividades e Contas,* Lisboa.

— (2019), *A Desinformação — Contexto Europeu e Nacional,* Lisboa.

— (2006), *Relatório da Regulação,* Lisboa.

— (2007), *Relatório da Regulação,* Lisboa.

— (2008), *Relatório da Regulação, volumes 1, 2 e 3,* Lisboa.

— (2009), *Relatório da Regulação, volumes 1 e 2,* Lisboa.

— (2010), *Relatório da Regulação, volumes 1 e 2,* Lisboa.

— (2011), *Relatório da Regulação, volumes 1 e 2,* Lisboa.

— (2012), *Relatório da Regulação, volumes 1 e 2,* Lisboa.

— (2013), *Relatório da Regulação, volumes 1 e 2,* Lisboa.

— (2014), *Relatório da Regulação, volumes 1 e 2,* Lisboa.

— (2015), *Relatório da Regulação, volumes 1 e 2,* Lisboa.

— (2016), *Relatório da Regulação, volumes 1 e 2,* Lisboa.

— (2017), *Relatório da Regulação, volumes 1 e 2,* Lisboa.

— (2018), *Relatório de Regulação,* Lisboa.

— (2019), *Relatório de Regulação,* Lisboa.

— (2020), *Relatório de Regulação,* Lisboa.

ERGA (2015), *Report on the Independence of NRAs,* Bruxelas.

— (2018), *Survey results: Public service and public interest content in the digital age: The role of Regulators,* Bruxelas.

ESTEVES, Fernando e SAMPAIO, Gustavo (2019), *Viral: a epidemia de fake news e a guerra da desinformação,* Edições Desassossego, Lisboa.

EUROPEAN COMMISSION, *AVMS-RADAR Audiovisual Media Services –Regulatory Authorities Independence and Efficiency Review, Final Report,* EMR e Université du Luxembourg, 2013.

FIDALGO, Guilhermina (1985), *Conselhos de Informação — retrospectiva da sua actividade (1977–1983),* Direcção-Geral da Comunicação Social, Lisboa.

FIDALGO, Joaquim (2009), *Accountability e regulação da actividade jornalística,* Fundação Calouste Gulbenkian, Lisboa.

— (2009), *O Lugar da Ética e da Auto-Regulação na Identidade Profissional dos Jornalistas,* ed. Fundação Calouste Gulbenkian e Fundação para a Ciência e a Tecnologia, Lisboa.

— (2010), *O regresso do Conselho de Imprensa?,* Observatório (OBS*, vol. 4 — n.º 1, Lisboa.

FIELDEN, Lara (2012), *Regulating the Press, a Comparative Study of the International* Press Councils, University of Oxford e Reuters Institute for the Study of Journalism, Oxford.

FIGUEIRA, João (2012), *A imprensa portuguesa (1974-2010),* Angelus novus ed., Coimbra.

FIGUEIRA, João e SANTOS, Sílvio (2019), *As Fake News e a nova ordem (Des) informativa na era da pós-verdade,* Imprensa da Universidade de Coimbra, Coimbra.

FONSECA, Wilton e CARVALHO, Mário de (2016), *Heróis Anónimos,* Perfil Criativo ed., Lisboa.

FRAU-MEIGS, Divina (2019), *Faut-il avoir peur des fake news?,* La documentation Française, Paris.

GAVELA, Ana Barbosa (2017), *Autorregulação dos Media em Portugal e Estudo de Casos,* Media XXI, Lisboa.

GILARDI, F (2005), *The Formal Independence of Regulators: A Comparison of 17 Countries and 7 Sectors,* Swiss Political Science Review, 11(4), Lausanne.

GOMES, Pedro Marques (2018), *Jornais, Jornalistas e Poder: A Imprensa que nasce na Revolução e as lutas políticas de 1975,* Tese de doutoramento, Faculdade de Ciências Sociais e Humanas da Universidade Nova de Lisboa.

— (2021), *A Imprensa na Revolução — Os Novos Jornais e as Lutas Políticas de 1975,* Imprensa Nacional, Lisboa.

GONÇALVES, Pedro (2006), *Direito Administrativo da Regulação,* Separata de estudos em homenagem ao Professor Doutor Marcello Caetano, Faculdade de Direito da Universidade de Lisboa e Coimbra Editora, Coimbra.

GUILLOU, Bernard e PADIOLEAU (1988), Jean-Gustave, *La Regulation de la Television,* La Documentation Française, Paris.

HANS BREDOW-INSTITUT FOR MEDIA RESEARCH E OUTROS (2011), *Indireg Final Report.*

HULIN, Adeline (2015), *Autorégulation et liberte des médias en Europe — Impact, perspectives et limites,* Éditions Panthéon-Assas, Paris.

INSTITUTO DA COMUNICAÇÃO SOCIAL E ANACOM (2002), *Relatório* «Convergência e Regulação», Lisboa.

JONGEN, François (1994), *La police de l'audiovisuel — Analyse comparée de la régulation de la radio et de la télévision en Europe,* Bruylant e LGDJ, Bruxelas.

JORNALISMO&JORNALISTAS (2020), n.º 73, maio/outubro 2020, ed. do Clube de Jornalistas, Lisboa.

JOUX, Alexandre (2021), *DMA, DAS: l'Europe va réguler les plateformes,* La revue européenne des médias et du numérique, n.º 56, 2021, p. 5, Paris.

KAMINA, Pascal (2021), *Droit de la Communication Audiovisuelle,* LGDJ, Paris.

LEMOS, Mário Matos e (2020), *Jornais Diários Portugueses do Século XX — um Dicionário,* Imprensa da Universidade de Coimbra, Coimbra.

LEVI, Simona (2019), *Fake You — Fake news y desinformación,* Ciclogénesis 10 Rayo Verde, Barcelona.

MARTINS, Carla (2020) *«ERC e deveres dos jornalistas: a outra regulação»,* revista *Jornalismo & Jornalistas,* n.º 73, maio/outubro de 2020, p. 35.

MARTINS, Paulo (2013), *O Privado em Público,* Almedina, Coimbra.

MAS, Joaquín Tornos (coord.) (2002), *Democracia y medios de comunicacion,* Tirant lo blanch, Valência.

MATOS, José Nuno, SUBTIL, Filipa e BAPTISTA, Carla (2021), *Os Três D dos Media — desigualdade, desprofissionalização e desinformação,* Outro Modo, Lisboa.

MENDEL, Toby e SALOMON, Eve (2011), *Liberdade de Expressão e Regulação da Radiodifusão,* UNESCO, Paris.

MESQUITA, Mário (1998), *O Jornalismo em Análise — A Coluna do Provedor dos Leitores,* ed. MinervaCoimbra, Coimbra.

MIRANDA, João (2017), *A regulação do jornalismo observada a partir dos seus pareceres,* Jornalismo & Jornalistas n.º 65, Lisboa.

— (2020), *Novas prioridades, novas fronteiras,* revista *Jornalismo & Jornalistas,* n.º 73, maio/outubro de 2020.

Miranda, João e Camponez, Carlos (2017), *As temáticas da regulação do jornalismo português: análise às deliberações da AACS e da ERC*, Observatório (OBS*) Journal, (2017), págs. 199–217.

Miranda, Jorge e Medeiros, Rui (2006), *Constituição da República Portuguesa Anotada,* Coimbra Editora, Coimbra.

Moreira, Vital (1994), *O Direito de Resposta na Comunicação Social,* Coimbra Editora, Coimbra.

— (2002), *O cidadão, o Provedor de Justiça e as Entidades Administrativas Independentes,* edição da Provedoria de Justiça, Lisboa.

— (2019), *Lucros fictícios, Diário de Notícias,* suplemento Dinheiro Vivo, 18 de maio de 2019, p. 11.

Moreira, Vital c Maçãs, Fernanda (2003), *Autoridades Reguladoras Independentes — Estudo e Projecto de Lei-Quadro,* Coimbra Editora, Coimbra.

Mourão, Pedro (2020), *A Tutela Disciplinar dos Jornalistas,* revista *Trajectos,* n.º 17, outubro de 2010, p. 83 e seguintes, Lisboa.

Mutu, Adriana (2015), *The Formal Independence of National Media Regulatory Authorities: A Cross-Country Comparative Study,* Tesis Doctoral, Universidad Autònoma de Barcelona, Barcelona.

Nosty, Bernardo Díaz (coord) (2017), *Diez años que cambiaron los medios: 2007-2017,* Editorial Ariel e Telefonica Fundación, Barcelona.

Pinto, Manuel (coord), Pereira, Sara, Pereira, Luís e Ferreira, Tiago Dias (2011), *Educação para os Media em Portugal — experiências, autores e contextos,* ERC, Lisboa.

OBERCOM (2003), *Reflexões sobre a Regulação do Sector da Comunicação Social,* Observatório n.º 3, dezembro, Lisboa.

— (2018), *As Fake News numa sociedade pós-verdade — Contextualização, potenciais soluções e análise, Lisboa.*

— (2020), *Agências de notícias e fact-checking,* ed. Obercom, Lisboa.

Observatoire Européen de L'audiovisuel (2019), *L'Independance des Autorités de Regulation des Médias en Europe,* Iris Spécial, Estrasburgo.

Observatoire Européen de L'audiovisuel (2021), *Décrypter la législation sur les services numériques,* Iris Spécial 2021–1, Estrasburgo.

Observatoire Européen de L'audiovisuel e EPRA (2021), *Les autorités de regulation des médias et les défis de la cooperation* Iris Plus 2021-2, Estrasburgo.

Pena, Paulo (2019), *Fábrica de Mentiras — Viagem ao Mundo das Fake News,* Penguin Random House, Lisboa.

PEREIRA, Horácio Serra, *Deontologia dos jornalistas — breve incursão histórica,* monografia disponível no Sindicato dos Jornalistas, Lisboa.

PÉREZ-SOLER, Susana (2017), *Periodismo y* Redes Sociales *— claves para la gestión de contenidos digitales,* Editorial UOC, Barcelona.

PINA, Sara (2003), *A deontologia dos jornalistas portugueses,* MinervaCoimbra, 2.ª ed. atualizada, Coimbra.

PROVEDORIA DE JUSTIÇA (2002), *O Cidadão, o Provedor e as Entidades Administrativas Independentes,* Lisboa.

RAPPORT DE LA MISSION (2019) *«Régulation des réseaux sociaux — Expérimentation Facebook», Créer un cadre français de responsabilisation des réseaux sociaux: agir en France avec une ambition européenne,* Paris.

REUTERS INSTITUTE FOR THE STUDY OF JOURNALISM (2020), *Reuters Digital News Report 2020,* Oxford.

REGOURD, Serge e CALANDRI, Laurence (2015), *La regulation de la communication audiovisuelle — Enjeux et perspectives,* Institut Universitaire Varenne, Paris.

REIG, Ramón e LABIO, Aurora (coord) (2017), *El Laberinto Mundial de la Información — Estructura mediática y poder,* Anthropos ed., Barcelona.

RIBEIRO, Nelson (2021), *Desinformação online — O impacto da propaganda participativa,* Universidade Católica Editora, Lisboa.

ROQUE, Ana (1997), *Instâncias Reguladoras dos Media em Portugal,* in Galileu — Revista de Economia e Direito, vol. II, n.º 1, 1997, p. 50, UAL, Lisboa.

— (2002), *Comunicação Social — Uma Experiência de Regulação,* UAL, Lisboa.

— (2003), *Contributo para a história da Alta Autoridade para a Comunicação Social: o 1.º Mandato,* UAL, Lisboa.

ROQUE, Miguel Prata (2009), *Os poderes sancionatórios da ERC — Entidade Reguladora para a Comunicação Social,* in *Direito Sancionatório das Autoridades Reguladoras,* págs. 367 a 442, Coimbra Editora, Coimbra.

— (2014), *Regulação Administrativa e Sanção — o Poder Sancionatório da ERC na Encruzilhada entre o Direito Administrativo e o Direito Penal,* in *Media, Direito e Democracia,* págs. 123 a 192, Almedina, Coimbra.

ROSA, Raúl Magallón (2019), *Unfaking News — como combatir la desinformación,* Pirámide, Madrid.

SCHULZ, Wolfgang, VALCKE, Peggy e IRION, Kristina (2013), The Independence Of the Media and its Regulatory Agencies, Intellect, Bristol.

SEGOVIA, Belén Andrés (2020), *La Convergencia de las Telecomunicaciones, los Medios de Comunicación y las Tecnologias de la Información,* Thomson Reuters Aranzadi, Madrid.

Serrano, Estrela (2007), *«Pensar a regulação dos media numa sociedade em mudança»* in revista *Comunicação e Sociedade*, vol. 11, 2007, p. 130, Lisboa.

— (2010), *Uma Missão (Quase) Impossível,* Trajectos, n.º 17, outubro 2010, págs. 93–101, Lisboa.

Silva, Augusto Santos (2007), «A hetero-regulação dos meios de comunicação social», Comunicação e Sociedade, vol. 11, págs. 15–27, Lisboa.

Silva, Elsa Costa e, Fidalgo, Joaquim e Sousa, Helena (2011), *Regular para a Liberdade: o Caso Português,* Derecho a Comunicar, n.º 1, 2011, México.

Silva, Marisa Torres (coord.) (2021), *Discurso de ódio, jornalismo e participação das audiências,* Almedina, Coimbra.

Simango, Américo (2000), *A Alta Autoridade para a Comunicação Social,* Direito e Justiça, Revista da Faculdade de Direito da Universidade Católica Portuguesa, vol. XIV, Lisboa.

Simões, Ascenso L. (2018), *Regulação e Supervisão em Portugal,* Edições Afrontamento, Porto.

Simões, Tânia Cardoso (2009), *Regular os Media numa época de transição do leaning back para o leaning forward,* in Ferreira, Eduardo Paz, Morais, Luís Silva e Anastácio, Gonçalo, *Regulação em Portugal: novos tempos, novo modelo?,* Almedina, Coimbra.

Sousa, Helena e outros (2012), *Cronologia da Actividade da ERC 2005-2011,* CECS, Universidade do Minho, 2012, Braga.

Sousa, Helena e outros (2012), *A regulação dos media na Europa dos 27,* CECS, Universidade do Minho, Braga.

Sousa, Helena, Trutzschler, Wolfgang, Fidalgo, Joaquim e Lameiras, Mariana (eds.) (2013), *Media Regulators in Europe: A Cross-Country Comparative Analysis,* CECS, Braga.

Sousa, Mariana Lameiras de (2011), *A Entidade Reguladora para a Comunicação Social: contributos para uma análise histórica, conceptual e performativa,* relatório de Estágio, Universidade do Minho, Braga.

— (2016), *Regulação dos Media em Democracia: Experiências e Modelos no Caso Português,* Tese de Doutoramento em Ciências da Comunicação, Universidade do Minho, Braga.

Svantesson, Dan Jerker (2021), *Internet & Jurisdição: Relatório de status global 2019,* Comité Gestor da Internet no Brasil.

Tarlé, Antoine de (2019), *La fin du journalisme — dérives numériques, desinformation et manipulation,* Les editions de l'atelier.

Trajectos (2010), *A Regulação dos Media em Portugal — Dispositivo Censório ou Garantia da Pluralidade,* n.º 17, Outono 2010, ISCTE e Fim de Século, Lisboa.

VERÍSSIMO, Helena Ângelo (2003), *Os jornalistas nos anos 30/40*, ed. MinervaCoimbra, Coimbra.

Arquivo Nacional da Torre do Tombo — documentos relativos ao Conselho de Imprensa, aos Conselhos de Informação para a RTP, RDP, ANOP e Imprensa, ao Conselho da Comunicação Social e à Alta Autoridade para a Comunicação Social.

Sítio da ERC (www.erc.pt)

## Siglas

CERC — Comissão Eventual para a Revisão Constitucional
DAR — Diário da Assembleia da República
DAC — Diário da Assembleia Constituinte

# ÍNDICE